전쟁과 역사
삼국편

전쟁과 역사

삼국편 역사

임용한 지음

혜안

책을 펴내며

　나는 우리 역사학계에 아쉬움이 많다. 솔직히 말하면 답답하다 못해 화가 날 때도 있다. 너무 피상적이고, 너무 관념적이고, 너무 편협하고, 그리고 너무나 많은 것에 얽매여 있다. 논문을 쓰려면 웬 규제가 그렇게 많은지, 제목 하나를 짓는 데도 법도가 있고, 이해할 수 없는 규칙이 너무나 많다. 장과 장, 절과 절은 분량이 비슷해야 하고, 논증은 꼭 어떤 식으로 해야 하고, 국어사전에도 그런 용례는 없는데, 이 단어는 반드시 이런 뜻으로만 써야 하고, 저 단어는 사용하면 안 되고……

　형식과 법도라는 것이 학문의 수준 유지와 학문적 엄밀성을 위해 필요하다고 한다. 맞는 말이다. 하지만 따지고 보면 학문적 엄밀성이란 것도 학문의 발전과 진보를 위해 존재하는 것인데, 그 형식과 규제를 따르다 보면 스승과 선배의 학설을 따라가거나 적당히 결론만 바꿀 뿐 새로운 해석과 새로운 세계를 펼쳐 보기는 불가능해진다.

　학문적 수준? 그렇게 수많은 전제와 규제를 요구하는 우리의 역사에는 현실과 동떨어지고, 쉽고 뻔한 상식과 어긋나고, 인간의 본모습이 사라져 버린 장면이 너무나 많다. 예를 들면 수·당 전쟁 때 고구려군이 사용한 청야수성전(들판을 비워 식량의 현지조달을 어렵게 하고, 성에 들어가 지구전을 펴는 전술)을 고구려인의 독창적인 전술이거나 천재적인 작전이었다고 평한 책을 여러 권 보았다. 광개토대왕이 수륙병진책(강이나 해안가를 이용하여 육군과 수군이 나란히 진격하는 작전)을 사용한 것을 두고 그를 전략의 천재였다고 평한 경우도 있다. 고구려 벽화에 등장하는 중장기병을 고구려의 독보적인 부대인 것처럼 서술한 글은 부지기수다.

청야수성전이나 수륙병진책은 온 세상에서 수천 년 동안 사용된 전략의 기초 중에 기초다. 중국에서도 중장기병은 고대로부터 있었고, 고구려의 숙적이었던 모용씨의 선비족이나 수나라 군에서도 중장기병은 당당히 주력부대의 위치를 차지하고 있었다.

이런 역사를 배우면 기분이야 좋겠지만, 우리에게 남는 것은 무엇일까? 고구려인, 우리 민족이 천재라는 사실? 청야수성전은 무적의 전법이라는 진리?

몇 년 전부터 일반 독자를 대상으로 한 역사책을 쓰기 시작한 것은 우리를 옥죄고 우리의 지성을 이상한 곳으로 몰아가는 그런 것들을 좀 허물어 보았으면 하는 바람에서였다. 물론 아직은 너무나 작은 외침이다. 하지만 나는 희망과 믿음을 잃지 않고 있다. 이 책도 그런 바람의 하나로 썼다.

하필 이 책의 서문에서 이런 도전적인 이야기를 하는 게 마음에 걸리기는 한다. 필자가 시리즈로 집필중인『조선국왕이야기』는 실록이라는 훌륭한 사료의 덕을 보고 있다. 실수가 없는 것은 아니지만 엄밀하고 꼼꼼하게 사료에 기초해서 서술했다고 감히 말할 수 있다.

그러나 이 책에서 다루는 삼국시대의 사료는 장면 장면을 풍성하게 묘사하기에는 너무나 부족하다. 아무래도 대담해야 했고, 정황증거와 추론에 의지할 수밖에 없는 부분도 있었다. 그러나 이것은 고대사학계가 공통으로 안고 있는 고민이기도 하다. 학술논문에도 이런 부분은 많다. 그런 사정을 감안한다면 제멋대로의 상상이나 비약, 추론을 하지는 않았다고 말할 수 있다.

다만 아차산 전투나 성왕의 죽음을 묘사한 부분 등은 소설적 상상과 짜맞추기 수법을 사용했음을 밝혀 둔다. 굳이 이런 서술을 한 것은 딱딱함을 피하려는 의도도 있었지만, 병사들은 무엇을 먹었다, 어디서 잤다, 방어시설은 어떤 게 있었다는 식의 나열식 서술을 벗어나 그 시대의 모습을 입체적이고 인간적으로 묘사해 보고픈 욕심을 억누를 수 없었기 때문이다. 그러나 워낙 사료가 부족해서 여기저기서 드러난 사료들을 수합해서 모아 보았다.

예를 들어 첫 부분에 등장하는 아차산 보루 장면은 아차산에서 발굴된 유적, 유물들과 그 곳 지형, 문헌사료에 등장하는 당시 상황과 고구려군의 위례성 공략기사를 섞어서 정리한 것이다. 그러나 엄밀히 말하면 아차산 보루들이 장수왕의 한성 함락 이전부터 있었는지, 그 이후에 생긴 것인지는 분명하지 않다.

백제의 수도였던 하남 위례성의 위치는 현재까지 모호하다. 풍납토성, 몽촌토성, 혹은 그 부근 구릉지 어디였다면 아차산성에서도 충분히 관측되었을 것이고, 남한산성 근처였다면 보이지 않았을 것이다. 필자 개인으로는 거대한 석촌동 고분으로 보아 풍납 · 몽촌 토성 일대일 가능성이 높다고 생각하는데, 긴장감과 신비감 조성이라는 약간의 문학적 구성을 위해 글에서는 보이지 않는 것으로 묘사했다.

아차산 보루 유적에서 광개토왕의 신하였던 모두루의 묘지명에 등장하는 '염모(冉牟)'라는 이름이 새겨진 토기편이 발견되었다. 염모가 이 때까지 생존했을 리는 없고 그 후손이 사용한 듯하지만 그 후손이 이 보루에 언제 무엇 때문에 왔는지는 모른다. 그래도 이 인물과 모두루 가문의 내력을 결합하여 그를 장수왕의 남진군을 지휘하는 고구려군의 장수로 재생시켜 보았다. 성왕의 죽음이나 수나라 군대의 행군 광경 부분도 대개가 이런 방식으로 엮어 본 것이다.

사료와 관련되어 또 하나 변명할 부분은 수・당 전쟁 기사다. 중국측 전략과 장수에 대한 설명이 많아서 의아하게 생각하실 분도 계실 것이다. 사실 이 전쟁에 관한 국내측 기록은 없다. 『삼국사기』의 내용도 중국의 사료(주로 『자치통감』)를 정리한 것이다. 백제와 고구려가 당과 신라의 침공으로 망했기 때문에 말년의 기록은 제대로 정리되지 못했던 것 같다.

그런데 중국 사료의 기록이 그들에게 유리하게 각색되었을 것은 분명하다. 중국인도 유달리 민족적, 문화적 자존심이 강한 민족이다. 그러나 그렇다고 해서 우리 마음에 들지 않는 부분, 과장과 각색이 들어갔다고 느껴지는 부분을 무조건 부정하거나, 진상은 그 반대일 것이다라고 이야기를 만들어 낼 수도 없다. 이런 방식은 또 하나의 왜곡과 추론을 양산할 뿐이다.

그래서 『수서』와 『당서』를 뒤져 『자치통감』과 『삼국사기』에 없는 기록들을 뽑아 비교해 보고, 카메라를 중국 쪽에 놓고 그들의 입장에서 전쟁터를 따라 다니면서 그들이 생각하고, 서술하는 방식을 익힘으로써 왜곡, 과장되거나 뭉뚱그려지는 부분을 찾아 내려고 해 보았다.

어차피 중국 기록에 대항하는 우리측 사료가 없기 때문에 이 방법으로도 이미 시간의 무덤 속으로 들어가 버린 진실을 발굴해 낼 수는 없다. 그러나 최소한 중국측 기록의 행간에 놓인 의미와 그동안 우리가 잘못 이해한 중요한 오류들을 몇 가지 찾아낼 수 있었다. 예를 들면 그동안 우리 역사책에서는 수양제의 100만(또는 200만) 대군이 수만 많았다 뿐이지 싸우려는 의지와 사기는 형편없는 군대였고, 그것이 그들이 고구려에게 패한 원인의 하나라고 설명해 왔다.

그러나 알고보니 이것은 중국측에서 나름대로 자신들의 패배를 변명하기 위해 제시한 해석이었다. 전쟁의 패인은 꼭 한 가지로 꼬집어 말할 수 없고 여러 가지 요인이 있기 마련인데, 상대가 워낙 강하거나 잘 싸웠다고 하기보다는 우리측에 이런 실수가 있었다고 하거나, 무능한 장군이나 형편없는 폭군의 실정 때문에 졌다고 말하는 것이 패한 쪽으로서는 자존심이 덜 상하지 않겠는가?

그러나 이 부분을 미처 생각하지 못하고 우리는 수나라 장수와 군대는 형편없는 군대였다고 자랑스럽게 떠들어왔으니, 결국 힘없는 농민들을 징발하여 수만 채운 거품처럼 나약한 군대를 상대로 고구려군이 승리한 꼴이 되어 버렸다.

그러므로 이 책에서는 이런 변명과 선입견에 얽매이지 말고, 그들의 전략과 전술, 장비, 편제를 분석함으로써 진실에 접근하려고 해 보았다.

하지만 여전히 부족하고 미흡한 부분은 많다. 필자는 이 책의 내용이 전적으로 옳다고 주장하려는 것은 아니다. 그런 확신을 가지기에는 우리가 이 시대에 대해 알 수 있는 사료가 너무나 부족하다. 다만 이 책을 통해서 이런 식으로 이런 방향으로 접근하고, 이런 장면을 주목해 보고, 이런 문제에 대해 생각하고 고민해 볼 수도 있지 않느냐는 물음을 제기할 수 있다면 좋겠다.

이 책은 그 동안의 어떤 책보다도 많은 분들의 도움을 받았다. 특히 자료수집과 답사에 도움을 주신 경기도청 문화정책과의 송성근 선생, 일본에서 귀한 중국전쟁사 관련 자료를 보내준 연세대 강사 김인호 씨에게 특별한 감사를 드린다. 두 분의 도움 덕에 이 책의 내용이 훨씬 풍부해질 수 있었다. 언제나 물심양면으로 격려와 지원을 아끼지 않은 혜안출판사의 오일주 선배님과 내용교열까지 꼼꼼하게 보아준 양상모, 김현숙 씨와 가족과 친지, 친구, 동료 여러 분들에게 감사를 드린다.

2001년 3월 20일
임용한

차 례

책을 펴내며   5

Ⅰ. 전쟁은 어떻게 시작되었나   13
1. 새로운 사회, 새로운 군대   18
2. 활과 창과 기병의 나라   21
3. 전투방법과 전술   31
4. 시작 1-고구려와 중국, 피할 수 없는 운명   53
5. 시작 2-적기(赤旗) 대 황기(黃旗)   74
6. 시작 3-완전한 전선   81

Ⅱ. 한강의 주인   87
1. 아차산의 그림자   87
2. 나제동맹   93
3. 최후의 승자   106
4. 순수비는 세웠지만   125

Ⅲ. 수·당전쟁   135
1. 폭군의 침공   135
2. 천자와의 전쟁   176

Ⅳ. 극적인 전환   233

1. 서라벌의 선택   233
2. 660년 여름   252
3. 반란과 혼돈   272
4. 100년 동안의 평화   286

Ⅴ. 갱, 군인, 그리고 토호   293

1. 부석사의 칼자국   293
2. 후삼국의 시작   307
3. 미륵불의 현신   321
4. 왕건 대 견훤   332

부록. 무기 일람   368

고구려 안악3호분의 행렬도.

I. 전쟁은 어떻게 시작되었나

서기 475년, 고구려 장수왕 63년, 백제 개로왕 21년 음력 9월.

50고지 정도의 강변 언덕 위에 자리잡은 고구려군의 보루에서 십여 명의 병사들이 추위에 떨며 강 건너편을 응시하고 있었다. 계절상으로 가을이라지만, 강바람을 정면으로 받아야 하는 고지는 매우 추웠다. 1500년 세월이 흐르고 나면 이 언덕에는 밤마다 무희들이 출연하는 최고급 호텔이 들어설 것이지만 지금은 반지하의 움막뿐인 황량하고 스산한 언덕이다.

눈 아래로 흐르는 큰 강을 그들은 아리수라고 부르고, 백제군은 욱리하라고 부른다. 이 강이 굽이쳐 흐르는 지점에 바위산이 하나 있는데, 높이는 해발 약 300m다. 중남부 지방에서 흔히 볼 수 있는 평범한 형태의 산이지만 바로 앞이 한강이고, 주변에 산다운 산이 없어 이 일대에서는 제법 높아 보인다. 이 산은 강쪽으로는 상당한 급경사를 이루며 장벽처럼 버티고 서 있다. 그리고 오른쪽으로 뻗어 내려간 줄기는 산을 엄호하듯 오른쪽에서 왼쪽으로 다시 감듯이 휘어지며 강변으로 흘러 내려와 원추형의 봉우리 하나를 이루고, 그 봉우리에서 50m 정도 타고 내려온 능선이 강변 바로 앞에 또다시 똑같은 모양의 작은 봉우리를 이루며 끝난다.

고구려군은 이 위아래의 두 봉우리에 보루를 세우고, 봉우리를 이어주는 능선을 따라 교통로를 만들어 놓았다. 50명 정도 주둔할 수 있는 작은 보루지만, 그 뒤를 따라 이어지는 안쪽 산지에는 능선과 봉우리마다 이런 보루가 30개소나 있었다. 그 보루들 중에서도 이 곳의 두 보루가 강변으로 제일 많이 돌출한 곳으로 최일선 진지 겸 관측소 역할을 하고 있었다.

강이 바로 이 아래서 굽이치기 때문에 이 곳에서는 강 양쪽의 동향을 한눈에 파악할 수 있었다. 게다가 아래 강변에는 이 일대에서 제일 좋은 나루터가 몇 개씩 있었는데, 그 곳의 전망도 한눈에 들어왔다.

지금은 어둠에 묻혀 보이지 않지만 건너편 강안에는 백제군이 쌓은 토성이 강변을 따라 기다랗게 뻗어 있다. 꽤 긴 장성이지만 강 언덕 자체가 낮아 토성이라기보다는 강변 모래사장 위에 있는 자연 제방처럼 보였다. 그 뒤로는 기껏해야 얕은 구릉이나 있는 평평한 습지였다.

방어가 곤란한 개활지인 탓에 도시를 세우기도 곤란했으므로 경작지는 넓었지만 사방에 제멋대로 흩어져 있는 민가들은 낮고 초라했다. 그들의 고향에서도 흔히 볼 수 있는 흙으로 지은 낮은 움막들이다. 그나마 상당히 많은 집들은 쓰러지거나 버려져 있었다. 큰 수해를 당하고 아직 복구하지 못한 흔적이 역력했다.

그렇기 때문에 성다운 성은 강변 뒤쪽으로 한참 물러난 산지에 있었는데, 그 곳에 바로 백제의 수도 위례성이 있었다. 그 중간에 있는 얕은 구릉에 토성들이 있었지만, 평지에 서 있는 구릉이라 별로 위압감을 주지 못했다. 이 산에서 내려다 보면 시시해 보일 뿐 아니라, 백제군의 이동상황도 한눈에 감지되었다.

병사들은 조만간 대전투가 있을 거라는 생각에 긴장하고 있었다. 하지만 그들이 이 곳에 도착했을 때 강 건너편에서는 이미 백제군의 모습을 볼 수가 없었다. 백제군은 지형적으로 불리한 강변 방어선을 포기하고, 전 군을 도성방어에 투입했기 때문이다.

오늘 하루종일 보루 아래의 나루는 강을 건너가는 고구려군으로 붐볐다. 그 중에는 복장이 좀 이상한 부대가 하나 있었는데, 그들은 수년 전 백제에서 있었던 내분으로 고구려로 망명한 장군과 그 부하들이었다. 반역자가 된 이상 그들의 재산은 몰수되고, 가족들은 노예가 되거나 험악한 꼴을 당했을 것이다. 그들의 심중이 무척 궁금했지만 그들은 별다른 내색을 하지 않았다. 단지 전투에 대한 결연한 의지만을 보이며 선두에 서서 강을 건너갔다.

백제군의 저항이 없었으므로 도하작전은 싱겁게 끝났지만, 나룻배에 오르는 병사들의 얼굴에는 긴장한 빛이 역력했다. 한 나라의 수도를 공격하는 일이 쉽게 끝날 리가 없다. 멀리 보이는 산지에 있는 위례성의 지세는 이 곳과 달라 꽤 험하다고 하였다. 게다가 백제는 최근에 도성을 크게 수축하여 망대는 지금까지 본 어떤 망대보다도 크고 높으며, 산등성을 통째로 구워 성벽 아래의 산비탈을 전부 옹기처럼 단단하고 매끈하게 만들어 버렸다고 하였다.

또 남쪽에서 출발한 신라와 백제의 구원병이 이미 강의 상류에 도달하여 대기하고 있다는 소문도 돌았다. 그 말이 사실이라면 고구려군이 도하하여 위례성으로 진출하면 백제군은 엄청나게 요새화된 도성에서 지구전을 펴고, 그 사이에 상류에서 대기하던 구원병이 배를 타고 내려와 고구려군의 후미를 기습하고 보급로를 차단할 것이다. 그러고 보니 한 나라의 도성을 공격하는데 백제군의 저항이 너무 없는 것이 수상쩍고, 장수들이 유달리 속전속결을 외치며 서두르는 것도 이상했다.

그러나 오늘 아침 이 곳을 시찰한 염 뭐라고 하는 장군은 너털웃음을 터뜨리며 확신에 찬 모습을 보여 주었다. 장군은 북부여 시절부터 고구려 국왕을 모셨다고 하는 유서 깊은 가문의 사람으로 건국 이래 지금까지 고구려가 치렀던 수많은 전투에 그 집안 사람이 빠졌던 적이 없었다고 하였다.

장군답게 그는 이 곳에서 만난 병사들에게 일장 연설을 남기는 것도 잊지 않았는데, "오늘 우리는 100년의 한을 푼다. …… 너희들은 지금 역사적인 순간에 서 있다. 너희들의 용기와 명예는 가문과 조국의 역사에 영원히 새겨질 것이다" 하는 식의 말들이었다. 병사들은 환호로 장군의 연설에 답했다.

그러나 그 중에서도 주로 흥분하는 쪽은 술이 달린 투구를 쓴 장교들과 멋진 미늘갑옷을 차려 입은 중장기병, 그리고 나이 어린 병사들이었다. 평민들로 구성된 말단 병사들은 장군의 연설을 곧 잊어 버렸다. 고참병사들은 장군이 자기들 눈앞에 자주 나타나면 꼭 엄청난 전투가 뒤따른다는 사실을 기억하고 있었다.

전투에 대한 두려움을 잊기 위하여 그들은 자신에 관한 일을 생각했다. 어느 시대, 어느 지역에서나 사병들의 관심사는 따뜻한 잠자리와 뜨거운 식사가 아니던가. 병사들은 좀더 위쪽 봉우리에 있는 산성과 보루에는 뜨뜻한 구들을 깔고 급수대까지 갖춘, 50~60명을 수용할 수 있는 제대로 된 병영시설이 있다는 사실을 떠올렸다. 오늘 그들은 행운의 50명 속에 들어가지 못했다. 내일은 비켜간 운이 돌아와 줄까? 아니 내일은 더 재수없게도 강 건너편으로 투입될지도 모른다. 이런 생각을 하자 갑자기 더 추워졌다. 추위가 살을 파고들기 시작하자 병사들은 내일 무슨 일이 일어날 것인가 따위의 걱정은 다 잊어 버리기 시작했다. 전염병이 번지듯 한 가지 생각만이 그들의 마음 속을 점령해 들어갔다.

'빨리 날이나 밝아라.'

고급지휘관들과 귀족 또는 무사계급으로 이루어진 중장기병들은 말단 병사들과는 달리 명예와 복수라는 개념에 예민했다. 오늘 아침 장군이 한 말은 빈말이 아니었다. 내일은 역사적인 날이 될 것이다. 그들은 백 년 전 백제의 근초고왕이 평양을 공격하여 그들의 국왕(고국원왕)을 살해하고, 그 전투에 참전했던 선조들의 명예를 땅에 떨어뜨렸다는 사실을 되새기고 있었다. 탁월한 무용, 전투에서의 승리가 곧 지배층의 존재 의의이며 권위이던 시절에 전투에서 자신들이 모시던 주군을 적군에게 잃었다는 사실은 그들에게 오랜 수치가 되어 왔다.

그뿐인가. 이후 백 년 동안 고구려군과 백제군은 한강, 임진강, 예성강을 넘나들며 일진일퇴의 공방전을 펼쳐 왔다.

이제 그 긴 싸움의 결말을 보려 하고 있다. 지금의 고구려는 수도를 함락당하고 왕이 살해되던 그 때의 고구려가 아니다. 지난 백 년 사이에 새로운 편제와 새로운 전술로 무장한 고구려군은 요동과 만주를 석권했고, 이제 최후의 복수를 위해 백제의 수도로 남하하는 중이었다.

승리는 확실했다. 그들은 백제의 수도를 떨어뜨리고 왕과 귀족들을 사로잡을 것이다. 잘하면 엄청난 보물과 백여 년 동안 그들이 안고 살았던 수치를 상쇄하는 커다란 영예까지 얻게 될 것이다. 이 영광스런 날과 그날의 무용담은 오래오래 후손들에게 기억되고 노래될 것이다. 긴장어린 설레임으로 그들은 잠을 이루기가 어려웠다. 전투가 시작되면 누구는 죽고, 누구는 불구가 되겠지만 살아남는 자들은 영광을 볼 것이다. 역사에 길이 남을 영광을……

며칠 후 위례성으로 진군해 간 고구려군은 단 7일 만에 위례성을 떨어뜨렸다. 개로왕은 탈출을 시도했으나 고구려편에 섰던 백제 망명군에게 잡혀 아단산, 즉 지금의 워커힐이 있는 아차산 아래에서 살해되었다.

고구려군은 멋진 복수를 했다. 그러나 그들의 기대는 빗나갔다. 역사는 그들이 누구이며, 어떻게 싸웠으며, 누가 공을 세웠는가 따위는 금새 잊어버릴 것이다. 1500년 후 그들이 흘린 몇 개의 토기와 화살촉이 드러나기까지는 이 곳에 고구려군의 기지가 있었다는 사실조차 까맣게 잊혀지고, 이 고지는 낯선 이방인의 이름으로 불릴 것이다. 그저 그 이방인이 기병 대신 기갑사단을 끌고 유럽 평원을 질주했던 장군이었다는 사실이 위안거리가 될까.

> 워커힐은 한국전쟁 때 미8군 사령관으로 재직하다가 사망한 워커 중장의 이름을 딴 것이다. 워커는 제2차 세계대전 때 유명한 패튼 전차군단에서 복무하면서 소령에서 소장까지 진급했다. 그는 별명이 패튼 2세였을 정도로 패튼의 전술을 추종했고, 패튼도 제일 신임했던 사단장이었다.

위례성 함락은 그들이 생각했던 것처럼 분쟁의 종언이 아니라 새로운 전쟁의 시작이었다. 지난 백 년간의 갈등은 새롭고 거대한 전쟁의 준비과정이었던 것이다. 지금까지 삼국의 충돌은 국경분쟁이나 약탈, 접경지대의 영토뺏기 싸움에 불과했다. 그러나 이제부터 삼국은 서로의 존립을 건 운명적인 항쟁에 돌입하게 될 것이다.

그러면 도대체 지난 백 년 동안 무슨 일이 벌어진 것일까?

1. 새로운 사회, 새로운 군대

카이젤 수염의 용사들

고분벽화를 보면 고구려 사람들은 국왕에서 무사에 이르기까지 하나같이 카이젤 수염을 기르고 있다. 요즘은 거의 찾아보기 어렵게 되었지만 한때 최고 멋쟁이의 표상이었던 카이젤 수염은 의외로 손을 많이

삼실총에 그려진 고구려 무사. 카이젤 수염에 튀어나온 광대뼈가 강인한 인상을 준다.

타는 수염이다. 기름도 바르고, 모양도 신경 써서 가다듬어야 한다. 벽화의 주인공도 수염이 각도 있게 꺾어지고 끝이 뿔처럼 뾰족하게 솟은 것을 보면 상당한 공을 들였음에 틀림없다. 반면 그들의 턱수염은 아예 없거나 짧은 경우가 많다.

고구려인들이 콧수염에 포인트를 준 것은 카이젤 수염이 주는 강인하고 약간은 거만한 듯한 인상이 맘에 들어서겠지만, 전투시의 효용성을 고려했을 가능성도 있다. 로마시대에 털복숭이 야만인이었던 게르만족이 로마군에 입대하면 우선 그들의 트레이드마크인 긴 턱수염부터 밀어야 했다. 로마인이 면도한 얼굴을 좋아하기도 했지만, 백병전에서 긴 턱수염은 상대방에게 낚아채일 위험이 있기 때문이란 설이 있다. 어쨌든 고구려의 풍습도 카이젤 수염의 이미지와 걸맞았다.

중국인들이 보기에 고구려 사람들은 어려서부터 활쏘기와 말타기를 익히고, 앉을 때는 의자에 걸터앉기를 좋아하며, 설 때는 꼭 팔짱을 끼고 턱을 들어 한껏 거드름을 피우고, 인사할 때는 한쪽 무릎을 꿇은 채

구령을 붙여 인사하며, 평소에도 천천히 걸어가는 법이 없어서 걸음걸이가 달음박질치는 것 같다고 하였다. 이런 기록들은 고구려의 사회 분위기가 상무적이며 무사풍에 젖어 있었음을 알려준다.

서기 2, 3세기까지도 삼국은 부족연맹적 사회였다. 왕이 있었지만 중세 유럽의 봉건영지처럼 수많은 성읍과 촌락들이 자신들의 지도자를 가지고, 피라미드형으로 연결되어 있었다. 성읍과 촌락의 지배층들은 대개가 무사요 군사지도자였다. 중세 유럽의 기사들과 마찬가지로 삼국의 지배층들도 먹고 살기 위한 노동에 종사할 필요는 없었다. 반대로 아랫사람들이 군말없이 노동에 종사하도록 하려면 권력의 근원인 힘을 키우고 연마해야 했다.

특별한 신체장애만 없다면 탁월한 전사가 되는 것은 어려운 일도 아니었다. 고구려 무사의 장기인 기마와 활쏘기는 좋은 교사와 충분한 훈련이 필수지만, 그 외에 장비도 좋아야 하고 돈도 많이 든다. 좋은 환경과 식생활, 훌륭한 말과 가정교사, 거기에 일반인은 도저히 누릴 수 없는 시간과 여유, 그리고 사명감을 통해 그들은 최고의 용사까지는 아니더라도 지도자 자리에 걸맞는 무용은 충분히 습득할 수 있었다.

전쟁이 벌어지면 이들은 각기 자신의 군대를 끌고 집결하고, 그들의 서열에 따라 편제되었다. 국왕도 자신의 직할 영지와 예속민이 있었으며, 이들로 구성된 직할 군대를 가졌다. 그래서 삼국시대에는 왕이 직접 군대를 이끌고 전투에 참전하며, 장군이 재상이 되는 사례를 흔히 볼 수 있다.

이런 군대는 훌륭한 전사가 많고, 단결력이 높아 전투력이 강하다. 그러나 그것은 국지전의 경우다. 국가적인 규모의 전투에서는 심각한 한계가 나타난다. 부족 간의 이해가 다르고, 통제가 잘 되지 않는다. 부족마다 장기와 전술이 다르고 훈련과 장비, 무기체계가 들쭉날쭉하다. 전면전에서 이것은 큰 약점이 된다.

그렇다면 국왕이 나서서 개혁을 하면 되지 않을까? 하지만 군의 편제와 전술을 일원화하는 사업은 군사제도만 개혁한다고 되는 일이 아니다. 국가의 명령과 통제를 강화하려면 부족의 세력을 억눌러야 하며 신분제도, 경제구조도 손보아야 한다. 이것은 사회의 구조를 바꾸는 개혁이다. 긴 시간과 고통이 필요하다.

고구려의 경우 2세기경에 시작한 이 구조조정은 5세기가 다 되어서야 일단락되었다. 그 기념비적인 성과가 광개토왕의 대정복전과 장수왕의 위례성 함락이었다. 고구려의 팽창에 위협을 느낀 백제와 신라도 맹렬하게 변신을 시도하기 시작했으며, 고구려의 성장에 위협을 느낀 중국은 고구려와의 일대결전을 결심하기에 이른다. 새로운 사회는 새로운 군대를 만들었고, 새로운 군대는 전면전이라는 새롭고 거대한 전쟁을 낳았다. 위례성 함락(475년)이 끝이 아니라 시작인 이유가 이것이다. 치열하고 참혹했던 전쟁의 세기가 열린 것이다.

2. 활과 창과 기병의 나라

전쟁 이야기를 시작하기 전에 먼저 이 시대의 군대와 전술에 대해 살펴보고자 한다. 삼국의 군대는 어떻게 구성되었으며, 어떤 방식으로 싸웠을까? 천만다행으로 한참 구조조정이 진행되던 시기에 고구려군의 퍼레이드를 찍은 낡은 사진 한 장이 남아 있다. 황해도 안악군에 있는 안악 3호분의 행렬도다.

무덤의 주인공은 수레를 타고 어디론가 가고 있는 중인데, 그 주위를 완전무장한 고구려군이 에스코트하고 있다. 벽화는 너무나 사실적이어서 기병, 궁수, 보병, 도부수, 군악대, 의장대 등 다양한 병사들의 장비와 무장을 있는 그대로 묘사했을 뿐 아니라 이들 간의 수적 비율까지도 맞

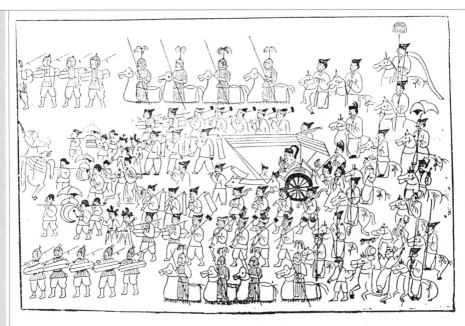

안악3호분 행렬 모사도.

추어 놓았다. 이 벽화에 등장하는 기병과 보병의 비율은 1대 3정도인데, 이는 사료에 등장하는 기병과 보병의 비율과 일치한다. 그러니 사진이 나 다름이 없다.

더욱 고맙게도 이 무덤에는 무덤의 주인공이 중국의 망명객인 동수 (冬壽)였다는 묘지명까지 남아 있다. 동수는 고구려의 숙적이던 연나 라의 고위관료였는데, 고국원왕 6년(336년)에 고구려로 망명했다가 고 국원왕 27년(357년)에 사망했다. 무덤의 주인공에 대해서는 이론도 있 어서 동수가 아니라 미천왕이나 고국원왕, 혹은 장수왕이라고 보는 견 해도 있다. 그 유력한 근거가 주인공의 복장, 특히 머리에 쓴 관이 고구 려 국왕이 썼다는 백라관이라는 것이다.

그러나 주인공이 누구든 간에 이 무덤의 주인공이 국왕이나 한때 국 왕과 거의 동렬에 선 귀족층의 인물임에는 틀림없다. 그리고 국왕이든 고급귀족이든 그들이 거느리는 부대의 구조는 기본적으로 같았던 게 분명하다. 그러니 그림 속의 군대는 고구려가 중국과 일전을 벌이던 고

미늘갑옷과 판금갑옷.

국원왕에서 장수왕대, 즉 4~5세기의 고구려군 편제를 보여준다는 점
에는 틀림이 없다.

　이제부터 이 벽화와 중국과 한국의 사료에 나타난 기록과 발굴유물
을 토대로 하여 고구려군의 모습과 전술을 보도록 하겠다.

　삼국의 군대를 이야기하면서 고구려군을 중심으로 서술하는 이유는
그나마 고구려군에 대한 사료가 가장 많이 남아 있기 때문이다. 그러나
백제와 신라의 군대도 기본적인 구조나 전술 자체는 고구려군대와 크
게 다르지 않았을 것이다.

중장기병

　중장기병은 말과 사람이 갑옷으로 중무장을 한다. 갑옷은 미늘갑옷
으로 가죽편에 철판을 댄 미늘을 가죽끈으로 이어 붙인 것이다. 투구,
목가리개, 손목과 발목까지 내려덮는 갑옷을 입으면 노출되는 부위는
얼굴과 손뿐이다. 발에도 강철 스파이크가 달린 신발을 신는다. 말에게

통구 12호분에 그려진 고구려 무사. 칼을 들어 적의 목을 내리치는 장면.

도 얼굴에는 철판으로 만든 안면갑을 씌우고, 말갑옷은 거의 발목까지 내려온다. 벽화의 기병은 방패가 없는데, 신라 기마형 토기의 중장기병은 방패도 들고 있다.

최강의 공격력과 장갑을 자랑하는 중장기병의 주 임무는 적진돌파와 대형 파괴다. 중장기병은 밀집대형 혹은 쐐기꼴(∧) 대형으로 긴 창을 앞으로 내밀고 돌격하여 적진을 허문다.

기병의 주무기는 창이다. 이 창은 보병의 창보다 길고 무겁다. 기병용 창을 한자로는 삭(槊)이라고 한다. 중국의 삭은 보통 4m 정도인데, 고구려군은 길이 5.4m에 무게 6~9kg 정도 되는 삭을 사용하기도 했다.

기병의 또 다른 무기는 칼이다. 고구려군의 칼은 그림으로 보아서는 직도인지 약간 휜 칼인지 판별하기가 곤란하다. 유물 중에는 당나라에서 유행하던 곧은 환두대도가 많다.

그림의 칼 중에는 끝이 약간 넓고 뭉툭하게 보이는 것도 있는데, 이렇게 하면 끝부분이 무거워져 내려치고 베는 데에 유리하다. 말을 타고 휘두르는 것이므로 찌르기는 포기하고 치고 베는 데에 중점을 둔 것이다. 또 미늘갑옷이 찌르는 힘에는 강하지만 베는 힘에는 약하다는 사정도 고려되었을 것이다. 이런 칼은 적의 대형을 돌파하고 난 다음의 백병전 때, 도주하는 적을 추격하여 뒤에서 내리칠 때 아주 효과적이었다.

중장기병이 활을 사용하는 경우도 있다. 그러나 긴 갑옷이 사격할 때는 불편하다. 그러므로 활은 개인적으로 근접전에서 적을 쓰러뜨릴 때나 갑옷을 벗고 경기병 전술로 전환했을 때 주로 사용했고, 중장기병의 집단전술에서는 사격이 중요한 비중을 차지하지 않았던 것 같다.

중장기병은 다른 병종보다 신분이 높다. 투구에 달린 유난히 높고 화려한 술은 그들의 우월한 지위의 표식이다. 그것은 기마와 중장갑이 주는 매력 때문이기도 하지만 — 조선시대까지도 말을 탄다는 것은 지배신분의 상징이었다. 그래서 도성 안에서 관료는 반드시 말을 타야 하고, 반대로 평민이나 승려는 절대 말을 탈 수 없다는 법이 있었다 — 말과 갑옷이 매우 비싼 장비였고, 기마술은 상당히 전문적이고 오랜 훈련을 요구하기 때문에 지배층이 아니면 중장기병이 될 수 없었기 때문이다. 그래서 병사 개개인의 전투력도 중장기병이 탁월하게 높았다.

아마도 중장기병이 전장에 나갈 때는 종자를 데리고 나갔을 것이다. 최소한 말에게 밥 주고 손질해 주는 사람은 있어야 했다. 기왕이면 전투 전에 수염도 손질해서 날을 세워야 했을 것이다. 쇠의 약점은 녹이므로 갑옷도 매일 닦고 기름치고 조여야 했다. 그런데 철판을 연결한 가죽끈은 기름에 절면 쉽게 약해진다. 그러니 갑옷은 상당히 섬세하게 손질하고 관리해야 했을 텐데, 사람 갑옷의 몇 배가 되는 말갑

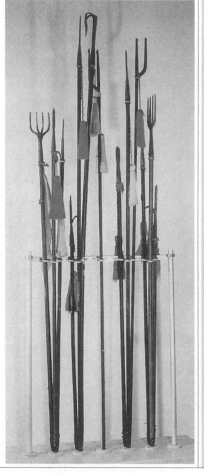

벽화와 출토유물을 통해 복원한 고구려군의 창.

옷까지 있었다.

중장기병의 단점은 기동력과 고비용이다. 말갑옷의 무게만 40kg이 넘으며, 병사의 무장도 20kg은 족히 된다. 그래서 중장기병은 속도와 이동거리에 제한을 받는다. 특히 도주하는 적을 추격할 때 낮은 기동력은 안타까운 단점이 된다. 전투에서 적에게 최대한의 손상을 가할 수 있는 때가 바로 이때이기 때문이다. 적에게 회복 불가능한 타격을 입히면 전쟁은 그것으로 끝나지만 추격전의 기회를 놓치면 전력을 회복한 적은 다시 공격해 올 것이다.

고비용과 전문성 때문에 중장기병은 병력 수에 제한을 받는다. 그래도 초원이라는 지리적 여건과 만주 일대의 풍부한 철광 덕분에 고구려를 비롯하여 북방의 기마민족은 중국에 비해 훨씬 많고 우수한 중장기병을 확보할 수 있었다.

경기병

기병의 중요한 역할은 수색, 정찰, 적진교란, 전진돌파와 대형파괴, 추격이다. 그런데 중장기병은 느려서 돌파와 대형파괴 이외의 항목에서는 효용성이 떨어진다. 그래서 기병을 사용할 때는 중장기병과 장갑을 가볍게 한 경기병을 함께 사용해야 효과적이다. 그런데 고구려군의 병종에서 가장 애매모호한 부분이 이 경기병이다.

경기병이 있었던 것은 분명한데, 이들의 실체가 분명하지 않다. 벽화에는 갑옷을 전혀 입지 않고, 말에는 화살만 장착한 기병도 등장하는데, 과연 전투 때에도 이런 무장과 장비로 참전했는지는 의문이다.

창을 든 경기병은 대동강 하구의 남포시에 있는 약수리 벽화에 등장한다. 창을 든 경기병이 중장기병대의 앞에서 행군하고 있다. 그런데 창에 기가 달려 있어 이들의 무장이 일반 무장 상태인지 의장대인지 파악하기가 어렵다.

하지만 정통 기마민족의 후예로 수백 년 후에 세계를 정복하는 몽골군의 경우도 그들의 자랑인 경기병대는 갑옷을 전혀 입지 않았다. 그 이유는 그들의 주 임무가 사격이었기 때문이다. 최고의 기동력과 놀라운 활솜씨로 그들은 중장기병의 돌격을 엄호하고, 적진을 초토화했다. 특히 적진의 측면과 후면으로 돌아서 날리는 화살은 적진을 교란하고 대형을 허무는 데에는 가공할 효력이 있었다. 그렇다면 고구려군의 경기병대 역시 갑옷을 입지 않았을 가능성도 높다.

경기병의 약점은 백병전이다. 그러나 이것은 그리 큰 문제가 아니다. 중장기병이든 보병이든 이들을 따라잡을 수가 없고, 괜히 공격하다간 화살세례를 받는다. 이들에 대한 화살 공격도 별로 유용하지는 않다. 장갑은 없지만 대신 피할 수 있는 능력이 극대화되어 있다. 원거리에서 빠르게 움직이는 이들을 화살로 맞추는 일은 결코 쉽지 않다. 더욱이 원거리 사격은 곡사이며, 화살의 위력은 급격히 떨어진다.

경기병의 진정한 약점은 백병전 중에서도 일부 상황 즉 적진돌파와 충격작전을 감행할 수 없다는 사실일 것이다. 그 임무는 중장기병만이 감당할 수 있었다.

중장보병

안악 3호분 벽화 좌측 상단과 하단에는 중장갑을 한 보병의 행렬이 있다. 갑옷은 기병과 마찬가지로 미늘갑옷인데, 소매가 반팔이고, 상의만 입었다. 중장기병의 갑옷은 보병이 입기에는 너무 무겁기 때문이다. 상단의 보병은 가늘고 길쭉한 방패를 들고 어깨에는 갈구리 창을 멨다. 보병 중에서는 이들이 최정예 부대다. 한 사람의 몸을 겨우 가리는 가늘고 긴 방패와 창은 이들이 밀집대형을 이루며 보병대열의 최전방에 배치되었을 것이라는 사실을 짐작하게 해 준다.

보병 개개인의 전투력이 기병보다 떨어지고 기동력이 떨어지지만,

안악3호분의 행렬도 중 중장갑을 한 고구려 보병. 갈고리 창과 방패, 또는 환도를 들고 있다.

산악지형에 취약한 기병과는 달리 어떤 지형에서든 위력을 발휘한다는 장점이 있다. 중장보병의 밀집대형은 수비와 공격, 대보병전, 대기병전 어느 경우든 상당한 위력을 발휘한다. 잘 훈련된 밀집보병대는 중장기병도 함부로 돌파할 수 없다. 이들의 갈고리 창은 기병을 말에서 떨어뜨리는 데 매우 효과적이다.

그 아래쪽에는 약간 더 넓고 둥근형의 방패와 창을 든 중장보병의 행렬이 보인다. 극(갈고리 창)을 든 병사들이 기병대의 돌격을 저지하는 수비임무를 주로 띤다면 이들은 대보병용 중장보병이 아닌가 싶기도 하다. 방패가 약간 넓은 것은 너무 밀착하면 팔을 휘두르기가 곤란하고, 중장보병의 밀집대형이 너무 좁아지면 상대에게 포위를 허용할 수 있기 때문이다. 그리스나 로마의 중장보병들도 둥근형의 약간 간격이 있는 방패를 들었다(그러나 간격이 너무 넓어지면 역시 대형이 허술해진다).

경보병

기병과 달리 보병은 무장과 무기의 종류가 다양하며 한 사람이 오직 한 가지 무기만 들었다. 그것은 갑옷과 무기가 부족하며, 걸어다녀야 하는 보병의 특성상 한 사람이 여러 가지 무기를 착용하기가 곤란했던 탓도 있겠지만, 그만큼 보병의 역할이 세분화·전문화되었기 때문이라고 볼 수도 있다.

행렬도를 보면 행렬의 바깥 부분은 중장보병과 기병이 서고, 안쪽과 후미에는 경보병과 경기병대가 섰다. 이를 전투대형으로 즉 횡대로 환원하면 경보병은 중장보병의 뒷선에 배치한다는 뜻이 되겠다.

경보병대의 주력은 도끼를 맨 도부수다. 이들은 갑옷을 전혀 걸치지 않았다. 전투력과 신분이 낮다는 증거다. 전투력이 떨어지고 신분이 낮은 부대에 부여되는 임무는 늘 사역이다. 길을 내거나 목책, 녹각(나무를 사슴뿔 모양으로 깎아 땅에 박는 장애물)과 같은 방어기구를 설치할 때, 공성구를 만들 때 언제나 필요한 자재가 나무다. 도끼는 이 모든 작업에 필수적인 도구다.

그러나 이들이 사역만 담당한 부대는 아닌 것 같다. 도끼는 작업만이 아니라 전투에도 유용한 무기다. 갑옷도 입지 못하는 낮은 수준의 병사들이 무거운 도끼를 들고 현란한 무술을 발휘하지는 못하겠지만, 전투에서 도끼는 분명한 자기 용도가 있다. 도끼는 내려치는 힘이 매우 강하다. 특히 투구를 쪼개고 미늘갑옷을 찢는 데 매우 효과적인 무기다. 미늘갑옷은 창과 화살같이 찌르는 힘에는 강하지만 베거나 도끼와 같은 강한 충격을 동반한 공격에는 취약하다. 이들은 중장보병의 이선에 서 있다가 갈고리 창에 걸려 떨어진 기병이나 부상하거나 넘어진 중장보병을 공격했을 것이다.

한편 이 도끼부대는 전투중에 녹각과 같은 장애물을 제거한다거나 목책을 부숴 아군 기병이나 공성구의 진입로를 여는 임무에도 유용하게 사용되었을 것이다.

이 도부수들의 앞에 갑옷을 입고 칼을 메고 방패를 든 보병이 있다. 칼은 기병의 칼과 같고 방패는 중장보병의 것과 같다. 단 이들은 투구를 쓰지 않았다. 투구를 쓰지 않은 이유는 자유로운 시야를 확보하기 위해서라고 생각된다. 이들은 수가 적은 것으로 보아 단독 부대는 아니고, 도부수들의 지휘관급이거나 무장이 약하고, 다양한 상황에서 대응력이 떨어지는 도부수들을 엄호하기 위해 함께 배치한 병사들일 가능성이 높다. 물론 그 둘 다일 수도 있다. 그들이 멘 칼은 도부수들이 겁을 먹고 도주하려 하거나 진격을 꺼릴 때 도망자를 베고, 이들을 독려하는 무기가 되기도 했을 것이다.

궁수

궁수는 어깨에 활을 메고, 허리에 전통을 찼다. 활은 기병의 활과 똑같은 동이족의 비밀병기 맥궁이다. 단 기병용보다는 조금 크다. 기병용은 보통 80㎝, 보병용은 120~127㎝ 정도였다. 이 활은 작아서 다루기가 편리하며, 크기에 비해서 위력이 대단하다. 위력은 사수의 힘에 따라 큰 차이가 나지만 가까운 거리에서는 갑옷도 꿰뚫는다. 어떤 장수는 화살 한 발로 사람과 말과 안장을 함께 꿰뚫었다는 기록도 있다.

궁수는 공격 때는 아군을 엄호하고, 수비 때는 돌격해 오는 적군을 공격한다. 특히 쳐들어오는 적의 중장기병이나 보병을 저지하는 데는 궁수의 역할이 절대적이다. 적이 원거리에 있을 때는 진형의 앞에 나가서 혹은 중장보병의 엄호를 받으면서 사격하고 적이 접근하면 이선으로 후퇴하면서 사격한다.

공격군도 엄호사격을 받으면서 전진해 오므로 사격전에서 궁수를 보호하기 위해 이들에게도 갑옷을 입혔다. 단 사격을 해야 하므로 팔을 자유롭게 하기 위해 이들의 갑옷은 반팔인 중장보병과 달리 팔이 아주 없

안악3호분의 행렬도 중의 궁수. 활을 메고 허리에 화살통을 차고 있는 모습이다. 팔을 자유롭게 사용하기 위해 몸통만 가리는 미늘갑옷을 입었다.

다. 투구도 쓰지 않았는데, 이는 머리를 자유롭게 해서 시야를 넓히기 위해서인 듯하다. 투구는 무거워서 고개를 잘 돌리지 못하게 되고 시야도 가려 좌우의 시야를 좁히는 단점이 있기 때문이다.

3. 전투방법과 전술

대형을 허문다.

옛날 전쟁에서 승패를 가늠하는 가장 중요한 요소는 대형이다. 카이사르의 갈리아 원정기는 체력과 체격에서는 압도적으로 우세한 게르만족들이 밀집대형으로 싸우는 자그마한 로마군에게 얼마나 무참하게 패배하는가를 잘 보여준다. 숫자야 과장이 좀 들어갔다고 해도 그 위력이 엄청났던 것은 사실이다.

그렇기 때문에 대형의 위력을 아는 군대끼리의 싸움, 즉 그리스의 폴리스와 폴리스 간의 전투, 로마군과 로마군과의 전투는 상대방의 대형을 먼저 허물어뜨리거나, 허물어지기 직전의 상태를 연출하면, 즉 아군이 적의 대형을 뚫고 들어가 적의 후면이나 측면을 먼저 포위하면 이기는 것이었다. 일단 대형이 허물어지거나 측면이 노출되면 대개는 싸움을 포기하고 도주했다.

이 진리는 총포와 창검을 병용한 근대까지도 변함이 없었다. 나폴레옹 전쟁이나 남북전쟁을 다룬 영화를 보면 총알이 날아오고 포탄이 작렬하는 가운데서도 병사들이 꼿꼿하게 서서 사각형 대열을 이룬 채 전진하는 것을 볼 수 있다. 그들은 왜 몸을 낮게 숙이고 넓게 산개해서 전진하지 않을까? 그 이유는 아직 전투에서 백병전의 비중이 높기 때문이다.

그들이 들고 있는 총은 사거리도 짧고 총과 화약을 따로따로 장전하는 방식이라 사격하는 데 시간이 오래 걸린다. 그러므로 밀집대형으로 전진해도 집중사격이 날아오는 순간은 한 번 내지 두 번이다. 진짜 승부는 백병전으로 판가름 난다. 그런데 어떤 군대든 간에 관운장처럼 혼자 적진으로 뛰어들 수 있는 용사가 과연 몇이나 될까? 그러므로 이때까지만 해도 공격이든 수비든 먼저 대형이 깨지는 편이 지는 것이었다. 이렇게 뻣뻣이 서서 걸어가는 공격형태가 완전히 사라진 것은 포와 기관총이 맹위를 떨친 1차 세계대전 때이다.

기병돌격

적의 대형을 허무는 이 중요한 임무는 기병대에게 떨어진다. 기동력이 뛰어난 기병을 내보내 밀집대형의 측면 또는 약한 부분을 뚫고 들어가는 이 전술은 서양에서는 알렉산더가 개발했고, 한니발을 통해 로마에 전해졌다.

그러나 동양에서는 양적으로나 질적으로 훨씬 강력하고 정교한 기병전술이 사용되었다. 기병돌격의 총아는 역시 중장기병이다. 그런데 여기서 먼저 꼭 알아두어야 할 사실이 하나 있다. 중장기병대가 고구려에만 있는 부대는 아니었다는 사실이다.

고구려 주변의 북방민족들은 물론이고, 중국 본토의 나라들도 중장기병대를 운영했으며, 무장이나 병기체제도 다 비슷했다. 특히 고구려와 맹렬한 전투를 벌였던 5호16국시대의 전연, 후연, 그리고 수나라는 다 북방민족이 세운 국가이므로 중장기병대가 전력의 중추를 이루었다.

당대 이후로 중국에서는 중장기병제가 쇠퇴하지만, 북방민족들인 거란족의 요나라, 여진족의 금나라, 몽골족의 원나라, 만주족의 청나라는 모두 중장기병을 중시했다.

중국의 사례를 보면 전투의 기본형은 대체로 보병과 궁병을 가운데에 두고 중장기병대를 양 측면에 두는 것이었는데, 경우에 따라서는 가운데에 두기도 했던 것 같다. 전투가 시작되면 중장기병대가 먼저 전진한다.

기병돌격 하면 먼지를 일으키며 달려가는 기병들의 맹렬한 돌진을 연상하기 쉽지만, 그렇지 않다. 중장기병은 밀집대형을 이루어 천천히 진격한다. 중장갑 때문에 기동력과 속도에 크게 제한을 받기 때문이다. 기병도 전신을 감싸는 갑주를 입지만 말갑옷만 해도 무게가 40kg이 넘었다. 기병 전사와 그의 갑옷을 더해 무게를 80kg으로 잡으면 합이 120kg

이다. 여기에 여러 종류의 무기, 기타 장비도 적재하므로 아무리 적게 잡아도 말은 130㎏이 넘는 무게를 감당해야 한다.

그러므로 병력이 소규모여서 진이 넓지 않을 때는 빠르게 적진을 우회하거나 뒤로 돌아 적을 강타하는 방법도 사용할 수 있었겠지만, 대병력이 횡대로 장사진을 치고 있을 때라면 중장기병이 빠르고 변화무쌍한 기동전을 펴기는 어려웠다. 중장기병을 양 측면에 두는 것도 이런 사정 때문이었다. 아무리 탱크 같은 중장기병이라도 적진 가운데로 진격하면 적진의 중앙은 물론이고 좌·우군으로부터 십자포화를 받아야 한다.

그러므로 적의 공격을 덜 받고 효과적으로 적의 대형을 분쇄하려면 모서리나 측면을 공격하는 게 유리했다. 그래서 중장기병을 미리 좌·우측에 포진하여 최단거리로 적의 측면이나 모서리로 진출하게 했다.

완전무장한 고구려 무사와 말 복원모형.

중장기병도 적진에 충돌하여 백병전을 펴야 하므로 밀집대형을 유지해야 한다. 적진에 충돌할 때는 방진 또는 쐐기꼴(∧) 대형으로 창을 앞으로 내밀고 부딪힌다.

이 최초의 충돌에서 동양의 중장기병대는 알렉산더나 로마의 기병대와는 비교할 수 없는 엄청난 위력을 보여주었다. 그 위력의 비밀은 안장 밑에 다는 발받침인 등자였다. 유럽에는 등자가 8세기경에나 보편화되었다. 그래서 알렉산더와 유럽의 기병은 등자 없이 말을 탔다.

그러니 돌격할 때의 폼은 멋있지만 막상 적과 충돌하면 기사는 그 반동을 감당해 낼 수가 없다. 그래서 그들은 돌격해서 창으로 직접 찌르기보다는 3m 정도 근접하면 말 위에서 창을 적에게 집어던졌다. 때문에 창은 좀 가벼워야 했고, 길이도 짧아서 2m 정도였다. 그 중 크고 무거운 것이 3.5m에 3kg 정도 되었다. 창이 가벼워도 달려오는 탄력을 이용해서 던지므로 이 투창 공격도 꽤 위력적이었다. 그러나 아무래도 정확도나 위력, 공격 방식의 다양성에서는 손으로 직접 휘두르는 것만 못하다.

동양의 중장기병은 4m가 넘는 창을 어깨와 겨드랑이에 밀착시키고, 말과 기사의 갑옷과 체중에 달려오는 탄력까지 모두 합하여 적에게 부딪혔다. 고구려군은 중국군보다 더 길고 무거운 5.4m에 9kg까지도 나가는 창을 내지르며 덤벼든다(다만 모든 창이 이렇게 길지는 않았을 것이다). 권투에서의 잽과 페인팅 모션처럼 수비군의 눈을 혼란시키는 현란한 창놀림과 함께 말이다. 그러나 동양의 기병이라고 창을 던지지 말라는 법은 없다. 경주박물관에 있는 기마형 토기는 방패로 전면을 가리고 오른손에는 창을 들고 있는데, 창을 위로 쳐든 것이 분명 투창 자세다. 사실 동양의 기병은 등자를 사용하기 때문에 투창의 위력도 더욱 강력했다. 투창 공격은 원거리에서 적을 제압하는 장점이 있다. 보병의 밀집대형과 충돌할 때도 여러 명의 기병이 빠르게 선회하면서 집중사격을 하고 빈틈을 노려 돌격조가 치고 들어가는 전술도 생각해볼 수 있다. 이 위력적인 중장기병대의 돌격을 저지하는 데는 두 가지 수단이 있다.

첫째는 수비측도 중장기병대를 보유하고 있을 때 중장기병대를 내보내 맞상대 하는 것이다. 기병과 기병의 싸움에서 대형을 유지하며 싸우기는 불가능하므로 중장기병 간의 전투는 종종 서로 산개하여 뒤엉키는 백병전으로 전개되었다. 승부는 기병 개개인의 전투력과 기마술, 말의 우수성에 의해 판가름이 난다. 과거 영웅시대에 행하던 일 대 일 결투의 집단적 형태라고도 할 수 있는데, 이런 전투를 수행했기 때문에 중장기병의 지위나 위상은 특별할 수밖에 없었다.

둘째는 사격이다. 중장기병은 밀집대형을 이루고 오므로 집중사격의 표적이 된다. 빨리 달리고 싶겠지만 대형을 허물 수 없으므로 진군 속도도 느리다. 꼼짝없이 화망을 뚫고 나가야 한다. 다만 장갑이 워낙 우수해서 웬만한 사격은 버텨 낸다. 이것도 오랫동안 기병 지휘관들을 괴롭힌 딜레마의 하나다. 장갑과 속도는 상극이다. 장갑을 높이면 속도가 떨어지고, 속도를 높이려면 장갑을 가볍게 해야 한다. 어느 쪽이 좋은가는 지금까지도 전차부대의 지휘관을 괴롭히고 있는 딜레마다.

역사에서도 이 선택은 반복되었다. 당나라 기병대는 장갑보다는 속도를 선택했고, 금나라는 반대로 속도를 아예 포기하고 말에 두세 벌의 갑옷을 껴입혀 그야말로 화살로는 파괴할 수 없는 탱크를 만들었다.

두세 벌까지 껴입지는 않았지만, 고구려의 중장기병도 상당한 장갑력을 발휘한다. 기병은 또 말이 방패가 되어 주는데, 좋은 말은 화살 한두 대로는 쓰러지지 않는다. 북방민족의 활은 가공할 위력이 있지만, 보통 사수가 갑옷을 뚫고 치명상을 입힐 수 있는 거리는 길어야 50m, 확실하게 하려면 30m 미만이다.

그런데 아무리 중장갑을 했어도 말은 속도가 있으므로 적 기병이 50m 이내로 들어오면 사격할 수 있는 기회는 한두 번밖에 되지 않는다. 말

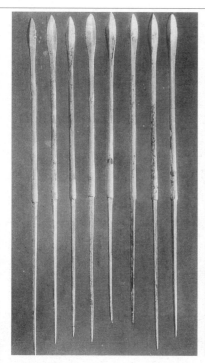
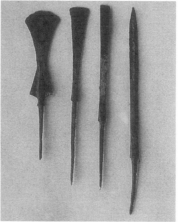

고구려유적에서
발굴된
각종 화살촉.

은 빠르고 적 기병은 5m나 되는 창을 내지르며 들어온다. 적이 20~30m
이내로 들어오면 내가 도망칠 기회가 없다. 그러므로 적 기병에게 치명
상을 입힐 수 있는 거리는 곧 내가 한순간에 목숨을 잃을 수 있는 거리
이기도 하다. 그래도 두려워하지 않고 적이 코앞에 다가올 때까지 기다
렸다가 사격을 가한다면 꽤 큰 타격을 입히겠지만, 이런 승부사적 기질
과 실력을 지닌 용사는 드물다. 더욱이 부대원 전원에게 이런 용기를 기
대한다는 것은 불가능하다.

　그래서 이 20m의 저지선에서 보병들의 용기를 보충해 주기 위해 보
통은 진지 앞에 녹각, 마름쇠 같은 장애물이나 함정을 설치한다. 우수한
보병부대라면 꽤 강력한 저항을 할 것이다. 중장기병대의 장갑력은 강
하지만, 보병에 비해 대형이 쉽게 허물어진다는 약점이 있다. 보병대형
은 중간에 병사가 쓰러져도 뒷줄의 병사가 재빨리 메우거나 부상자를
뒤로 빼돌릴 수 있다. 그러므로 상당한 손상을 입어도 백병전에만 자신

이 있으면 꿋꿋하게 전진한다. 그러나 말들은 사람과 달라 그러기가 쉽지 않다. 도중에 넘어지고, 엉키고, 부상하여 날뛰기 시작하면 대형은 쉽게 허물어진다.

금나라의 삼중기병대는 진격속도가 느렸기 때문에 대형을 유지하기가 더욱 힘들었다. 그들은 이 문제를 해결하기 위해 말들을 몇 마리씩 사슬로 묶어 연결함으로써 말들이 웬만큼 상처를 입어도 기병대형이 무너지지 않도록 하는 전술을 사용하기도 했다.

경기병의 출동 : 활과 기마술의 결합

이처럼 수비측의 대응전술도 위력적이기 때문에 공격측에서도 중장기병대가 보병과 충돌하기 이전에 가능한 수비대형을 동요시킬 필요가 있다. 그래서 경기병대가 함께 출동한다. 기마민족의 상징처럼 된 환상의 기마술과 사격솜씨를 자랑하는 부대는 중장기병대가 아니라 이 경기병대다.

말 달리며 활쏘는 기술을 기사(騎射)라고 한다. 무용총 수렵도에는 말을 타고 활로 사냥하는 장면이 있고, 덕흥리 벽화에는 표적을 세우고 활쏘기 연습을 하는 그림이 있다. 이 그림들을 보면 말을 탄 용사는 앞으로 사격을 하기도 하지만, 몸을 뒤로 돌리고 쏘기도 한다. 이 뒤로 돌려 사격하는 방법을 서구 사람들은 파르티아 사법이라고 불렀다.

이 파르티아 사법 역시 등자 덕분에 가능했다. 등자를 몰랐던 서구의 기사들은 말 달리며 활을 쏘는 동양 기병대의 솜씨에 경탄을 금치 못했다. 몸을 뒤로 돌려 쏜다는 것은 더더욱이 꿈도 꾸지 못할 일이었다. 몽골군과 싸워 본 유럽의 기사들은 몽골군이 달아날 때 절대로 함부로 쫓지 말라고 신신당부를 했다. 달아나다가 몸을 돌려 날리는 그들의 화살에 엄청나게 당했기 때문이다.

이 기술은『삼국지』에도 자주 나오는데, 거기서는 타도계(拖刀計)라

무용총 수렵도. 호랑이를 사격하는 무사의 그림에서 등자(발걸이)가 보인다.

고 해서 일 대 일 결투장면에서 잘 등장한다. 일부러 혹은 진짜로 등을
보이며 도망가다가 몰래 활시위에 활을 걸고는 재빨리 뒤로 돌아 쏘는
것이다. 적장이 가까이 다가왔을 때, 좀더 극적이려면 상대가 바짝 뒤쫓
아와 뒤에서 막 창을 들어 내리치려는 순간 – 권투로 비유하자면 이 순
간이 가드가 완전히 벌려진 무방비 상태가 되기 때문에 – 뒤돌아서 활
을 쏘면 아주 효과적이다. 화살이 급소를 비켜 간다 해도 대개는 말에
서 떨어진다. 무거운 갑주를 입었기 때문에 떨어질 때의 충격은 굉장하
다.

　태조 이성계도 여러 번 이 수법으로 적장을 쓰러뜨렸다. 하지만 파르
티아 사법이 이런 속임수를 위해서 개발된 것이 아니다. 이동목표를 쏠
때도 그렇고 자신이 이동하면서 쏠 때도 마찬가지지만, 표적이 계속 움
직이므로 겨냥을 하거나 사격을 할 때면 조준점을 이동시킬 충분한 공

덕흥리 고분벽화의 활쏘기 시합. 말을 달리면서 앞으로 혹은 몸을 뒤로 돌려 장대 위에 세운 표적을 맞힌다. 뒤에 붓을 들고 채점하는 사람과 대기 중인 무사가 보인다.

간이 필요하다.

그런데 앞으로 쏘려면 말의 머리 때문에 방해를 받고 사각지대가 생긴다. 그러므로 말을 타고 사격할 때는 목표를 측면에서 뒤로 가도록 하고 쏘는 게 시야도 넓고 효율적이다. 신체 구조상으로도 앞으로 쏘기보다 뒤로 돌아 쏘는 경우가 사격 자세도 안정적이어서 명중률도 높다. 좌우간 이 기술 덕분에 기병은 말을 타고 달리면서 360도 어느 방향으로든 화살을 날릴 수 있었다.

고구려만이 아니라 수백 년간 조선족의 장기였던 신기의 활솜씨를 논할 때 빼놓을 수 없는 요소가 활, 맥궁이다.

맥궁은 뿔과 소의 힘줄을 사용해서 만들었다. 이 활의 전통은 조선시대까지도 이어진다. 뿔 중에서는 물소 뿔이 최고인데, 언제부터 물소 뿔을 사용했는지는 확실하지 않다.

기병의 활은 80cm 정도이다. 이것은 다 폈을 때의 길이이고 실제는 굽어 있으므로 사용할 때의 길이는 60cm도 되지 않는다. 작아서 말을 타고 사용하기 좋다. 때문에 맥궁 자체가 기병용 활로 개발했다고 설명하는 경우도 있다.

하지만 안악3호분 벽화를 보면 보병 궁수도 이 활을 지니고 있다. 단 그의 활은 조금 길다. 맥궁이 짧은 것은 기병을 의식해서가 아니라 성능 자체와 관련이 있다고 보는 게 타당할 것 같다.

당기기가 무척 힘든 이 활은 작아도 보통 강력한 게 아니다. 당나라에서 신라의 활 기술자를 데려갔다는 이야기도 전하지만, 조선시대에도 중국 사신들이 감탄해 마지않는 명품이 조선의 강궁이었다. 하여간 조선에서는 서로 상대방의 활시위를 당겨 보면서 누구 활이 더 센가를 가지고 힘자랑을 하는 풍습도 있었고, 명중률이 좋아도 활 힘이 약하면 일류 궁사로 쳐주지 않았다.

다만 고려 중기에 송나라 사신으로 고려에 왔던 중국인 서긍이 쓴 『고려도경』에 보면, 고려군의 활이 약하고 사수들이 활을 끝까지 당기지도 않고 몸을 흔들어 튕기면서 뿌려 던지듯 날려보내니 화살에 힘이 없다는 이상한 기록이 있다. 절대 그럴 리가 없다. 그것은 아마도 고려에서 전력을 노출시키지 않으려고 중국 사신 앞에서 일부러 엉터리로 사격했거나, 특별한 원거리 사격기술을 보여준 것이리라. 조선시대 과거에서도 활을 완전히 당겨 쏘지 않으면 실격이었는데, 고구려 벽화에 있는 궁수들의 사격 장면을 보면 사격 방식이나 표적 모양이 조선시대의 무과에서와 거의 똑같다. 그러니 유독 고려시대에만 갑자기 사격 방식이 바뀌었을 리 없다.

신기의 활솜씨와 기마술, 강력한 활로 무장한 경기병대는 적진의 주변을 돌며 화살을 날린다. 밀집대형의 약점은 언제나 측면과 후면이므로 경기병대도 이 곳을 주로 노렸을 것이다. 경험이 적은 군대라면 경기병대를 잡으려고 응사하다가 화살을 소진하거나 이리저리 움직이다가 체력을 소모하거나 대형이 허술해 질 것이다.

피로해진 적의 대형에 빈틈이 생기면 중장기병대가 돌격한다. 상대도 완강해서 적진에 근접해도 진이 동요하지 않으면 무리하게 충돌하지 않고 후퇴하고, 이런 공격을 여러 번 되풀이함으로써 상대를 약화시키기도 했다.

경기병대의 또 하나의 임무는 중장기병대의 엄호였다. 경기병대가 가까이 접근해서 사격하면 중장기병대도 큰 피해를 입는다. 갑옷도 입지 않고, 활 하나 외에는 아무런 무기를 지니지 않아서 백병전 능력은 제로라고 해도 바로 그 활과 가벼움 때문에 중장기병대는 경기병대를 잡을 수가 없다. 보통 중장기병이 탄 말은 경기병의 말에 비해 두 배의 무게를 지고 있다. 기습적으로 와락 덮쳐 보려고 해도 이들은 달아나면서 몸을 돌려 활을 쏠 수 있기 때문에 큰 피해를 입게 된다. 우리측 사료에는 경기병대와 중장기병대의 활약을 나누어서 설명한 기록이 없기 때문에 정말 이런 경우가 있었는지 정확히 알 수가 없다. 하지만 유럽의 중무장한 기사단이 몽골의 경기병대에게 바로 이렇게 당했다.

이런 불행한 사태를 방지하려면 중장기병대는 반드시 경기병대의 엄호를 받아야 했다. 나중에 금나라에서는 이 중장기병과 경기병의 상호 협조체제를 보다 긴밀하게 하기 위하여 아예 기병 1대를 20명의 중장기병과 30명의 활로 무장한 경기병으로 섞어 편제했다.

보병 : 결코 만만히 볼 수 없는 그들

우리는 고구려 하면 흔히 기병을 연상한다. 역사지식이 좀 있는 분들은 중장기병을 떠올린다. 전투는 이들이 도맡아서 치르는 것 같다. 그러나 기병의 신화는 언제나 과장되어 있다. 그들이 아무리 막강해도 그들의 역할은 제한적이며, 전투의 일부분만을 담당할 뿐이다.

전투의 다른 장면에 보병이 있다. 보병의 불행은 흔하고, 신분이 낮다는 것이다. 어느 민족, 어느 지역이나 보병 없는 군대는 없다. 그러나 기병은 특수한 지역에서만 양생된다. 군마는 소처럼 여물을 먹여서는 안 되고 꼭 생초나 곡물을 먹여야 한다. 게다가 기마술을 익히려면 상당한 시간을 투자해야 한다. 그러므로 언제나 상층계급과 유목민 같은 특수집단이 기병이 되고, 보병부대에서도 높은 사람이 말을 탄다.

그러니 기병 개개인의 전투 실력은 징집되어 끌려 온 농민병사보다 월등할 수밖에 없다. 또한 기병이 있으면 전술이 다양해지고, 돌파와 섬멸 같은 전투의 극적인 부분을 기병이 장식하게 되므로 문헌사료에서는 기병의 숫자만 기록하거나 기병의 역할만을 두드러지게 표현하는 경향이 있다.

그런데 이렇게 머릿수에도 들어가지 않는다고 해서 보병을 우습게 보지 말자. 혹 그 중에는 기병의 종자까지 포함되었다고 해도 말이다. 보병은 기병의 보조부대로만 존재한 것이 아니다. 더욱이 기병이 단독으로 전투한다든가 기병이 보병에 대해 절대우위라는 생각은 대단히 잘못되고 단순한 생각이다.

중장갑을 하고, 훈련이 잘 된 보병대열은 제 아무리 중장기병대라도 결코 만만히 볼 수 있는 상대가 아니다. 정제된 보병진지에 기병이 단독으로 돌격하는 것은 금기 중의 하나다. 말은 장애물을 싫어하고 겁이 많은 동물이라 아무리 기수가 명령을 해도 자신을 겨누고 있는 창날과 장애물 앞으로 무모하게 돌격하지 않는다.

이건 역사로도 증명된다. 알렉산더나 카이사르도 밀집보병부대로 기병부대를 격파하는 기록을 남겼다. 특히 카이사르의 사례가 인상적이다. 그는 숙적 폼페이우스를 패퇴시킨 파르살로스 전투에서 고참병만으로 구성한 2천 명의 중장보병으로 7천 기병대의 돌격을 가로막게 했다. 고참병만 뽑은 이유는 보병이 겁을 먹고 먼저 무너지지 않는 이상 기병은 밀집대형을 돌파할 수 없다는 진리를 경험으로 체득한 병사들이 필요했기 때문이다.

거세게 달려오는 기병대를 바라보면서 카이사르의 고참병들은 분명

"겁먹지 마라. 물러서지 마라. 물러서지 않으면 우리가 이긴다"고 서로를 격려했을 것이다. 정말로 폼페이우스의 말들은 번쩍거리는 창과 방패의 벽을 보자 거짓말처럼 멈췄다. 이 틈에 보병대가 창을 앞세우고 일렬로 전진하여 양떼를 몰듯 기병대를 몰아붙였다. 대형을 상실한 기병대는 숫적으로 우세했음에도 불구하고 도주하고 말았다.

중무장한 고구려 보병을 보면 고구려군도 무모하게 기병부대만으로 싸우지 않았을 것이라고 쉽게 짐작이 간다. 기본적으로 전술은 기·보병의 혼합전술이다. 중장기병대도 단독작전은 위험하다. 그러므로 경기병을 내보내 사격전을 하고, 밀집중장보병대끼리 보병전을 펴기도 하면서 적의 빈틈을 노린다. 효과적인 승리를 위해서는 보병부대와의 협력 및 유인, 교란, 양동 작전 등 다양한 전술이 필요했고, 지형도 잘 활용해야 했다. 이것은 지휘관의 몫이었다.

중장기병대의 최대의 약점은 수가 적다는 것이었다. 보병과 기병 비율을 3대 1로 하고 중장기병을 전체 기병의 40%로 설정해도 중장기병의 비율은 전체 병력의 10% 정도밖에 되지 않는다. 그러므로 피아간에 병력이 서로 백중세라고 할 때 적의 대형을 돌파해 들어갔다고 해서 그것으로 상황끝은 아니다. 후속부대의 도움이 없다면 상처는 메워지고, 기병대는 포위·고립될 것이다.

적진을 돌파한 기병은 적진의 중심부로 진격할 수도 있고, 측면과 후면에서 수비군을 압박할 수도 있다. 하지만 어느 경우든 보병이 그 틈에 진격하여 적을 완전히 허물어뜨려야 한다. 기병돌격은 일종의 쐐기다. 쐐기를 꽂았다고 벽이 허물어지지는 않는다. 금이 간 벽을 때려 벽을 허무는 최후의 일격은 보병이 담당한다.

보병공격의 선두는 밀집중장보병대다. 이들은 수비뿐만 아니라 공격에서도 상당한 위력을 발휘하며 역할도 크다. 지형에 따라서는 기병의 활약이 크게 제한되는 곳도 있다. 이때는 보병전으로 승부가 난다.

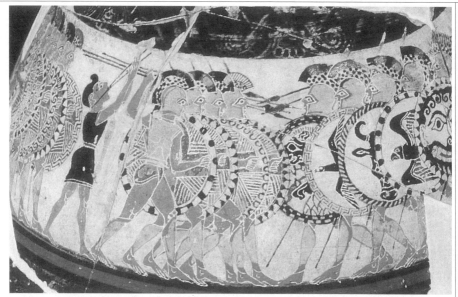

그리스의 밀집중장보병 간의 전투장면. 청동투구와 둥근 청동 방패, 상반신을 가리는 갑옷과 무릎 가리개를 했다.

중장보병의 밀집대형전술은 그리스 중장보병과 로마군의 전매특허처럼 알려져 있지만 우리 나라에서도 일찍부터 개발되었다. 『후한서』에 예족들이 보병전술에 능하여 길이가 9m나 되는 창을 여러 사람이 함께 들고 다닌다는 기록이 있다. 예족은 고구려가 집안 부근으로 이주해 오기 전부터 이 지역에 살던 민족으로 나중에 고구려에게 복속되었다. 필자는 역사 공부를 하기 전에 우연히 이 기록을 읽었는데, 그때는 고대의 이야기에 가끔 그런 것이 있듯이 기괴한 이야기를 적어 놓은 것이라고 생각했었다.

그러나 이것은 여러 사람이 긴 창 한 자루를 들고 제멋대로 싸운다는 이야기가 아니다. 마케도니아군의 자랑스런 발명품이 밀집장창대였는데, 그들은 그리스의 중장보병전술을 개량하여 '사이라'라고 하는 4~6.5m가 넘는 장창으로 무장한 역사상 최강의 밀집보병대를 창안해냈다. 나중에 창이 더 길어지면서 여러 명이 창 하나를 사용하기도 했다.

물론 무적 알렉산더군의 신화가 이 한 가지 발명만으로 이룩된 것은 아니다. 마케도니아군 수준이 되려면 기병, 병참, 기타 여러 구색을 갖

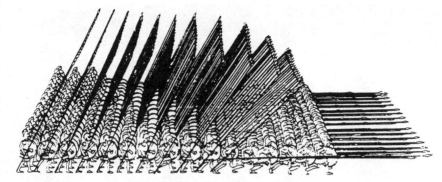
마케도니아 밀집장창대. 창이 워낙 길어 5열째 병사들의 창까지 대열의 앞으로 튀어 나왔다.

추어야 한다. 그러므로 사이라 비슷한 장창을 사용했다는 기록만으로 예족의 군대가 마케도니아군과 동격의 군대였다고 단정할 수는 없다. 하지만 밀집보병전술만 두고 보면 9m나 되는 창을 사용할 수 있는 예족의 보병전술은 상당한 조직력과 구성원에 대한 통제를 요구하는 것으로서, 밀집보병전술 중에서도 일정한 과정을 거쳐야 가능한 수준인 것은 분명하다. 그리고 이들의 전술은 그들의 정복자인 고구려군에게도 전수되었을 것이다.

추격 : 섬멸전

기병이 적진을 돌파하고 중장보병이 적군을 밀어붙였다. 대형이 허물어지자 적군은 전투를 포기하고 달아나기 시작한다. 승리의 전율이 짜릿하게 밀려오는 순간이다. 그러나 전투에서 가장 중요한 때가 이 시점이다. 의외로 여기까지는 시간도 많이 걸리지 않고, 피차간에 사상자가 많지 않은 경우도 많다.

전쟁은 승수 쌓기 게임이 아니다. 이겼다고 해도 적의 사상자가 많지 않다면 적군의 위협은 계속될 것이다. 전투는 이기는 것 못지않게 적에게 최대한의 타격을 가해 적의 전력을 소모시키는 것이 중요하다. 완전히 이기려면 추격해서 적에게 회복 불능의 타격을 주어야 한다.

그런데 열과 오를 맞추어 추격하자니 흩어져 자유롭게 달아나는 적군을 도저히 따라잡을 수 없다. 그렇다고 대형을 허물고 쫓아가자니 상대와 똑같은 상태가 되어 버린다. 훈련과 경험이 부족한 군대일수록 승리감에 도취되어 마구 추격하다가, 전열을 정비한 적군에게 역습을 당해 도리어 대타격을 입는 경우도 종종 발생한다.

가까운 사례로 임진왜란 때 왜군이 이런 역습에 특히 강했다. 전국시대(戰國時代)라는 오랜 전쟁기를 겪은 덕분에 노련한 하사관과 고참병들이 많았기 때문이다.

그렇기 때문에 이 장면에서 다시 한 번 기병이 중요해진다. 도주하는 적을 추격하여 섬멸하는 것은 기병의 몫이다. 빠른 속도로 뒤에서 쫓아가 헤집고 치는 것이므로 적군은 숨을 돌릴 여유가 없다. 기병이 빠르게 압박할수록 적군의 대형은 더 심하게 흩어진다. 훈련과 경험이 부족한 군대일수록 뒤도 돌아보지 않고 마구 달아나다가 대량살륙을 당한다.

그래서 기병 지휘관에게 요구되는 가장 중요한 자질이 바로 돌격과 추격의 시점을 정확히 파악하는 능력이었다. 섣불리 공격하다가는 전투를 망치고, 망서리다가는 적을 놓친다. 반대로 비록 패하여 후퇴했더라도 대형을 잃지 않고 후퇴한 부대와 지휘관은 최고의 칭송을 받았다.

새 시대가 남긴 것 : 영웅의 시대에서 병사의 시대로

안악 3호분의 행렬도는 고구려 군대에 관한 또 하나의 중요한 사실을 전해 준다. 귀족이나 부족이 서로 독자적인 권력을 확보하고 있던 시기에는 군대도 제각각이었을 것이다. 부족마다 귀족마다 자신들의 지리적 특성과 사회 상태에 따라 전술과 장기, 무장과 병기체제도 다르기 때문이다.

그런데 여기서 우리가 꼭 알아야 할 진리가 하나 있다. 전쟁의 승패는 그 집단의 생과 사, 정복과 멸망을 가늠한다. 그러니 우리는 당연히 한 나라의 군대는 그들이 최강의 전투력을 발휘할 수 있는 체제와 전술을 사용할 것이라고 쉽게 생각한다. 그러나 그것은 큰 오산이다. 인간 사회가 형성된 이래로 권력은 군사력과 떨어져서 존재하지 않았다. 그렇기 때문에 전근대 사회의 군사체제는 최강의 전투력이 아니라 그 사회의 지배층들에게 가장 유익한 형태로 결정된다. 새로운 전술이 아무리 효율적이더라도 그것이 기득권층의 신분적 특권과 권위를 파괴하는 것이라면 절대로 채용하지 않는다.

이런 경우의 대표적인 사례를 우리는 고대 그리스의 중장보병대에서 찾을 수 있다. 아주 고대로 올라가 권력이 부족 혹은 씨족, 마을 단위의 작은 집단에 분산되어 있고, 소수의 귀족층이 권력을 장악했던 시절에는 소수 영웅들의 일 대 일 대결이 전쟁의 주를 이루었다.

사회가 발달하자 부농층과 상층시민층이 폭넓게 형성되어 소수 씨족이나 귀족을 몰아내고 폴리스의 권력을 장악했다. 그러자 전쟁터의 주도권도 소수의 용사에서 상층시민군으로 구성된 중장보병대로 넘어갔다.

중장보병은 자비로 무장을 갖추어야 했으므로 부유한 상층 시민들만이 중장보병이 될 수 있었다. 전쟁이 나면 중장보병은 전차를 타고 여러 명의 하인을 거느리고 전투지로 갔으며, 그 몇 배가 되는 가난한 시민들은 경보병이 되어 중장보병의 갑옷과 방패, 식량을 들고 그 뒤를 따랐다(전투를 대비해 중장보병은 체력을 아껴야 했기 때문이다).

전투가 벌어져도 경보병은 보급·수색·추적 등 보조적인 역할만 했다. 그런데 중장보병대를 격파하는 대단히 간단한 방법이 바로 이들 경보병을 활용하는 것이었다. 중장보병대의 약점은 측면과 후면이었는데, 경보병이 중장보병을 포위하고 돌팔매와 투창으로 공격하면 중무장을 한 중장보병은 경보병을 따라잡을 수가 없었다. 결국 중장보병대는 하루 종일 얻어 맞다가 차례로 쓰러졌다(나중에 알렉산더는 경보병

대신 기병에게 이 역할을 맡겼다. 이 전술은 한니발을 통해 로마에 전해져 고전적인 전술이 되었다).

그리스 사람들은 펠로폰네소스 전쟁중에 이 전술을 개발했지만 정위급한 상황이 아니면 절대로 사용하지 않았다. 도대체 사회적 기득권을 포기하면서까지 얻어야 하는 승리가 어디 있겠는가 말이다. 아테네와 테베는 이 전술을 사용해서 무적의 스파르타를 물리쳤지만 승리 후에는 없었던 일처럼 침묵을 지켰고, 대페르시아 전쟁을 통해 그들이 알게 된 새로운 군대, 즉 기병·궁병·공병대 등도 도입하지 않았다.

이 새로운 전술을 제대로 활용한 사람이 마침 테베에 인질로 와 있던 마케도니아의 필립 왕자였다. 마케도니아는 그리스 북방의 후진지역이어서 그리스처럼 상층시민층이 발달하지 않았다. 이 때문에 필립은 힘들이지 않고 새로운 전술을 그의 부대에 적용할 수 있었다.

마케도니아군의 전술은 한 마디로 중장보병과 경보병 전술을 결합한 동시에 중장보병에게서 귀족적 요소를 제거해 버린 것이었다. 마케도니아의 중장기병은 종자를 데리고 갈 수 없었다. 그들은 전차에서 내려 직접 자신의 무장을 짊어지고 행군해야 했고, 전차에는 식량과 보급품을 실었다.

필립의 성공을 보면서도 그리스 시민은 개혁에 소극적이었다. 필립은 카이로네아 전투에서 그리스 연합군을 물리치고 그리스의 패자가되었으며 아들 알렉산더는 이 군대로 페르시아와 중앙아시아를 점령했다.

벽화 속의 고구려군은 자신들이 그 수준을 극복했음을 증언하고 있다. 안악 3호분 속에서 행진하는 병사들은 하나의 부대가 다양한 전술체제를 갖추고 있었으며, 보병의 무장과 그것이 암시하는 전술체계는 하급 무사와 평민들도 독자적이고 위력적인 역할을 할 만큼 전투에서 그 비중이 높아졌음을 보여준다.

삼실총 벽화의 전투도. 성 밖에서 갑옷을 입은 두 사람의 보병과 말 탄 두 무사가 1 대 1로 싸우고 있다.

물론 이 때의 군대가 이전 시대의 요소를 완전히 극복한 것은 아니다. 군대는 여전히 지방별 · 부족별로 편제되어 귀족 장교의 인솔을 받았는데, 부족적 · 지역적 특성을 완전히 극복하지 못했을 것이며, 무기와 군수품이 전적으로 국가에 의해 제조되거나 지급되지는 않았을 것이다. 특히 고구려에는 말갈족을 위시하여 민족적 · 문화적으로 성격이 다른 종족이 포함되어 있었는데, 그들의 주 특기나 전투방식은 더욱 독특했던 것 같다. 활만 해도 그들은 길이 2m가 넘는 기다란 나무활에 독을 바른 화살을 사용했다는 기록이 있다.

투구 장식에서 알 수 있듯이 중장기병의 신분적 지위와 역할은 여전히 상대적으로 높았다. 장수들 간의 일 대 일 결투도 여전히 행해졌다. 삼실총 벽화에는 성 앞에서 완전무장하고 말을 탄 두 장수가 창을 휘두르며 싸우는 장면이 있다. 벽화에 해설을 달아 놓지 않아 안타깝지만 그 것은 무덤의 주인공이 생전에 세운 어떤 전공을 기록한 그림임에 틀림없다.

그림 위쪽에는 역시 성벽 밑에서 보병 두 사람이 격렬하게 싸우는 그림이 있다. 이 장면은 수백, 수천 명이 싸웠던 보병의 전투장면을 단 두 사람의 모습을 통해 상징적으로 묘사한 것이라는 해석도 있다. 그럴 가능성도 분명 있다. 그러나 그림을 잘 보면, 두 사람은 주먹을 마주 대고 싸우고 있는데 그것이 거의 격투 수준이다. 만약 보병전을 상징한 그림이라면 밀집대형의 격돌을 상징하기 위해 창과 방패를 들고 마주 찌르는 장면 같은 좀더 규격화된 그림을 그리지 않았을까 하는 의문이 든다. 그렇다면 이 역시 주인공과 관련 있는 특정한 사건을 묘사한 것일 가능성이 있다.

어쨌든 최소한 말 탄 두 장수의 싸움이 실제의 어떤 사건을 기록한 것이라는 해석에는 이견이 없다. 신분이 꽤 높았을 이 주인공은 어떤 중요한 전투에서 적장과 화려한 결투를 벌여 승리했고, 이 승리는 무덤에까지 가져갈 정도로 그의 평생의 자랑이요 명예가 되었던 것이다.

전군이 보는 앞에서 행하는 일 대 일 결투는 귀족의 긍지요 카리스마의 원천이었다. 그렇기 때문에 이 결투에는 예법과 절차가 있었다. 『일본서기』에 백제의 태자 여명(나중의 위덕왕)이 고구려 왕족(혹은 왕)과 대면하여 싸우는 장면이 나온다. 두 장수는 마주 보고 서서 번갈아 상대의 이름과 지위, 나이를 묻고 대답했다. 신분이나 격이 다른 사람, 나이 차이가 너무 나는 사람과는 싸울 수 없기 때문이다.

자신들이 직접 나서지 않고 대리자를 내세울 때도 지휘관들은 서로 마주 서서 신사적으로 상대방을 확인하고 대표선수를 출진시켰다. 그러나 이런 품위 있는 장면은 슬슬 전쟁의 중심에서 물러나 잠시의 여흥거리가 되어 가고 있었으며, 일 대 일 결투는 중장기병대의 집단대결로 대체되고, 귀족이 평민의 창검에 의해 목숨을 잃는 사태도 발생하고 있었다.

그러면 백제와 신라의 군대는 어떠했을까? 백제와 신라의 경우는 벽화도 없고, 특별한 자료도 없고, 출토되는 무기나 갑옷도 극히 희귀하다. 그러나 기본적인 형태는 큰 차이가 없었다고 생각된다. 혹 고구려는 기병, 백제·신라는 보병 중심이었을 것이라고 생각하는 분도 있다. 그

연천 호로고루성. 임진강변 하안단구 위에 세운 고구려 보루의 하나. 건물이 서 있는 곳이 성의 내부에 해당한다.

러나 기록을 보면 백제나 신라도 기병의 비중이 만만치 않고, 신라 촌락문서에 의하면 말의 수도 꽤 많다. 또한 가야지역에서도 말에게 입히는 미늘갑옷이 출토되었다.

물론 고구려는 풍부한 철광을 보유했으므로 무장에서 앞서고, 고대국가로의 이행이 빨랐던 만큼 보다 선진적이고 조직적인 군대를 가지고 있었다. 이에 비해 신라는 아직 부족연맹적인 성격을 탈피하지 못하고 있었다. 그러나 신라의 입장에서는 공격이 아닌 방어전이었기 때문에 이 약점을 많이 극복할 수 있었다. 또한 고구려의 공격이 신라를 총력방어체제로 몰아가고 있었다. 이에 따라 신라에서도 서둘러 국가체제를 정비하고 주변의 소국을 통합하기 시작하였다.

다만 4세기경에는 고구려가 병력·무장·전술운영 능력에서 앞서 있었던 것은 분명하다. 고구려군의 힘의 우위는 이 시기에 건축한 임진강·예성강·한강 유역의 고구려 진지가 오직 공격만을 예상한 소규모 보루들이라는 사실에서도 짐작할 수 있다. 반면 강 건너편의 백제와

충북 보은의 삼년산성. 신라의 석축산성.

신라 지역에는 요새화된 산성과 장성이 설치되어 있다. 유명한 보은의 삼년산성도 고구려의 남침을 막기 위해 축조된 것이다.

고구려군의 보루는 겨우 50~60명 수준이고, 큰 경우가 200명 정도를 수용하는 규모다. 고구려는 이런 일선 관측소를 중요한 도하 지점마다 쭉 깔아 놓았다. 일단 백제나 신라의 공격군을 탐지만 하면 어디서든 병력을 결집하여 격퇴할 수 있다는 자신감의 표현이었다.

4. 시작 1 – 고구려와 중국, 피할 수 없는 운명

최초의 충돌

태조왕 53년(105년) 태조왕은 벽화 속에 등장하는 군대보다는 덜 조직적이고 개성이 강했을 군대를 이끌고 요동의 군현을 공격하였다. 중국측에서 보면 이것은 중국 중심의 질서에 대한 고구려의 도전이요 도

발이 분명했다.

　당시 이 곳 동이족의 땅에 부식한 중국의 세력은 크게 셋으로 나뉜다. 위나라의 군현인 유주, 형식적으로는 한의 군현이지만 곧 공손씨의 왕국이 될 요동과 현도군, 그리고 주변의 친중국파 세력들인데, 그 대표적인 세력이 부여였다. 요하 북쪽에 거주하던 선비와 오환은 인도유럽계와 몽골족(혹은 퉁구스) 등 여러 종족으로 구성되어 있었다. 이들은 정세에 따라 오락가락했는데, 위나라의 군주 조조가 오환을 정복한 후로는 중국에 복속하여 고구려와는 적대적인 관계가 되었다.

　싸움은 이길 때도 있고 질 때도 있었지만 고구려의 세력에 점차 위협을 느낀 유주자사 풍환과 현도태수 요광, 요동태수 채풍의 연합군이 고구려를 침공했다. 태조왕 69년의 일이다. 아마도 이것이 약탈이나 국경 충돌의 수준을 벗어나 중국과 고구려 사이에 벌어진 최초의 대규모 군사적 충돌이었을 것이다.

　요동과 국내성(집안현) 사이에 맥이라는 곳이 있다. 학자들이 지금의 태자하 유역 또는 애하 유역으로 추정하는 이 곳에는 고구려와 동일 부족인 맥족이 살고 있었는데, 고구려 유리왕 때 고구려에게 정복되었다. 같은 종족이면 쉽게 화합이 될 것 같지만 그렇지도 않다. 패자의 입장에서 차별을 받는 맥족은 늘 고구려에 불만이었고, 이 불만은 200년이 지난 이 때까지도 해소되지 않았다.

　바로 이 맥 땅으로 진군한 후한군은 맥 땅을 지키던 고구려의 장수를 살해하고 병마와 재물을 약탈했다. 패배도 패배지만 맥 땅 백성이 동요하면 사태는 걷잡을 수 없게 된다. 게다가 그 바로 아래쪽인 압록강 하류지역은 소노부의 땅이었다. 소노부는 원래 이 지역 토착세력이었으나 주몽을 선조로 하는 계루부에게 맹주 자리를 빼앗긴 이후 고구려의 서열 2위 부족이면서 동시에 제일의 불만세력이 되어 있었다. 후한군도 이런 사정을 알았을 터이므로 차후의 사태 진전에 꽤 기대를 했던 것 같다.

　얼마 후 태조왕의 동생 수성이 고구려의 구원병을 이끌고 나타났는데, 병력은 겨우 2천 명에 불과했다. 아마도 이 시대의 전쟁에서 가장 골치 아픈 문제라면 상대의 병력을 예측하기가 곤란하다는 점이었을 것이다. 후대라면 상대의 호구나 영토 면적에 대한 정보만으로도 어느 정도 예측이 가능하겠지만, 이 때의 고구려 군대는 세력가에 의해 각기 인솔되는 독립부대의 연합체였다. 그러니 전황에 따라 멀리 이민족 군대까지 참전할 수도 있고, 반대로 가까운 귀족까지 참전을 꺼리고 빠질 수도 있는 것이었다.

　자신들의 규모와 승리에 도취된 후한군은 고구려 내부에 이미 분열이 생겼다고 쉽게 생각했던 것 같다. 하긴 제국군의 입장에서 보면 평소에 지리멸렬하고 사소한 이해관계에 따라 이합집산을 거듭하는 변방 부족들의 행태가 우습게 보였을 것이다. 과연 예상대로 수성은 후한군과 대치하기도 전에 사자를 보내 항복을 청해 왔다. 후대 사서에는 항복이라고 표현했지만, 이 시대의 관습으로 보면 적당한 타협과 거래라고 해야 옳을 것이다.

　후한군은 이를 믿고 진격속도를 늦추었다. 이 틈에 수성은 군대를 험한 곳(정확한 지명은 기록이 없다)에 배치하여 후한군의 진격을 차단하는 한편, 뒤로 빼돌린 3천의 기병을 우회시켜 비어 버린 요동과 현도의 군현을 습격했다. 순식간에 2개 성곽이 불타고, 중국군 2천 명이 살해되거나 붙잡혔다.

　자신의 본거지가 기습당하고 재차 분탕질을 당할 위험에 처한 것을 안 후한군은 서둘러 철수했다. 다음 달의 상황을 보건대, 그들은 뒤돌아간 고구려군을 요격하러 간 것이 아니라 연합을 해체하고 제각기 자기본거지를 지키기 위해 허겁지겁 달려간 것이 분명하다.

　이처럼 월등한 기동력을 살려 상대방의 후방을 유린함으로써 적의 병력을 분산시키는 방법은 나중에 몽골족도 애용한 기마민족의 전매특허와도 같은 전술이었다. 생각해 내기 어려운 전술은 아니지만, 이 작전의 최대 장점은 상대가 알면서도 당할 수밖에 없다는 데 있다. 고대의 군대가 지닌 근본적이고 구조적인 약점을 찌르기 때문이다.

후대와 같이 지방색을 극복한 군대 같으면 각기 고향을 지키러 돌아가기보다는 약탈을 감행하고 있는 고구려군을 찾아 섬멸하려 했겠지만, 이처럼 지역 또는 부족을 단위로 하고 사병적인 구조를 가진 군대는 그렇게 할 수가 없다. 설사 다른 부대와 연합하여 싸워 고구려군을 무찌른다고 해도 자기 근거지를 약탈당한다면 승리는 의미가 없기 때문이다. 인력과 물자의 손실은 고스란히 약탈당한 사람의 손실이요, 백성과 토지를 보호하지 못한 지도자는 신망을 잃음으로써 잘못하면 자신의 세력 자체가 위험에 처할 것이기 때문이다.

경우가 다르지만 이런 분산 전술은 20세기에 들어서 제국주의 군대에 의해서도 사용되었다. 리비아 지역의 사막 부족과 무솔리니 군대의 전쟁을 그린 「사막의 라이언」이란 영화를 보면, 유목민 게릴라들이 단합하여 저항군을 결성하자 이탈리아 군이 탱크를 동원하여 후방의 민간부락들을 차례로 짓밟는 장면이 나온다. 이 전술에 유목민 부대는 해체하여 각기 고향을 지키기 위해 돌아갔다가 각개격파를 당하고 만다.

이탈리아 군의 승리를 제국주의자들에게서나 가능한 잔인성의 결과라고 분노하는 분도 있지만, 역사에서 분노를 배우는 것처럼 어리석은 일도 없다. 이 이야기가 주는 진정한 교훈은 약점 중의 약점, 알면서도 당할 수밖에 없는 최대의 약점은 체제와 사회구조가 가져다주는 약점이라는 사실이다.

오늘날 선진국과 후진국의 경쟁에서 후진국이 이기기 힘든 이유는 선진국에서는 후진국의 체제와 구조를 철저하게 분석할 수 있기 때문이다. 이상하게도 후진국에서는 위기감이 만연할수록 정신력을 강조하고, 자신들이 가진 것, 고유한 것을 가지고 승부를 걸어 보려는 경우가 많은데, 그런 행동 자체가 중세적인 발상이며 후진국의 보편적인 특성이다. 체제 분석과 사회현상에 대한 구조적인 인식의 폭을 넓혀 가지 않고서는 절대로 승리할 수 없다.

1600년 전의 전쟁에서도 체제적인 약점은 치명적인 결과를 초래하였다. 4월에 고구려와 선비족 8천 명의 혼성부대가 후일 고구려의 방벽이 되는 요동의 산지를 넘어 요동성 아래 발해만 쪽에 위치한 해성(海城) 지역에 출현했다.

아마도 이 지역 어디쯤에서 고구려군은 기습적으로 산맥을 넘었을 것이다. 산맥을 넘은 고구려군이 요동 쪽으로 꺾어 북진하자 놀란 요동태수는 병력을 동원하여 산맥을 따라 남하했다. 갑자기 고구려군에 선비족 8천 명까지 합류한 것으로 보아 이 침공은 고구려측에서 처음부터 의도한 작전인 듯하다. 적을 분산시켰으니 다음 작전은 하나를 골라 최대한의 카운터 펀치를 날리는 것이다.

북진하는 고구려군과 남하하던 요동군은 해성과 요동의 중간지점인 요양 부근에서 만났다. 중국측 기록에 사망자는 겨우 100여 명이었다고 하였지만, 그 내용을 보면 요동태수 채풍과 부하 참모가 모조리 전사했다. 부하들이 태수를 지키기 위해 몸을 던져 막다가 다 전사했다고 기록된 걸 보면 거의 완전한 전멸이었던 것 같다. 『삼국지』를 주의 깊게 읽어 보시면 태수가 전쟁터에서 살해되거나 포로가 되는 경우는 극히 드물다는 사실을 알게 될 것이다. 따라서 위의 기록은 간결하지만 후한 조정에는 충격적인 사건이었다.

중국의 반격

그러나 이 승리로 요동이 바로 고구려의 지배로 들어온 것은 아니다. 그 길은 아직도 멀고 험했다. 후한 조정이 붕괴하고 중국에서 삼국의 항쟁이 치열해지는 동안 요동은 공손씨의 세상이 되었다. 삼국분열의 시대 동안 요동태수 공손탁(公孫度)도 자립하여 나라를 건설할 꿈을 키웠으나 본인은 꿈을 이루지 못하고, 그의 뒤를 이은 아들 공손연이 서기 237년에 비로소 자립하여 국호를 연이라고 했다. 이 때 위나라의 왕은 조조의 아들 조비였다. 조비는 반독립 상태로 남아 있던 요동을 평정하기로 결심하고 세자 시절부터 잘 알던 관구검을 특별히 유주자사로 천거하여 파견했다. 관구검은 공손연을 공격했으나 쉽게 승부가 나지 않았다. 그러자 238년 조비는 제갈량의 숙적이던 위나라 최고의 전략가 사마의를 파견했다. 공손연은 사마의와 관구검의 양동작전에 휘말려 패배, 살해되고 말았다.

공손씨가 멸망하자 고구려는 이제 위나라와 국경을 마주하게 되었는데, 고구려는 공손씨의 멸망을 요동 진출의 호기로 파악했다. 242년 중국 사서에 눈이 꼭 태조왕을 닮았다고 묘사되어 있는 고구려의 동천왕이 서안평을 습격했다. 서안평은 현재의 신의주 바로 건너편인 요녕성 단동현 구련성공사(九連城公社) 첨고성(尖古城)으로 추정되고 있다. 이 곳은 북한과 요동을 이어주는 길목으로서 지금도 이 선을 따라 심양, 장춘으로 연결되는 철도가 놓여 있다. 이 곳은 압록강 하구이므로 그 중류지역에 위치한 고구려로서는 요동 진출의 전진기지가 되기도 하지만 이 곳을 점거하면 낙랑과 대방군을 요동으로부터 고립시킬 수 있다는 의미도 컸다.

위나라는 즉시 반격했다. 유주자사 관구검은 만 명의 병력을 이끌고 고구려 정벌에 나섰다. 여기에 현도태수 왕기와 선비족 계통의 이민족인 오환의 병력도 합세했는데, 만 명이 이들의 숫자도 포함된 것인지, 유주군의 수인지는 분명하지 않다. 동천왕은 철기 5천 명을 포함한 2만의 대군을 동원했다.

이 때의 공격 루트는 예전 태조왕 때 쳐들어 온 요동·유주 연합군의

부여

오환군

관구검군
승리

양맥

관구검 및 왕기군

고구려군
승리와 추격

현도성

요동성

고 구 려

국내성

밀유와 유유
의 활약

왕기군의
추격

동천왕 서안평
공격(242)

서안평

황초령

옥 저

고구려의 서안평 공격과 위나라의 고구려 침입경로.

침공 루트와 비슷했던 것 같다. 보통 고구려의 1차 저지선은 양맥 지방
의 골짜기였으나 관구검의 군대는 이 곳을 쉽게 통과했다.

8월에 동천왕이 친히 인솔하는 고구려군은 비류수(지금의 혼강 상
류)에서 관구검과 대치했다. 지도에서 보듯이 비류수를 건너면 국내성
까지는 하룻길에 불과하다. 최후 방어선에서 적을 만난 고구려군은 멋
지게 싸워 위군 3천 명을 살해했다. 관구검은 오던 길을 되돌아 후퇴했
다. 고구려군은 위군을 추격하여 양맥 골짜기에서 다시 위군 3천 명을
살해했다.

"위의 대군이 우리의 소군보다 못하구나. 관구검은 위의 명장인데,
오늘 그의 목숨은 우리 손아귀에 있다."

동천왕이 승리에 감격하여 한 말이다. 그리고 그는 친히 중장기병을
인솔하고 위군의 뒤를 쫓았다.

더 이상 도망칠 수도 없게 된 위군은 개활지에서 사각형의 방진을 치

고 고구려군을 맞았다. 기록이 자세하지 않지만 동천왕이 철기 5천 명만 거느리고 쫓아갔다고 표현한 것으로 보아 위군이 궤멸 직전이라고 판단하고 기병에게 적을 추격하여 섬멸하라는 명령을 내린 것 같다. 대오를 잃고 마구잡이로 도망치는 군대는 기병의 몫이다.

동천왕은 도망치는 위군을 철기로 압박하면 위군이 완전히 무너질 것이라고 기대했을 것이다. 그러나 위군은 경험도 많고 훈련도 잘 된 군대였다. 위기의 순간에 위군 병사들은 뿔뿔이 흩어져 달아나는 대신 냉정하게 깃발 아래로 모여들었다.

적이 일단 진형을 갖춘 이상 동천왕은 서두르지 말고 퇴로를 끊고 기병과 보병의 공조체제를 갖추었어야 했다. 그러나 맹렬하게 쫓아가던 기분에 자제하지 못하고 성급하게 기병돌격을 감행한 것으로 보인다.

기병이 단독으로 보병진지에 정면으로 돌격하기가 쉽지 않다는 얘기는 앞에서 했다. 그렇다면 적의 진지를 빙빙 돌면서 화살을 날리는 방법은 어떨까? 그러다가 어느 한쪽에 구멍이 생기면 그리로 뛰어든다. 서부극에 자주 나오는 장면 그대로다.

보병의 엄호 없는 기병의 단독 돌격은 어떤 방식이든 항상 위험하다. 나폴레옹도 워털루 전투에서 전황이 여의치 않자 방진을 치고 있는 영국군의 심장부로 기병을 단독으로 돌격시키는 도박을 해 보았다. 이 때도 서부극처럼 보병은 진지 안에서 사격하고, 기병은 주변을 돌며 사격하면서 돌격할 틈을 노리는 그런 장면이 연출되었는데, 나폴레옹의 기병은 커다란 손실을 입고 후퇴해야 했다.

그 때 영국군은 활이 아니라 총과 대포를 사용하지 않았냐고 반문할 수도 있다. 그러나 당시의 머스킷 소총의 유효사거리는 50m도 되지 않았다. 그나마 50m에서 쏘면 그저 약간 유효하다고 할 정도였고, 실제로는 한 20m까지 접근해야 사격을 했다. 참고로 조선시대의 무과에서 보병의 사격표적은 화살의 종류에 따라 다르지만 최하 80보, 최대 240보였다. 당척으로 계산하면 1보는 약 1.5m이므로 최하 120m에서 최대 360m 거리가 된다.

물론 이것은 유효사거리라기보다는 최대 사거리다. 활의 경우 보병 사격은 조준사격이라기보다는 화망을 구성하는 방식을 많이 사용했고, 활을 당기는 힘이 좋아야 유효사거리도 길어지고 화살의 관통력도 높아지므로 가능한 한 과녁을 멀리 놓고 맞추는 능력을 시험했다. 그렇다고 해도 적이 200~300m 이상 떨어졌을 때부터 사격을 개시할 수 있다는 것은 확실히 총이 갖지 못한 장점이었다.

이렇게 보면 소총이라고 해서 유효사거리나 살상력이 활보다 나을 것도 없다. 발사 속도는 비교할 대상도 못 된다. 머스킷 소총은 장전하는 데만 수초가 소요되므로 사실상 20m 선에서 발포한다면 쏠 기회가 한 번밖에 없었다.

유성룡의 『징비록』에도 또 하나의 사례가 있다. 조선의 최정예군이었던 함경도 군사가 왜군을 만나 초전에서 승리했다. 패배한 왜군은 어느 가옥들로 들어가 방진 비슷한 것을 쳤다. 조선군은 말을 타고 그 주변을 돌면서 사격을 했는데, 그만 큰 희생을 내고 거꾸로 패해 버렸다.

이 날 성급하게 기병돌격을 감행했던 고구려군도 비슷한 패배를 맛보았던 것 같다. 기병이 큰 피해를 입으면서 고구려군의 진형이나 군대 운영은 산만해진 듯하다. 어지럽게 패주하는 고구려군에게 위군은 역습을 가했고, 결국 기병은 5천 중에 4천이, 보병은 1만 5천 중에서 1만 4천 명이 전사하는 엄청난 손실을 입었다.

처음에 동천왕이 인솔한 2만이 고구려군 전체의 병력은 아니었지만, 이 때의 군대가 일가친척, 직할 무사, 자기 식읍의 병사와 하호가 주력이 되는 사병적인 군대였던 점을 감안하면 동천왕과 측근 세력이 입은 타격은 심대한 것이었다. 게다가 국왕군의 주력이 붕괴한 이상 다른 부족의 병력을 끌어들이기도 쉽지 않았다. 사태가 심상치 않으므로 출전을 꺼리는 경우도 있었을 것이고, 동천왕 쪽에서도 자신들을 지켜 줄 병력이 없는 상황에서 함부로 다른 부나 귀족의 군대를 불러들일 수 없었을 것이다.

퇴각한 동천왕은 국내성을 사수할 병력이 없었으므로 아내와 자식만 데리고 국내성을 탈출했다. 다행히 관구검도 희생이 커서 국내성을 공격하지 못했다. 하지만 유주로 돌아간 그는 곧바로 군사를 재정비하여 다음 해 10월에 다시 쳐들어왔다.

지난 전투의 피해가 얼마나 컸던지 동천왕은 이 때까지도 제대로 군대를 재건할 수 없었다. 동천왕은 전투를 치를 엄두도 내지 못하고 고위관료이며 옛날의 부족장급인 가(加) 벼슬에 있는 사람들만 데리고 함경도 산맥지역인 옥저로 도망쳤다고 한다. 국가의 지도부만 달아난 것이다.

왕과 지도부는 달아났지만 남아 있는 지도부와 병사들은 관구검군을 맞아 항전했다. 하지만 성은 함락되었다. 이 공성전에서 고구려 병사 8천 명이 살해되었다. 관구검은 국내성의 이름을 불내성(不耐城) 즉 견디어 낼 수 없는 성이라고 바꿔 부르며 고구려를 조롱하고 성을 파괴했다. 또 자신의 공적을 적은 비석을 세웠다. 나중에 고구려 사람들이 이 비를 때려 부순 것 같은데, 20세기 초에 국내성 부근 고개에서 비의 조각 하나가 발견되었다.

관구검은 이 참에 고구려를 아주 멸망시키기로 작정했던지 현도태수 왕기를 시켜 동천왕을 추격하게 했다. 왕기의 추적은 집요했다. 도망치던 동천왕은 황초령 부근으로 추정되는 곳에서 왕기의 한 부대에게 따라잡혔다. 공격을 받은 고구려군은 산산이 흩어졌다. 더 이상 적의 공격으로부터 왕을 엄호하기가 불가능해진 상황에서, 밀우가 결사대를 이끌고 추격군 속으로 돌격하여 적을 저지했다. 덕분에 동천왕은 고개를 넘어 산 속으로 도주할 수 있었다. 산 속에서 흩어진 패잔병을 수습하여 진형을 다시 갖춘 동천왕은 다시 특공대를 보내 밀우를 구해 오게 했다. 다행히 밀우는 부상을 입고 적진 속에 쓰러져 있다가 구출되었다.

일단 한숨은 돌렸지만 산 속의 동천왕과 현도군은 대치 상태에 빠졌다. 현도군은 공격은 하지 않았지만 출구를 봉쇄했다. 아마도 이 부대는 왕기의 주력이 아닌 선발대였던 모양으로 왕기가 이끄는 본대가 도착할 때까지 동천왕을 묶어 두려고 했던 모양이다. 동천왕은 꼼짝 못하는 신세가 되었는데, 이번에는 유유가 계교를 냈다. 유유는 음식을 갖추고 적장을 찾아가 항복의사를 밝혔다. 적장은 이를 믿었고, 가져간 음식을 풀어 놓던 유유는 그릇 속에 감추었던 단검을 꺼내 적장을 찔러 죽이고 자신도 그 자리에서 자결하였다. 지휘관을 잃은 현도군은 후퇴했고, 동천왕은 포위를 벗어나 다시 도주할 수 있었다.

왕기는 그 뒤로도 계속 쫓아와 숙신 땅의 경계(지금의 간도지방으로 추정된다)에서야 할 수 없이 발을 돌렸다. 그러니까 동천왕은 여진지역으로 망명한 셈이다. 왕기도 이 곳 바위에 기록을 새겼다고 한다.

> **관구검** : 조비의 총애를 받았던 관구검은 고구려 원정 이후 오나라 전선에 투입되어 양 자강가의 대도시이던 수춘을 근거로 활약했다. 조비가 사망한 후 사마씨가 위나라의 정 권을 찬탈하자 관구검은 양주자사이던 문흠과 함께 사마씨 정권에 대항하여 거병했으나 당시 위나라 최고의 명장이며 촉한 정복에 수훈을 세웠던 등애(鄧艾)와 왕기(王基 : 현 도태수 왕기와는 다른 인물)의 군대에 패했다. 오나라로 달아나던 관구검은 추격병에게 쫓겨 아들과 함께 갈대밭 속에 숨었다가 포위한 위군의 화살에 맞아 전사했다. 등애는 그 와 아들의 목을 잘라 수도로 이송했다.

동천왕은 수도로 귀환했으나 그들의 세력근거인 국내성과 그 일대는 크게 파괴되었다. 새 근거지를 위하여 동천왕은 평양을 개발·육성했는데, 이것이 나중에 평양이 고구려의 수도로 성장하는 계기가 되었다.

두 번째 위기

관구검의 침입으로 고구려 지도부는 큰 타격을 입었다. 그러나 천만 다행으로 당시 중국도 삼국으로 분열되어 통일전쟁을 치르는 통에 지속적인 정복을 감행할 여력이 없었다. 게다가 위도 곧 사마씨에게 나라를 빼앗겨 내정이 혼란스러웠다.

덕분에 고구려는 한숨을 돌릴 수 있었다. 하지만 어찌 생각하면 운이 좋은 것만도 아니었다. 사마씨의 진(晉)은 천하를 통일하는 데 성공하지만 중원의 한족 사회는 삼국항쟁으로 지칠 대로 지쳐 버렸다. 이 틈을 타서 중국을 빙 둘러싸고 있던 변방부족이 일시에 치고 들어왔다. 그들은 제각기 중국으로 침입하여 양자강 이북을 나누어 점령해 버렸다. 북중국은 다시 수많은 국가가 명멸하는 혼란기로 들어갔는데, 역사에서는 이를 5호16국시대라고 한다. 5호16국은 다섯 오랑캐가 세운 열여섯 나라라는 뜻인데, 실제로는 더 되었다.

고구려의 미천왕은 이 참에 숙원이던 서안평을 점령하고, 현도와 낙랑, 대방군을 통합했다. 그러나 아쉬운 점도 많다. 고구려가 위나라에게 타격을 받지 않았더라면, 이 시기에 좀더 획기적으로 성장했을지도 모르기 때문이다. 고구려가 너무 일찍 힘을 키웠던 것일까?

하여간 고구려를 대신하여 요동의 패권을 장악한 민족은 화북지방과 고구려의 중간지대인 요동 서쪽 대릉하 지역에 살던 모용씨의 선비족이었다. 선비족 지도자 모용외(또는 모용회)는 중국의 혼란을 틈타 요동에서 세력을 확장했다. 그는 같은 선비 부족인 우문씨와 단씨, 그리고 중국과 고구려의 연합세력을 다 격파했다.

모용외의 아들 모용황은 요동 안쪽으로 진출하여 삼국시대에 공손찬과 원소의 땅이던 유주와 기주를 차지하고 337년에 연(燕)나라를 세웠다. 이를 전연이라고 한다. 고구려의 미천왕은 현도와 낙랑을 점령한 뒤 이어 모용외에게 도전했으나 패하고 말았다.

1930년대 국내성 모습. 지금은 개발에 밀려 성벽이 많이 파괴되었다.

미천왕의 뒤를 이은 고국원왕은 모용씨의 기세를 피해 근거지를 남쪽으로 옮겼다. 새로운 근거지는 동황성(東黃城)으로 추정되는데,『삼국사기』에서는 동황성을 평양의 산성 즉 대성산성으로 보고 있다. 평양개발은 이미 동천왕 때 시작되었지만 고국원왕도 제2의 근거지라고 할 수 있는 이 곳에서 힘을 비축하려는 의도를 갖고 있었다고 생각된다.

고국원왕 12년(342년)에 그는 피난생활을 정리하고 전설 어린 선조의 땅, 국내성으로 귀향하였다. 그냥 돌아온 것이 아니라 파괴되었던 성벽과 산성도 말끔하게 복원했다.

감개무량하고 의미심장한 귀향이었다. 이 소식은 재빨리 연의 수도인 용성(龍城 : 현재의 요녕성 조양)으로 전해졌다.

이 때의 연왕은 모용외의 아들 모용황이었다. 그는 모용왕가가 배출한 가장 걸출한 인물이다. 선비족 추장의 아들이지만 꿈을 중국 제패에 두었던 그는 왕자 시절부터 한인 유학자 유찬을 스승으로 모시고 중국의 학문과 제도를 배웠다. 유비가 제갈량을 찾았듯 모용황도 유찬에게 배우기 위하여 온갖 예물을 갖다 바쳤을 뿐 아니라 공손하고 예의를 다

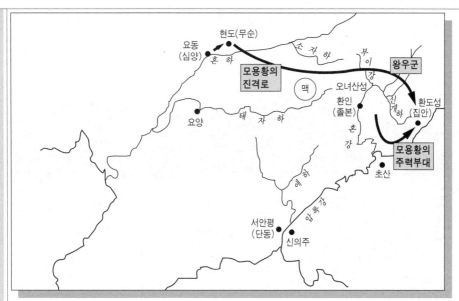

연나라 모용황의 침입경로.

해 명성이 자자했다고 한다. 고구려와의 전쟁 후의 일이지만 하북으로
진출한 후 모용황은 선비족을 농민으로 전환시키고, 자신들의 근거지
에도 중국인의 개간을 허용하는 통 큰 정치를 펼쳐서 한족 유이민을 대
량으로 흡수했다. 그리하여 그와 그 다음 치세에 연은 157군에 1579현,
250만 호에 인구 1천만 명이 넘는 동북지역 최대의 강국이 되었다.

  이런 모용황이 고구려의 천도 소식을 들었다. 누가 보아도 고구려의
의도는 분명했다. 그는 중원으로 진출하기 위해서는 먼저 고구려와 우
문씨를 완전히 제압하여 배후를 안정시켜야 한다는 참모들의 건의를
받아들인다. 342년 11월 모용황은 친히 정병 4만을 거느리고 고구려를
침공했다.

  당시 요동에서 국내성으로 진군하는 데는 북쪽과 남쪽의 두 루트가
있었다고 한다. 북쪽 길은 쉽고 평탄했고, 남쪽 길은 험했다. 따라서 전
통적으로 침공군은 북쪽 통로를 많이 사용했다. 두 길의 위치는 정확히
알 수 없지만, 북쪽 길이란 이전에 침공군들이 자주 사용했던 대로 요
동에서 현도(무순) 쪽으로 가서 맥 지방을 경유하여 부이강, 혼강 상류

를 지나 국내성 북쪽으로 진공하는 통로인 듯하다. 남쪽 길이란 정확히 어디서 북도와 갈라지는지 알 수 없는데, 혼강 아래쪽을 흐르는 신개하 쪽으로 해서 압록강 이북지역을 따라 국내성 남쪽에서 올라오는 길이 아닌가 싶다.

고국원왕은 연군 주력이 북쪽 길로 오리라 예상하고 동생 무에게 정병 5만을 주어 북쪽 길을 막게 하고, 자신은 소수의 나머지 병력을 거느리고 남쪽 길로 내려갔다. 그런데 모용황은 이를 예측하고 북쪽 길로는 왕우가 인솔하는 1만 5천 명의 부대만 보내고, 자신이 인솔하는 선비족 주력부대 4만 명을 남쪽 길로 돌렸다.

후대의 사가들은 고국원왕의 판단착오와 안이한 대응이 고구려군의 패인이었다고 말한다. 『삼국지』의 영향 때문인지 전통적인 문치주의 때문인지는 모르겠으나 동양의 역사책에서는 전쟁의 승인과 패인을 전술과 지략 위주로, 다시 말하면 지휘부(이 경우 거의가 문관이다)의 책략에 따라 승패가 결정되는 듯 정리해 버리는 경향이 있다. 그러나 실제 현장의 상황은 그렇게 간단하지 않다.

고국원왕의 경우도 주력인 북쪽 군을 자신이 인솔하지 않고 친히 남쪽 지휘를 맡은 것을 보면 결코 남쪽 방어를 안이하게 생각한 것이 아니다. 선비족도 북방유목민족이라 고구려와 똑같은 강력한 중장기병대를 보유하고 있었다. 그 외의 부대편제도 고구려와 유사했을 것이다. 하지만 이 때의 전연은 이미 이전의 유목민족 수준을 벗어나 있었다. 병력은 비슷하지만 물자나 장비, 병력 동원능력과 통제력, 조직력에서 획기적인 발전을 이루고 있었다.

그러므로 전력상으로 열세인 고구려측에서는 정예병을 최대한 한쪽으로 몰아주어 적의 주력을 강타하고, 그 동안 남쪽에서는 험한 지형을 이용하여 최대한 버틴다는 작전이었던 것 같다. 그러니 남쪽 부대도 비장한 각오로 전투에 임해야 했다. 약한 부대라 겁을 먹고 도주하거나 항복해 버리는 사태를 방지해야 했기 때문에 고국원왕이 친히 이 부대의 지휘를 맡았다.

여기까지는 특별하지도 어리석지도 않은, 전쟁사에서는 기본 중의 기본이라고 할 수 있는 전략이다. 제대로 된 전쟁이 시작되었다고 할 수 있는 춘추전국시대부터 군대를 삼군으로 나누어 지휘관은 중군에 위치하고 강한 군대는 우군으로, 약한 군대는 좌군으로 편성하여, 서로간에 강군으로 약군을 치고 약군으로 강군을 막는 것이 전투의 기본이었다. 그래서 강군이 적의 약한 군대를 먼저 깨뜨리거나 혹은 아군의 약군이 최대한 오래 버텨 주어서 강군(우군)이 먼저 적의 중군의 측면이나 후방을 위협하게 되면 이기는 것이었다. 때로는 반대로 강군으로 강군을 치고, 약군으로 약군을 막는 방식도 효과를 많이 보았는데, 어느 방식이 좋은가는 피아간의 전력과 상황에 따라 달랐다.

서양에서도 마찬가지다. 알렉산더가 페르시아와 벌인 두 번의 대회전에서 양측은 똑같이 이 전술을 사용했다. 그런데 이렇게 말하면 전술이니 작전이니 하는 것이 별로 복잡하지도 않고 아무나 전쟁을 지휘할 수 있을 것 같다. 그러나 그렇지 않다. 실제로 승패를 좌우하는 요인은 그 다음부터이다.

전략은 기기묘묘한 게 아니라 적절하게 사용하는 능력이 중요하다. 전술과 작전은 의외로 상대적이다. 강군, 약군 하지만 그 비율을 어떻게 하느냐가 중요하다. 전차부대·궁병·보병을 어떻게 배치하고 운영할 것인가? 좌·우군의 병력 분할을 어떻게 하는가? 자기 군대의 수준과 실행능력, 지형에 맞는가? 상대의 수준에 어떻게 적절히 대응하는가? 이것이 승패의 요인이다. 전쟁에서는 삼단논법이 통하지 않는다. 삼단논법에서는 a가 b보다 크고 b가 c보다 크면 당연히 a는 c보다 크다. 하지만 a가 b한테 이기고 b가 c한테 이겼다고 해서 a가 c한테 이긴다는 보장이 없다. 상대성이 강하기 때문이다. 장기말과 체스의 상대성은 바로

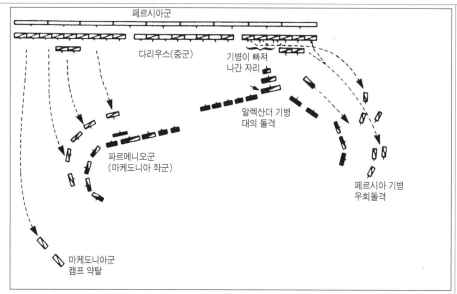

페르시아군

다리우스(중군)

기병이 빠져
나간 자리

알렉산더 기병
대의 돌격

파르메니오군
(마케도니아 좌군)

페르시아 기병
우회돌격

마케도니아군
캠프 약탈

과가멜라 전투 전황도.

이 법칙을 응용한 것이다.

그것만이 아니다. 전투는 극도의 긴장과 혼란 속에서 치러진다. 그 속
에서 지휘관은 어떤 속도로 어느 지점에서 돌격을 감행해야 할지, 어느
부대를 어느 쪽으로 어느 속도로 미리 이동시켜야 할지, 부대 간에 간
격은 어느 정도로 유지해야 할지를 판단하고 결정해야 한다.

페르시아와 알렉산더의 최후의 승부였던 과가멜라 전투에서 페르시
아의 대군은 알렉산더에게 거의 이길 뻔했다. 페르시아의 우측 공격군
이 파르메니오가 이끄는 마케도니아 좌군을 먼저 밀어붙였던 것이다.
그러나 페르시아 군이 그만 5~7마일이나 뒤에 있던 마케도니아 군 진
지의 약탈에 정신을 빼앗기는 바람에 결정타를 날릴 기회를 놓쳤다. 그
러는 동안에도 페르시아의 좌군과 맞선 알렉산더의 기병대는 돌격할
엄두를 내지 못하고 있었다. 병력수에 워낙 차이가 났기 때문이었다. 이
때 승부를 빨리 끝내기 위하여 페르시아의 기병대가 먼저 알렉산더 기
병에게 돌격했다. 하지만 정면승부를 피하고 측면으로 돌아감으로써
시간을 좀 소요했는데, 이 때 페르시아 군 간에 호흡이 맞지 않아 돌격

해 나간 기병의 빈자리를 빨리 메우지를 못했다. 이 때문에 페르시아 군 진형에서 중군과 좌군, 즉 기병과 보병 부대 사이에 간격이 떠 버렸다.

알렉산더는 이 기회를 놓치지 않고 즉시 이 균열, 즉 페르시아 중군과 좌군 사이의 틈으로 기병대를 돌격시켰다. 삼각형의 돌격대형을 이룬 기병대는 신속하게 돌진하여 페르시아 군의 전열을 뚫었고, 곧바로 좌회전하여 다리우스가 있는 페르시아의 중군 측면부를 강타했다. 경험 많은 마케도니아 보병대도 이 기회를 놓치지 않고 기병을 뒤따라 방어선의 뚫린 틈으로 밀고 들어왔다. 페르시아 군은 수가 많았으므로 좌군으로 돌격해 들어오는 알렉산더 군을 감아 측면과 후방에서 공격할 수도 있었을 텐데 알렉산더 군은 겁없이 맹렬히 돌격했고, 이에 놀란 다리우스는 항전할 생각도 않고 도망쳐 버렸다.

그럼 그 동안 페르시아의 다른 부대들은 뭘 하고 있었을까? 이 때 페르시아 군 병력은 약 10만 내지 25만, 마케도니아 군은 4만 7천 명이었다. 페르시아의 병력을 최소로 잡아 10만이라고 해도 진의 길이는 최소 4~5km는 되었을 것이다.

완전무장한 상태에서 전투할 체력을 소진시키지 않고 이동해야 하므로 뛸 수도 없다. 그러니 맨 뒤의 부대가 전선에 도착하는 데 30분 이상은 족히 걸린다는 얘기다.

더욱이 이 때는 무전기도 망원경도 없다. 깃발과 소리, 전령으로 명령을 전해야 한다. 서로 부대가 엉켜 있으므로 어느 쪽으로 이동하라고 해서 일직선으로 이동할 수 있는 것도 아니다.

반면 백병전은 의외로 짧게 끝나는 경우도 많다. 보통의 백병전은 최후의 한 사람이 죽을 때까지 싸우는 게 아니라 최초의 충돌 이후 대형이 무너지거나 방어진지가 돌파당할 때까지이다. 그러니 전투중에 부대의 이동 방향과 속도, 배치 상태를 잘못 결정하면 바둑에서 상황을 잘못 예측하여 패착을 두는 경우와 똑같은 돌이킬 수 없는 상태가 되어 버린다.

　지휘관은 극도의 긴장과 혼란, 돌발 사태 속에서 몇 십 분 후에 벌어질 판세와 상대의 대응을 예측하고 지형·기상조건·무기·화력을 감안하여 공격과 수비의 방법을 정하고 부대의 수준과 작전능력, 명령이 전달되는 시간을 고려하여 이동시키고 배치해야 한다. 실제 전투 지휘관에게 요구되는 능력과 작전이란 이런 것들이다.

　그 외에도 역사책에서는 언급하지 않는 수많은 요소가 승부를 좌우한다. 알렉산더와 다리우스의 전투에서도 더 많은 요인을 잡아 낼 수 있다. 알렉산더나 다리우스나 서로 같은 전술을 사용했다. 페르시아 군도 훈련이 잘 되어 있었고 상당히 용감하게 싸웠지만, 지휘관의 판단력과 결단력, 기동력에서 알렉산더가 앞섰다. 여기에는 알렉산더의 개인적인 천재성 외에도 그가 더 젊었고, 페르시아 군이 훨씬 대군이라 진이 지나치게 넓었다는 사실도 고려해 주어야 한다.

　그 밖에 알렉산더의 승리 요인을 들라면 페르시아 군의 단위 부대들이 작은 실수를 반복한 반면 마케도니아 군은 통제력과 순간 대응력에서 좀더 나았고, 전투 때마다 알렉산더 군의 좌측에서 희생이 큰 거점 방어작전을 수행해 준 파르메니오라는 억센 장군과 부하들이 있었다는 사실도 들 수 있다.

　보이지 않는 요소도 많다. 훈련수준, 강군과 약군의 편성과 배분 방식, 날씨, 군수 및 보급체계, 그에 따른 병사들의 체력관리, 훈련과 장비의 표준화. 이 복잡한 상황에서 부대마다 화살의 사거리가 다르고 방어력과 이동속도가 다르다고 생각해 보라!

　그러니 역사책에 한 줄 남겨진 기록만으로 누가 무엇 때문에 졌다고 단정해서는 안 된다. 동양의 역사책은 군인이 아니라 문관관료와 정신교육이 필요한 독서인층을 대상으로 쓰여졌다는 사실을 꼭 염두에 두어야 한다.

다시 만주 벌판으로 돌아오자. 고국원왕이 선택한 작전은 전술의 기본형에서 가져온 것이었다. 그러나 결과론이지만 병력의 배분 방식에 문제가 있었다. 혹 당시 고구려군의 상황이 우리 생각보다 훨씬 열악해서 그렇게밖에 할 수 없었다고 할지라도 이 전술은 약점이 너무 분명했다. 춘추전국시대의 장군들이나 알렉산더가 군대를 강군과 약군으로 나눌 때는 한 가지 전제가 있다. 만약의 경우 지원해 줄 군대가 가까이 있다는 사실이다. 과가멜라 전투에서도 알렉산더가 다리우스를 쫓아내는 동안 좌측의 파르메니오 군은 엄청난 타격을 입었다. 다리우스가 도망간 후에 알렉산더는 다리우스의 추격을 포기하고 바로 옆으로 달려가 파르메니오를 구원했다. 그렇지 않았더라면 마케도니아 군은 비록 승리를 했다 해도 전쟁을 계속하기 곤란할 정도로 큰 손실을 입었을 것이다.

그러나 고국원왕의 부대는 남북으로 크게 갈라져 있었다. 더욱이 이때의 고구려는 방어선이란 게 없었다. 후기의 고구려는 성과 성으로 연결된 방어선을 이중 삼중으로 구성해서 한두 군데가 함락되어도 항전을 계속할 수 있었다. 하지만 이 때는 한 곳이 돌파당하면 바로 국내성이었다.

고국원왕의 계획은 대담하지만 지나치게 모험적이었다. 반면 모용황은 자신의 대군 앞에서 고구려가 이런 선택을 할 수밖에 없다는 사실을 정확하게 꿰뚫고 있었다. 그는 왕우의 군대를 천천히 진군시켜 북쪽의 고구려 대군을 묶어 두고, 남쪽 군은 빠르게 진군시켜 북쪽 고구려군이 남쪽에 지원병을 보낼 기회를 주지 않았다.

처음 계획했던 대로 뚫리면 끝장이라는 각오로 남쪽의 고구려군이 결사항전을 했던 것 같다. 고구려의 장군이 전사할 정도였다. 그러나 시간을 끄는 데는 실패했다. 패주한 고국원왕은 국내성으로 돌아가지도 못하고 단웅곡(斷熊谷)이란 계곡으로 들어가 숨었다. 중국 기록에는 고국원왕이 말 한 필을 타고 겨우 도망쳤다고 했으나 패잔병을 이끌고 험준한 산 속으로 들어갔던 것 같다.

다행이라면 북쪽으로 간 왕우군이 양동작전의 본의를 잊고 뒤늦게 고구려의 정예병과 대결하여 큰 손실을 입고 패주했다는 사실이다. 이 때문에 모용황은 더 이상의 전투는 피하고 철수했다. 대신 그는 국내성을 완전히 약탈한 후 성벽을 헐고, 궁성은 불질렀으며, 인질로 미천왕의 미망인 주씨와 고국원왕의 왕비, 가족, 주민 5만 명을 잡고, 미천왕의 무덤을 파헤쳐서 시체를 꺼내 수레에 싣고 갔다.

다음 해에 고국원왕은 엄청난 양의 재물을 바치고 겨우 미천왕의 시신은 돌려받았다. 가족도 석방되었던 것 같으나 미천왕의 미망인 주씨는 그 후 12년이나 더 연에서 인질생활을 해야 했다.

요동을 향한 고구려의 집념은 두 번이나 참담한 실패로 끝났다. 요동으로 진출하려는 고구려나 이를 막으려는 내지 세력(중국, 선비족 등)이나 이 지방에 대한 집념은 상당히 강했다. 고구려로서는 만주지역의 패권을 장악하고, 예전 같은 작은 부족국가가 아닌 고대국가로 발전하기 위해서는 반드시 요하 유역을 확보해야 했다. 군사적·지리적으로 볼 때 이 곳은 중국과 만주를 나누는 방벽이 된다. 이 지역을 완전히 확보해야만 그 안의 지역에 대해서 통일되고 효율적인 권력을 행사할 수 있으며, 외국에 대해서도 분명한 방어벽을 구성할 수 있다. 국내성이 관구검이나 모용황에게 허무하게 떨어진 근원적인 이유는 이 지역이 전반적으로 평야지대라 효과적인 저항을 할 수 없고, 한두 번만 패하면 방어망이 뚫려 버리기 때문이다.

그러나 이것이 상황종료를 의미하는 것은 아니었다. 사람은 좌절하면 포기할 수 있으나 사회발전은 유기체의 성장과 같아서 스스로 멈출수 없다. 고구려가 부족단위의 사회체제에서 벗어나기 시작한 이상, 이

지역의 확보는 필수적이었다. 두 번의 실패는 고구려의 좌절이 아니라 이 지역을 둘러싼 양측의 전쟁이 피할 수 없는 시대가 왔음을 알려주는 것이었다.

5. 시작 2 – 적기(赤旗) 대 황기(黃旗)

환도성이 파괴되자 고국원왕은 다시 평양으로 이거했는데, 그 후 약 20년 동안 별다른 행적이 드러나지 않는 것으로 보아 군사력 재건을 위해 절치부심한 생활을 했던 것 같다. 그 동안에 연은 계속 성장하여 화북지방의 패권을 완전히 거머쥐려 하고 있었다.

연에 도전하기는 힘겹다고 생각했거나 아니면 다시 도전하려면 힘을 더 키워야겠다고 생각했기 때문인지, 혹은 이 무렵 고구려의 뒤를 이어 국가체제 정비에 힘쓰고 있던 근초고왕의 백제가 위협적으로 치고 올라왔기 때문인지 알 수 없으나 고국원왕은 갑자기 남으로 치고 내려갔다.

369년(재위 39년) 9월에 치양성, 즉 개성 서쪽, 예성강 하구 북단에 위치한 지금의 배천에 갑자기 고국원왕이 인솔하는 고구려의 대군이 나타났다. 병력은 무려 2만이었다.

백제측에서는 당시의 상황을 "고구려군이 치양에 주둔하고 병사를 나누어 보내 민가를 약탈했다"고 기록했다. 추수가 끝난 후이기는 했지만 시골마을이나 약탈하려고 왕이 이 정도의 대군을 끌고 내려왔을 리 만무하다. 이것은 백제를 몰아내고 임진강, 예성강, 가능하면 한강 유역까지 장악하려는 시도였다. 백천은 육로로는 해주와 개성의 연결선상에 존재한다. 개성→장단→금촌→고양으로 이어지는 길은 예로부터 북부지방과 서울을 연결시키는 제일의 통로였다.

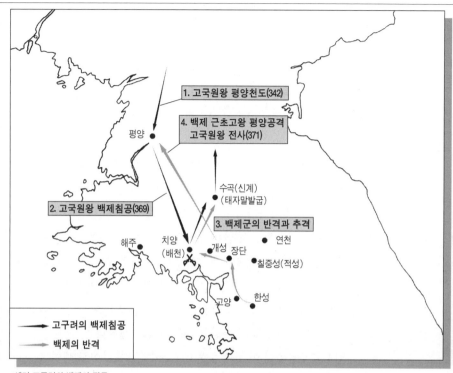

4세기 고구려와 백제의 전투.

　그러나 배천의 진짜 가치는 수로에 있다. 이 곳에서 육로로 한성까지 내려가려면 예성강, 임진강, 한강을 건너야 한다. 예나 지금이나 도하작전은 위험부담이 크다. 흔히 생각하듯이 강을 건너는 동안 공격에 취약하기 때문만이 아니다. 병력이 분리되기 때문이다. 게다가 이 지역은 모두 하류지역이라 강 폭도 넓다. 만약 군대가 일부만 건넜을 때 적이 급습한다면 퇴로도 없는 그들은 궤멸하고 말 것이다. 중국의 병서에 30%의 적을 살상하면 대승리이고, 10%를 살상하면 보통의 승리라는 내용이 있다. 그러니 적이 1/2이나 1/3쯤 건넜을 때 전 병력을 끌고 급습하여 20% 이상의 적을 살상한다면 승리는 우리의 것이다. 그러니 이런 위험한 작전을 세 번씩이나 하라고 하면 누구라도 고개를 내저을 것이다.
　그래서 실제로 고구려군이 남침할 때면 이 루트보다는 보다 상류 쪽으로 올라가서 연천이나 파주군 적성면을 마주 보고 있는 고랑포 지역을 애용했다. 이 곳에는 여울목이 있어서 배를 타지 않고도 강을 건널 수 있었기 때문이다. 이 때문에 평양에서 한성으로 진출하는 육로상의 요충은 지금처럼 개성 일원이 아니라 더 북동쪽인 예성강 상류의 수곡성(신계)이었다.

하지만 수로로 보면 배천의 의미가 달라진다. 앞에서도 누차 언급했지만 예성강, 임진강, 한강은 강화도 앞에서 하나로 합쳐진다. 그러니 이 곳에서 배를 타면 예성강과 임진강 중류는 물론 한강으로 들어가 북한강을 따라 청평·춘천으로, 남한강으로는 충주·단양까지도 손쉽게 갈 수 있다. 나중에 광개토대왕도 육로로 남하하지 않고 한강 수로를 타고 올라와 백제의 수도 한성을 공략했다. 그러므로 고구려가 백천지역 즉 예성강 하구나 강화도만 장악해도 백제의 임진강 방어선이나 한강 북단의 방어기지는 사용하기 곤란할 정도로 위험해진다.

그러니 고국원왕이 이 곳에 주둔한 이유는 누가 보아도 뻔한 것이었다. 백제에서는 고구려군이 사방으로 약탈하러 다녔다고 했지만, 그가 부대를 사방으로 내 보낸 것도 약탈을 위해서가 아니라―가는 곳마다 대접이야 받았겠지만―이 지방의 토호와 지방세력들을 고구려에 복속시키려는 의도였을 것이다.

그러나 고국원왕의 상대는 이번에도 강적이었다. 근초고왕은 백제사에서 가장 뛰어난 왕으로 꼽히는 인물이다. 그는 고구려의 남침을 보고받자 주저하지 않고 태자를 사령관으로 하는 요격군을 편성, 북상시켰다.

백제군의 숫자는 기록이 없지만 고구려군이 2만이었으니 최소한 그 수준은 되었을 것이다. 양쪽의 대군은 배천의 벌판에서 대치했다. 삼국이 다투기 시작한 이래 최대 규모의 전투였다.

병력이 2만이면 고구려군 진의 규모도 2~4km는 되었을 것이다. 이런 엄청난 규모는 피차간에 위압감을 주기에 충분하다. 백제군도 고구려군의 위용에 상당히 긴장했다. 이 때 고구려군의 탈영병 하나가 백제 군 진영으로 도망쳐 들어왔다. 그는 사기(斯紀)라는 인물로 원래 백제 사람이었다. 예전에 그는 실수로 국용으로 쓰는 말의 발굽을 상하게 했 다. 말은 발이 생명이다. 지금도 경주마가 발을 다치면 바로 안락사다. 그리고 특별한 말일수록 무섭게 비싸다. 조선시대에도 제일 좋은 품종 의 말은 한 필에 면포 50필이었는데 당시 남자 노비의 값이 면포 100필 정도였다. 혹 그 말이 왕이나 귀족이 애용하던 말이었다면 값으로 따지 기 곤란했을 것이다. 벌도 벌이지만 엄청난 보상액이 무서웠을 사기는 고구려로 도망쳤는데, 마침 이 원정군을 따라왔다가 다시 백제군 진영 으로 귀순한 것이었다.

그는 귀순의 대가로 중요한 정보를 가지고 왔다. 고구려군의 숫자는 허세다. 대개가 억지로 징집해서 숫자만 채운 부대에 불과하다. 정예부 대는 붉은 기를 사용하는 부대뿐이니 그들을 격파하면 나머지는 저절 로 달아날 것이라는 정보였다.

사실 이런 사정이야 백제군도 마찬가지였을 것이다. 그러나 고구려 군 중에 정예부대가 하나밖에 없고, 백제군이 이 정보를 알아차렸다는 사실이 중요했다. 이를 보면 고구려가 국내성 함락으로 입은 피해가 대 단히 컸고, 이 때까지도 그 손실을 제대로 회복하지 못하고 있었음을 알 수 있다.

태자는 이 정보를 믿고 붉은 기를 지닌 부대를 집중공격해서 깨뜨렸 다. 물론 이것도 말처럼 쉬운 일은 아니다. 상대의 약점을 알아차렸다고 해도 고구려군과 평지에서 정식으로 군사적 대결을 벌여 승리했다는 사실은 태자나 백제 장군들의 지휘능력과 백제군의 수준도 고구려군 에 상응하는 실력을 갖추었다는 사실을 증명하는 것이다.

이 전투에서 백제는 고구려군 5천 명을 사로잡았다. 포로는 종군한 장수와 무사들에게 배분되었다. 패주하는 고구려군을 뒤쫓아 태자는 예성강 상류인 수곡성(신계) 서북지역까지 단숨에 쫓아갔다. 태자는 이 참에 고구려 국경 너머로까지 깊숙이 추격하려고 했으나 장군 막고해(莫古解)가 태자를 말렸다.

"만족할 줄 알면 욕 볼 일이 없고, 그칠 줄 알면 위태롭지 않다고 하였습니다. 지금 얻은 바가 많으니 더 구할 것이 무엇이 있겠습니까?"

태자는 막고해, 아니 사실은 노자의 말씀에 경의를 표하고 추격을 중지했다.

이 때 태자는 기념으로 돌을 쌓아 표를 만들고는 그 위에 올라가서 좌우를 돌아보며 "나중에 누가 다시 여기에 이를 수 있을까?"라고 말했다고 한다.『삼국사기』를 편찬하던 고려 중기까지도 이 유적이 남아 있었던 모양인데, 마침 이 곳에 말발굽처럼 갈라진 돌이 있어서 이 곳을 '태자의 말발굽 자리'라고 부르게 되었다는 전설이 있다.

태자의 말발굽 자리는 꽤 유명한 이야기인데, 그 바람에 이 전투가 남긴 보다 현실적인 유산 하나는 잊혀져 있다.『삼국사기』에는 태자의 말발굽 이야기 바로 다음에 이런 짧막한 기사가 하나 나온다.

"한강 백사장에서 군대를 사열했다. 깃발은 모두 황색기를 사용했다."

상대의 패배에서 교훈을 얻은 백제는 바로 깃발 색으로 부대를 구분하는 방식을 버리고 모든 부대의 기를 황색으로 통일했다. 부대를 식별할 필요는 있었을 테니까 무늬나 모양은 달리했겠지만 그 정도면 적군이 멀리서 구분하기는 불가능했다. 이것도 쉬운 일은 아니다. 부대의 기와 상징은 귀족가문 혹은 그 부족집단의 긍지요 자부심이 아니겠는가? 고구려군의 무참한 패배를 보지 않았더라면 그들은 절대로 이런 개혁을 받아들이지 않았을 것이다.

승리한 백제가 이렇게 했으니 고구려도 당연히 개혁을 했을 것이고, 신라도 첩보를 입수하거나 한 번 쓴 맛을 본 뒤에 고쳤을 것이다. 이렇게 해서 부족시대의 유산이 또 하나 자취를 감춘다.

분하고 원통하게도 고국원왕은 가는 곳마다 강적을 만났다. 억세게도 운이 없었다. 그러나 과연 운이 전부였을까? 짧은 사료로 함부로 판단하기는 곤란하지만 고국원왕의 행적을 보면 그는 조급하고 성급하게 힘 자랑을 하는 경향이 있었다. 좋게 보면 결단력 있고 용감한 인물이었지만, 손자의 기준에 따르면 그것이 최고가 아니다.『손자병법』에서는 치밀한 계산과 정확한 상황판단 능력을 장수의 제일 요건으로 친다. "적을 알고 나를 알라"라든가 "훌륭한 장수는 싸우지 않고도 이긴다"는 말은 괜히 어렵고 심오하게 생각할 필요가 없다. 정세분석을 정확히 하고 피아간의 전력과 대응방식을 주밀하게 계산하여 행동하라는 뜻이다.

손자의 기준이 절대적이라고 할 수는 없지만, 고국원왕의 행적 중에 만약의 경우를 생각지 않는 태도에는 확실히 문제가 있다. 우리는 그가 모용황과의 전투에서도 지나치게 극단적인 전술을 사용했던 사실을 기억한다. 대백제전에서도 궁극적인 패인은 정보가 샜기 때문이 아니라 고구려군의 전력이 충분하지 않은 상태에서 남침을 했고, 극단적으로 한 부대만을 강화시켰던 것이 잘못이었다고 할 수 있다. 고국원왕은 운을 걸고 승리에 도전하곤 하였다. 그렇게 얻은 승리는 비교할 수 없는 짜릿한 쾌감을 주고 오래도록 자랑거리가 되겠지만 승부와 경영의 기본은 확률 싸움이다. 이 부분을 간과했던 고국원왕은 국운을 건 두 번의 대전에서 다 패배하고 말았다. 승운이 그를 비켜 간 것은 아니었다. 오히려 그가 승리했더라면 억세게 운이 좋았던 것이리라.

치양성 패전이 있은 바로 다음 해인 370년 중국에서 어처구니없는 사태가 발생했다. 중국의 동북부를 평정하고 서쪽으로 진군하던 연은 강력한 적을 만난다. 저족의 부씨(符氏)가 세운 진(秦 : 역사책에서는 전진이라고 해서 다른 진나라와 구분한다) 나라였다. 진나라 왕 부견은 천하통일 직전에 어처구니 없는 패전으로 비참한 죽음을 맞기는 하지만 5호16국시대를 통틀어서 가장 위대한 군주의 한 사람으로 꼽히는 걸물이다.

반면 이와 대결하는 연은 모용황이 죽은 후 심각한 내분에 휩싸였다. 결국 이 해에 모용씨의 나라는 부견의 명재상 왕맹(王猛)이 이끄는 군대에 멸망하고 말았다. 고국원왕은 땅을 쳤을지도 모른다. 백제 공격을 1년만 참았더라면 백제전에 투입했던 병력을 이 기회에 요동으로 돌릴 수도 있었을 것이다.

물론 고국원왕도 이미 연의 쇠퇴를 짐작하고, 치고 올라갈 힘을 확보하기 위하여, 혹은 치고 올라오는 백제의 기세를 눌러 남쪽을 안정시켜 놓고 요동을 도모하기 위하여 먼저 남쪽을 공략한 것일 수도 있다. 하여간 371년에 고국원왕은 다시 백제를 침공했다. 그러나 또다시 국경이랄 수 있는 예성강변에서 백제의 복병에게 당하고 말았다. 이 패배로 고구려군은 굉장한 타격을 입은 것 같다. 생각지도 않은 호기를 잡은 백제는 역습으로 나와 10월에 근초고왕과 태자가 친히 3만의 정예병을 거느리고 평양을 급습했다.

몇 번 실수는 했지만 용감하고 뚝심있는 고국원왕은 과감하게 백제의 대군을 맞아 싸웠다. 이번에는 성공이었다. 고구려군의 역전 내지는 결사항전으로 백제군은 평양성을 떨어뜨리는 데는 실패했거나 어쩌면 패했던 것 같다. 그러나 불운한 고국원왕은 승리의 기쁨을 누릴 수 없었다. 그는 전투중에 화살에 맞아 중상을 입었고, 달을 넘기지 못하고 10월 23일에 사망하고 말았다.

고구려와 백제의 공방전은 요동을 두고 벌어진 중국과 고구려의 전쟁과 마찬가지로 삼국 간에 피할 수 없는 대립의 시기가 도래했음을 알리는 사건이었다. 고구려와 똑같은 이유로 백제 사회도 팽창을 요구받고 있었다. 그리고 고구려에게도 남쪽 지역, 특히 한반도의 패권을 가늠하는 임진강·한강 유역에 대한 유혹은 컸다. 단지 치고 올라오는 세력을 방어하기 위해서가 아니라 그들이 서쪽으로 향하는 어려운 싸움을 지원하기 위해서도, 새로운 국가를 이끌어 갈 왕실 세력을 강화하기 위해서도 남쪽의 땅은 필요했다. 초전은 고구려의 패배로 끝났지만 요동에서의 패배와 마찬가지로 이 패배는 끝이 아니라 시작을, 그것도 '복수'라는 명분까지 붙여준 새로운 전쟁의 시작이었다.

6. 시작 3 – 완전한 전선

모용황과 근초고왕에게 패배한 고구려군은 바로 벽화 속의 그 군대였다. 전사자 중에는 그 행렬도의 모델이 되었던 무사가 있었는지도 모른다. 무장도나 편제, 그것이 암시하는 전술면에서 그림 속의 군대는 고대와 중세 사회에서는 최고 수준의 군대였다. 그럼에도 그들은 무참하게 패배했다. 그 이유는 무엇이었을까?

가능한 원인은 한 가지밖에 없다. 당시 사회가 부족연맹체제를 극복해 가는 과정이었다고 하지만 아직 개혁이 제대로 이루어지지 않았기 때문이다. 배천으로 내려갔던 고구려의 대군은 겉모습으로는 구분이 안 갈 정도로 고른 무장을 갖추고 있었다. 그 엄청난 비용을 왕가가 조달했을 리는 없다. 당시 국가는 각지에서 조세와 공물을 거두어 2만 군대를 고르게 무장시킬 능력이 있었다. 그러나 정작 정예부대는 붉은기 부대 하나밖에 없었다고 하였다. 적기는 당연히 국왕의 직할부대였을 것이다. 그렇다면 그 외 귀족들의 주력군은 이 남방원정에 참여하지 않았다는 뜻이 된다.

이것이 태조왕의 서안평 공격 이래 300년 동안 고구려가 피의 경험을 통해 체득할 수밖에 없었던 처절한 한계였다. 그 한계와 위기가 지배층의 각성을 불러일으켰다. 이어지는 소수림왕 고국양왕대에 고구려는 본격적인 체제정비를 시도한다. 군사적인 측면에서 본다면 이 때의 개혁 과제는 지역적·신분적 한계를 극복하여(완전히 넘어선 것은 아니지만) 병력동원과 명령계통, 전술운영의 효율을 극대화하고, 편제·훈련·장비의 표준화를 확대하는 것이었다. 그 구체적인 기록은 없지만 이어지는 광개토대왕의 장대한 원정을 보면 상당한 개혁이 이루어진 것은 분명하다. 마케도니아의 알렉산더가 그리스 상층 시민의 좁은 이기주의와 지역성을 극복한 통합군을 이끌고 동방원정을 떠난 것과 마찬가지로, 광개토왕과 장수왕도 과거의 부족연합군이나 귀족군대의 한계를 넘어선 체계화되고 표준화된 군대를 인솔하고 대정복전에 나섰던 것이다.

시오노 나나미의 『로마인이야기』에 보면, 로마인의 전술 및 훈련교본을 언급하면서 로마인은 어떤 분야에서든 교본 만들기를 좋아하는 사람들이었다고 하는 표현이 나온다. 그럼 로마인은 왜 교본 만들기를 좋아했을까? 로마인들이 교본을 좋아했기 때문에? 그 대답은 고구려인들이 직면했던 딜레마와 마찬가지로 로마인들도 표준화된 군대를 필요로 했기 때문이다. 당시 로마군은 묘한 성격의 군대였다. 원로원이 사령관을 임명하였고, 군단을 편성하고 보유하는 수는 원로원의 허가를 받아야 했다. 군대의 구성원은 귀족 청년들, 중산시민, 평민농민들로 구성되었으며, 때로 군단은 정부의 명령을 받아 여기저기로 이동하고, 배속을 바꾸기도 했다.
이렇게 보면 일반 징집부대와 다름이 없다. 그럼에도 불구하고 군대를 무장시키고, 월급을 주고, 유지하는 비용은 사령관의 부담이었다. 그리고 군 전력의 핵심이라고 할 수 있는 백부장들은 출신이 무엇이든 대개가 직업군인으로서 지휘관과 각별한 유대를 쌓았다. 이런 점에서 로마군단은 반은 사병적인 군대였다. 제국이 확대된 이후로는 해외에서도 군단이 편성되고 로마와는 혈연적 관계가 전혀 없는 각종 이민족이 로마군으로 편입되었다. 아무리 군단이 많고 무장과 훈련이 잘 되어도 각양각색의 부대를 모아 놓으면 결국은 오합지졸이 될 수밖에 없다. 그렇기 때문에 어느 지역에서 누구에 의해 창설된 부대이 든, 어느 부대에서 종군했던 병사들이든 간에 똑같은 모습의 로마군, 표준화된 군대가 필요했고, 이를 위해서는 전술 및 훈련 교본이 필요했던 것이다.

그렇다면 중국과 한국에서는 왜 이런 교본이 발달하지 않았던 것일까? 그 이유는 로마제국처럼 잡다한 이민족의 연합체가 아니었고, 동양에서는 일찍부터 집권체제와 관료제가 발달하여 교본이 없어도 국가와 관이라는 조직체를 통하여 통일성을 유지할 수 있었기 때문이다. 어찌 되었든 여기서 말하고 싶은 것은 동서양을 막론하고 지역군대가 제국군대로 거듭나기 위해서는 영토를 넓혀 징집병의 수만 늘려서 되는 것이 아니라 군대의 표준화라는 과정을 반드시 겪어야 한다는 사실이다.

고국양왕의 뒤를 이어 즉위한 젊은 광개토왕은 22세 되던 서기 395년(재위 5년), 재정비한 고구려군을 이끌고 대원정에 나섰다. 원정로는 엄청나서 거란의 근거지였던 시라무렌 강 중류까지 진출했다. 불행하게도 그는 38세라는 젊은 나이로 사망하지만 재위 22년 동안 그는 말 그대로 사방의 적을 격파하면서 불꽃같은 삶을 살았다. 그가 군대를 이끌고 밟았던 땅은 북쪽으로는 대흥안령산맥과 몽골고원지역, 서쪽으로는 숙적이던 후연을 쳐부수고 지금의 북경 부근까지였던 것으로 알려져 있다.

농안지방에 있던 부여를 멸망시켰고, 남으로는 백제를 한강까지 완전히 밀어내 백제 아신왕의 항복을 받았다. 신라는 자진해서 왕자(나중의 실성왕)를 인질로 바치고 속국처럼 되었다. 재미난 것은 광개토왕비를 보면, 그래도 자신에게 몇 번 덤볐던 백제는 백잔(百殘)이라고 비하하고 왕호도 한 단계 낮추어서 주(主)라고 표현하기는 하지만 국가 비슷하게 대우해 준 반면, 성실하게 속국이 되어 준 신라는 신라라고 부르기도 하지만 동이 즉 동쪽 오랑캐라고 부르고 내물왕은 아예 매금(寐錦)이라고 이름으로 부르는 비하를 서슴지 않는다는 사실이다.

물론 그가 밟았던 땅이 다 그대로 고구려의 영토가 된 것은 아니다.

I 전쟁은 어떻게 시작되었나

83

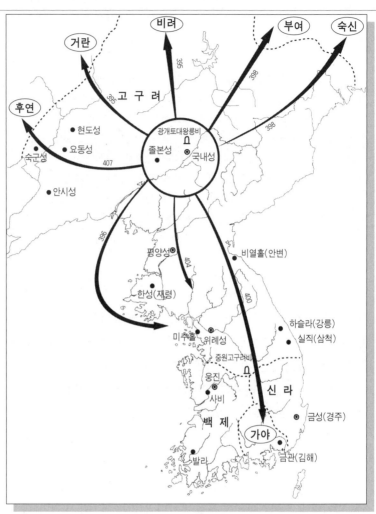

광개토왕 시대의 고구려 대외 진출.

우리 민족은 땅이 좁기도 하지만 원래가 농경지역이라 토지의 소유권
과 경계에 대해 대단히 예민하다. 그러나 유목지역은 영토 개념이 우리
와 전혀 다르다. 지배 형태도 군사주둔지를 마련한 후 영향력이 미치는
주변을 호령하는 형태다. 그러니 그의 원정로를 따라서 지도상에 국경
선을 그리려는 노력처럼 애처러운 것도 없다. 그러나 군사적·영토적
으로 볼 때 광개토왕은 이후의 역사에 결정적 영향을 미친 몇 가지 중

요한 유산을 남겼다.

첫째는 요하와 옛 부여지역에서 요동반도에 이르는 산악지대를 확보함으로써 고구려의 서북변경에 확실한 방어선을 구축할 수 있었다는 사실이다. 우리는 '광개토'(廣開土)의 의미를 양으로만 환산하는 경향이 있다. 확신하건대 호태왕의 수식어로 '광개토'를 넣은 사람들은 양 못지않게 그가 다져 놓은 영토의 질에 감동하고 있었을 것이다.

맨 땅에 선을 그어 놓으면 형식상의 주인일 뿐이다. 그러나 영토에 담을 두르고, 네 귀퉁이에 포좌를 설치하고 기관총을 걸어 놓으면, 영역의 주인이 될 뿐만 아니라 총알과 시야가 미치는 일대의 지배자가 된다.

광개토왕의 정복으로 고구려는 만주와 중국의 경계에 있는 천험의 방어지역을 완전히 장악하고, 이곳에 자신의 땅을 방어할 수 있는 방벽을 구축할 수 있었다(나중에 이 라인을 따라 고구려는 천리장성을 쌓았다). 이전 세기에 위나라와 모용씨가 고구려의 이 지역 진출을 필사적으로 저지했던 까닭도, 수와 당이 고구려를 그렇게 꺼려하고, 반대로 고구려가 수당과 대등하게 싸울 수 있었던 일차적인 요인도 이것이었다. 또 현도(무순) 지역에 묻힌 동아시아 최대의 철광이 고구려의 것이 되었다. 송곳 모양으로 된 고구려 특유의 화살촉은 아이디어 제품이 아니라 풍부한 철광의 소산이다.

두 번째는 서쪽 변경이 강화됨으로써 고구려가 안심하고 남진정책을 수행할 수 있게 되었다는 점이다. 게다가 호태왕은 이미 백제를 한강 이남으로 밀어내고 예성강·임진강 유역을 장악했다. 이것은 한반도의 정치질서를 완전히 바꾸고, 다음 세기에 고구려·백제·신라의 삼국항쟁이 치열해지는 계기가 되었다. 백제와 신라는 살아남기 위해서는 주변의 작은 나라들을 통합하고 자신들도 서둘러 체제개혁에 나서지 않을 수 없게 되었다. 전쟁 못지않게 삼국의 사회 내부에도 격렬한 파고가 밀어닥쳤다.

Ⅱ. 한강의 주인

1. 아차산의 그림자

서기 475년 9월 3만의 고구려 군대는 한강을 건너 질풍같이 위례성으로 밀어닥쳤다. 개로왕은 동생(아들이라고도 하는데 분명치 않다)이며

몽촌토성.

태자였던 문주와 중신을 남쪽으로 대피시키고 자신은 성을 지켰다. 태자는 신라로 달려가 구원병을 요청했다. 고구려군은 사면에서 성을 에워싸고, 밤낮으로 맹렬하게 성을 공격했다. 마침내 7일 만에 북성이 떨어졌다.

『삼국사기』 백제전에 다음과 같은 기록이 남아 있다.

"이 때 고구려의 대로(對盧)인 제우(齊于)·재증걸루(再曾桀婁)·고이만년(古爾萬年) 등이 병사를 거느리고 와서 북성을 쳐 7일 만에 함락하고 옮겨 남성을 치니 성중이 흉흉하였다."

"고구려왕 거련[장수왕]이 3만의 군대를 거느리고 와서 왕도 한성을 포위하였다. 왕은 성문을 닫고 능히 나가 싸우지를 못했다. 고구려인이 군사를 네 길로 나누어 협공하고 또 바람을 이용하여 불을 질러 성문을 태우니 사람들이 두려워하여 나아가 항복하려는 자도 있었다."

북성을 한강 이북의 성이나 다른 지역의 성으로 보는 견해도 있다. 그런데 고구려의 성을 보면 성의 북쪽에 망대를 쌓고 이중으로 작은 성벽을 둘러 놓은 경우가 종종 있다. 이런 곳은 대개 가장 높거나 험한 지역이며, 최후의 항전거점이 되기도 한다. 흔히 쓰는 말에 "아성이 무너졌다"란 말이 있는데, 아성이 바로 이런 곳이다. 그런데 고구려성에서는 이 아성을 북쪽에 두고 북성이라고 부르기도 하였다. 평양성이나 요동의 백암성에서도 이런 모습을 볼 수 있다. 북성은 이런 곳이거나 아니면 본성을 엄호하기 위하여 북쪽에 두었던 별도의 작은 성(이런 성을 부성이라고 한다)일 가능성도 있다.

그러나 이 때까지도 개로왕은 도주하지 않고 성에 남아 항전을 지휘했다. 이미 퇴로가 막혔기 때문인지 모르지만 처음 고구려군이 밀어닥쳤을 때부터 개로왕은 태자를 피신시키면서도 자신은 죽음을 무릅쓰고 성을 사수하려고 했다. 왜 개로왕은 이처럼 위험한 선택을 했을까?

이것은 고대국가의 특수한 성격 때문이다. 이 시기에는 아직 국가 내부에 부족과 귀족이 독자적인 세력으로 존재했다. 그들은 자신의 영지와 백성을 거느리고 있었으며, 무사를 양성하고, 그들로 군대를 편성했다. 요즘식으로 말하면 하나하나가 군벌이다. 왕도 마찬가지다. 왕은 전국토에서 세를 걷고, 군인을 징발할 수도 있지만 그것에만 의지할 수는 없다. 자신의 직할령, 자신의 친위군단을 관리할 필요가 있다. 왕비족이며 내각을 장악하고 있는 해씨(解氏) 집안 역시 한성 주변을 근거지로 하고 있었다. 그러므로 한성 일대를 상실한다면 백제의 왕권은 치명적인 타격을 입을 것이며, 가뜩이나 반목이 심한 남부의 귀족들에게 왕은 엄청난 양보를 해야 할 것이다.

사실 한성의 위기는 오래 전부터 예고된 것이었다. 광개토왕이 치고 내려오면서 백제의 북쪽 국경이던 예성강 방어선이 무너졌다. 개로왕의 할아버지 아신왕(阿莘王) 5년에는 광개토왕이 수군을 거느리고 상륙하여 한성을 공략하고 왕의 동생과 대신을 인질로 잡아갔다. 이 때 도성과 한강을 건너 마주하고 있는 아단성까지 떨어졌다.

아신왕은 절치부심하여 왜와 동맹을 맺고 광개토왕에게 다시 도전했으나 이 시도는 참담한 실패로 끝났다. 광개토왕은 백제·가야·왜의 연합군을 두 번이나 통렬하게 격파했다. 아신왕은 그래도 굴하지 않고 필사적으로 고구려에 도전했으나 너무 조급했다. 잦은 출정과 연이은 패배로 민생은 고통에 빠졌고, 백성들은 신라로 도망하니 마지막에는 출정군을 모으는 데까지도 실패했다. 백제의 완패였다.

백제 왕실은 초조했다. 귀족들의 협력은 충분치 않았고, 영지는 줄고, 백성은 도망하여 자신들의 세력 기반은 약해지고 있었다. 이를 틈타 불만이 들고 일어났다. 자고로 권력자가 힘이 꺾이면 불만과 내분이 발생한다. 개로왕 때에는 뭔가 이런 사정이 심각해졌던 모양이다. 사실은 광개토왕의 공격이 있기 전부터 백제의 상층부는 왕이 살해되고 지배세력이 교체되는 등 상당한 혼란을 겪고 있었는데, 전쟁이 겹치면서 도무지 정국이 수습되지를 않고 있었다. 개로왕의 부친 비유왕도 살해된 것 같으며, 개로왕 즉위 초에도 상당한 정변이 있었던 것 같다. 그 와중에 백제의 유력한 장군 두 사람이 고구려로 망명했는데, 그들은 나중에 장수왕의 군대와 함께 고구려의 선봉이 되어 돌아왔다.

개로왕은 최후의 힘을 짜내 한강 이북을 탈환하려 했다. 한성을 보호하려면 최소한 한강 이북에 1차 저지선을 마련할 필요가 있었다. 그러나 이는 실패했다. 더 이상 고구려를 공격하기에 힘이 부쳤던 그는 중국 위나라에게 조공하여 고구려를 쳐 줄 것을 사정했으나 위는 거절했다. 개로왕은 화가 나서 위와 단교했다. 단교할 정도라면 확실히 상황이 급박했던 것 같다.

이 위기를 타개하기 위하여 개로왕은 계속 무리한 시도를 한다. 그는 궁실을 크고 화려하게 개축하고, 성벽은 구워 옹성을 만들었다. 당시 백제의 성은 토성이었던 모양인데, 토성은 석성처럼 수직으로 쌓을 수 없으므로 둑이나 산등성과 같은 모양으로 쌓게 된다. 여기에 장작을 쌓고 불을 질러 표면의 흙을 구워 옹기면처럼 매끈하게 만든 것이 옹성이다. 또한 성벽 곳곳에는 방어보조시설인 돈대를 세워 방어력을 보강했다.

부친의 무덤도 성대하게 만들고, 수도 방어를 위해 한강변에 토성을 쌓았다.『삼국사기』에는 이 일이 고구려의 간첩이었던 중 도림(道林)의 계략이었다고 한다. 개로왕은 바둑을 좋아했는데, 도림은 바둑으로 개로왕의 환심을 산 후, 일부러 이런 계책을 헌납해서 백제의 재정을 고갈시키고 백성들을 도탄에 빠뜨렸다고 하였다.

이것은 장수왕의 공격을 정당화하기 위하여 지어낸 이야기일 것이라는 해석도 있다. 그러나 개로왕이 이런 사업을 벌린 것은 사실일 가능성이 있다. 고구려 간첩 이야기는 오히려 개로왕의 무리한 시도를 변호하는 역할도 한다. 개로왕의 진정한 목적은 자신의 도시를 화려하게 개축하는 것이 아니라 한성의 방어시설을 강화하고, 한성을 고수하겠다는 의지를 천명하는 데 있었을 것이다. 그러나 그것은 오히려 민력을 소모하고, 백제 정권의 갈등을 부추기는 결과만 낳았다. 강변의 토성은 군사적으로 무용지물이었다.

정말로 고구려의 간첩이 있었다면 그는 백제의 내분, 개로왕과 귀족 세력 간의 갈등 같은 정보를 전했을 가능성이 높다. 사실 개로왕은 과거 귀족들이 맡았던 중요 관직에 동생을 포함하여 왕족들을 임명하고 있었다. 이것은 국가체제를 강화하는 방법으로는 적당하지 않으며, 왕권을 강화시키는 방법도 아니었다. 왕실은 스스로 자신을 지배층 내부에서 고립시켜 가고 있었던 것이다.

고구려군의 공격이 시작되자 개로왕은 신라에 구원병을 요청했다. 그리고 몸소 성에 남아 농성전을 폈다. 당연히 남부의 귀족들에게도 구원을 요청했겠지만 정작 구원병은 신라 쪽에서 먼저 왔다.

백제의 사정을 잘 알고 있었던 고구려군은 희생을 무릅쓰고 속전속결로 나왔다. 마침내 고구려군은 성문을 불태우는 데 성공했다. 성문을 태우는 것은 공성전에서 기초에 해당하는 전술이다. 그러므로 성마다 화공에 대비한 충분한 방어책을 마련해 둔다. 호를 파고, 물을 비축하는 것은 기본이고, 기름불을 진화하기 위해 성문에 미리 진흙을 발라두기도 한다.

게다가 어느 성이나 방어의 중점은 성문에 두기 마련이다. 그러므로 성문 주변에 탑을 두거나(이를 치라고 한다) 옹성이라고 하여 성문을 엄호하는 보조 성벽을 쌓기도 하고, 성문까지 이르는 통로를 좁은 미로로 만들어 성문으로 몰려오는 적을 집중 공격하도록 설계한다. 그러므로 성문이 불탔다는 것은 고구려군이 특별한 작전을 쓴 것이 아니라 수비군의 저항능력이 소진되었음을 의미한다.

이 최후의 순간까지도 백제의 구원병은 어떻게 된 것인지 소식도 없었다. 태자는 신라로부터 1만의 구원병을 얻어냈으나 신라군이 도착했

성문과 성문 보호용 치. 평양성 칠성문.

을 때는 이미 위례성이 함락된 뒤였다.

개로왕은 성이 함락되기 직전에 기병 수십 기를 거느리고 돌격, 고구려군의 포위를 뚫고 서쪽으로 달아났다. 남쪽이 아닌 서쪽으로 달아난 것으로 보아 과천, 성남 쪽으로 가려고 했거나 고구려군의 포위를 벗어난 후 바로 한강으로 가서 배를 타고 하류로 달아나려는 계획이었던 것같다.

이런 경우 대개는 몇 개의 팀으로 나누어 도망하거나 다른 사람을 왕으로 변장시키는 위장전술을 쓴다. 기록에는 없지만 개로왕도 틀림없이 그런 전술을 썼을 것이다. 그러나 이 때 고구려군의 지휘부에는 재증걸루(再曾桀婁)와 고이만년(古爾萬年)이라는 백제에서 망명한 장군이 있었다. 그들이 개로왕을 알아보았거나 탈출 루트를 미리 예상했던 것인지도 모른다. 개로왕은 그들 부대에게 추격을 당했고, 얼마 못 가서 체포되고 말았다. 걸루는 개로왕을 아단산성 밑, 즉 지금의 아차산 워커힐 아래쪽으로 끌고 가 살해했다. 다시 강을 건너 아차산으로 끌고 간 것은 고구려군의 후방 사령부가 그 곳에 있었기 때문일 것이다.

지금 워커힐이 서 있는 아차산 제일 관측소에 있던 초병들은 일국의 왕이 적병에게 잡혀 살해당하는 보기 드문 광경을 볼 수 있었다. 그들이 운 좋게 살아남아 군역을 마치고 고향으로 돌아갔다면 두고두고 주위 사람들에게 그 이야기를 들려주었을 것이다. 국왕이 적군에게 잡혀 살해당하는 일은 삼국시대를 통틀어 딱 두 번, 그것도 이상하게 백제왕들에게만 일어나는데 이것이 그 첫 번째 사건이었다.

2. 나제동맹

약한 적을 먼저 친다

한성을 차지한 후 고구려는 이 곳을 남평양이라고 이름지었다. 이 지역을 제2의 수도로 삼아 정복을 계속해 나가겠다는 선언이었다. 또는 평양과 마찬가지로 고구려 왕실과 집권층이 직접 관할·보호하는 영지라는 의미일 수도 있다. 다급해진 백제와 신라는 동맹을 맺고 일본까지 끌어들여 고구려를 저지했다.

고구려는 백제와 신라를 번갈아 두들기며 남진하기 시작했다. 기록상으로 보면 고구려는 한성을 점령한 후 주 타격 목표를 신라로 돌렸던 것 같다.

그런데 이 때 갑자기 고구려가 신라로 공격목표를 바꾼 이유에 대해 다음과 같은 이야기가 있다.

"고구려왕[장수왕]이 정병 100명을 보내 신라를 지키게 하였다. 얼마 뒤에 고구려인 군사 한 명이 잠깐 동안 귀국했다. 이 때 신라인을 마부로 삼았다. 몰래 그에게 말하기를 '너희 나라가 우리 나라에게 패망할 날이 얼마 남지 않았다' 라고 하였다. 그 마부는 듣고서 거짓으로 배가

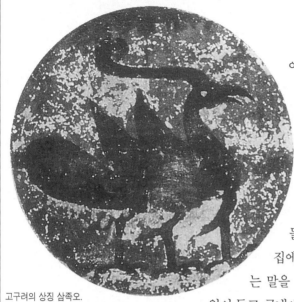
고구려의 상징 삼족오.

아프다고 핑계를 대고 물러가 뒤로 처졌다. 드디어 나라 안으로 도망하여 그가 들은 바를 전하였다.

신라왕은 고구려가 거짓으로 지켜 주는 것을 알고, 사자를 보내 나라 사람들에게 달려가 '사람들이여 집에서 기르는 수탉을 죽여라' 라는 말을 전하였다. 사람들이 그 뜻을 알아 듣고, 국내에 있는 고구려인을 모두 죽였다. 그 때 살아 남은 고구려인이 본국으로 탈출하여 상황을 상세히 전하였다. 고구려왕이 즉시 군사를 일으켜 축족류성(築足流城 : 대구라고 보는 해석이 있다)에 주둔하였다."

이 이야기는 『일본서기』에 있는 것이다. 고구려인을 수탉으로 비유한 것은 고구려의 상징이던 삼족오(三足烏 : 발이 셋 달린 검은 새라는 뜻으로 새의 머리에 관이 있어 공작새와 비슷하다. 원래는 검은 새가 아니고 태양을 배경으로 떠 있는 새를 실루엣으로 묘사했기 때문에 검게 그린 것이다. 태양과 관련 있는 것으로 보아 태양신의 후손을 자처하던 계루부의 상징이었다고 추정된다)를 비유한 것이라고 생각된다.

고구려는 이 살해사건으로 신라를 침공했는데, 신라는 일본(임나일본부)의 구원병을 빌려 고구려군을 격퇴했고, 이 사건으로 고구려와 신라는 누대로 원수가 되었다고 한다.

이 이야기는 고구려의 장수왕에게 백제와 신라를 모두 정복하려는 야심이 있었음을 보여준다. 다만 백제를 정복하는 동안 신라를 보호국 상태로 묶어 놓거나 친고구려 정권을 유지하려고 했는데, 어떤 이유에

서건 그 계획에 차질이 생겨버렸다. 결국 고구려는 양국을 함께 상대하게 되었다.

이제 문제는 어느 쪽을 먼저 공격할 것인가이다. 공격 목표가 양쪽으로 나뉘어 있을 때는 약한 쪽을 먼저 치는 것이 병법의 기본이다. 물론 그것도 상황에 따라 다르긴 하지만.

백제 왕실은 한성을 상실함으로써 당분간 고구려를 공격할 여력이 없을 것이다. 남부의 귀족들은 부여씨의 잃어 버린 땅을 되찾아 주기 위하여 병력과 물자를 희생하려 들지는 않을 것이다. 게다가 남부는 100년 전까지만 해도 마한의 땅이었다. 마한을 완전히 말살한 사람은 개로왕의 고조할아버지인 근초고왕이었는데, 한성을 백제 왕실의 땅으로 부흥시킨 사람이 바로 그였다. 근초고왕은 고구려를 북쪽으로 몰아내고 한성 일대를 안정시킨 후 여기서 획득한 힘과 물자로 남쪽을 평정했던 것이다.

그 밉살스런 왕의 후손이 지금 한성을 상실하고 마한의 옛 땅으로 쫓겨 내려왔다. 역사란 때로는 이렇게 공평하다. 이제 마한의 귀족들은 왕실을 압박하면서 자신들의 지위와 권력을 격상시키려 할 것이다. 잘하면 내란이 나서 백제는 자멸하고 고구려로 투항하는 자가 속출할지도 모른다. 이런 때 그들을 몰아세우면 거꾸로 그들이 일치단결할 빌미만 제공해 줄 수도 있다. 그러니 고구려로서는 일단 두고 보자는 유혹을 뿌리치기가 힘들었을 것이다.

고구려의 기대만큼은 아니지만 실제로 백제 정국은 상당한 혼란을 겪었다. 문주왕은 즉위 4년 만에 대신이며 왕의 외척인 해구(解仇)에게 암살당하였는데, 해구는 구토 한성에서 이주해 온 이주민 집단을 인솔하여 반란을 일으켰다가 진압되었다. 아마도 그는 이주 후 자신의 지위가 약해지는 데에 혹은 왕실이 자신을 저버리고 남부 귀족들과 타협하려는 데에 불만을 느꼈던 것 같다. 문주왕과 삼근왕에 이어 문주왕의 조카 동성왕이 즉위했다. 그는 신라와 동맹을 맺는 등 꽤 정력적인 활동을 폈으나 이번에는 남부 귀족 출신인 좌평 백가(苩加)에게 암살되었다. 동성왕의 아들 무령왕은 다시 해씨의 도움을 받아 백가를 진압하였다. 이런 일련의 상황은 백제 내부의 세력구도가 복잡 미묘하게 움직였음을 의미한다.

한편 신라의 상태는 더 형편없었다. 이 때까지도 신라에는 왕이라는 명칭도 없었다. 왕이 자신을 ○○부의 ××라고 소개할 정도였다. 고구려의 침공을 당하기 전에는 병부(兵部)도 없었다. 이 때까지도 군대가 각 부족, 호족 집단에 의해 개별적으로 통솔되었으며 병참과 전술도 제각각이었다는 얘기다.

거기다 신라는 백제와 달리 왜와 사이가 안 좋아 왜구에게 연신 두들겨 맞고 있었는데, 그것도 감당하기 힘든 형편이었다. 이전에 광개토왕이 신라에 원군을 보내 왜구를 축출해 준 일은 유명하지만, 위의 이야기에서도 장수왕은 아예 100명의 병사를 보내 신라에 상주시켜 주었다고 한다. 일종의 군사고문단인데, 옛날 전쟁에서 무사 100명의 위력은 대단하다. 각기 100명씩의 부하를 이끈다고 해도 1만의 군대를 움직일 수 있는 장교군이기 때문이다(혹은 이 100명의 군사는 왜구를 의식한 원병이 아니라 신라정부를 감시하고 통제하기 위해 파견한 병력이었을 가능성도 있다).

사실 이 때 신라는 정신이 없었다. 왜구는 연신 쳐들어 오는데, 『삼국사기』를 보아도 이기고 지는 게 반반이다. 옛 사서에서 전황은 자신에게 유리하게 적는 게 보통이란 점을 감안하면 신라가 받은 고충은 말이 아니었다. 『일본서기』에도 이 때의 신라침공이 어느 때보다도 대규모이고 활발했던 것으로 기록되어 있고, 그 중에는 우리 정서로는 받아들이기 힘들 정도로 심한 이야기도 있다. 신라는 싸우기도 했지만 원하는 물자를 주거나 회유하기도 하고 때로는 무참한 약탈을 당하면서 하루 하루를 보내고 있었다. 여기에 고구려군까지 치고 내려왔다. 그러니 조금만 더 궁지에 몰리면 신라는 저항은 고사하고 어느 쪽으로 항복할까를 두고 고민하게 될 것이다.

그러나 대책은 있었다. 고구려의 진격으로 위기에 몰린 백제와 신라는 왕실 간의 결혼으로 동맹을 맺고 고구려에 저항했다. '수탉사건' 때문인지는 모르겠으나 이 동맹을 막지 못한 것이 고구려의 큰 실수였다. 이 방어동맹은 대단히 효과적이었다.

고구려군의 불행은 이 땅이 너무 좁다는 것이었다. 만주평원이라면 빙 돌아서 어느 한 나라를 쳐부술 수도 있었겠지만, 우리 나라는 좁은 반도인데다가 동쪽 땅의 1/3은 산악지대라 그 쪽으로는 대군을 보낼 수가 없었다. 그러므로 백제나 신라 어느 쪽을 치든지 충청도를 경유해서 내려가야 한다. 따라서 백제를 공격하면 신라에게, 신라를 공격하면 백제군에게 보급로가 노출되게 된다.

그런데 고구려의 입장에서 보면 백제보다는 신라군의 배후 공격이 훨씬 더 위협적이었다. 신라군이 강해서가 아니라 바로 한강 때문이었다. 한강의 상류인 남한강은 충주와 단양까지 흐른다. 오늘날에는 도로가 발달하고 댐으로 하상교통이 폐쇄되어 버려 수로의 중요성을 잘 모른다. 그러나 조선시대까지도 이 땅의 최고 고속도로는 강이었다.

예를 들어 여주에서 아차산까지 온다고 할 때 배에 곡물을 실으면 한 배에 20~50석 정도는 하루에 운반할 수 있다. 그러나 그걸 달구지에 실어 끌고 온다고 생각해 보자. 달구지가 근 10대, 말과 사람이 또 그만큼 필요하다. 조선시대에 성종이 여주까지 행차한 적이 있는데, 아침 일찍 출발해서 꼬박 3일이 걸렸다. 군대가 행군할 때도 수색·정찰을 하며 대오를 유지하고, 치중대(수송대)도 함께 가야 하므로 이 속도보다 결코 빠르지 않다. 그러니 수송인원도 몇 배로 들고, 중간에 먹어서 없애는 양도 몇 배로 늘어난다. 더욱 결정적인 것은 사람과 말이 싸우기도 전에 지쳐버린다는 것이다.

그러니 설사 객관적인 전력에서 신라가 백제보다 약세고 군량미의 비축이 적다고 해도, 실제로 신라가 고구려를 칠 때 전쟁 비용은 적게 들고 기동성은 몇 배나 뛰어나게 된다. 같은 이유로 고구려 쪽에서 공격을 할 때도 신라가 훨씬 쉬웠다. 전쟁을 하려면 후방에서 계속 보급 지원을 해 줘야 하는데, 보급로가 길어지면 길어질수록 병력과 식량의 소모량이 기하급수적으로 늘어나게 된다. 그런데 지도상으로 보면 똑같은 거리지만 수로 덕분에 신라 영토가 2일 길이라면 백제 영토는 5일 길이 된다.

백제는 서해안 바닷길을 이용하면 되지 않겠느냐고 되물을 수 있다. 하긴 이 때 중국, 일본까지 이어지는 해상교통로가 운영되었고, 당나라 군은 늘 바다를 건너 쳐들어 왔다. 그러나 이 때까지도 항해술이 미숙해서 해상교통로는 극히 불안정했다. 항해할 수 있는 시기는 정해져 있었고, 그 중에서도 제일 위험한 항해가 화물선 운행이었다. 우리 나라 배의 특징은 배바닥이 요즘 배처럼 뾰족하지 않고 평평하다는 것이다. 그렇게 만든 이유에 대해서는 우리 나라에는 쇠가 부족했기 때문이라는 해석도 있다. 바닥을 뾰족하게 하려면 양쪽에서 두 개의 판자를 대서 가운데를 쇠못으로 연결해야 했다. 그러나 쇠를 사용하지 않으려면 꼭 나무상자처럼 바닥을 하나의 판자로 질러서 선체 양쪽 끝에 고정시켜야 했다.

평평한 바닥은 짐을 많이 실을 수 있는 장점이 있다. 삼각형 바닥은 두 개의 판자를 가운데에서 쇠못으로 연결하므로 위에서 내려 누르는 하중이 심하면 바닥 한가운데가 되는 연결부위가 벌어진다. 그러나 사각형 바닥은 하나의 목재로 이어져 있으므로 하중에 강하다. 대신 선체 아래가 평평하므로 물의 저항을 많이 받아 속도가 느려지고, 흘수선(배가 항해할 때 물에 잠기는 부분)이 얕고, 선체의 무게중심이 높아져 파

초지진 포대에서 본 강화도 앞 수로. 지금의 동력선들은 자유롭게 다니지만 예전에는 물때와 바람이 맞지 않으면 거슬러 올라가지 못했다.

도가 치면 쉽게 뒤집어진다.

　결국 우리 배는 안정성은 떨어지는 데 반해 짐은 많이 실을 수 있다는 장단점이 있다. 과적을 하면 위험한데, 상대적으로 과적의 유혹은 더 큰 셈이었다. 조선시대에도 짐을 가득 실은 배는 해안선이 튀어나온 부분, 즉 태안반도나 장산곶을 제대로 통과하지 못해 수백 척이 한꺼번에 침몰하곤 하였다. 심지어는 양쪽이 육지고 폭도 한강 하류 정도밖에 되지 않아 바다라기보다는 강처럼 보이는 강화도 초지진 앞의 손돌목 같은 곳에서도 바람이 심한 날에는 수십 척이 통째로 가라앉곤 하였다.

　해로가 지닌 또 하나의 단점은 좋은 항구가 드물다는 것이다. 바닷길을 이용하려면 항구로 물자를 집적해야 하는데 이게 보통 일이 아니다. 게다가 육로로 항구까지 운송해서 다시 해로로 나른다면 별로 절약될 것도 없다. 반면에 강은 웬만한 곳에서는 짐을 싣고 부릴 수 있다. 그렇기 때문에 바닷길을 활용하려고 해도 먼저 강을 이용해서 주변 고을의 화물을 수집한 후 바다로 나가야 경제적이다. 이래저래 강은 소중했다.

전격작전

그래서 고구려는 신라를 먼저 점령하기로 결정했다. 그러나 신라를 먼저 공격한다고 해도 보급선이 짧아지는 장점이 있을 뿐이지 백제에게 측면이 노출되는 문제 자체는 여전히 남는다. 어떻게 해야 할까? 고구려 지휘부는 첫 번째 전략목표를 신라로 설정하기는 했지만, 전쟁의 방식 때문에 무척 고심을 해야 했다.

우선 보급선이 위험하므로 고구려군은 느긋하게 장기전을 할 수가 없었다. 꼭 그런 이유가 아니더라도 우리 나라는 산악이 많은데다 여름에는 장마철이 끼여 있고 겨울은 길기 때문에 장기전은 여러 모로 힘들고 물자소모도 많아서 삼국은 다 단기승부를 좋아했다. 이 때도 고구려군이 택할 수 있는 가장 안전한 전술은 기습적으로 진격해서 성 하나를 뺏고, 실패하면 철군하면서 바둑 두듯이 요충을 하나하나 점령하는 방법이었다. 이런 방식으로 양쪽을 번갈아 두드리면서 국경선을 조금씩 남하시키는 것이다.

하지만 이런 식으로 하면 땅 하나를 뺏는 데도 시간이 많이 걸리고, 성을 빼앗을 때도 공격을 서둘러야 하므로 희생이 커진다는 게 단점이었다. 더욱이 신라와 백제는 고구려가 남하하기 시작하자 여기저기에 산성을 구축하면서 이중 삼중의 방어망을 치기 시작했다. 하나를 뺏으면 또 하나의 성이 생기는 그런 식이었다. 뭔가 획기적인 전기가 필요했다.

소설가와 역사가는 극적인 장면을 좋아한다. 그러나 막상 장군들은 확률없는 승부에 도전하거나 전쟁이 알 수 없는 상태로 뒤엉키는 것을 꺼리는 경향이 있다. 전쟁은 모험이 아니라 경영이다. 이 점은 『손자병법』에서도 누누이 지적하고 있다. 군대는 전투부대만 있는 게 아니다. 그것은 하나의 사회이며 거대한 유기체다. 하나의 유기체가 새로운 활동을 하려면 먼저 편안히 자리를 잡고, 숨쉬기와 일체의 신진대사가 정상적이 되고, 주변에 충분한 먹을거리가 있어야 하는 것과 마찬가지로 군대와 전선도 잘 조직되고 정돈되고 체계화되어야 하며, 전력과 전투 상황은 정확하게 계수화되어야 한다.

그러므로 작전 사령부가 매일 제갈공명의 계략 같은 것만 구상하는 곳이라고 생각하면 큰 오산이다. 장군은 전선을 구축하고, 부대의 주둔 지를 정하고, 보급로와 수송망을 정비하고, 이 거대한 녹색의 유기체가 생명과 기능을 잘 유지하도록 관리해야 한다. 실제로 우리가 알고 있는 전쟁영웅들도 그들이 가진 재능의 90%는 이런 수고에 할당했을 것이 다.

그러나 일반 대중과 정치가와 역사가들은 무언가 획기적인 전술, 대담한 돌파와 역전에 열광하는 경향이 있다. 그리고 그들의 이야기도 이 10%의 재능을 중심으로 전해진다. 뭔가 불합리한 듯하지만 어쨌든 이 10%의 능력을 발휘해야 국민을 열광시킬 수 있고, 전쟁영웅으로 기억 될 수 있다는 것도 역사의 진실이다. 고구려의 지도부도 이 10%의 유혹 을 이겨내기는 힘들었던 것 같다.

전격전을 소망하는 고구려군에게 백제군의 후방공격을 염려하지 않 아도 되는 침공루트가 딱 하나 있었다. 강릉→삼척→울진으로 이어지 는 동해안 길이다. 이 길의 왼쪽은 태백산맥이 철석같이 막아 주고 있 기 때문이다.

신라도 이 길의 위험성을 알고 있었다. 그래서 자비마립간 11년 고구 려와의 우호관계가 깨지자마자 이하(泥河)에 성을 쌓았다. 이하는 위 치가 분명하지 않다. 강릉의 오십천으로 보기도 하고 울진지역으로 비 정하는 견해도 있다. 어떻든 이하성의 축성 목적은 이 동해안 길의 차 단이었다.

그런데 이 루트를 사용하는 데는 심각한 문제가 있었다. 동해는 융기 해안이라 서해안과 달리 해안선이 거의 직선으로 되어 있다. 지도상으로 보면 길은 곧고 왼편은 바다라 푸른 바다를 끼고 달리는 멋진 드라이브 길을 상상하게 된다. 하지만 막상 달려 보면 지도에는 나타나지 않는 장애, 위 아래의 굴곡이 꽤 심하다. 지금은 고속도로가 있어 많이 좋아졌지만 그럼에도 불구하고 포항까지 내려가는 동안 지겹도록 롤링을 반복해야 한다. 이 엄청난 수의 고개를 고구려군은 철로 된 갑옷과 병기와 식량을 짊어지고 넘어야 한다. 말도 평지에 적응한 동물이라 산길에는 별로 익숙하지 못하다. 그랜드캐니언에서 말 대신 노새나 나귀가 관광객을 태우는 것은 다 이유가 있다. 더욱이 군마에는 함부로 짐을 싣는 게 아니다. 어쩌면 말이 입을 갑옷까지 사람이 메거나 달구지에 싣고 넘어야 할 판이다. 이 고통은 현대인이 상상하는 것 이상이다.

그러므로 이 루트가 측면 공격에는 안전하다고 해도 보급이 어렵기는 마찬가지라는 결론이 나온다. 그러고 보면 이 길의 진정한 장점은 하나뿐이다. 백제의 국경선과 가장 멀리 떨어져 있으므로 백제의 구원병이 도착하기까지 시간이 제일 많이 소요되는 길이라는 사실이다.

이 유일한 장점을 살리고, 보급이 힘들다는 약점을 커버하려면 전격전을 수행해야 한다. 그런데 이게 큰 모순이었다. 고구려군은 기동력을 살리기 어려운 험악한 길로 전격전을 수행해야 하는 것이다. 빨리 진군하기도 힘들지만 병사들이 쉽게 지칠 것이고, 길이 외길인데다가 곳곳이 좁은 고갯길이라 신라군이 길을 막으면 모조리 정면으로 돌파하면서 길을 열어야 한다. 그러나 이렇게 모순되고 불리한 상황이 전쟁영웅을 꿈꾸는 사람에겐 매력적으로 보일 수도 있다. 하여간 역사상의 유명한 기습은 다 모순되고 불합리한 조건에서 수행되었다. 그러나 불합리한 전술을 사용했다가 실패한 사례는 더욱 많다는 사실도 꼭 기억해야 한다. 알프스 산맥을 넘은 두 영웅 한니발과 나폴레옹이 천년의 간격을 두고 등장한 것은 우연이 아니다.

하여간 481년 3월 고구려의 지휘부는 도박을 감행하여 바로 이 루트

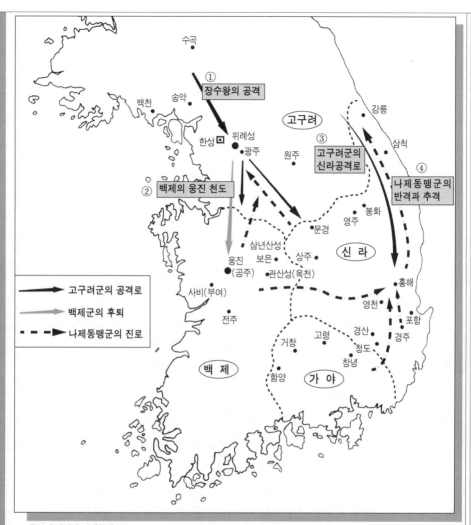

지도 내 라벨:
수곡 · 백천 · 송악 · ① 장수왕의 공격 · 한성 · 위례성 · 광주 · 고구려 · 원주 · ③ 고구려군의 신라공격로 · 강릉 · 삼척 · ④ 나제동맹군의 반격과 추격 · ② 백제의 웅진 천도 · 문경 · 영주 · 봉화 · 삼년산성 · 상주 · 신라 · 웅진(공주) · 보은 · 관산성(옥천) · 사비(부여) · 홍해 · 영천 · 포항 · 전주 · 고령 · 경산 · 경주 · 거창 · 청도 · 창녕 · 백제 · 가야 · 함양

범례:
→ 고구려군의 공격로
→ 백제군의 후퇴
▪▪▪▶ 나제동맹군의 진로

고구려의 남진과 나제동맹.

를 따라 고구려와 말갈족의 혼성부대로 구성된 원정군을 내려보냈다. 위례성을 떨어뜨린 후 최초로 시도한 대규모 신라침공이었다.

초전에서 고구려는 전격적으로 신라의 방어선을 돌파했다. 방어선 상에 있던 호명성(위치 미상) 등 7개 성이 순식간에 떨어졌다. 그 뒤로는 별다른 요새가 없었던 것 같다. 고구려군은 거침없이 동해안을 따라 남하하기 시작했다. 고구려군의 일차적인 전략목표는 지금의 경상북도

흥해였다. 여기까지 오면 태백산맥도 기세가 누그러져 포항, 영천 등 여러 갈래로 길이 열린다. 그것은 방어선이 그만큼 넓어진다는 의미다. 게다가 포항에서 경주는 고개 하나 사이다.

고구려군은 신라의 수비군이 북상하여 고갯길에서 저지선을 치기 전에, 그리고 백제의 구원병이 도착하기 전에 흥해를 점령하고 경주를 짓밟아야 했다. 삼척 근처에서 출발한 고구려군은 강행군을 하여 10일 내지 길어야 15일 만에 울진에서 흥해 사이의 어느 지점까지 진출했다(『삼국사기』의 기록은 고구려의 침공이 3월에 시작되었다고 말할 뿐 끝난 날짜는 분명하게 전하고 있지 않다. 이하의 서술은 일단 모든 전투가 3월 한 달 동안 벌어진 일이라고 전제하고 서술하였다).

그러나 여기서 믿기지 않는 일이 발생한다. 고구려군이 흥해 점령을 목전에 두었을 때, 백제의 구원병에 가야군까지 합세한 대병력이 그들의 진로를 가로막았다. 『삼국사기』에 의하면 이들이 길을 나누어 맡아 고구려군의 진격을 막았다고 한다. 고구려군은 울진을 통과하여 평야 길로 나서기 직전에 저지되었던 모양이다.

당시의 교통사정을 감안하면 이것은 기적과도 같은 일이었다. 전령이 신라조정에 고구려군의 침공을 알리고 백제로 구원병을 요청하는 데만 아무리 빨라도 꼬박 일주일은 걸렸을 것이다. 백제군이 어디에서 출발해서 어느 길로 진군해 왔는지는 알 수 없으나, 소백산맥이나 형산강을 건너 신라영토를 횡단해서 이동한 것은 분명하다.

어쩌면 고구려군의 작전계획이 사전에 누설되었는지도 모른다. 그렇지 않다면 당시의 신라와 백제의 공조체제가 상상 이상으로 대단했다고 말할 수밖에 없다.

성공을 바로 눈앞에 두고 고구려군은 후퇴할 수밖에 없었다. 공격해서 방어선을 돌파한다고 해도 손실이 클 것이고, 다른 부대에 의해 보급로는 차단될 것이 뻔했기 때문이다. 그러나 막상 후퇴를 시작하자 이

루트가 지닌 최악의 단점이 드러났다. 이 길은 외길이다. 추격하는 입장에서는 적이 어느 길로 도망갈까를 걱정하거나 교란될 우려가 없다. 그것은 추격의 속도를 높인다. 동맹군은 빠르게 고구려군의 후미에 따라붙었고, 그들에게 유리한 지점을 선택할 수 있었다.

쫓기던 고구려군은 국경선에 거의 다달은 이하 서쪽에서 동맹군에게 요격당했다. 지친 고구려군은 크게 패하여 천여 명이 넘는 손실을 입었다. 이것이 나제동맹이 고구려군을 상대로 거둔 최초의 승리였다.

고구려의 모험이 성공했더라면 나제동맹은 큰 혼란에 빠지고, 중부지방의 토호들은 다투어 고구려에 투항하는 사태가 발생했을지도 모른다. 고구려군이 경주를 유린하고 혹 왕가를 살해하거나 잡아갔다면, 신라가 심한 권력투쟁의 소용돌이에 빠졌을 가능성도 있다.

그러나 이 실패는 반대로 신라와 백제가 단결만 하면 고구려가 단번에 한 나라를 점령하기는 불가능하다는 사실을 증명해 주었다. 이후 수십 년 동안 한성에서 충청지역을 오가며, 뺏고 빼앗기는 전투가 계속되었다. 공격의 주도권은 고구려가 쥐었으나 고구려군의 손실도 컸다. 동맹군도 여러 차례 승리를 거두었고, 고구려는 장기적이고 안정적인 국경선을 확보하지 못하였다.

전성기의 고구려는 왜 백제와 신라를 정복하지 못했을까?
4~5세기의 역사지도를 보면 고구려의 영토는 멀리 만주까지 뻗쳐 있고, 백제와 신라는 각기 전라도와 경상도의 좁은 땅에 웅크리고 있다. 아무리 백제와 신라가 협력하여 저항했다고 해도 저 넓은 땅을 지배하고 수와 당의 침략을 격퇴하는 실력을 가진 고구려가 왜 통일을 이루지 못했을까?
그 이유는 고대국가 체제와 그 시대의 사회적 특성에서 찾아야 한다. 그 시대는 아직 귀족 혹은 호족이 자신의 땅과 백성을 직접 지배하고 있었다. 때문에 군대를 동원하려면 귀족의 협력을 얻어야 했다. 새 땅을 점령해도 대개 그 곳은 누군가의 영지 같은 곳이 된다. 국가에서 지방관을 파견하는 경우도 있지만 그래도 그 내부에는 사적인 지배구조와 질서가 엄연히 살아 있다.

그러면 만주에 영지를 두고 사는 귀족에게 남부지방을 정복하자고 하면 그가 선뜻 응할까? 그렇게 먼 곳에 영지를 두면 별 이득이 없다. 수·당과 같은 강대국에서 쳐들어 온다면 지배층이 총체적인 위기를 느낄 테니까 거국적으로 군사를 동원할 수 있다. 그러나 타지역을 정복하는 일은 다르다. 혹 로마제국같이 제국 내부에 거대한 상권이 형성되었다면 장거리 원정에서도 이익을 얻겠지만, 당시의 우리 사회는 농업과 반유목 사회가 주류를 이루었으므로 너무 멀리 떨어져 있거나 교통이 불편한 지역에 대해서는 큰 흥미를 가질 수 없었다.

그러므로 남부의 땅을 탐내는 귀족은 역시 가까운 중부의 귀족이거나 아예 독립하여 새 땅을 찾으려는 인물들, 그리고 약탈물에나 눈이 먼 소수의 난폭자 집단이다. 이들만도 적은 수는 아니었을 것이다. 하지만 또 하나의 문제가 있다.

누가 열심히 싸워서 많은 땅을 정복했다고 그 땅을 다 그들에게 주면 당장 귀족 간의 세력균형이 깨지고, 소수가 급성장하는 결과를 가져올 것이다. 국왕이 직할세력을 동원하여 자기의 영토를 확장해도 마찬가지다. 힘의 균형이 급격히 바뀌는 것은 모두에게 경계심을 준다. 더욱이 고구려의 구성원 중에는 말갈족을 위시하여 여러 다른 종족이 섞여 있었다.

정복전에 참가한 집단도 가능한 한 손실을 보지 않으려 할 것이다. 승리를 하더라도 손실이 크다면 그것은 곧 자신의 세력 약화와 직결된다. 이런 사정 때문에 고구려는 영토가 크고 인구가 많다고 해도 가용할 수 있는 병력에 제약을 받았으며, 지속적으로 전투를 벌이기가 매우 곤란하였다.

3. 최후의 승자

서기 554년 7월 어느 날 밤.

지금의 충청도 옥천 부근의 평야로 한 떼의 군마가 밤길을 달리고 있었다. 병력은 약 50명 정도, 중무장한 기사들 가운데로 뛰어나게 건장한 말을 탄 인물이 한 명 있었다. 투구와 상의를 검은색 천으로 감쌌지만 바람에 펄럭이는 옷깃 사이로 슬쩍슬쩍 금빛 광채가 보였다.

성왕은 관산성(충북 옥천) 부근에 있는 백제군의 본영으로 가는 길이었다. 그 곳에는 태자 여명이 3만의 대군을 이끌고 신라군과 대치하고 있었다. 보고에 의하면 백제군은 초전에서 승리했고, 여세를 몰아 신라군을 밀어붙이는 중이라고 하였다. 태자는 지금까지는 참 잘해 주었다. 벌써 몇 년째 그는 병사들과 침식을 같이하며 야전에서 생활하고 있다. 2년 전에는 한성으로 진군하여 막강한 고구려군을 몰아내고 한성을 탈환했으며, 작년에는 병력지원을 요청하러 일본에 다녀오기까지 하였다.

그러나 성왕은 마음이 놓이지 않았다. 태자의 나이 30세, 아직 혈기를 완전히 다스릴 수 있는 나이는 아니었다. 이번에도 과감한 것은 좋지만 너무 깊이 들어간 감이 없지 않았다. 성왕은 뒤늦게나마 자신이 직접 백제군을 지휘하기로 결정하고 백제군의 본영으로 출발한 길이었다.

말을 달리는 중이므로 긴 생각을 할 수는 없었지만, 성왕의 심정은 여러 가지 생각으로 복잡하고 착잡했다. 왕위에 오른 지 벌써 32년, 웅진에서 사비로 천도하고, 국호를 새롭게 남부여로 바꾼 지도 17년이 지났다. 그 사이에 정말로 많은 일들이 일어났다. 혼란스럽기만 하던 정치는 안정을 되찾았으며, 한성을 상실한 후 이민정권의 설움을 톡톡히 겪어야 했던 왕실도 부와 권력을 회복했다. 한때는 백제가 강국의 면모를 되찾았노라고 자부하기도 하였다.

그러나 그 모든 날들이 오늘 하루를 위하여 존재한 것만 같았다. 그의 왕국은 지금 운명의 기로에 서 있다. 이번 전투로 그의 평생의 꿈, 왕국의 부흥이 실현되느냐 마느냐가 판가름날 것이다. 이런 생각을 하자 갑자기 미운 인간들의 모습이 차례로 떠올랐다. 눈앞의 이익과 기득권에 얽매여 사사건건 옷자락을 붙잡고 늘어지기만 하는 귀족들, 그간의 도움과 조국과의 인연을 무시하고 제 잇속만 챙기는 왜국의 야마토 정권, 지금 자신들이 어떤 운명의 순간에 직면했는지조차 깨닫지 못하고 있는 한심한 군상들……

그러나 성왕은 또한 그 분노의 절반이 자신에게 쏟아지는 것도 억제할 수 없었다. 그가 노구를 이끌고 친히 전쟁터로 달려가고 있는 것도 그러한 분노와 회한, 그리고 불안감 때문인지도 몰랐다. 돌이켜보면 지난 2년은 기막히고 어처구니 없는 일들의 연속이었다.

대열이 잠시 주춤거렸다. 선두에서 정찰조를 교대하는 모양이었다. 앞을 보니 정찰조를 교대할 5기가 힘차게 앞으로 달려나가고 있었다. 저들이 앞에 와서 한쪽 무릎을 꿇고 투구를 벗을 때마다 그들의 너무나 앳된 모습에 깜짝깜짝 놀란 적이 한두 번이 아니었다. 그것도 나이를 먹었다는 증거일까? 그럼에도 불구하고 완전무장하고 말을 달리는 무사들의 모습은 언제나 믿음을 주었다. 밤이라 시야가 짧은데다가 길 앞에 얕은 야산이 있어 돌아오는 조는 아직 보이지 않았다. 성왕은 주변을 둘러보았다. 밤이지만 대략 어디쯤인지는 알 수 있었다. 멀지 않은 곳에 시조 온조왕이 낙랑의 침입을 막기 위해 세웠다는 구천(狗川) 목책이 있을 것이다. 토성을 두르고 그 위에 목책을 세운 것인데, 너무 평지에 있기 때문에 지금은 간혹 주둔지로나 이용할 뿐 요새로 사용하지는 않고 있었다.

여기까지 왔으면 거의 다 온 셈이었다. 내일 아침이면 백제의 용사들은 노구의 국왕이 그들과 함께하고 있다는 사실을 발견할 것이다. 왕은 태자를 대동하고 환호하는 병사들 사이를 지날 것이다. 행렬 어디쯤에선가 연설도 한 번 해야겠지. 지휘관들과 장교들에게도 이번 전투에 왕국의 운명이 달려 있다는 사실을 다시 한 번 상기시킬 필요가 있을 것이다. 성왕이 잠시 생각에 잠긴 동안에 기다리던 정찰조가 전방에 나타났다. 대열은 용트림을 하며 다시 움직이기 시작했다. 성왕은 심호흡을 하고 곧 만나볼 반가운 얼굴들과 내일의 일들을 생각해 보기로 했다. 그 때 어둠 저편에서 무언가가 잠시 반짝였다. 그러나 야산에 가려 아무도 그것을 보지 못했다.

반쪽의 성공

한성을 빼앗기고 남으로 내려온 후 백제는 이민정권의 설움을 톡톡히 겪었다. 왕들은 연이어 암살당했고, 그 때마다 내전을 치러야 했다. 성왕의 부친 무령왕 때부터 이런 사태는 진정되었으나 오랜 갈등을 겪은 국내정치는 늘 분쟁의 소지를 안고 있었다. 귀족들은 늘 한쪽 눈에서 경계의 눈초리를 풀지 않았고, 왕실의 세력 확대에 반대했다. 구토 회복을 위한 전쟁에도 일부는 늘 비협조적이거나 신중론을 폈다.

그럴수록 잃어 버린 한성 땅에 대한 왕실의 미련은 더욱 커졌다. 그들은 끈질기게 구토 회복을 노렸다. 무령왕 때에 한 번은 한성 탈환에 성공했다. 무령왕은 친히 한성으로 가서 이 곳을 재건하고, 방어시설을 보강하기 위하여 무척 애를 썼으나 다시 고구려에게 빼앗기고 말았다.

그런데 백제가 한성에 집착하는 이유는 반드시 구토 회복과 왕실세력 확대라는 목적 때문만은 아니었다. 중·남부 지역의 패권을 차지하는 데 있어 한강 하류의 중요성은 거의 절대적이었다.

첫째는 교통이다. 이 시대 최고의 고속도로가 강이었다는 이야기는 이미 했지만 한강의 상류는 북한강과 남한강으로 갈라져 각기 강원도 산간과 충청도 내륙으로 이어져 있다. 그뿐이 아니다. 한강 하류에서는 임진강·예성강이 함께 만난다. 4개의 고속도로를 확보하고 있는 셈이다. 그러니 한강 하류만 확보하면 황해도·충청도 지역은 절로 통치권 내로 들어온다.

그뿐인가, 이 강들의 유역에는 한반도에서 가장 풍족한 곡창지대가 펼쳐져 있다. 순수하게 평야만 갖고 따진다면 백제가 자리잡은 강경·호남 평야가 더 훌륭하다. 하지만 옛날의 기준에서는 넓다고 다 좋은 건 아니었다. 평야 말고도 적당한 산지와 강이 함께 있어야 했다. 곡식 못지않게 목재와 말을 키울 풀도 중요했고, 기타 여러 가지 자원과 산물을 종합적으로 이용할 수 있어야 하기 때문이다. 이런 기준에서 보면 한강·임진강·예성강 유역이 최고의 땅이었다.

게다가 4세기 이후로 삼국은 각기 국가체제를 강화해 가고 있었다. 그것은 땅과 백성에 대한 지배체제가 보다 효율적이고 일원적으로 되어 간다는 의미였다. 그러므로 앞으로는 영토의 크기 못지않게 물자와 자원을 얼마나 효율적으로 빠르게 이용할 수 있느냐가 국력을 가늠하는 중요한 잣대가 될 것이다. 다시 말하면 운송·물류 기능의 의미가 갈수록 높아진다는 것이다. 그러니 전 국토를 다 뒤져도 이처럼 훌륭한 곳이 없다.

수도로 삼으려면 방어에도 유리해야 한다. 백제의 한성은 지금의 서울이 아니라 몽촌토성, 석촌동 근처에서 광주(廣州)에 이르는 어느 지점이었다고 추정되고 있다. 그러나 그쪽이든 지금의 서울이든 간에 이 지역은 강이 가로지르고, 만만치 않은 산줄기로 둘러싸여 있다. 백제의 한성은 정확한 위치를 알 수 없으므로 지금의 서울을 예로 들어 보면 남쪽은 강이고 북쪽은 북한산 줄기가 막아 주고 있다. 서울 북단의 출입구인 미아리나 무악재는 지금은 심하게 절개되어 옛날의 악명을 상실했지만, 꽤나 굴곡이 심해 지겨운 고개였다. 한말 때의 사진을 보면 이 곳 길은 지그재그로 이어지는 것을 볼 수 있다. 옛날에는 물자를 달구지로 운반해야 했으므로 가능한 한 길의 경사를 줄여야 했기 때문이다. 이처럼 산이 천혜의 장벽이 되어 주고 고속도로 격인 큰 강이 있으면서 그 내부는 많은 사람을 수용할 만큼 적절하게 넓은 곳, 평양도 그럭저럭 이런 여건에 들어가지만 역시 한성만한 곳은 찾을 수 없다.

성왕은 이 좋은 땅을 되찾기 위해 무척 노력했지만, 고구려는 여전히 막강했다. 재위 20년이 지나도록 고구려에게는 제대로 이겨 보지 못했다. 딱하기는 신라도 마찬가지였다. 신라는 이제 겨우 사로 6부족의 연맹체에서 벗어나 국가체제를 갖추기 위해 부지런히 노력하고 있었다. 다만 532년에 신라와 국경을 접하고 있던 김해의 금관가야가 신라에 전

전쟁과 역사·삼국편

1900년대의 무악재 모습.

격 투항한 사건은 가히 충격적이었다. 이 합병으로 신라의 전력은 급상
승했다. 하지만 아직 왜구에게 시달리고, 소백산맥 안쪽에서 꼼짝 못하
기는 마찬가지였다.

　소백산맥은 신라의 북쪽 장벽이 되어 고구려로부터 신라를 지켜주
는 데 큰 역할을 했지만 반대로 신라가 소백산맥을 넘어 진출하는 데도
큰 장애가 되었다. 신라 역시 고갯길을 돌파해야 하는데, 애로 사항이
한둘이 아니었다. 촉 땅으로 들어간 유비와 제갈량이 직면했던 문제와
마찬가지다. 몇 군데 고갯길을 봉쇄하면 적이 침입하기 힘들지만 반대
로 나가는 길도 봉쇄된다. 큰 맘 먹고 공격을 시작해도 문제였다. 신라
의 보급선은 죽령·조령 등의 고개를 넘어와야 하는 반면 고구려군은
주변 성읍의 병사는 물론 남한강을 이용해 대량의 구원병과 물자를 신
속하게 전선으로 투입할 수 있었기 때문이다.

　신라가 소백산맥을 돌파할 수 있는 유일한 방법은 한국전쟁 때의 인
천상륙작전처럼 한강 하류를 공격해서 고구려의 뒤를 끊는 것뿐이었

다. 그러나 그 작전은 신라로서는 불가능했다. 그 곳으로 가는 길은 해로뿐인데, 남해에서부터 백제 연안을 따라 서해까지 돌아야 하기 때문이다. 그저 백제가 해 주기만을 바랄 뿐이었다. 그런데 백제는 한성 탈환을 염원하고 있다. 만약 백제가 한성과 한강 하류를 점령하면 신라를 저지하고 있는 소백산맥의 고구려군은 바로 후퇴해 버릴 것이다.

백제의 고민은 바로 여기에 있었다. 고구려군이 물러간 지역을 신라가 접수해 버린다면 한성으로 통하는 남한강 상류를 신라가 차지하게 된다. 그렇게 되면 한성을 탈환하더라도 충주·단양 쪽에서 오는 신라와 북쪽의 고구려를 동시에 상대해야 하는 문제가 발생한다.

이 문제를 해결하려면 한성과 남한강 상류지역인 충청도 지역으로 동시에 병력을 출동시켜야 한다. 그런데 혼자 힘으로는 고구려 하나도 막기 힘든 판국에 두 지역에 동시에 군대를 파견하고 점령하고 지킨다는 것은 불가능했다.

이 고민을 해결하기 위해 성왕은 가야와 일본에 눈을 돌렸다. 이 시기에 일본의 야마토(大和) 정권과 가장 친밀한 관계를 유지한 나라는 가야와 백제였다. 고구려는 일본과는 거의 소원했고, 신라는 더더욱 잘 사귀지 못해 싸움과 화해를 반복했다. 그 이유는 가야와 백제의 이주민 집단이 야마토 정권에 깊이 참여하고 있었기 때문이다. 성왕은 이 장점을 살려 일본과의 교류관계를 더욱 확대했다. 백제의 왕인 박사가 일본에 건너가 경서를 가르친 것은 근초고왕에서 아신왕 때 사이였다. 이 때부터 일본에 대한 백제의 문화사업이 시작된 셈인데, 성왕은 이 수준을 크게 높였다. 성왕 때에 백제의 외교관과 학자들은 주기적으로 교대해 가면서 일본에 거의 상주하다시피 하였다. 성왕은 불교도 전해 주었으며, 보물과 물품, 전쟁포로도 아끼지 않고 풀었다.

이런 노력 덕택에 백제는 일본과의 외교전에서는 우위를 점하고 있었다. 그러나 외교전이란 게 늘 그렇지만 절대우위도 영원한 우정도 없다. 신라는 늘 훼방을 놓고 나왔고, 일본은 백제가 바라는 도움을 주기는커녕 그걸 이용해서 백제로부터 가능한 한 많은 것을 얻어 내려고만 하였다.

성왕의 치세는 이렇게 흘러 갔다. 성왕은 많은 노력을 기울였고, 변화도 많았다. 그러나 그렇다고 국면이 바뀌거나 화끈한 성과가 나타나지도 않았다. 하지만 참고 기다리며 노력하다 보면 때가 찾아오기 마련이다. 성왕 20년경부터 북방의 패자 고구려가 심각한 내분에 휩싸이기 시작했다. 마침내 성왕 22년이 되는 해에는 왕위계승을 놓고 귀족층이 둘로 갈라져 격렬한 내전을 벌이더니 안장왕과 안원왕이 차례로 살해되었다. 패한 쪽의 사망자만 2천이었다고 한다.

성왕은 승리의 기회가 왔다고 판단했다. 하지만 세상사 이치라는 게 좋은 일은 절대 혼자서만 찾아오는 법이 없다. 고구려의 세력이 약해지자 신라는 신라대로 이 틈을 노려 가야 정복의 야욕을 노골적으로 드러내기 시작했다. 신라로서는 소백산맥 안쪽에서 고사당하지 않으려면 어떻게 해서든 힘을 축적해서 팽창에 성공해야 했다. 이를 위한 가장 손쉬운 점령 대상이 가야였다.

신라의 가야정복은 능구렁이 전술의 표본이었다. 신라는 이미 법흥왕 때 가야지역의 정치에 개입해서 가야를 북가야와 남가야로 나누었다는 기록이 있다. 6가야를 통폐합한 것이 아니라 가야연맹의 질서를 재편한 것이다. 이는 가야 내부의 분열과 갈등을 유도하는 정책이었다. 이 정책은 성공해서 신라의 침공과 내분에 고전하던 금관가야의 지배층이 신라로 투항해 버렸다. 신라는 금관가야의 왕족들에게 잘 대해 주었고, 한편으로는 가야의 경계선상에 병력을 보강하면서 압박을 가했다. 가야의 지배층들은 혼란에 빠졌다.

그들은 각각의 이해관계에 따라 주변 강대국에 줄서기를 시작했다. 이게 약소국의 설움이다. 5가야는 순식간에 서로 분열하고 반목하기 시작했으며, 신라와 국경선에 있던 일부 귀족들은 재빨리 신라로 투항해 버리기도 하였다.

백제로서는 신라의 가야정복을 용인할 수 없었다. 신라가 가야를 정복하면 신라는 위협적인 세력으로 성장할 것이다. 그렇다고 이 단계에서 신라를 적으로 돌릴 수도 없었다. 내분에 휩싸였다고는 하나 고구려는 아직 강국이었다. 차라리 신라와 연합하여 가야를 동시에 침공하는 방법도 있었다. 그러나 거리상으로 보아 가야정복은 신라 쪽에 훨씬 유리했다. 더욱이 가야 사태는 복잡한 외교문제를 낳고 있었는데, 이를 잘못 처리하면 일본의 우호세력들에게서도 신뢰를 상실할 것이다.

성왕은 백제군을 가야동맹에 보내 백제의 신의를 과시하고, 신라의 가야침공을 저지했다. 신라 역시 아직 백제와 충돌할 상황이 아니었으므로 백제군이 있는 한 함부로 침공할 수는 없었다. 하지만 백제는 가야 땅에 병력을 상주시킬 만한 여력이 없었다. 백제군은 몇 차례 국경에서 무력시위를 하긴 했지만, 가야를 완전히 안심시킬 수는 없었다. 성왕 스스로도 막상 신라가 가야를 기습하면 백제는 속수무책이라고 실토할 정도였다.

그러므로 가야가 살아남기 위해서는 가야 스스로 이전의 결속력과 힘을 되찾아야 했다. 백제군의 파병도 이런 효과를 노린 것이었지만, 인간이란 처지가 어려워지면 극도로 이기적이 된다. 가야의 지배층들은 잠시 왔다가 가버리는 백제를 믿을 수 없었으며, 제각기 살 길을 찾기 시작했다. 차츰 신라로 투항하는 사람들이 늘어 갔다. 성왕은 가야의 분열과 친신라파 인사들의 행동에 크게 분노했으나 어쩔 수가 없었다. 아무래도 가야의 멸망은 시간 문제일 듯 싶었다. 그렇더라도 신라의 가야침공은 최대한 저지해야 했다. 최소한 백제가 한강유역을 탈환하기까지는 말이다.

사정이 이렇다 보니 고대하던 기회는 왔건만, 한강유역을 탈환하고 신라의 성장을 저지하는 두 가지 과제를 동시에 달성하려면 아무래도 병력이 부족했다. 성왕은 일본 야마토 왕국의 병력을 끌어내려고 무척 애를 썼다. 왜군의 식량과 의복은 백제에서 부담하겠다고까지 하였다. 그러나 일본은 말로는 승낙을 하면서도 능장을 부렸다. 성왕은 초조했다. 언제까지나 꾸물거릴 수가 없었다. 고구려가 힘을 회복하기 전에, 신라가 가야에 세력을 확대하기 전에 한성을 탈환해야 했다.

서기 551년 마침내 백제는 일본의 지원병 없이 거사하기로 결정한다. 고구려군 내부에 무슨 문제가 발생해서 백제가 이 기회를 놓칠 수 없었던 것인지도 모른다. 백제는 쉽게 승리를 거두고 한성과 주변의 5군을 탈환했다. 꿈에 그리던 구토 회복이었다.

한성이 백제에게 점령되자 한강 이남에 진출했던 고구려군의 처지가 위험해졌다. 고구려군은 신라의 북진을 차단하기 위하여 죽령·조령 일대에 집중 배치되어 있었을 터인데, 남한강이 이제 그들의 보급선이 아니라 백제군의 공격루트로 바뀌어 버렸다. 한성이 떨어졌다는 소식을 듣자마자 고구려군은 서둘러 철수한 것 같다.

그러나 이 땅은 백제의 소유가 되지 못했다. 고구려군이 물러나자 곧바로 신라군이 소백산맥을 넘었다. 유명한 거칠부가 출진한 신라는 싸우지도 않고 손쉽게 죽령 이북의 10개 군을 차지해 버렸다.

만약 백제가 한성을 공격할 때 동시에 보은·충주 쪽으로 병력을 투입할 수만 있었더라면, 이 부대는 신라군에 앞서 남한강 상류지역을 거저 점령할 수도 있었을 것이다. 성왕이 이런 생각을 하지 못했을 리도, 하지 않았을 리도 없다. 그러나 백제 단독으로는 고구려를 공격하기도 벅찬 판에 병력을 나누어 양쪽을 동시에 공략하기는 무리였을 것이다.

물론 이 밖에 우리가 알 수 없는 어떤 특별한 이유가 있었는지도 모른다. 신라의 공격이 사전에 백제와 합의가 된 것인지, 백제의 공격정보를 알아차리고 신라가 단독으로 행동에 나선 것인지도 분명치 않다. 성왕은 양쪽을 동시에 점령하려고 했으나 귀족층의 협력을 끌어 내지 못해 병력에 차질이 생겼거나 보은·충주 쪽으로 파견한 병력이 어떤 사정으로 진군을 저지당했을 수도 있다. 하여간 성왕은 그렇게 원하던 한성 회복에는 성공했지만 그것은 반쪽의 그리고 불안한 성공이었다.

막다른 선택

현실은 냉혹하다. 백제의 불안은 곧 현실로 되어 나타났다. 2년 후인 553년 7월, 백제군은 한성을 포기하고 철수하고 말았다. 신라는 재빨리 김무력(金武力 : 금관가야의 마지막 왕 김구해의 막내아들로 김유신의 할아버지)이 이끄는 가야군을 진주시켜 한성을 점령했다.

이 상황에 대해 대부분의 책에서는 신라가 동맹을 깨고 백제를 기습하여 한성을 점령했다고 서술하고 있다. 하지만『삼국사기』백제편에도 전투가 있었다는 기록은 없다. 특히『일본서기』에는 당시 백제측의 사정이 상당히 자세히 서술되어 있는데, 이 책에서도 백제군이 스스로 한성을 포기했다고 되어 있다. 백제는 왜 이렇게 쉽게 한성에서 물러났을까? 성왕으로서는 피를 토하고 싶은 사건이었겠지만 사서에는 명확한 설명이 없다. 가장 유망한 추정은 고구려와 신라의 동맹설이다.『일본서기』에는 성왕이 고구려와 신라의 동맹을 이야기하면서 다급하게 원군을 호소하는 기록이 나온다.

그런데 백제가 한성을 점령하고 나면 이번에는 고구려와 신라가 합세해서 백제를 견제할 것이라는 생각을 성왕이 미처 하지 못했을까? 그럴 리가 없다. 신라의 배신을 강조하기 위해서 백제가 예상치 못한 기습을 당했다고 말한다면, 그것은 성명왕(聖明王)이라고 하는 그의 이름을 오히려 무색하게 만드는 것이다. 그러므로 이 사태의 핵심은 고구려나 신라의 공격이라든가 신라의 배신 여부에 있지 않다. 백제가 그 공격으로부터 이 지역을 지켜내지 못했고, 그것도 자진해서 철수해 버렸다는 사실이다.

　백제군에 무슨 사정이 있었던 것일까? 추정을 해 보자면 질병, 자연 재해, 국내혼란 등 가능한 요인은 수도 없이 많다. 그러나 보다 본질적인 요인을 찾아 보자면 두 가지 추정이 가능하다.

　첫째로는 백제 귀족들의 비협조다. 이 시기의 중요한 전투를 보면 모두 성왕이나 태자 여명이 진두지휘하고 있다. 삼국시대에는 왕이 직접 출전하는 경우가 이상한 일도 드문 일도 아니다. 그러나 신라의 왕들에 비하면 그 빈도수가 지극히 높다.

　따지고 보면 성왕이 사비로 천도하면서 국호를 남부여로 한 것도 생각해 볼 일이다. '남부여'라는 국호는 남부의 귀족들을 포용하기보다는 오히려 백제 왕실과 귀족들을 차별화하고 자신들만의 아이덴티티를 강조하는 명칭이다. 이처럼 자신들만의 세계를 강조하는 것은 힘과 능력이 있다는 얘기도 되지만, 한편으로는 그만큼 그들이 고립되어 있다는 증거이기도 하다. 『삼국사기』에서는 성왕을 평하여 과감하고 결단력이 있었다고 하였다. 남부여라는 국호와 이 평은 서로 잘 들어맞는다. 성왕은 귀족들의 반대나 미온적인 태도에 개의치 않고 왕실의 힘을 결집하여 강력하게 정복전쟁을 추진한 것은 아닐까?

　이런 파워플레이는 당장의 효과는 괜찮지만, 속으로는 반목과 갈등을 키운다는 단점이 있다. 또한 이런 불만은 지도자가 힘이 있거나 승승장구할 때는 잠재해 있다가도 그가 조금이라도 곤경에 처하거나 도움이 필요할 때면 즉각 표출되는 특징이 있다.

　일례로 한성지역을 자신의 세력기반으로 재건하고 안정적으로 확보하기 위해서는 백성을 이주시켜 정착시키고 방어시설을 갖추어야 한다. 이를 위해서는 상당한 물자와 인력의 지원이 필요하다. 성왕은 이 사업을 위한 거국적인 지원을 끌어내는 데 실패했을 가능성이 있다.

　두 번째는 백제의 지정학적 위치다. 백제와 신라는 소백산맥을 경계로 한반도의 양쪽을 점유하고 있다. 얼핏 보면 공평하게 반쪽씩 차지한 것 같다. 그러나 전략적인 질로 보면 그렇지 않다. 지도를 자세히 보자. 백제의 수도 사비에서 동쪽으로 수평선을 그어 보면 보은이 나온다. 보은의 삼년산성은 고구려가 한성을 점령하자마자 신라가 국력을 기울여 축조한 요새다. 그 뒤가 속리산이고, 그 바로 위가 문경새재가 있는 조령으로 소백산맥으로 들어오는 관문이기 때문이다.

이 곳에서 사비까지는 직선거리로 70~80km밖에 안 된다. 그 사이에 산지라고는 덩그러니 솟아 있는 계룡산밖에 없는데, 그 주변 평야로 돌아가면 하룻길도 되지 않는다. 신라가 기습공격을 하면 이삼 일이면 사비는 전쟁터가 된다. 백제로서는 심장부에 비수가 놓여 있는 셈이다. 반면에 백제가 신라를 공격하기는 만만치 않다. 강적 고구려도 돌파하지 못한 소백산맥의 요새들을 넘어야 하기 때문이다.

그러므로 일단 신라와 반목하게 되면 백제는 상당한 병력을 사비와 웅진의 방어를 위해 투입해야 한다. 당연히 한성지역에 투입할 병력은 부족해진다. 그뿐이 아니다. 신라는 남한강 상류를 장악하고 있다. 우리나라의 강 중에서도 최고의 수량과 풍부한 운송 능력을 자랑하는 강이다. 양측의 병력이 같더라도 한쪽의 기동력이 두 배라면 실제 전력은 두 배 이상의 우위를 점하게 된다. 결국 백제는 한성과 사비 방어에 병력을 나누고, 한성에도 신라보다 많은 병력과 물자를 고정적으로 배치해야 하는 어려운 상황에 처해 버렸다. 여기에 귀족세력의 지원은 충분치 않고 고구려까지 공격에 합세한다면?

결과론이지만 성왕으로서는 애초에 신라를 소백산맥 저편에 묶어 놓았어야만 했다. 무슨 사정이 있었는지는 알 수 없지만, 남한강 상류를 신라에게 양도한다면 백제가 쓸 수 있는 전략은 한성을 재건하여 힘을 비축한 후 다시 남한강 상류로 진출하여 신라를 소백산맥 안쪽으로 밀어넣는 방법밖에 없었다.

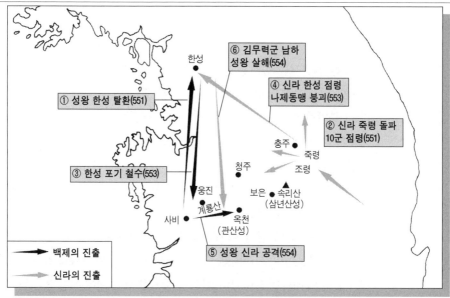

⑥ 김무력군 남하
성왕 살해(554)

④ 신라 한성 점령
나제동맹 붕괴(553)

① 성왕 한성 탈환(551)

② 신라 죽령 돌파
10군 점령(551)

③ 한성 포기 철수(553)

⑤ 성왕 신라 공격(554)

한성

충주
죽령
청주
조령
웅진
보은 ● 속리산
(삼년산성)
사비
계룡산
옥천
(관산성)

→ 백제의 진출
→ 신라의 진출

5세기 백제와 신라의 전투.

그러나 이 계획이 성공하려면 전제 조건이 너무 많았다. 백제로서는 고구려의 반격을 막아내면서 신라를 공략해야 한다. 신라와 싸우려면 사비 방어도 해야 하므로 병력과 물자는 신라의 두 배 이상이 필요하다. 가장 어려운 부분은 신라가 바보가 되어 주어야 한다는 사실이다. 신라의 입장에서 보면 소백산맥 바깥쪽으로 진출하느냐 못하느냐는 생존이 갈리는 분수령이었다. 신라가 다시 소백산맥 안쪽으로 고립된다면 아무리 체제정비를 한다 해도 성장에는 한계가 있을 것이며, 고구려나 백제에게 멸망당하는 것은 시간 문제일 뿐이었다.

일반적으로 인간은 기대가 너무 크면 지나치게 낙관적이 되거나 모든 상황을 자기에게 유리하게 재단하는 경향이 있다. 성왕도 이런 함정에 빠진 것일까? 처음부터 성왕 앞에 놓여 있는 선택은 최선 아니면 최악이었다. 차선책이란 없었던 것이다.

성왕의 입장에서 보면 결과는 너무나 잔인했다. 한성의 재건은 뜻대로 되지 않았고, 한성과 사비는 고구려와 신라로부터 동시에 압박을 받았다. 결국 백제는 한성을 포기할 수밖에 없었다. 성왕은 치를 떨었을 것이다. 그의 오랜 노력이 무위로 돌아가 버렸으며, 나라의 안위는 전보다 더 불안한 상태로 빠져 버렸다. 그리고 어쨌든 그 책임의 일부는 자신에게 있다는 사실을 부정할 수 없었다.

반면에 신라로서는 백제가 너무나 고마웠을 것이다. 이 때 신라의 감격이 얼마나 컸는가는 하고 많은 이름을 두고 이 곳을 단순히 '신주(新州)'라고 명명한 데서도 느낄 수 있다. 신라가 정복하여 얻은 땅이 이 곳이 처음은 아니었건만, 이처럼 의미심장한 지역을 확보해 보기는 처음이었기 때문이다. 신라에겐 이 땅이 그야말로 멋진 신세계요 새시대의 시작을 약속하는 땅이었다. 한성을 차지한 다음 해에 진흥왕은 몸소

북한산 진흥왕 순수비.

이 지역을 방문하여 북한산에 순수비를 꽂았다. 한반도에서 신라의 위상이 한순간에 바뀌었다.

『일본서기』에 의하면 성왕은 한성을 상실한 후 바로 신라공격을 준비하고, 다시 일본에 원병을 청했다고 한다. 이번에는 일본도 생색을 내서 다음 해 6월에 1천 명의 군대와 100필의 말이 백제에 도착했다. 맘에 차지는 않는 병력이었지만 없는 것보다는 나았다.

백제군의 전략은 사비에 병력을 집결시킨 후 먼저 동쪽으로 진군하여 관산성(옥천)과 삼년산성(보은)을 점령하여 신라군을 다시 소백산맥 안쪽으로 밀어넣는 것이었다. 이렇게 하면 동쪽에서 찔러들어오는 신라의 위협을 제거하게 되며,

진흥왕 순수비가 세워진 북한산 비봉. 진흥왕은 이곳에 서서 새로 얻은 귀중한 땅을 내려다 보았을 것이다. 이 비석은 현재 국립중앙박물관으로 옮겨져 수장고에 보존되어 있다.

그 기세를 타고 충주·괴산으로 진출하면 남한강 상류를 완전히 장악하게 된다. 그러면 한성의 신라군은 고립되어 궤멸할 것이고, 한성은 다시 백제 땅이 될 것이다.

　그런데 이 계획을 수행하는 데는 심각한 문제가 하나 있었다. 이 시점에서 백제가 취할 수 있는 작전이 이것뿐이라는 사실이다. 작전이 성공하려면 상대방이 최소한 두 가지 가능성을 두고 고민하게 만들어야 한다. 그러나 최악의 상황에 몰려 있었기 때문에 백제에겐 남은 패가 너무 궁했다. 백제든 신라든 한성을 양보할 수 없다는 것은 기정사실이다. 신라는 충분히 백제의 공격을 예상했을 것이다. 백제는 어떤 작전으로 나올까? 다시 한성으로 진군할 리는 없었다. 당장 사비성 외곽이 위협받고 있고, 한성을 점령해도 신라보다 보급선이 긴데다 그나마 중간에서 차단될 위험이 크고, 북쪽의 고구려와 동남쪽의 신라 양쪽으로부터 공격을 받게 될 것이기 때문이다. 바로 그 이유 때문에 작년에도 한성에서 자진 철수하지 않았던가?

『손자병법』에도 상대가 뻔히 아는 수는 절대로 써서는 안 된다는 내용이 있지만, 백제로서는 다른 방도가 없는 게 문제였다. 그래도 성왕은 서둘러 결전을 강행했다. 일반적으로 사람은 나이가 들거나 큰 좌절을 겪으면 소극적이 된다고 하지만, 다른 모든 진리처럼 항상 그런 것은 아니다. 자신의 삶이 실패로 끝날지도 모른다는 불안감이 들면 사람은 조급해지고 무엇인가를 벌리지 않으면 견딜 수 없게 된다. 그러므로 사람이나 동물이나 궁지에 몰리면 극도로 소극적이 되기도 하지만 반대로 지나치게 과감해지기도 한다. 다시 말하면 모든 상황을 자신에게 유리하게만 생각하거나 반대로 비관하게 되는 것이다. 어느 쪽이 더 바람직할까? 필자의 판단으로는 정답은 없다. 어느 쪽이든 합리성을 상실하기는 마찬가지이기 때문이다.

『일본서기』에 의하면 태자 여명도 신라공격에 대단히 적극적이었다고 한다. 어쩌면 백제 왕실 전체가 과도한 흥분 상태에 빠졌던 것인지도 모른다. 좌우간 서기 554년 7월 백제는 최소한 3만이 넘는 대군을 동원하여 신라를 공격했다. 지휘관은 태자 여명, 첫 번째 목표는 신라의 관산성이었다.

백제군이 쳐들어오자 관산성의 신라군은 농성하지 않고 밖으로 나와 마주 싸웠다. 초전에서 신라군이 밀렸지만, 그 동안에 한성의 군주(軍主) 김무력이 원군을 이끌고 재빨리 남하했다. 관산성의 신라군이 농성작전을 쓰지 않고 출격하여 맞상대를 하고 김무력이 한성을 방치하고 남하한 것을 보면, 신라군은 최소한 가상 시나리오 정도는 미리 만들어 두었던 것 같다. 어쩌면 관산성의 신라군이 야전을 택한 것도 김무력군이 백제군을 공격하기 좋은 장소로 유인해 내기 위한 계략이었는지도 모른다.

김무력군의 접근은 성왕도 여명도 눈치채지 못했던 것 같다. 반면에 신라군은 성왕이 소수의 호위병만 대동하고 백제군 진영으로 오고 있다는 사실까지 알아냈다. 왕의 동정까지 정확히 잡아낸 것을 보면 아무래도 신라에게 모종의 정보망이 있었던 것 같다. 성왕이 오는 길과 시간을 정확히 입수한 신라는 성왕을 기습할 특공대를 편성했다.

이후의 사정은 『삼국사기』와 『일본서기』의 기록이 조금씩 다르다. 『삼국사기』에는 김무력의 비장이며 이 지역인 삼년산군(보은군) 출신인 고우도도(高于都刀)가 구천(狗川)지역에 매복해 있다가 성왕 일행을 기습하였으며, 성왕은 혼전중에 사망하였다고 한다. 이것도 신라가 성왕인 줄 알고 공격한 것인지, 성왕이 김무력군의 진출을 알지 못하고 가다가 우연히 매복에 걸린 것인지 분명하지 않게 적어 놓았다.

반면에 『일본서기』에는 신라가 성왕이 온 것을 알고 공격했다고 되어 있다. 이 특공대의 용사도 비장이 아니라 말먹이는 종이었던 고도(苦都) 또는 곡지(谷智)였다고 하였다. 이름은 비슷하지만 신분이 다른데, 비장은 나중에 상으로 내린 관직일 수도 있다. 신라군은 천한 종인 그가 왕을 죽이면 후세에 길이 이름을 남길 것이라는 말로 유혹하여 그를 특공대에 끌어넣었다. 성왕의 죽음도 혼전중에 사망한 것이 아니라 고도에게 붙잡혀 그에게 살해되었다고 기록되어 있다.

"고도가 성왕을 붙잡고는 절하더니 '왕의 머리를 베게 하여 주소서'라고 하였다. 성왕이 '왕의 머리를 종에게 맡길 수 없다'고 말하자 고도가 '우리 나라의 법에는 맹세를 어기면 왕이라도 마땅히 종의 손에 죽습니다'고 하였다(또 다른 책에는 성왕이 의자에 걸터앉아 차고 있던 칼을 풀어 곡지에게 주며 베게 하였다고 한다). 성왕이 하늘을 우러러 탄식하며 눈물을 흘렸다. 허락하여 말하기를 '과인은 매양 뼈에 사무치는 고통을 참고 살아 왔지만 구차하게 살고 싶지 않다'고 말하고 머리를 늘여 베임을 당하였다."(『일본서기』권19, 흠명천황 15년 12월)

조선시대의 야사를 보면 이런 이야기는 시간이 갈수록 사람들의 정서에 맞게 각색되고 부풀려지는 경향이 있다. 『일본서기』의 기록도 가식이 가해진 느낌이 없지 않다. 그러나 가공을 하더라도 일부분은 진실을 담고 있는 경우도 많다. 위의 이야기도 완전한 창작이라면 성왕의 마지막 독백은 좀더 멋있고 특이한 말을 집어넣었을 것이다. "과인은 매양 뼈에 사무치는 고통을 참고 살아 왔다"는 성왕의 독백은 전후 사정을 모르는 이야기꾼이 제멋대로 집어넣을 수 있는 말이 아니다.

필자는 이 한 마디는 성왕의 진정한 육성이었다고 믿고 싶다. 그는 평생 동안 자신에게 주어진 사명을 감당하기 위하여 어렵고 끈질긴 투쟁을 했다. 이건 필자의 추측이지만 그로 하여금 한성공격을 서두르게 했던 불안감도 옳았다. 한강유역의 쟁패에 백제의 운명이 달려 있었던 것이다. 아직도 통일까지는 많은 시간이 남아 있다. 앞으로도 삼국은 수많은 전투와 역전의 순간을 맞이해야 할 것이다. 그럼에도 불구하고 이 때와 같은 극적인 역전과 전세의 변화는 다시는 일어나지 않았다. 백제와 신라의 운명은 이 전투에서 이미 결정났던 것이다.

성왕이 살해되고 나서 여명이 지휘하는 백제군에게도 엄청난 비극이 시작되었다. 백제군은 예상치 못한 김무력의 증원군에 의해 완전히 포위되었다. 태자도 포위망에 갇혀 위기를 맞았다. 마침 이 때 태자의 휘하에 축자국조(筑紫國造)라는 활 잘 쏘는 용사가 있었다. 그는 가만히 앞으로 전진하여 공격해 들어오는 신라 기병 중에서 최고의 용사를 겨냥하고 쏘았다. 이 한 발이 얼마나 강했던지 화살이 안장과 갑옷을 함께 꿰뚫었다. 돌격대장을 잃은 신라군이 당황하자 축자는 앞으로 돌격하면서 활을 난사하였다. 그의 분전으로 작은 활로가 열렸고, 태자와 몇 명의 장군들이 겨우 달아날 수 있었다. 태자는 이 공로에 감사해서 그에게 안교군(鞍橋君)이란 칭호를 주었다고 한다.

그러나 대부분의 병사들에게는 이런 행운이 따르지 않았다. 퇴로가 막힌 병사들은 무참히 살육을 당했다. 건국 이래 전례가 없는 엄청난 손실이었다. 대신인 좌평 4명이 살해되고, 병사는 무려 2만 9천 600명이 전사했다.

4. 순수비는 세웠지만

고구려의 내분을 틈타 신라는 한강 하구를 차지했다. 이 때부터 임진강이 고구려와 신라의 국경선이 되었다. 그러나 이 과정에서 신라가 성왕을 살해함으로써 신라와 백제는 단단히 원수가 되고 말았다. 갑자기 미운털이 박힌 신라의 죄는 흔히 역사책에서 말하듯 백제에 대한 배신 때문이 아니라 – 솔직히 나제동맹은 누가 깨든 그 시점에서 깨어지게 되어 있었다 – 지금 한강을 차지하고 있다는 죄였다. 삼국대립이 본격화 되는 5~6세기의 전쟁의 법칙은 잃은 자가 합심하여 가진 자를 친다였다.

삼각구도라는 건 소설과 게임으로 만나는 후세 사람들에겐 재미있지만, 당사자들에겐 죽을 맛이다. 하긴 중국의 삼국지도 마찬가지다. 어느 쪽이든 승기를 잡았다 싶으면 한쪽에서 딴지를 걸었다. 양쪽이 협정을 맺고 한쪽을 공격하다가도 상대가 먼저 요충을 점령하거나 승기를 잡았다는 보고가 오면 그 날로 동맹을 깨고 저쪽과 손을 잡았다. 이 복잡한 놀음 덕에 와룡 선생 제갈량은 결국 고혈압으로 쓰러져 죽고 말았다.

우리 삼국지에서 이 때 죽을 맛에 처한 쪽은 신라였다. 삼국 중에서는 신라의 발전이 가장 늦었다. 오죽하면 얼마 전까지 고구려에게 동이라고 불렸을까. 『일본서기』에는 내물왕 때 신공황후가 신라를 정벌하여 신라왕의 항복을 받고 아들 미사흔을 인질로 잡아갔으며, 매년 80척

경주 반월성. 신라의 왕궁이 있던 자리로 추정되고 있다. 반월성은 경주 분지의 평야 한복판에 있어 방어에 취약하다. 그래서 신라는 사진 위쪽에 보이는 주변 산들 즉 동쪽의 명활산, 남쪽의 남산 등에 산성을 쌓아 외곽 방어선을 구축했다. 이 산성에서 왜구와 여러 번의 전투가 벌어졌다.

의 배에 조공을 실어 바치게 했다는 얘기까지 있다. 물론 이 이야기는 과장이 심하다. 그러나 미사흔이 일본에서 인질 생활을 했던 것은 사실이다. 신라는 일본 해적의 침략과 약탈에 무척 고생을 했고, 해적들은 경주 근교까지 쳐들어오기도 했다.

이런 나라가 극적인 성장을 해서 한강을 차지하고 한꺼번에 고구려와 백제 두 나라와 맞상대를 하게 되었다. 극적이긴 하지만 뒷감당이 쉽지 않다. 왕이 살해되고 귀족들 간에 내전이 벌어지는 홍역을 치렀던 거인 고구려는 서서히 힘을 되찾고 있었다. 얼마 전까지 백제와 힘을 합쳐서도 막아내기에 급급했던 강국이다.

백제는 성왕의 실패를 통해 한강을 되찾기 위해서는 먼저 신라를 쳐서 괴산·보은·충주 지역을 빼앗아야 한다는 피맺힌 교훈을 배웠다. 백제는 신라에게 맹공을 가하기 시작했다. 어떤 분은 성왕의 죽음에 대한 복수 때문이라고 하지만 개로왕은 고구려에게, 성왕은 신라에게 살해당했으므로 신라만 더 미우라는 법도 없었다. 물론 위덕왕(태자 여명)의 입장에서야 얼굴도 보지 못한 할아버지보다 부친에 대한 정이 더 각별했겠지만 그렇더라도 이 공세를 단지 복수로만 설명할 수는 없다. 경우에 따라서는 적과의 동침도 재혼도 얼마든지 가능한 게 국제관계 아닌가.

백제는 마음이 급했다. 힘을 회복한 고구려가 한강을 탈환하기 전에 남한강 상류를 차지해야 다시 한강을 두고 고구려와 최후의 일전을 벌일 희망이 있었다. 기회는 좋았다. 신라는 신흥국가고, 고구려는 일단 국경을 마주하고 있는 신라를 칠 것이다. 허약한 신라는 오래 버티지 못할 것이다. 그 참에 가능한 한 빨리 이 지역을 점령해야 했다.

신라는 양쪽의 공세에 시달렸다. 신라가 성왕을 살해한 때가 진흥왕 15년(554년)이다. 진흥왕 때 신라는 함경도 황초령에까지 진출하여 순수비를 세우는 등 전성기를 누리지만 진흥왕이 재위 37년에 사망하고 진지왕이 즉위하면서부터 전황이 불리해졌다. 그래도 다음 진평왕대까지 한 20여 년 동안 신라는 예상 외로 잘 버텼다. 그 결정적인 이유는 고구려가 비교적 잠잠했기 때문이다. 그러나 진평왕 25년(603년) 8월 고구려의 한성침공 이후로 전세가 급격히 어려워졌다.

그러다가 고구려가 수와의 전쟁에 돌입하자 백제는 이 기회에 고구려보다는 신라에게 맹공을 가했다. 수 양제가 침입할 때 백제는 수에 사신을 보내 자신들은 남쪽에서 고구려를 치겠다고 했다. 그러나 막상 수가 침공하자 백제는 국경선에 병사를 모아 부산만 떨 뿐 고구려를 치지는 않았다. 그것이 서운했던 중국측에서는 백제가 고구려와 중국에 양다리를 걸치고 눈치만 보았다고 기록해 놓았다. 그러나 사실 당시 백제는 고구려가 아닌 신라를 치던 중이었다. 중국을 동원해 고구려를 견제하고 그 동안에 신라를 친다는 것이 이후 백제의 변함없는 전술이었다.

수 양제의 침공이 있었던 진평양 33년(611년)에 요충이던 가잠성(위치 미상)이 백제 수중에 떨어졌고, 46년(624년)에는 함양 등지의 여러 성이 다시 백제에게 넘어갔다. 다급해진 신라는 고구려와 백제가 자신들을 못 살게 군다며 수와 당나라에 여러 번 호소했다. 중국 사서에도 이 시기의 신라는 꽤 불쌍하게 묘사된다.

그럼에도 불구하고 신라는 묘하게도 잘 버텼다. 가잠성, 칠중성(파주군 적성)같이 국경선을 바꿀 만한 요충은 빼앗겼다가도 다시 찾았다. 그런 곳의 전투는 비록 함락당할 때라도 치열했고, 전투 때마다 국민들에게 깊은 감동을 남긴 영웅들을 탄생시켰다.

화랑도가 생기고 화랑들의 활약이 시작되는 것도 이 때부터이다. 화랑도는 청소년 수련단체라든가 준군사조직이 아니고, 오히려 종교조직, 속되게 표현하면 신라 왕족이 주도하는 정치색 짙은 종교조직에 가까웠다. 화랑도 정확히는 풍류도인 이들은 겉으로는 도교에 가까웠고, 스스로 유교·도교·불교의 정신을 다 갖추었다고 자랑했는데, 솔직히 그건 종교적 깊이가 형식에 가까웠다는 말도 된다.

하여간 이 단체에는 귀족청년이 낭도를 거느리고 가입했는데, 전쟁이 치열해지면서 그들 중 상당수가 청년 장교로 참전하게 되었다. 이 시대는 사관학교가 따로 없고 귀족청년들이 명망에 따라 지휘관이 되어 자기 수하와 예속민을 이끌고 참전하는 사회였기 때문이다. 당연히 그들 간에 참전 경험담과 무용담이 회자되면서 젊은이들 사이에 특유의 열정적이고 몰입적인 분위기가 발생했던 것 같다.

그러나 신라의 분전이 임전무퇴의 정신으로 목숨을 아끼지 않고 싸운 화랑도 덕분이라고 말하는 것은 어폐가 있다. 화랑도의 공적을 무시하자는 것은 아니지만, 그 진정한 이유는 다른 곳에서 찾아야 한다.

『화랑세기』에서는 어진 재상과 명장, 좋은 장수와 용맹한 병사가 이곳에서 나왔다고 자찬하였다. 그런데 그 이유는 전체주의자들이 좋아하는 것처럼 세속오계와 집체훈련 덕분이 아니라 이 시대의 정치적 상황과 화랑도 조직의 특수한 성격 때문이다. 이 시기는 귀족정에서 왕정으로 넘어가는 과도기다. 아직 새로운 지배세력을 끌어들일 수도 없고 그렇다고 이전의 연맹방식 즉 귀족적·부족적 방식으로 운영할 수도 없는 상황에서, 화랑도는 진골귀족이 주도하고 귀족의 엘리트 청년들이 사적인 인맥과 부하를 거느리고 참여하는 곳이었다. 그런데 이 곳은 종교적 외피를 쓰고 신앙과 개인의 덕망에 따라 결합하고 복속하는 형태를 띠었으므로 이전의 혈연적·지역적 결합을 상당히 극복하게 해주었다. 한 마디로 화랑도는 신라인의 정치적 천재성이 발휘된 대단히 시의적절한 조직이었다.

화랑도 성공의 비결

한때 신라가 삼국통일을 이룬 이유는 화랑으로 상징되는 신라 지배층의 단합 때문이라고 설명하던 때가 있었다. 그리고 이 때의 '단합', '국론통일' 등을 '국가를 위해 나를 잊는', '나와 집단의 이익을 희생하는' 숭고한 정신의 산물로 설명하였다. 그러나 단합을 이루는 사회, 단합을 이루는 정치란 이해관계를 초극하는 정신으로 만들 수 있는 게 아니다. 인간은 집단과 집단으로 만나면 기본적으로 이기적이 된다. 따라서 사회의 단합은 이기적인 단합일 수밖에 없다. 이를 부정하면 더 심한 억압과 모순이 발생한다. 즉 집단이 이익을 희생하는 것이 아니라 각 집단의 이익이 얼마나 잘 살아날 수 있느냐에 단합의 성공이 달려 있다.

화랑도의 경우도 화랑들의 멸사봉공 정신이 성공의 이유였던 것은 아니다. 화랑도라는 조직이 지배층의 새로운 욕구와 필요를 적절하게 채워 주었기 때문이다. 좀더 복잡한 내부 사정과 전시체제라는 특수성을 감안해 주어야 하지만, 신라의 왕들은 이 단체에 가입한 귀족들과 결합하여 전통방식을 고수하는 귀족들을 밀어내고, 체제개혁을 지지하는 새로운 젊은 귀족들을 자기 편으로 만들었다. 이렇게 함으로써 신라는 전통적 지배층인 귀족군을 몰아내거나 대체하는 것이 아니라 그들을 분열시켜 귀족으로써 귀족을 제압하게 했다.

뿐만 아니라 이 방식은 전통적인 귀족체제의 운영원리와 편성질서를 바꾸어 주었다. 화랑도는 겉으로는 엄연히 종교적 조직이었기 때문에 기존의 귀족적 질서체제를 부정하지는 않아도 나름대로는 보다 새롭고 개인적인 역량을 존중하는 새로운 평가기준과 질서체제를 도입할 수 있었다. 가야왕족의 후손인 문노가 가야파 무사들을 모아 화랑도 발전에 공헌했고, 그들이 화랑도란 조직을 매개로 전쟁에 참전하여 공을 세운 것이 대표적인 경우다. 문노는 이 공으로 진골로 편입되고, 진골 왕녀와 결혼했다. 김유신의 가계도 이와 비슷하게 신라에 적응을 했다.

특히 중요한 점은 종교란 수행과 도덕을 강조하게 되므로 항상 체제와 신분질서를 초극하여 개인의 역량을 중시하는 원칙을 인정하지 않을 수 없게 만든다는 사실이다.

이런 변화는 꽉 막힌 구체제에 비해 개인의 역량과 활동력을 보장하는 공간을 넓혀 주었다. 더욱이 이 때는 개인의 역량을 중시할 수밖에 없는 전시체제였다. 지도자격인 화랑도 처음에는 진골귀족 중에서도 국왕과 가까운 인물이 임명되었지만, 화랑도를 통해 점차 망명귀족층인 가야파가 입지를 넓혀 가며 마침내는 법적으로 진골이긴 하지만 신라인이 아닌 김유신이 화랑이 된 것은 바로 이러한 변화를 상징하는 사건이었다.

화랑도를 이용한 신라의 정치개혁은 지배층 간의 대립과 반목을 최소화하고, 기존의 지배층과 결합하면서도 그들 내부에서는 최대한 인재를 등용하고 개인의 역량을 발휘하게 하였다는 점에서, 다시 말하면 안정과 효율성을 동시에 달성했다는 점에서 대단히 성공적이었다. 물론 이 때의 개방성과 효율성이란 게 오늘날의 입장에서 보면 딱하기 짝이 없을 정도고, 당시에도 많은 불만을 낳았다. 그러나 역사에서 효율성이란 상대적이다. 사회의 과제는 절대적인 효율성을 확보하는 게 아니라 그 시대가 요구하는 효율성, 그 시대에 선진적인 위치에 설 수 있는 효율성을 확보할 수 있느냐에 있다. 이런 기준에서 보면 신라가 소외된 귀족과 하급무사들의 용기와 분발을 끌어낼 수 있는 새로운 효율성을 확보해 내는 데 성공한 것은 사실이다. 단 이것이 고구려나 백제보다도 앞선 체제였는가는 현재의 사료로써는 판단이 불가능하다. 그러나 5~6세기의 격렬한 전쟁은 삼국사회 모두에게 전보다는 개인의 역량을 중시하고 개방적인 풍조를 열어 주었을 것이다. 그것이 이 시대의 비극적인 역사가 그나마 사회에 남겨준 발전의 하나다.

신라가 선전을 한 이유는 지형의 덕도 크다. 누차 이야기한 대로 남한강 수로 덕분에 신라는 한강 전선에 어떤 나라보다도 신속하게 병력과 물자를 투입할 수 있었다. 하여간 신라는 남한강 상류인 충주·단양에서 이천 – 한성으로 어어지는 이 황금루트를 지키기 위해 최선을 다했다.

그러나 가랑비에 옷 젖는다고 오랜 전쟁으로 인한 물자와 인력의 손실이 만만치 않았다. 국세가 가장 약한 신라로서는 고구려와 백제의 어느 한쪽만 감당하기도 버거웠다. 그럼에도 불구하고 신라가 굳건하게 이 땅을 지킬 수 있었던 이유는 고구려가 끝내 남방공략에 전념할 수 없었기 때문이다. 그 이유는 중국의 침공이었다.

589년 중국의 혼란기가 드디어 끝나고 수가 천하를 통일했다. 신라는 진평왕 11년, 고구려는 온달의 장인인 평원왕 31년, 백제는 성왕의 아들 위덕왕 36년이었다. 고구려엔 긴장이 감돌았다. 지금껏 고구려는 중국

단양 온달산성. 신라의 방어벽이었던 남한강과 소백산의 지세를 이용해서 쌓은 요새.
고구려의 온달장군이 공격하다가 전사했다는 전설이 서려 있다.

과 크고 작은 싸움을 벌여 왔지만 통일 중국과는 싸워 본 적이 없었다. 국내성을 함락시켰던 위나라의 관구검군도 말이 위군이지 유주군과 현도군의 병력에 약간의 이민족이 가세한 군대였고, 모용씨의 연나라도 중국 동북지역인 요동과 유주·기주 정도를 차지한 데 불과했다.

그러나 이젠 중국 전역에서 징발한 대군이 공격해 올 차례다. 정확한 기록은 없지만 이 전쟁 동안 고구려는 서북의 요하 방어선에 최소한 10만~20만 이상을 상주시켜야 했고, 전쟁이 벌어지면 10만 이상의 병력을 이 전선에 투입해야 했다. 지금껏 남침작전에 동원한 병력이 2만을 넘어선 적이 없었다는 사실을 고려하면 대 중국전이 고구려의 통일전선에 얼마나 큰 부담이 되었는가를 쉽게 짐작할 수 있다.

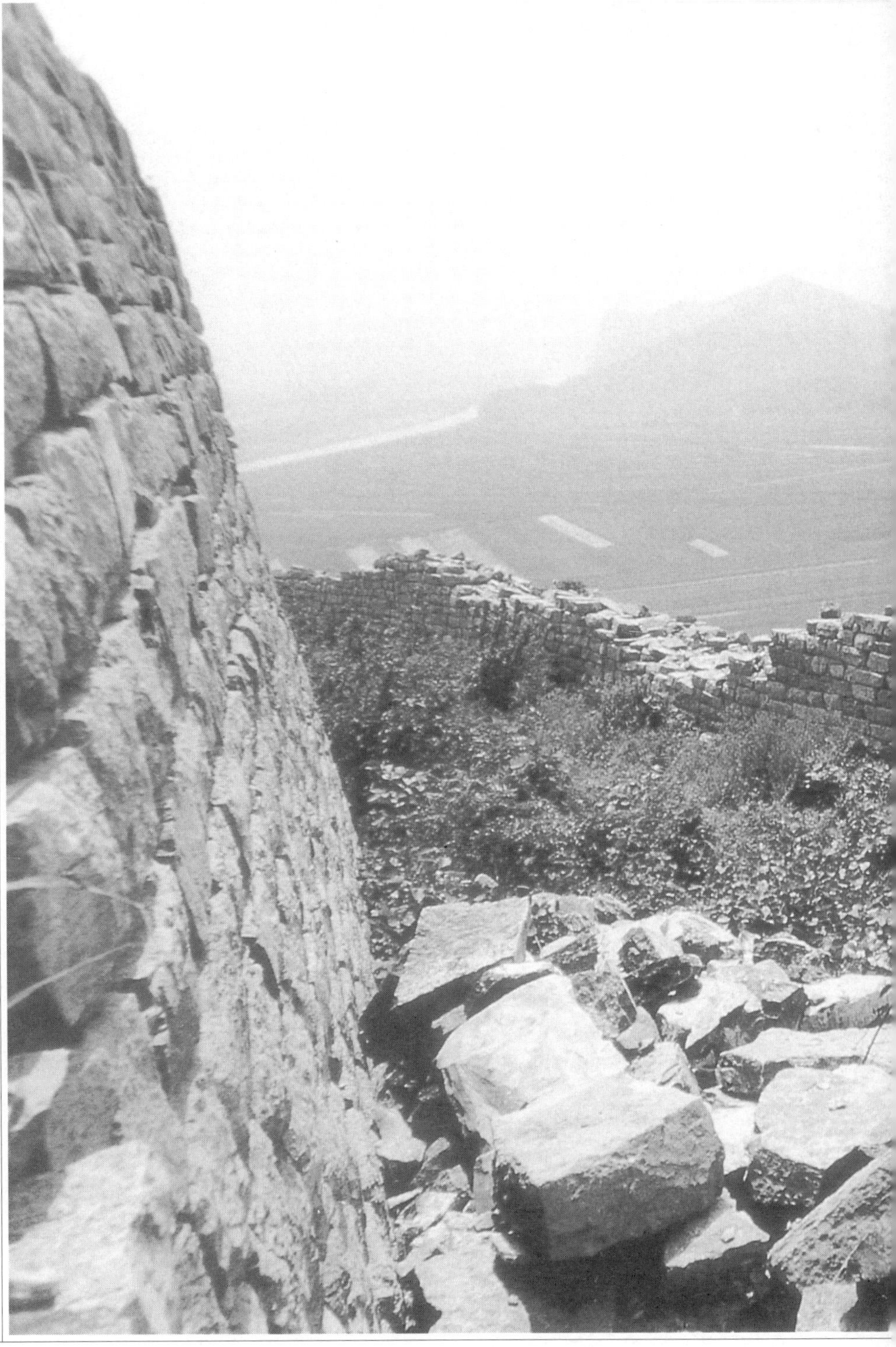

Ⅲ. 수 · 당전쟁

1. 폭군의 침공

그들은 200만

서기 612년 6월 요동에서 오골성을 지나 서안평으로 이르는 가도에 4

만의 대군이 길을 메우고 내려가고 있었다. 기병이 약 8천, 보병이 1만 6

태자하가 내려다 보이는 백암성. 서길수 제공.

천 정도고, 나머지는 치중대(수송대)였다. 행렬은 질서정연하고, 행렬의 길이는 무려 20km에 달했다. 부대는 기병 1천 명, 보병 2천 명 단위로 편성되었는데, 이 천인대마다 깃발과 갑주, 복장의 색깔이 달랐다. 짙은 녹음이 깔린 산야에 수십 가지 색채와 광채가 어우러진 대열은 보기 드문 장관이었다.

부대는 이미 산악지대를 벗어나서 벌판으로 접어들고 있었다. 요동의 산지를 넘어서면 압록강변까지는 얕은 구릉과 푸른 들판이 널찍하게 펼쳐져 있다. 원래는 개간된 경작지였지만 군이 지나가는 길이라 인적이 끊어져 있었다. 인적이 끊어진 벌판은 언제 보아도 목가적이고 평화롭다. 행군하고 있는 병사들에게도 전시라는 기분이 전혀 들지 않을 정도였다. 그러나 행렬을 클로즈업으로 잡아 보면 분위기가 완전히 달라진다.

가까이서 본 병사들의 표정은 일그러져 있었다. 탁군(지금의 북경 부근)에서 출병한 지 벌써 7개월, 집을 떠난 지는 1년, 전쟁준비에 시달리기 시작한 지는 이미 3년이 되었다. 타지에서의 야전 생활도 괴로웠지만 지금 당장 그들을 괴롭히는 것은 그들의 어깨를 짓누르는 무거운 짐이었다. 원래 보병이 괴로운 이유는 자기 장비는 자신이 다 짊어지고 다녀야 하기 때문이다. 갑옷에 병기, 텐트, 의복, 취사도구. 예나 지금이나 기본 장비만 꾸려도 한 짐이다. 그런데 이번에는 1인당 100일치 식량을 짊어지고 가라는 명령이 떨어졌다. 겉보기에는 화려하지만 행렬이 느리게 꿈틀대고 있는 것은 이 때문이었다.

병사들로서 이 전쟁은 도무지 이해가 되지 않았다. 동원한 병력은 전투부대만 50만 명. 전 인구의 1/100이다. 그 외 사역이니 뭐니 해서 이래저래 동원된 병력은 200만이 넘는다는 소문이었다. 이 원정과 관련해서 서너 집에 한 명은 전투나 사역에 동원되었다.

그래도 병력이 이렇게 엄청나니 전쟁은 쉽게 끝나리라 기대했는데, 도무지 진도가 시원스럽질 않다. 처음에는 전투를 좀 하고 이기는 것 같더니 그 다음부터는 답보 상태였다. 성을 하나 포위하면 사람으로 산하를 가득 메웠지만 떨어뜨리는 성은 없었다. 지휘관들은 화를 냈지만 자기 부대만 그런 것은 아니었다. 들리는 말로는 지난 3개월 동안 성을 함락시킨 부대가 하나도 없다고 하였다.

그러더니 어느 날 갑자기 공성전을 포기하고 이동준비를 하라는 명령이 떨어졌다. 병사들은 무척 좋아했는데, 식량 100일치를 짊어지라는 흉악한 명령이 뒤따라 내려왔다. 지금도 뒤를 돌아보면 막 그들이 통과한 산지 정상에 작은 성채가 보였다. 얼핏 보면 봉수대처럼 보이는데 그런 곳들이 대개는 산 정상에 쌓아 둔 고구려의 보루였다. 요동을 떠나 산을 넘으면서 그들은 그런 보루를 지긋지긋할 정도로 보았다.

짐은 무겁고 길은 험해 병사들은 지쳐 빠졌는데, 그 때마다 장수들은 경계태세를 유지하라고 병사들을 들볶고 다녔다. 그래도 행렬 중간에 있는 병사들은 두려움이 없었다. 저런 작은 성채의 병력이 출동해 보았자 모기에 쏘이는 정도가 아니겠나 싶었다. 그들이 보아도 좌우로 빽빽하게 늘어선 잘 무장된 병사들의 군집은 누구에게나 안도감을 주었다. 하지만 행렬 전방이나 후방에 위치한 부대들은 죽을 맛이었다. 이 곳의 산지는 이상해서 지형은 대체로 평평하건만 산들은 땅 속에서 무엇이 뚫고 올라간 듯 불쑥불쑥 솟아 있었고, 길은 그런 산곡과 산곡 사이로 구불구불 이어져 있었다. 전투에 경험이 있는 병사들은 이런 곳이 산성을 쌓고 방어하기에 얼마나 좋은 지형인가를 잘 알 수 있었다. 그런 지형을 만날 때마다 머리털이 쭈뼛쭈뼛 서곤 했는데, 가까이 다가가 보면 정말 얄미울 정도로 적의 성채나 보루가 빠짐없이 들어서서 자신들을 노려 보고 있었다.

밤이고 낮이고 정찰하고 후방 기습을 대비하느라 그들은 녹초가 되었다. 다행히 고구려군은 거의 공격을 하지 않고 멀리서 그들을 내려다보기만 하였다. 그래도 처음에는 성채나 보루를 볼 때마다 공격명령이 내릴까봐 마음이 섬뜩섬뜩 했었다. 대개는 작은 성과 보루들이었지만 상상만 해도 끔찍할 정도로 하나같이 상당히 높거나 공격하기 대단히 까다로운 지형에 위치하고 있었다. 병사들이 보기에 지휘관들이란 하나같이 심통이 아니면 변덕스런 존재들이었다. 적도 반응이 없고 자신들도 그냥 지나쳐 가지만 그 산세가 시야에서 완전히 사라지기까지는 언제라도 공격 명령이 내릴까 싶어 조마조마했는데, 굽이 하나만 지나면 그런 성채가 또 나타나곤 하였다.

다행히 그런 걱정은 곧 사라졌다. 고구려군은 이 대군에게 감히 덤벼들 생각을 못하는 것이 분명했다. 하긴 그들은 앞선 전투에서 자신들의 위력을 몇 번 보여주었다. 수나라 군대는 숫자도 엄청났지만, 전투대형도 견고했다. 요동성 전투에서 고구려군은 몇 차례 수나라군의 부대 하나를 골라 치고빠지는 작전을 써 보았지만 재미를 보지 못했다. 그 전투로 수나라군은 평지전투에서는 분명한 자신감을 얻었다. 그러나 그 다음부터 고구려군은 그들의 장기인 수성전으로 돌았고, 전쟁은 이 모양이 되었다. 이렇게 짐꾼을 만들어 버릴 것이면 뭐하러 이런 엄청난 대군을 몰고 이 먼 땅까지 왔느냐 말이다.

장교들의 입장에서 보면 사병들은 언제나 불만투성이다. 그리고 뭘 모른다. ―하긴 병사들의 입장에서 보면 또 장교들이 그렇지만― 지금도 그렇다. 병사들은 짐이 과다하다고 불평만 터뜨릴 뿐 이 작전의 전술적 가치를 모른다. 요동성을 떠난 이후 요충마다 들어서 있는 성과 보루를 볼 때마다 그들은 이 위대한 작전의 의미를 절감했다. 그걸 생각하면 자다가도 웃음이 나올 정도였다.

고구려의 방어망은 그들이 눈으로 보지 않았다면 믿기 어려울 정도로 짜임새 있고 견고했다. 성들은 삼각편대를 이루듯 여러 성이 서로 엄호하고 지원하도록 구성되었다. 그러므로 한 성이 공격당하면 주변성에서 당장 병력을 지원하거나 공격군의 후방이나 측면을 교란하도록 되어 있다. 그런데 이 성들이 하나같이 대단한 요새들이었다. 처음 고구려 땅에 도착했을 때 산세가 험하다는 건 인정했지만 본국에서 벽돌로 쌓은 성의 모습에만 익숙해져 있던 그들의 눈에 돌로 투박하게 쌓아올린 고구려의 성들은 견고하게 보이지 않았다. 원래 돌무더기는 어느 한쪽만 허물어지면 같이 무너진다. 그러니 포차로 집중사격을 하거나 혹 큰비가 와서 돌과 돌 사이에 채워넣은 흙이 쓸려 내려가면 저절로 무너지는 데가 생길 것이라고 생각했었다.

그러나 산성은 의외로 단단했고 투석기로 때려도, 비가 와도 허물어지지 않았다. 나중에 들으니 고구려 사람들은 흙에 소금을 섞어 돌 사이에 채우기 때문에 겨울에 얼었다가 녹거나 비가 와서 물이 흘러도 터지거나 흘러내리지 않는다고 했다. 성도 투박하게 돌을 쌓아올리기만 한 것 같았지만 자세히 들여다보면 중요한 부위는 정교하게 맞춰져 있고, 구조물이 장력을 받아 옆으로 밀려나거나 무너질 우려가 있는 곳마다 보완공사를 해 두었다.

소문대로 고구려군은 수성전에 아주 강했다. 전군이 3개월 동안 한 개의 성도 떨어뜨리지 못했다. 그러니 이런 성들을 모조리 떨어뜨리려면 몇 년이 걸릴지 알 수 없는 일이었다. 그렇다고 100만 대군을 북방에 몇 년씩 붙잡아 두었다간 내란이나 반란이 일어나고 말 것이다.

전황이 교착상태에 빠지자 수나라군은 작전을 바꾸었다. 이 작전은 절묘했다. 정말로 이 세상에서 중국군에게만 가능한 전술이었다. 그들은 한순간에 고구려가 정성들여 가꾸어 놓은 방어망을 무력화시키고, 지금 그들의 수도인 평양으로 진군하고 있는 중이다. 고구려는 이런 전술도 있다는 사실은 꿈에도 생각지 못했으리라. 징집병이 너무 많다고, 짐이 너무 무겁다고 병사들은 불평이 대단하지만 그 모두가 희생을 줄이고 싸우지 않고 승리를 얻기 위함이었다. 중국군만이 가능한 이 위대한 작전이 아니었더라면 수많은 공성전에서 병사들이 얼마나 희생되었겠느냐 말이다. 전쟁은 곧 끝날 것이다. 지금 아홉 길로 나누어 행군하는 수나라군은 압록강 하구에서 다시 집결하여 35만의 병력으로 평양을 칠 것이다.

    통일 중국과 고구려와의 첫 대결은 수의 통일 10년 만인 598년에 벌어졌다. 이후 약 20년 동안 수는 네 번이나 고구려를 침공했다. 그 중에서도 백미는 수 양제가 200만 대군을 동원한 612년의 제2차 침공이었다.

    612년 탁군(지금의 북경 부근)에 집결한 수의 공격군은 113만 3천 8백 명. 전군을 24군으로 편성했는데 1군은 기병 40대와 보병 80대로 구성되었다. 1대가 100명이었으므로 1군에 기병 4천 명, 보병 8천 명이었다. 이렇게 하면 전투병은 28만 8천 명밖에 되지 않지만, 군마다 따로 치중대(수송대)가 전투병 수만큼 편성되었다. 그 외에 중간에 보급기지도 두어야 하고, 이를 위한 경비병과 병참부대도 있어야 하므로 총 113만이 된 것이다.

    기병은 10대를 1단으로 하고, 보병은 20대를 1단으로 하여 군마다 4단을 두었는데 단마다 갑주와 깃발, 복장의 색깔이 달랐다. 이 엄청난 군대가 한 번에 출발할 수 없으므로 하루에 1군씩 출발시키되 군마다 40리씩 간격을 두게 했더니 전군의 길이는 960리에 뻗쳤다. 이와는 별도로 수 양제를 호위하는 어영군 6군이 또 있었는데, 이들의 행렬만 80리였다고 한다. 천리면 딱 경부고속도로 길이니, 명절 때 경부고속도로를 빼곡히 메운 귀성차량 행렬을 연상하면 이 원정군의 규모를 짐작할 수 있다.

    이런 대군은 중국 역사에서도 초유의 병력이었다. 중국 사람들은 걸핏하면 100만 대군 운운하지만 이 때까지는 10만을 넘어가는 군대도 매우 드물었다. 『삼국지』의 조조가 형주와 오나라를 공격할 때 백만 대군을 끌고 갔다고 하지만 실제 병력은 20만이었고, 형주에서의 전투와 전염병으로 적벽대전을 치를 때는 15만이 되지 않았던 것 같다. 다만 조조가 손권에게 항복을 요구하면서 자기 병력이 80만이라고 허풍을 치긴

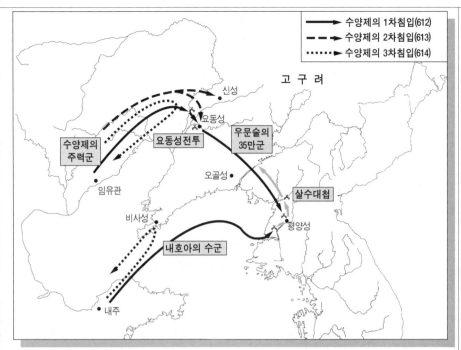

수양제의 침입경로와 고구려의 대응.

했다.

　그러나 수의 100만 대군은 허풍이 아니었다. 이 병력 외에 군량을 운반하는 데 동원된 인원은 배가 넘었다. 그러니 대외적으로는 200만 대군이라고 자랑한 것도 수 양제로서는 자제한 것이다. 조조식의 허풍이라면 500만 내지는 800만이라고 할 판이었다.

　200만이면 전 중국 인구의 5~7.7%에 해당한다. 고구려가 망할 때 호구가 69만 호라고 했다. 이 호구수는 백제의 76만 호보다도 작아 신빙성에 문제가 있다. 그리고 1호가 과연 몇 명의 인구를 포함하는지도 모른다. 그러나 크게 잡아 100만 호라고 하고 1호마다 청소년에서 노인까지 포함해서 남자가 5명씩 있었다고 해도 전 남성인구는 500만, 좀 적게 잡아 80만 호에 1호당 남자 3명으로 잡으면 240만 명이다. 그러니 200만이 아니라 100만이라고 해도 이 병력의 규모는 상상을 초월하는 것이다.

　하지만 대군이라고 다 좋은 건 아니다. 대군은 대군 나름대로의 약점이 있다. 바로 병참과 시간이다. 이런 대군을 유지하려면 비용이 보통 드는 게 아니다. 그러므로 장기전으로 갈 수가 없다. 비용도 비용이지만 전 인구의 5% 이상이 지금 국경을 벗어나 타국에 와 있다. 참고로 현재 우리 나라의 군병력은 60만이다. 이 숫자는 인구비례를 무시하고 순 병력수만 갖고 따져도 세계 5위 안에 든다. 그런데 60만은 1970년대 인구가 3천만일 때를 기준해도 전 인구의 2%에 불과하다. 그러니 전 인구의 5%를 원정에 동원했다면 중국 국내의 군사력은 텅 비었다는 이야기다. 지금처럼 소식망이 빠르지 않은 시대니까 한 1년은 버티겠지만 이런 상태가 2~3년 계속되면 반란이 나던가 주변의 이민족이 치고 들어올 것이다.

그들만의 전술

그러면 수 양제는 왜 이런 위험을 불사하고 대군을 동원했을까? 고구려 원정을 계획하는 중국 수뇌부의 고민은 요동지방에 구축해 놓은 고구려의 방어망이었다. 이 방어망은 이중 삼중으로 구성되고 성들이 서로 엄호하도록 설계되어 있었다. 이 많은 성을 공략하자면 상당한 병력과 시간이 필요했다. 성을 함락하면 버리고 떠날 수는 없고 충분한 수의 수비대를 주둔시켜야 한다. 그러니 정복하는 성이 늘어날수록 필요한 병력은 기하급수적으로 늘어난다. 나중에 당나라에서는 고구려 정복에 필요한 적정 병력이 30만이라고 계산하였다.

200만보다는 적은 숫자지만 이 30만도 해외에 장기적으로 주둔시켜 둘 수 있는 병력이 아니다. 기왕에 단기전을 해야 한다면 가능한 최대의 병력을 동원하여 전쟁을 빨리 끝내려고 생각했던 것일까? 그래도 적정 수준인 30만에 비해 200만은 너무 많다.

수 양제는 폭군이라 막무가내로 대군을 동원한 것일까? 아무리 폭군이라도 그 밑에 재상도 있고 장군도 있는데 그럴 수야 없다. 그들도 작전을 세우고 거기에 맞춰서 동원 병력을 구상했을 것이다.

200만을 동원할 때 수군은 숫자에 걸맞는 작전계획이 있었다. 성을 하나하나 돌파하고 나가는 것이 아니라 한꺼번에 통과해 버리는 작전이었다. 그 방법은 고대로부터 현대에 이르기까지 세계를 통틀어서 오직 중국만이 할 수 있는 작전, 즉 인해전술이었다.

인해전술이라고 하면 —사실 인해전술이란 용어는 잘못된 것이다— 포탄과 총알을 온몸으로 받으며, 전우의 시체를 넘고 넘어 앞으로 달려드는 그런 전술로 알고 있다. 원래 인해전술이란 용어 자체가 그런 뜻으로 만든 용어다.

그러나 실제로 그런 무모하고 말도 안 되는 전술은 있을 수 없다. 정말 그런 작전이 가능했다면 중국군은 세계에서 제일 용감한 군대이거나 바보집단—하긴 둘은 동의어라고 하는 사람도 있다—이라고 해야 할 것이다. 우리가 인해전술이라고 부르는 것은 사실 중국에서는 지극히 고전적이고 오랜 역사적 연원을 가진 전술이다.

필자가 대학생일 때 헌책방에 갔다가 우연히 한국전쟁에 관한 책 하나를 구한 적이 있다. 한국전쟁에 참전한 미 해병대의 전사 담당관이 쓴 책이었다. 한국전쟁 전반에 관한 분석이 아니라 현역 장교였던 저자가 미 해병대의 전투 기록을 정리한 책이었는데, 이 책에서 저자는 인해전술을 부정하였다. 그리고 중공군 전술의 실체와 그에 대한 대응방법까지 자세히 기록해 놓았다.

소위 인해전술이란 일종의 포위전이다. 그냥 포위하여 압박하는 것이 아니라 적을 넓게 포위하여 보급망을 차단한다. 다음에는 길목마다 혹은 적군의 사이 사이로 대부대를 내려보내 적을 잘게 쪼갠다. 보급줄을 끊어 적을 지치게 하고 적을 분열·고립시켜 전력을 약화시키는 작전이다. 워낙 병력이 많아 칭칭 감고 있으므로 상대가 한두 군데 쳐서 내몬다 해도 보급로는 회복되지 않고, 이리저리 치고 다니다 보면 더욱 쪼개지고 분산될 수밖에 없다.

군이라는 게 둘로 분열되면 전력이 1/2로 떨어지고 넷으로 분열되면 1/4로 떨어지는 것이 아니다. 포병과 보병, 전투부대와 수송대가 분리되었다고 생각해 보라. 분열된 부대는 전력 자체를 상실한다. 여기에 보급마저 안 되면 설상가상이다. 중국군은 상대를 이렇게 만든 후에 하나씩 공격해서 각개격파를 한다. 중일전쟁 때의 팔로군이나 한국전쟁 때의 중공군이 모두 이 전술로 큰 성공을 거두었다.

그러나 이것은 팔로군이나 중공군이 창안한 전술이 아니다. 인해전술에 대한 또 하나의 오해는 무기나 장비, 작전 능력이 열악하고 병력 수만 많은 군대가 사용하는 전술이라는 생각이다. "약한 적은 집중 강타하고 강한 적은 분열시킨다"는 것은 굳이 손자를 들먹일 필요도 없는 병법의 기본이다. 문제는 이 법칙을 어떻게 실현하느냐 하는 것인데, 유사 이래 세계 최대의 인구를 유지해 온 중국에서는 적이 강하든 약하든, 자신들의 장점인 월등한 병력을 활용해서 이 원칙을 실현하는 방법을 개발해 온 것이다.

서기 7세기 요동에서 수나라군이 채택한 작전도 기본적으로는 이와 다르지 않았다. 다만 처음에는 수나라도 정공법을 사용했다. 1월에 출발한 원정군은 2월에 요하에 도착하여 처음으로 고구려군과 대치했다. 요하 어디인지는 알 수 없으나 무려라에서 요동(지금의 심양)으로 가는 길목 어디였던 것 같다. 고구려군은 수비측의 이점을 살려 유리한 지점에 진을 쳤다. 강의 하안 단구나 강가에 솟아오른 고지에 진을 쳤던 모양이다.

세계 최강의 궁수를 거느린 군대가 높고 가파른 곳에서 내려다보고 있으니 그 아래서 도하작전을 펴기란 쉽지 않다. 그러나 이 때의 중국군이 어떤 군대인가. 세계 최고문명권의 군대다. 고도한 문명권 군대의 특징이자 장기는 뛰어난 공병술이다. 그들은 세 개의 부교를 만들어 강

성 밖의 壕를 건너는 데 쓰인 호교와 접첩교.

에 설치했다. 현재의 요하를 보면 의외로 그렇게 넓지 않다. 눈으로 보아서는 정확하지 않지만 서울에서 보는 한강의 절반 정도로 보인다. 그래도 다리를 놓기에는 역시 길이가 만만치 않다. 게다가 당시의 요하 유역은 200리 정도가 사람이 살 수 없고, 통행하기도 힘든 진창이었다고 한다.

이런 곳에 중국군은 부교를 강에서 직접 설치한 것이 아니라 안전한 곳에서 만든 후 강으로 운반해 와 사다리 놓듯 걸쳤다. 정확히 어떻게 만들어서 어떻게 걸쳤는지는 모르지만 그 기술은 인정해 주어야 한다.

고구려군으로서는 기겁할 일이었지만 신속하게 부교를 놓은 지점으로 이동했다. 수나라군도 다리를 건너 돌격해 왔는데, 불행하게도 측정이 조금 잘못되어서 다리가 3m 가량 모자랐다. 그러나 선봉에 선 용사들은 두려워하지 않고 강으로 뛰어들었다. 공성전에서든 도하작전에서든 영웅의 역할은 적군 속에 뛰어들어 공간을 확보하는 일이다. 위험도는 대단히 높지만 대신 포상도 분명해서 살아남은 사람은 대뜸 관직이 몇 단계는 올라간다. 옛날 전쟁에선 "어느 전투에서 성에 일등으로 올랐다"라는 명성처럼 영광스러운 것은 없다. 물론 대개의 경우 그 용사는 일등으로 오른 사람이 아니라 살아남은 첫 번째 사람이란 표현이 정확할 것이다. 수비측에서도 최고의 용사들이 이 지점에 포진할 것이므로 용사 중의 용사가 아니고서는 이 최초의 접전에서 살아남기 힘들다.

이 날 수군의 선봉에 선 장수는 100만 대군 중에서도 돌격대장으로 최고의 명성을 얻고 있던 맥철장(麥鐵杖)이었다. 『수서』에 그의 전기가 있는데, 무술이 탁월하고, 성품이 소탈하고, 노는 것과 술, 친구 사귀기를 좋아하고, 친구 간에 의리를 중시하는 사람이었다고 한다. 이런 설명을 들으니 떠오르는 이미지가 있다. 암흑가를 미화하는 영화나 드라마의 주인공이 늘 이런 모습이다. 이 진리는 천 년 전에도 변함이 없었던 듯하다. 그 뒤를 읽어 보면 젊은 맥철장은 주먹세계의 용사요 강도였다. 그의 특기 중의 특기는 달리기였다. 그는 말처럼 빠르게 그리고 멀리 달렸다고 한다.

젊은 시절, 관아의 하급직원으로 취직한 그는 퇴근 후에 백 리 밖에 있는 성까지 달려가서는 성벽을 넘어 강도짓을 했다. 그의 주된 수법은 민가에 불을 지르고, 그 혼란을 틈타 물건을 훔치는 것으로 강도질 중에서도 가장 악질적인 방법이었다. 그리고는 다시 아침까지 백 리를 달려 돌아와 멀쩡하게 출근을 했다.

이 위험한 재능이 난세에는 쓰임을 받았다. 수의 통일전쟁 때 양소(楊素 : 수 양제의 정치적 후원자)의 군대에 종군한 그는 전투 때마다 선봉에 서서 최초로 성에 오른 용사라는 명예를 여러 번 받았다. 마침내는 까막눈에 법규 한 구절도 모르면서 태수로까지 승진했다. 태수가 되자 그래도 공부를 해서 나중에는 법규도 좀 외우고 제대로 다스려 보려고 노력도 했다고 한다.

고구려 원정이 개시될 때는 그도 나이가 들고, 부와 명예도 얻었을 때였지만 자고로 남아란 아녀자의 손이 아니라 전쟁에서 죽어야 한다는 말을 남기고 선봉을 자원했다. 그의 이런 행동에는 함께 참전한 자기 자식들을 보호하려는 목적도 있었던 것 같다. 그는 이 도강작전의 선봉에 서면서 자식들에게 자신의 죽음으로 얻게 될 작위와 포상을 잘 누리라는 말을 남겼다. 내가 대표로 위험한 임무를 감당할 터이니 너희들은 반드시 살아서 돌아가라는 의미도 될 수 있다.

요하 전투에서 맥철장이 이끄는 수나라 돌격대는 난관에 봉착했다. 3m의 물과 비탈이 지옥의 늪으로 그들을 가로막았다. 3m라지만 물 속에서는 행동이 대단히 느려지므로 수나라군은 육지로 치면 10m 이상 되는 개활지에서 대형을 이루지 못한 상태로 언덕 위의 고구려군에게 돌격하게 된 것이다. 고구려군은 지형의 이점과 단병접전을 마다하지 않는 용맹성으로 언덕 비탈에서 수군의 전설적 영웅 맥철장과 부하 낭장 두 사람을 쓰러뜨렸다. 첫날 접전은 고구려군의 대승리였다.

그러나 수군은 패전중에도 다리를 회수하여 후퇴하는 알찬 전력을 보여주었고, 이틀 만에 다리를 고쳐 만들었다. 다시 벌어진 전투에서 수나라 용사들은 교두보 확보에 성공했던 것 같다. 치열한 접전이 벌어졌지만 일단 교두보를 확보하면 숫적으로 우세한 수나라군은 순식간에 병력이 불어난다. 고구려군은 이 날 크게 패하여 만 명이 넘는 손실을 입었다.

첫 싸움은 요하를 두고 벌어졌지만 실제로 당시 고구려의 세력은 요하 서편에까지 미치고 있었다. 수군은 이 승리로 요하 서편을 다시 중국 땅으로 접수하였다. 수 양제는 새로 회복한 이 지역에 군현을 세우고, 주민에게는 10년 동안 부역을 면제하겠노라고 선언했다.

다음 전투지는 요동성이었다. 지금의 심양은 대도시가 되어 성의 흔적도 없는데, 이 곳은 산성이 아니라 평지성이었다. 그러나 한나라 때부터 상당히 크고 견고한 요새였다고 한다.

이 때만 해도 고구려군은 수성전에 의존하지 않고 과감하게 성 밖으로 나와 수의 대군에게 도전했다. 고구려군에겐 옛날 광개토대왕 때 후연을 몰아내던 기백과 승리의 기억이 남아 있었던 것 같다. 수는 대군이지만 숫적 우위라는 것도 적정 규모가 있다. 수군의 행군로가 천 리에 뻗었다지만 진도 수십 킬로가 넘었을 것이다. 그러니 숫자상 100만

대 1만이라고 해도 100대 1로 싸우게 되지는 않는다.

만약 100명이 한 명에게 한꺼번에 달려든다고 가정해 보자. 아무리 겹겹으로 포위해도 한 사람에게 한 번에 달려들 수 있는 최대수는 4, 5명이다. 자연지형에서 벌어지는 집단 간의 전투에서는 그 숫자도 힘들다. 기껏해야 2대 1, 3대 1의 싸움이다.

그러므로 그 이상이 한꺼번에 덤비는 것은 무모하고 비효율적이다. 그렇다면 병력의 우위란 별 소용이 없는 것일까? 그렇지 않다. 병력의 우위를 효과적으로 사용하는 방법은 한꺼번에 덤비는 것이 아니라 여러 조로 편성해서 여럿이 교대로 돌아가며 덤비는 것이다. 백병전은 결국은 체력전이다. 아무리 용맹한 군대도 지치면 제대로 싸울 수 없다.

하지만 그렇기 때문에 수가 적은 군대도 한두 번은 이길 수 있는 기회가 있다. 한두 부대만 상대하고 치고 빠진다면 공격도 가능하다. 수군을 공격한 고구려군대도 이런 생각을 했을 것이다. 대등한 숫자로만 싸운다면 단병접전에는 자신감이 넘쳤다는 이야기다.

그러나 수군도 강했다. 수군이 백만 대군을 동원하고도 패했다는 사실 때문인지, 수군은 숫자만 많았지 질적으로는 형편없는 군대였다고 쉽게 단정하는 글들이 많다. 하지만 그렇지 않다. 수군은 힘없는 농민을 강제로 징집해서 머릿수만 채운 그런 군대가 아니라 실전으로 다져진 군대였다.

수를 건국한 양견(수 문제. 수 양제의 아버지)은 황제가 되기 전에는 북주(北周)의 승상이었다. 북주는 지금의 내몽골 지역의 음산산맥에 위치한 군사기지인 무천진 군벌들이 연합해서 세운 나라다. 현재의 내몽골 지역에 있었다는 말로도 알 수 있듯이 이 곳은 중국의 변방 중에서도 최변방으로, 무천진 군벌들도 대개가 한족이 아닌 선비족 출신들이었다. 나중에 당나라를 건국한 이연의 집안도 무천진 군벌로, 수나라 황가와는 외사촌간이었다.

선비족에서는 탁발부·우문부·모용부가 유명했다. 선비족은 몽골족 계통이지만, 우문부는 인도·유럽계였다는 설이 있다. 그래서인지 우문부 사람들은 특별히 체격이 크고 코가 높았다고 한다. 그러니 무장으로서 두각을 나타낸 것도 당연한데, 북주의 제위는 바로 이 우문씨가 차지했다.

그러나 우문씨의 동맹세력으로 황제의 외척이 된 양견이 점차 세력을 확대하여 실권을 장악하고 마침내는 양위를 받아내 수를 건국했다. 양견이 수를 건국하기 직전 그가 황제를 허수아비로 만들고 북주의 실권을 장악하자 우문의 일가인 위지형을 비롯하여 사마소관, 왕겸 등이 동시에 반란을 일으켰다. 양견은 한때 위기에 몰렸으나 극적으로 이를 진압했고, 황제가 된 후 남조를 평정하여 천하통일을 달성했다. 이 때 남조를 멸망시킨 원정군을 지휘한 사람이 둘째 아들 진왕 광(光)과 그의 후견인이던 양소였다.

진왕 광은 이 때의 명성을 발판으로 음모를 꾸며 형을 폐위시키고 자신이 태자가 되었으며, 나중에 양소의 도움을 받아 병든 아버지를 살해하고 자신이 황제로 즉위했다. 이 사람이 제2의 진시황이라고도 불리는 수 양제다.

양제는 황제가 된 후 양소와 함께 돌궐을 토벌하여 다시 한 번 지휘관으로서의 명성을 높였다. 수군의 지휘부는 이 수십 년 동안의 전역에서 능력을 인정받은 장군들로 구성되었다.

수군의 지휘부를 보면 직함상으로는 여러 장군들의 직위가 비슷하다. 그러나 실질적으로 최고사령관 역할을 한 사람은 우중문과 우문술이었다. 혹 두 사람을 같은 '우' 씨 집안 사람으로 혼동하는 분도 있는데, 두 사람은 성씨만이 아니라 배경·성향·개성이 완전히 다른 사람이다. 우중문은 북주의 귀족가문 출신으로 원래는 군인이 아닌 문관이었다. 그가 동군(東郡) 태수로 있을 때 위지형의 반군이 쳐들어왔다. 그는 협력을 거부하고 60여 기의 기병을 거느리고 적진을 돌파하여 달아 났다. 이 탈주극은 아주 극적이어서 그를 호위하던 기병의 70~80%가 전사했으나 그는 기적적으로 탈주에 성공했다. 화가 난 반군은 그의 세 아들과 딸 하나를 토막을 쳐서 죽인 후에 그 시체를 우중문에게 보냈다. 양견(수 문제)도 이 참혹한 우송물을 보고 눈물을 흘렸다고 한다. 이 사 건으로 그는 토벌군에 투신하게 되었는데, 숨은 재능이 드러나 계속 반 군 토벌에 종사하게 되었다.

그는 재치가 있어서 계략을 잘 사용했다. 고구려 원정 때도 압록강으 로 진격할 때, 오골성에서 일부러 식량을 쌓아 두고 떠났다. 수군이 떠 나자 고구려군이 이 식량기지를 급습했는데, 수군은 이를 예상하고 되 돌아와 고구려군을 격퇴했다는 일화도 있다.

수 양제는 왕자 시절에 우중문의 재능을 알아보고 문제에게 상소하 여 그를 자신의 군사고문으로 삼았다. 고구려 침공 때도 양제는 우중문 을 높여 장군들에게 그의 계략을 따르라는 지침을 내려 놓았었다.

반면 우문술은 정통 무관으로 수 양제의 집안과 같은 무천진 군벌 출 신이다. 그도 선비족으로 원래 성은 파야두(破野豆)였는데, 북주를 세 운 선비족 우문씨의 부하가 되면서 우문씨를 성으로 하사받았다. 어려 서부터 군인의 길을 걸은 그는 우중문과 마찬가지로 수 문제 휘하에서 반란군을 평정하면서 두각을 나타냈고, 남조 정벌과 돌궐 원정에도 종 군했다. 그도 역시 수 양제(당시는 진왕이었다)에게 포섭되어 그의 사 람이 되었다. 독고황후(수 문제의 부인)에게 뇌물을 바쳐 태자를 폐하 고 둘째 아들이던 양제를 옹립하는 계획을 세워 이를 진두지휘한 사람 이 바로 그였다. 이 일로 그는 수 양제의 최측근이 되었다.

이 밖에 수군을 지휘한 내호아와 대장군, 혹은 장군으로 종군한 왕인 공·설세웅·조효재·맥철장·심광 등도 거의 남조 정벌과 돌궐 원정 에 참전한 경력이 있었다. 특히 맹장으로 소문난 사람들은 거의가 수 양제의 정치적 후원자였던 양소 부대 출신이었다.

　이처럼 수군의 지휘관들은 5호16국이라는 전쟁과 반란으로 점철된 시대를 살면서 실전으로 검증받고 엄선된 장군들이었다. 통일전쟁 때 양제가 지휘한 군대는 51만이었다. 그들의 전쟁터는 강남에서 북쪽의 돌궐까지 중국 전역을 포괄했고, 온갖 종류의 군대와 싸워 본 경험이 있었다.

　장군들이 이러하다면 중급장교와 무사들 중에도 실전 경험이 풍부한 용사들이 많았다고 보아야 한다. 더욱이 이 군대는 중국 전역에서 징발해 온 군대였다. 그만큼 뛰어난 전사도 많았을 것이다.

　몇 번의 충돌에서 고구려군은 승리를 거두지 못했다. 생각 외로 적군이 강하다는 사실을 안 고구려군은 출격을 포기하고 수성전으로 전환했다. 고구려로서도 제국 군대의 위력을 실감한 셈이었다.

　고구려군이 농성작전으로 전환함에 따라 전투의 양상은 공성전으로 바뀌었다. 옛날 영화에서 성을 공격하는 장면을 보면, 성벽 위에서는 돌과 화살이 빗발치고, 공격군은 사다리를 놓고 그 위를 기어오른다. 그런데 진짜 그렇게 무모하고 용감한 공격이 가능할까? 그런 공격법이 존재하기는 하지만 그것은 성벽이 낮고, 수비군도 취약한 작은 전투에서나 가능한 장면이다.

　본격적인 공성전에서는 수비측이든 공격측이든 많은 장비가 동원된다. 공성측의 기본장비로는 포차, 충차, 공성퇴, 공성탑, 사다리차를 들 수 있다. 이런 장비들은 고대 중국은 물론 고대 중·근동의 이집트, 아시리아에서도 일찍부터 사용되었으며, 동서양을 막론하고 구조나 형태도 다 비슷하다.

　포차는 투석기로 돌을 날려 성벽을 파괴하거나 성벽 위의 적군과 방어무기를 공격하는 무기다. 수비측에서도 포차는 꽤 유용한 무기였다. 포차의 발달사도 꽤 흥미진진한데, 강력한 포차를 제작하기 위해서는

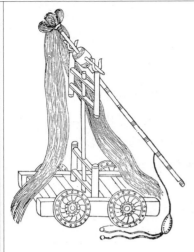

성벽이나 성문을 파괴하는 데 쓰인 포차와 충차. 중국에서는 머리카락처럼 보이는 줄을 잡아당겨 돌을 날리는 포차가 발달했다. 포차 1대당 작게는 50명, 크게는 250명이 동원되었다.

포탄을 날려보내는 방식이 관건이었다.

충차는 성벽이나 성문을 파괴하기 위한 장비다. 성문이나 성벽을 부수기 위해 끝을 뾰족하게 깎은 커다란 통나무를 밀고 가서 부딪히는 장면은 영화에도 자주 등장한다. 이를 공성퇴라고 하는데, 끝부분에 쇠를 씌우기도 했다. 중·근동과 로마, 서구에서 좀더 고급스럽게 만들 때는 쇠나 청동으로 만든 산양의 머리를 장착하기도 했다.

그러나 영화처럼 그냥 병사들이 밀고 가다간 성문에 도착하기도 전에 몰살할 것이다. 그래서 나무로 사방을 막은 장갑차를 만들고, 그 속에 공성퇴를 설치했다. 병사들은 그 속에서 수레와 공성퇴를 밀고 목표 지점에 접근해서 성벽이나 성문을 부수었다.

위에서 돌을 떨어뜨리거나 불로 공격하면 충차 쯤은 쉽게 파괴할 수 있을 것 같지만 그게 그렇지 않다. 생나무로 만들고 미리 충분한 물기를 먹여 두면 불이 잘 붙지 않는다. 충차 안에 물탱크를 두고, 아예 소화병을 별도로 배치하기도 했다. 돌공격도 쉽지는 않다. 나무는 탄력이 있어 의외로 돌에 강하다. 그리고 장갑을 이중으로 하고, 지붕 부분을 삼각형으로 만들어 떨어지는 돌을 미끄러뜨렸다. 그래도 계속 손상을 입긴 했을 텐데 전투는 충차가 먼저 부서지느냐, 성벽이나 성문이 먼저 부서지느냐의 싸움이었을 것이다.

공격측은 충차를 차례로 투입하고, 수비측은 부서진 부분을 막고 보수하며 버텨야 했다. 뚫린 성벽을 임시로 막는 데는 나무·그물·가죽으로 엮은 바리케이트를 사용했다. 당연히 그런 것을 미리 제작해 두고, 성벽 안쪽에 참호나 함정을 파서 성벽이 뚫리더라도 적군이 쉽게 돌입하지 못하도록 했다.

그러나 수비측의 최상의 방법은 적이 성벽에 접근하지 못하게 미리 막는 것이었다. 이를 위해 성벽 밖에도 여러 가지 장애물을 설치한다. 하지만 뭐니뭐니 해도 최고의 수비시설은 역시 해자(성벽 주변에 빙 둘러 판 참호로 물을 채우기도 한다)다.

성문을 부술 때는 공성퇴로 때려 부수기도 하지만 성문은 대개 나무로 제작하므로 화공도 효과적인 방법이 된다. 그래서 특별히 화공용 충차를 만들기도 했다. 기름과 장작을 적재하고 성벽에 부딪혀 불타게 만드는 것이다. 그러나 수비측도 화공에 대비해서 성문 앞면에 철판을 대고, 성문 앞에는 창살 모양의 셔터를 만들어 이중문을 만든다. 공격군이 기름불을 사용하므로 물만으로는 소화가 불가능하다. 그러므로 미리 성문에다 젖은 진흙을 발라두기도 한다. 이처럼 성문 파괴작전도 꽤 복잡한 단계와 공정을 거쳐야 한다.

장갑차를 몰고 성벽에 접근해서 땅을 파는 방법도 있었다. 몰래 토굴을 파서 성 안으로 진입하는 방법도 있지만, 성벽 아래를 파서 성벽을 무너뜨리거나 성벽에 구멍을 내서 진입하는 전술도 많이 사용했다. 중국에서는 이 방법도 상당히 많이 사용했던 것 같은데, 우리 나라에서는 토질 때문에 이런 공격법이 힘들었다고 한다. 하지만 요동이나 만주에서는 어떠했는지 모르겠다.

사다리차는 중국에서는 운제(雲梯)라고 한다. 구름사다리라는 뜻이

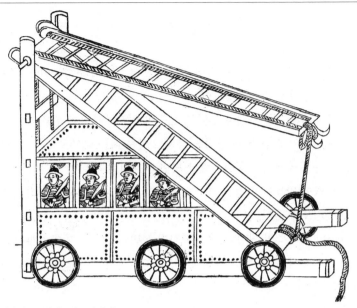
성벽 위로 돌진하는 데 쓰인 운제.

니 그냥 높은 사다리라는 뜻으로 이해하면 된다. 운제를 성벽에 붙이면 병사들이 이 사다리를 타고 올라가 성벽 위로 돌진한다. 원리는 이렇지만 운제에도 여러 종류가 있다. 사다리를 밀고 가는 병사나 사다리를 타고 오르는 공격군을 보호하기 위해서 사다리 밑이나 중간에 방을 만들어 궁수를 배치하기도 하고, 삼면 혹은 사면에 가죽과 나무로 장갑을 두르기도 했다. 부가하는 시설이 많아질수록 운제도 커지고 무거워지므로 바퀴 수도 많아진다. 운제에는 사륜·육륜·팔륜 차가 있었다.

그러나 뭐니뭐니 해도 최고의 공성구는 공성탑(siege tower)이다. 한문으로는 누차라고 쓰는 이 공성구는 충차·운제·공성퇴를 모두 결합한 것이다. 초대형 운제이므로 공성탑은 대개 팔륜이다. 그래서 팔륜누차라고도 불렀다.

충차는 높이가 낮아 가장 두꺼운 성벽의 아래 부분을 공격해야 하고 위에서 쏟아지는 적의 공격을 받아야 한다. 운제는 성벽과 대등하게 혹은 높은 곳에서 궁수들이 화살로 엄호하고 공격하는 장점이 있지만 사다리를 타고 오르는 병사들이 무방비로 노출된다는 문제가 있다. 그래서 사다리 끝에 방패 같은 것을 대기도 했는데, 아무래도 보호력이 떨어진다.

공성탑은 거대한 망대와 같은 것으로 앞과 좌우의 삼면, 혹은 사면에 장갑을 두른다. 장갑은 나무로 만들지만 적의 화공을 방어하기 위해 소가죽을 덧대었다.

그 내부에는 여러 층을 둔다. 맨 꼭대기에는 성벽으로 돌출한 널판을 두어 사다리를 타고 올라온 병사들이 널판을 가로질러 성벽 안으로 바로 뛰어들 수 있게 했다. 그 아래층이나 중간 부분에는 공성퇴를 설치해서 성벽의 위나 중간 부분을 부순다. 층층마다 궁수가 있으므로 성 안의 병사와 대등한 높이에서 혹은 그보다 높은 곳에서 엄호사격을 할 수 있다. 바퀴를 달아도 커서 움직이기가 쉽지 않으므로 그 안에 도르레를 설치하여 사람들이 밧줄을 끌어당겨 이동시키기도 했다.

거대한 공성전에서는 이런 누차를 중심에 두고 주변에 보다 작은 운제를 보조 공격용으로 배치하기도 했다. 성벽에 교두보를 확보하거나 방어선이 뚫린 곳이 생기면 운제가 함께 붙어 병력을 집중적으로 신속하게 투입한다. 어느 정도 교두보를 확보하고 수비측의 저항이 둔화되면 영화처럼 병사들이 사다리를 들고 접근하기도 했다.

그러나 이것만으로도 충분하지 않다. 누차든 충차든 보다 풍부한 엄호사격이 필요하다. 게다가 누차나 운제가 성벽에 접근했다고 해도 성벽 위에 교두보를 확보하려면 상당한 병력을 신속하고 집중적으로 투입해야 한다. 그러려면 누차나 운제에 한 번에 실어 보내는 병력으로는 충분치가 않고, 누차나 운제 뒤에서 가능한 한 가까운 곳에서 후속부대가 대기해야 한다. 그러나 성벽 바로 밑에서 후속부대가 무방비 상태로 대기할 수는 없다. 그래서 공격측에서는 모래부대나 흙으로 거대한 방호벽이나 토산을 쌓는 작전을 펴기도 했다. 성벽 밑에까지 나무로 갱도 비슷한 공격로를 만드는 방법도 있었다.

이렇게 얘기하면 생각보다 공성전이 쉽게 느껴진다. 그러나 자물쇠와 열쇠의 관계처럼 공성구를 만들면, 거기에 해당하는 수성구도 따라서 탄생한다. 최초의 수성구는 성의 구조 자체다. 성은 크고 높고 두껍게만 쌓는 게 능사가 아니고, 지형이 험하다고 좋은 성이 되는 게 아니다. 여기서 그것까지 거론할 수는 없지만 성도 매우 복잡하고 다양한 구조가 있다. 불행하게도 요동성이 어떤 모습과 구조를 지녔는가는 알려져 있지 않다. 요동성으로 추정되는 고분벽화가 하나 있기는 하지만 그것으로는 부족하다. 그러나 평지성임에도 불구하고 공성이 쉽지 않았던 것을 보면 꽤 우수하고 잘 설계된 성이었던 것은 분명하다.

충차나 운제를 파괴하는 효과적인 수단은 불이나 돌이 아니라 갈고리였다. 갈고리로 걸어 쓰러뜨리는 것이다. 일단 쓰러지면 다시 세우기도 힘들고 특히 운제나 누차는 넘어지면 그 무게 때문에 크게 파괴되었다. 수비측에서도 충차를 만들어 운제를 파괴하는 데 사용하기도 했다.

포차의 피해를 줄이기 위해 나무판이나 기둥에 그물을 엮어 씌우고, 화공에 대비하여 거리마다 소방시설을 준비한다. 성벽 위에는 강력한 쇠뇌를 설치하는데, 이것은 상당히 효과적이었다고 알려져 있다. 성문으로의 접근을 방어하기 위해서는 성문 보호시설 외에도 마창이라고 하여 나무판에 창을 꽂은 바리케이트나 마름쇠를 설치하기도 했다. 성문이 파괴되더라도 적이 진입할 수 없도록 성 안에 다시 함정이나 참호를 파는 것도 기본적인 방법이었다.

이외에도 다양한 무기와 전술이

요동성무덤의 요동성 모사도. 성벽 중간중간에 치와 누대가 있고, 외성과 내성 이중구조로 되어 있다.

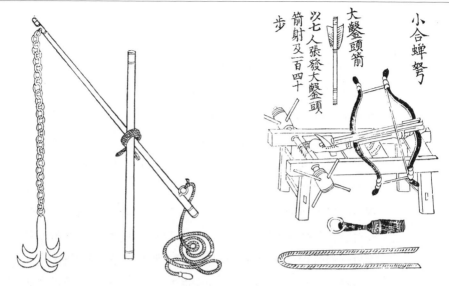

小合蟬弩

大鑿頭箭
以七人張發大鑿頭
箭射及二百四十
步

방어용 병기인 갈고리와 쇠뇌.

사용되었는데, 무엇보다도 이런 장비와 전술을 사용하는 병사와 주민들의 투지와 능력을 무시할 수 없다. 부서진 성벽은 나무판·밧줄·가죽으로 대어서 막고, 화살과 포의 공격 속에서 공사를 감행해야 했다. 부서진 곳을 막고, 그 곳으로 밀려드는 적군의 결집을 막는 것이 수비의 관건이었다.

아마 요동성 전투에서도 이런 모습들이 빠짐없이 연출되었을 것이다. 불과 돌과 화살이 난무하는 전투가 오래 계속되었다. 그러나 중국에서도 감탄할 정도로 고구려군의 수성 능력은 대단했다. 요동성은 3개월 동안의 공격에도 끄떡없이 버텼다. 나중에 중국측에서는 수 양제가 일선에 있는 장군에게 재량권을 부여하지 않았기 때문에 요동성을 함락하지 못했다고 변명했다. 요동성은 여러 번 항복을 제의했는데 그 때마다 수의 장군들은 공격을 중지하고 수 양제에게 허락을 구해야 했다. 이를 알아챈 요동성은 성이 함락될 듯하면 항복협상을 걸어 시간을 끌고, 그 사이에 힘을 회복하곤 했다고 한다.

독재자는 아랫사람을 믿지 못한다. 폭군 수 양제의 독재자적 행태가 수의 실패 원인이 된 셈이다. 그런데 수나라는 병력을 나누어 요동성뿐 아니라 이 방어선에 있는 여러 성들을 같이 공략했으나 한 개의 성도 뺏지 못했다. 그들 성이 요동과 똑같은 기만책을 사용했는지는 몰라도, 중국측의 패인 분석은 그들의 아쉬움일 뿐 전적으로 옳은 것이 아니다. 패인의 첫 번째 요인은 뭐라 해도 고구려군의 선전이었다.

상황이 이렇게 되자 단기승부를 내야 했던 수나라군은 이 시점에서 작전을 바꾸었다. 그들은 전군을 공성군과 공격군 두 부대로 나누었다. 공성군은 현재 포위하고 있는 성들의 포위를 지속하되, 이들의 임무는 성의 함락이 아니라 성의 병력을 제 자리에 묶어 두는 것이었다.

공격군은 9군으로 나누어서 고구려의 수도인 평양으로 직행하게 했다. 이 때 9군이 각기 다른 길을 택하는 바람에 각 통로의 고구려군은 서로 분산된 채 자기 통로에 고정되어 버렸다. 원래 고구려군의 전략은 만약 적군이 공성을 포기하고 바로 진군하면 고구려군이 서로 연합하여 그들의 배후를 공격하고 보급을 끊는다는 것이었다. 그러나 수나라군은 35만의 대병력을 9개로 나누어 모든 통로로 일시에 진출시켰으므로 고구려군은 모두 현재의 위치에서 꼼짝할 수가 없게 되었다. 분산·고립된 고구려군이 단독으로 출정하여 수나라군을 저지하는 것은 무리였다. 각지에 분산·고립된 고구려군은 그래도 수군의 보급대열을 기습하는 게릴라전을 펴기는 했지만 행군을 저지할 수는 없었다. 난공불락을 자랑하던 고구려의 방어선이 엄청난 인해전술로 한순간에 무력화되는 순간이었다. 이것이 100만 대군의 진정한 힘이었다.

다만 중간의 고구려성들을 그대로 둔 채 진군하는 것이기 때문에 아무리 백만, 이백만 대군이라도 9군에게 지속적인 보급선을 유지해 줄 만한 병력까지는 없었다. 그래서 병사들에게 100일치 식량을 지고 가게 했던 것이다. 그래도 후방 보급선이 막힌 상태에서 30만 대군을 무조건 앞으로 내몰 수는 없었으므로 별도로 해군이 장비와 식량을 싣고 대동강 하구에 상륙하여 공격군과 합류하도록 했다.

위험한 여름

수군의 갑작스런 전술변화는 고구려 정부를 놀라게 하기에 충분했다. 압록강에서 평양까지 오는 길목에도 정주의 백마산성, 철암성, 연변의 철옹성 등 이선 방어선이라 할 수 있는 많은 산성들이 있었다.

그러나 요동의 방어망처럼 주밀하지는 않았고 병력도 부족했던 것같다. 이 시점에서 고구려에게 남은 작전은 최대한 시간을 끌어 적의 식량을 바닥내고, 대동강을 거슬러오는 해군을 저지하여 두 부대가 합류하지 못하도록 하는 것뿐이었다.

고구려는 남은 병력을 둘로 나누었다. 한 부대는 수상 을지문덕의 지휘 아래 압록강으로 올려보내고, 하나는 영양왕의 이복동생 건무에게 주어 대동강을 타고 들어올 수의 해군을 막게 했다. 이 두 부대의 병력은 기록에는 나와 있지 않은데, 양쪽 다 결사대라고밖에 할 수 없는 군대였다. 어느 한쪽이라도 무너지면 평양은 끝이었다.

을지문덕이 인솔한 북상군은 압록강을 사이에 두고 수군과 대치했다. 이 때 고구려군은 수나라에 항복협상을 걸었다. 수 양제가 우중문에게 고구려왕이나 을지문덕이 오면 반드시 잡아두라는 명령을 내렸다는 기사로 보건대, 국왕이나 수상 을지문덕이 직접 수의 진영을 찾아오는 것으로 사전에 교섭이 되었던 것 같다. 요동에서 고구려의 기만전술에 여러 번 당한 바 있던 수는 아마도 고구려에게 진정 항복할 생각이 있으면 국왕이나 수상이 직접 오라고 요구했을 것이다. 그리고 수 양제는 그들이 오면 체포하라고 밀지를 내렸다.

이 조건에 응하여 을지문덕은 수의 진영으로 찾아갔다. 기록에는 어디까지나 적의 정세를 보기 위해서라고 했지만 그건 중국측에서 을지문덕이 진심으로 항복하려는 의사가 없었다는 사실을 강조하려다 보니 그렇게 된 것이다. 오직 정탐을 위해서 일국의 수상이 그런 위험한 모험을 할 수는 없다.

고구려의 진정한 목적은 시간끌기였다. 시간 잡아먹는 데는 회의와 협상처럼 좋은 게 없다. 고구려도 그만큼 다급했고, 어떻게 해서든 적을 지연시켜야 했다. 을지문덕에 대해서는 여러 평이 있지만 필자로서는 이 때의 용기를 그의 최고의 미덕으로 쳐 주고 싶다. 우리 역사에는 상전을 위해 죽은 부하나 나라를 위해 희생한 소민은 많아도, 국가와 백성을 위하여 자신을 희생한 지도자, 자신의 권리와 특권 못지않게 자신의 의무와 책임에도 충실한 그런 정치가는 정말 찾기 힘들기 때문이다.

을지문덕이 찾아오자 우중문은 그를 체포하려 했다. 비겁한 수를 쓰더라도 수로서는 이 전쟁을 빨리 끝내야 했던 것이다. 그러나 수군 진영에 위무사로 종군했던 상서우승 유사룡이란 도덕군자가 있어 끝까지 체포에 반대했다. 유사룡은 이 일로 전쟁이 끝난 후 수 양제에게 처형당했다.

이 때 수군은 이미 식량부족으로 고통을 받고 있었다. 많은 병사들이 과중한 부담을 이기지 못해 식량을 파묻는 바람에 한 달도 못 되어 식량부족 현상이 발생했던 것이다. 수군 수뇌부 사이에도 의견이 갈려 우중문은 을지문덕군을 추격하여 평양으로 진공하자고 주장했고, 우문술은 회군을 주장했다.

두 사람은 각기 수 양제의 오른팔과 왼팔 같은 사람들이었지만 그렇기 때문에 더더욱 사이가 좋지 않았을 것이다. 차후 작전에 대해서 두 사람의 의견이 갈리자 우중문은 지휘권이 양분되어 효율적인 작전을 수행하기 곤란하다고 수 양제에게 호소하여 우문술을 밀어내고 자신이 최고 지휘권을 얻어냈다. 그런데 이 때 수 양제는 요동성에서 서쪽에 있는 육합성에 있었다. 고구려의 항복교섭을 의논하고 작전 지휘권을 확정하느라 압록에서 이 요동까지 사절이 오고가야 했다. 가뜩이나 식량도 부족한데, 수군은 압록강가에서 이렇게 시간을 허비했다.

고구려군은 적에게 식량이 부족하다는 사실을 간파하고 싸움을 자주 걸고 일단 싸움이 시작되면 바로 도주하는 방식으로 최대한 시간을 끌면서 적을 피곤하게 만들었다. 작전 결정은 우중문이 내렸지만 실전 지휘는 무관 출신인 우문술이 총괄했던 것 같은데, 우문술은 같은 선비족 출신 장군인 양의신을 선봉으로 세웠다. 양의 부대는 하루에 일곱 번 싸워 일곱 번 모두 이기는 전과를 거두었다. 회군을 주장하던 우문술도 이 승리로 적잖게 마음이 바뀌었다. 수군의 눈에는 고구려가 필사적으로 달려들어 보지만 워낙 전력차가 커서 제대로 싸울 수 없는 경우로 비쳐졌던 모양이다. 용기는 가상하지만 도저히 실력이 안 되는 그런 상황이었다.

자신들의 처지도 곤궁하지만 고구려군도 이미 저항능력을 상실했다. 평양까지만 가면 평양성은 쉽게 떨어질 것이다. 평양성에는 당연히 비축해 둔 식량이 있을 것이다. 게다가 내호아가 이끄는 해군이 보급물자를 싣고 올 것이다. 마침내는 우문술까지도 이렇게 판단했던 것 같다. 그는 승세를 타고 을지문덕군을 몰아붙여 평양에서 30리쯤 떨어진 산에 진을 쳤다.

그런데 고구려군의 지연전술은 수군을 지치게 하는 외에 뜻하지 않았던 수확을 얻어냈다. 먼저 대동강 하구로 상륙했던 수의 해군이 육군을 기다리다 못해 조급해져 버렸던 것이다. 좌익위대장군 내호아(來護兒)가 지휘하는 해군은 강회지방, 그러니까 회수 유역과 양자강 하류지역의 병력으로 구성한 부대였다. 이 군단 역시 전문적으로 배를 다루는 선군과 하역부대, 그리고 선단 방어를 위한 전투병력으로 구성되었는데, 전투병의 숫자만 최소한 5만은 넘었던 것 같다.

대동강을 거슬러온 해군은 평양에서 약 60리 떨어진 지역에 상륙했다. 강변에는 이들을 환영(!)하기 위해 영양왕의 아우 건무가 지휘하는 고구려군이 대기하고 있었다. 양 군은 상륙지점에서 충돌했으나 이번에도 수군이 크게 승리했다. 이 때 고구려군의 병력은 알 수 없지만, 역시 고구려군의 병력은 열세였던 것 같다. 요동전투에서도 그랬지만 정규전에서는 상대하기 벅찰 정도로 수의 전력은 강했다.

고구려군이 쫓겨 후퇴하자 흥분한 내호아는 정예병 4만을 뽑아 바로 평양성을 함락시키려 들었다. 부총관이던 주법상(周法尙)은 육군과 합류해서 공격해야 한다고 만류했으나 내호아는 듣지 않았다. 나중의 전황을 보아도 당시 고구려군의 병력은 상당히 열악했던 것 같다. 내호아는 승기를 놓쳐서는 안 된다고 생각했을 것이다. 더욱이 백만 원정군이 이루지 못한 승리를 자신이 홀로 이룬다는 유혹을 이겨내기도 힘들었을 것이다.

내호아는 곧바로 평양성으로 달려왔다. 수도 평양에는 두 개의 궁이

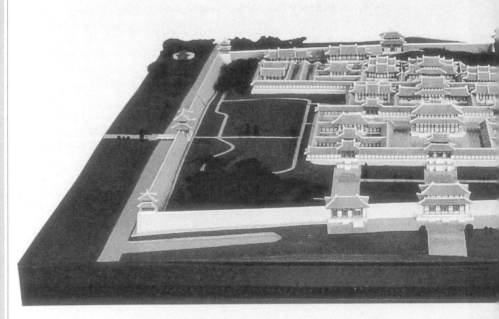

있었다. 하나는 안학궁으로 지금의 대성산성 아래쪽 평야에 있다. 건물은 남아 있지 않지만 그 터와 주춧돌이 거의 완전하게 발굴되어 북한의 자랑거리이자 삼국시대의 궁궐 모습을 알려주는 귀중한 유산이 되어 있다. 아마도 처음 평양을 도읍으로 정하면서 이 곳을 궁으로 했던 모양이다. 다만 안학궁은 평지에 위치하여 방어가 취약하므로 뒷산에다 산성을 쌓았다. 그것이 대성산성이다. 이렇게 도성과 산성을 따로 두는 것은 국내성과 같은 설계다.

그러나 후기에 고구려는 대동강과 대동강변의 자연절벽을 활용하여 도성을 새로 건설하고 도성 안에 궁을 두어 궁궐과 도성 방어를 하나로 합쳤다. 이 곳이 지금까지 평양성으로 알려진 곳이다.

평양성은 상당히 강한 요새다. 평양의 모란봉·을밀대는 지금은 관광지로 유명하지만, 원래는 성의 지휘소와 망대다. 성은 대동강과 강변

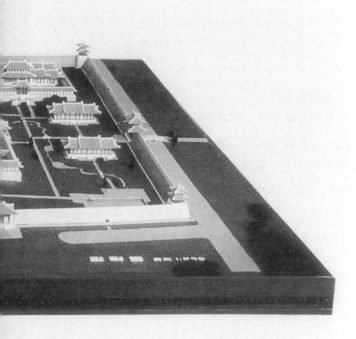

평양의 안학궁 복원모형.

의 절벽을 끼고 지어 성벽의 1/3은 강가 절벽 위에 있다. 성벽은 외곽을 두른 나성과 내성, 중성, 북성의 사중구조인데, 궁은 내성 안에 있었다.

하지만 당시 고구려군은 요새 평양성 안에서 농성하며 그들의 장기인 수성전을 펼 수는 없었다. 수성전으로 버티다간 눈앞에서 내호아와 육군의 합류를 허용할 것이기 때문이다. 내호아군은 반드시 야전에서, 그것도 육군이 도착하기 전에 격멸시켜야 했다. 그러기 위해서 고구려는 비장의 고육책을 썼다. 어쩌면 강변에서의 패배부터가 세심하게 준비된 작전이었는지도 모른다.

내호아군이 육박하자 고구려군은 군대를 성 안의 빈 절에 매복시켜 두고 소수 병력만 출전해서 내호아와 교전하다가 일부러 패하여 성 안으로 달아났다. 내호아는 도망치는 고구려군을 추격했고, 덕분에 공성전도 하지 않고 바로 성 안으로 진입할 수 있었다. 성을 공격할 때 이처럼 좋은 경우는 없다.

외성을 이렇게 돌파했으니 고구려군은 내성 안으로 들어갔을 것이다. 수군의 전투의욕을 더욱 고취시키기 위해 그랬는지, 아니면 방심해서 그랬거나 원래가 탐욕스러운 집단이라 그랬는지, 전투가 채 종결되지도 않았는데 내호아는 병사들에게 약탈을 허용했다. 약탈자로 변한 병사들은 마구잡이로 흩어졌다.

이 때 절 안에 매복해 있던 고구려군이 튀어나왔다. 왕제 건무는 아마도 중장기병이었을 결사대 500기를 끌고 선두에서 수군을 쳤다. 그들은 결사적으로 수군 속으로 돌격하여 적진을 휩쓸었다. 이 날 건무의 활약이 얼마나 영웅적이었던지 다른 민족의 칭찬에는 극히 인색한 중국의 사서도 "그의 효용이 절륜하여 500명의 결사대로 내호아군을 패퇴시켰다"고 적어 마치 그의 결사대 홀로 4만 군대를 쳐부순 것처럼 서술해 놓았다.

평양성내는 피바다가 되고 내호아는 겨우 달아났다. 함대까지 살아

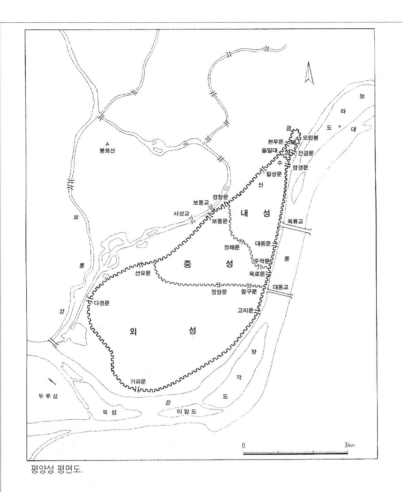

평양성 평면도.

돌아온 병사는 4만 중에서 불과 수천 명이었다. 내호아는 바로 대동강 하구로 후퇴했다. 육군과 합류해야 했지만 전투병력을 상실한 그는 다시 강을 거슬러 들어올 엄두를 내지 못했다.

한편 수의 육군은 힘들게 힘들게 평양근교 30리 지점까지 왔으나 합류지점에서 기다리고 있어야 할 수군의 종적이 없었다. 시체와 부러진 깃발, 전투의 흔적은 남아 있었을 테니까 그들은 내호아군이 패해서 달아났다는 사실까지는 알았을 것이다. 그러나 무전이 없던 시대라 그들이 어디에 있는지 알 수가 없었다. 아마도 양 군은 서로 연락을 취하기 위해 필사적으로 노력했을 것이다. 특공대를 파견하거나 주민을 매수하여 정보를 캐내려고도 했을 것이다. 하지만 고구려도 그만큼 필사적이었다. 두 군대가 합류하면 감당할 수 없는 사태가 벌어지기 때문이다. 고구려군의 방해작전은 성공해서 양측의 접선은 실패했다.

내호아의 패전과 우중문군의 평양 도착이 언제였는지는 기록이 없다. 그러나 우중문군을 유인하는 을지문덕은 수의 해군을 격퇴했다는 연락을 받았을 것이다. 이 때부터 고구려의 전략은 적이 스스로 후퇴하기를 바라는 지연작전에서 섬멸작전으로 바뀌었다. 하루에 일곱 번 싸워 일곱 번 패하는 작전이 내호아의 패전 이전의 작전인지 이후의 작전인지는 모르지만 하여간 내호아의 패전은 하늘이 도운 것이었다. 고구려는 적을 최대한 깊숙이 끌어들인 후 굶주리고 지친 적을 강타하기로 하였다.

평양 근교에 주둔하고 있는 수의 진영에 다시 고구려의 사신이 왔다. 회군하면 고구려왕이 친히 요동에 있는 수 양제의 막사까지 가서 항복하겠다는 전갈이었다. 이건 속임수가 아니라 후퇴할 명분을 주었으니 빨리 돌아가라는 반협박이었다. 물론 말처럼 고이 보내주겠다는 뜻도 아니었다. 고구려군은 이미 요격을 준비하고 있었다.

수군은 약이 올랐겠지만 어쩔 수가 없었다. 그들의 식량은 다했다. 피차간에 다 알고 있는 사실이었지만 높은 귀족들끼리는 이렇게 점잖고 우회적인 표현으로 새로운 상황의 시작을 알리는 것이다.

후퇴하는 수군은 행군대형으로 가지 못하고 방진을 치면서 행군했다. 『삼국사기』(원래는 『자치통감』의 기록이다)에서는 이 때의 상황을 고구려군이 사면에서 수군을 초격(鈔擊)했다고 표현했다. '초'는 노략질하다, 집어내다라는 뜻이다. 이것은 사방에서 동시에 대규모로 공격한 것이 아니라 소부대가 전후좌우 앞뒤를 가리지 않고 계속 기습공격을 가했던 정황을 표현한 것 같다.

우리 나라 지형은 산이 많고 길은 산과 산 사이로 구불구불 지나간다. 길가의 산은 대개가 작아도 매우 가파르다. 그래서 매복공격과 저격작전에는 아주 그만이다. 한국전쟁을 다룬 외국영화는 대부분 오래 되고 편수도 많지 않으며 수준도 형편없다. 그래도 그 형편없는 영화들을 참고 보면, 보이지 않는 곳에서 날아오는 박격포와 사면의 산비탈이나 고지에서 날아오는 저격병의 총알 때문에 머리를 제대로 들고 다니지 못하는 모습이 빠지지 않고 나온다.

이런 공격에 고통받던 한 미군 지휘관이 일종의 방진이라고 할 수 있는 마름모꼴 대형을 고안해 냈고, 그것이 금새 한국전쟁에서 미군의 표준적인 대형이 되었다. 당시 수군이 방진을 치고 행군한 것도 같은 이유 때문이라고 생각된다. 그런데 우리 나라처럼 길이 좁고 산이 많은 지형에서는 방진을 치고 행군한다는 것이 말처럼 쉽지 않다. 그래서 20세기의 미군은 차량을 동원하여 산비탈로 행군하는 병사들을 빨리 빨리 교대시켜 주는 방식을 사용했다. 하지만 모두 다 알다시피 1500년 전엔 자동차가 없었다. 계절도 음력 7월이니 지금의 8월쯤에 해당하는 그야말로 무더위가 끔찍한 시기였다. 가뜩이나 지치고 굶주린 판에 고구려군은 틈만 나면 덤벼들어 괴롭히고 있다. 일반 병사들로서는 빨리 이 악몽에서 벗어나고픈 생각뿐인데, 방진을 치고 나가니 행군 속도는 더디고, 가파른 산비탈을 수색하며 나가야 하는 병사들은 잡목에 찢기고 발이 부르텄으며, 체력은 고갈되었다.

수나라군은 방진을 치고 후퇴할 정도로 아직은 질서를 유지하고 있었으나 병사들은 체력적·정신적으로 극한 상태에 빠져 있었다. 겉으로 보면 견고한 건물 같지만 실상은 철근과 골조를 다 빼낸 파괴 직전의 건물과 같은 상태였다고 할 수 있다. 이 건물을 무너뜨리는 데는 단한 번의 결정적인 충격만 가하면 되었다.

고구려군이 선택한 충격 장소는 살수, 지금의 청천강이었다. 살수대

첩에 관한 오래 된 오해는 고구려군이 상류를 막았다가 수나라 군사가
강을 건널 때 둑을 터뜨려 수나라군을 수장시켰다는 이야기다. 그런 이
야기는 야사에 전하지만 현실적으로는 불가능하다. 수군이 남하할 때
도 하류로 와서 배를 타고 건너지는 않았을 것이다. 이 시대의 물동량
으로 보아 30만 대군을 날라줄 배가 청천강 유역에 비치되어 있었을 리
없다. 그들은 강폭이 좁은 중·상류로 와서 부교를 놓거나 여울목으로
건넜을 것이다. 당연히 도주할 때도 수군은 중·상류 지역으로 갔을 것
이다. 이런 곳에서 적을 수장시킬 수량의 물을 내보내려면 댐 하나는 쌓
아야 하는데, 그게 이 시대의 토목기술로는 가능한 공사가 아니다. 수량

여하를 떠나서 강의 본류를 막는 자체가 가능했을지도 의문이다.

그리고 정말 비슷한 일이 있었다면 – 예컨대 지류를 막았다가 터뜨렸다면 – 적을 수장시키기 위해서가 아니라 예상 도하지점의 수량이 너무 부족하므로 수위를 좀 높여서 수군의 이동능력을 약화시키려는 정도였을 것이다. 그나마 짧은 시간내에 그런 공사가 가능했을지도 모르겠다.

고구려군이 결정적 타격지점으로 살수를 택한 이유는 도하작전 동안에 병력이 분리된다는 가장 기본적인 약점을 노린 것이다. 이는 수군도 뻔히 아는 사실이었지만 그렇다고 도하하지 않을 수도 없었다. 장기

살수대첩을 그린 기록화.

판에서도 말의 이동범위를 미처 보지 못해서 죽는 것은 하수에 속한다. 고수의 게임은 한수, 두수 앞을 보고 판을 몰아가, 알면서도 피할 수 없는 상황을 만들어 낸다. 살수의 경우도 그런 것이었다.

고구려군은 수군이 반쯤 도하했을 때, 즉 병력이 둘로 분리되었을 때 후군을 공격했다. 1/3이나 1/4쯤 남았을 때가 아니라 절반의 병력을 공격한 것을 보면 수군의 상황이 그만큼 열악했고, 고구려군은 자신감이 넘쳤다는 이야기다.

지금껏 고구려군은 대형을 갖추고 싸우는 평지의 정규전에서는 수군을 이겨보지 못했다. 하지만 이 때 수군은 지칠대로 지쳐 있었다. 이 날 수군의 후위를 맡은 부대는 9군 중에서 우둔위장군 신세웅(辛世雄)의 부대였다. 그는 대오를 정돈하고 고구려군을 기다렸다. 이 공격은 야사에서 말하듯이 절대 기습공격이 아니다.

공격해 온 고구려의 전위를 이끈 장군이 누구였는지는 알 수 없다. 사실 이 전쟁은 여러 명의 영웅을 탄생시켰다. 요하 전투에서 고구려군이 밀리자 후퇴를 거부하고 앞으로 달려들었던 용사도 있었을 것이고, 건무가 지휘한 평양성 전투나 이 때의 살수전투에서 선봉에서 적진에 돌진하여 산화한 영웅도 있었을 것이다. 고구려군의 전술도 을지문덕의 창안이 아니라 다른 장수나 어떤 참모의 건의였을 가능성도 있다.

그러나 오직 을지문덕과 건무만이 영웅이 된 것은 이 전황을 전해주는 기사가 하나같이 중국측 기록이기 때문이다. 그들로서는 최고 지휘관급 이외에는 이름을 알 만한 장수가 거의 없었던 것이다.

이 날 살수전투에서도 우리는 살수에서의 공격을 건의한 장수나 선두에서 수의 진형으로 돌격한 용사나 고구려의 선두부대를 지휘한 장군이 누구인지를 알지 못한다. 다만 고구려군이 분전하여 수나라 9군 사령관의 한 사람인 신세웅을 전사시켰다는 사실을 알 뿐이다. 맥철장 이후 거물 장수의 두 번째 사망이었다.

신세웅 부대가 붕괴하자 수군은 공황 상태에 빠졌다. 자신들이 얼마나 형편없이 약화되어 있는지 눈으로 보게 된 것이다. 이제 그들의 전우와 대형이 더 이상 자신을 지켜줄 수 없다고 깨달은 병사들은 대형, 즉 통제와 명령을 거부하고 제멋대로 도주하기 시작했다. 당연히 이는 연쇄반응을 일으켜 수군을 공황 상태로 만들었다.

기록에 의하면 수군은 살수에서 압록강까지 밤낮으로 하루를 달려 도주했다고 한다. 부대고 대형이고 무시하고 마구 달아났다는 이야기다. 출동한 병력 30만 5천 명 중에서 귀환한 자는 겨우 2천 700명뿐이었다. 다만 실종된 30만 2천 명이 한꺼번에 살수에서 전사한 것은 아니다. 압록강까지 추격당하는 과정에서 살해되거나 포로가 되었던 것이다.

뿔뿔이 흩어진 수군 부대는 하나씩 추격하는 고구려군에게 포위되어 섬멸되었다. 생존자 중의 한 사람인 설세웅(薛世雄)의 경험을 보면, 그의 부대는 백석산이란 곳에서 고구려군에게 겹겹으로 포위되었다. 그는 방진을 치고 버텨 보았으나 고구려군은 돌격해 들어오지 않고 빙 둘러 화살을 퍼부었다. 날아오는 화살이 하늘을 가릴 정도였다. 전멸의 위기에 봉착한 그는 몸을 가볍게 하기 위해 갑옷을 벗어던지고, 경기병 200명만 끌고 돌파를 강행하여 겨우 살아왔다. 수 양제는 이를 장하게 여겨 패전의 책임을 묻지 않았다.

왕인공의 부대는 후미를 맡아 유일하게 고구려군을 패퇴시켰다는 명성을 얻었는데, 부대를 보존해서 돌아오지는 못했다. 아마 한두 번 고구려군의 공격을 격퇴시킨 것을 그렇게 표현했을 것이다. 최고 훈장을 받은 장수들의 공로가 이것이었으니 다른 부대의 상태가 얼마나 끔찍했을까는 족히 상상할 수 있다.

보통은 부대고 편제고 다 무시한 채 도주하다가 마구잡이로 살해되거나 항복했던 것 같다. 자랑스런 고구려의 철기병들은 이 추격전에서 말 그대로 제 세상을 만났을 것이다. 그들도 분노하고 흥분했을 테니까 고구려측의 기록이 남아 있었다면, 날이 저물어 병사들이 진으로 돌아오는데 말과 인간이 모두 피를 뒤집어 써서 아귀와 같은 모습이었다는 서술을 발견할 수 있을지도 모른다.

사실 수군은 워낙 대군이라 대오를 잃지 않았으면 아무리 지쳐 빠졌더라도 고구려군에 그렇게 쉽게 몰살당할 수는 없다. 그러나 이렇게 적을 심리적·물리적으로 압박해서 스스로 붕괴하도록 하는 것이 바로 전쟁에서 최고의 기술이다. 이런 것은 한두 번의 기묘한 전략으로 달성할 수 있는 것이 아니다. 오케스트라의 지휘와 같이 수많은 요소와 부대와 인물을 시기적절하게 조화시키고 사용함으로써, 그리고 군의 편제, 군기, 병참, 훈련, 연락체계, 지휘관의 능력, 사병의 사기 등 모든 요소가 받쳐 줌으로써 가능한 것이다. 고구려는 살수의 일전으로 수를 이긴 것이 아니라 요하에서 평양에 이르는 긴 전쟁에서 승리한 것이다.

자멸의 길

고구려는 수의 침략을 물리쳤다. 그러나 위험하고 아슬아슬한 승리였다. 보통은 이런 경우 승리의 쾌감이 더욱 짜릿한 법이지만 이번에는 그 기쁨을 오래 누릴 수가 없었다. 상대가 거의 이성을 상실했기 때문이다.

그렇게 큰 손실을 당하고 6개월도 되지 않아 수 양제는 다시 침략준비에 착수했다. 613년 정월에 전국에서 용사를 모집하여 이들에게 효과(驍果)라는 벼슬을 주고 군에 편입시켰다. 이번에도 친정이었다. 3월쯤에 출발한 수군은 4월에 요하를 건넜다.

지휘부도 지난번 원정 때의 평가를 바탕으로 재구성했다. 평민으로 만들었던 우문술을 복귀시켜 군지휘권을 맡기고, 살수의 패전 때 능력을 발휘한 왕인공과 설세웅을 발탁하여 왕인공을 선봉으로 삼아 북쪽 신성을 치게 하고, 설세웅은 오골성으로 침투시켰다. 우문술과 양의신

콤비는 다시 짝을 이루어 평양으로 직공하게 했다. 패전했던 장군들도 몇몇은 복귀하였다. 큰 실수를 한 내호아도 복귀하여 이후 끝까지 고구려 원정에 종군한다. 다만 패전의 책임을 가장 크게 뒤집어쓴 우중문은 양제의 총애를 회복하지 못했다. 그는 관직을 삭탈당하고 집에 머물다가 얼마 못 가 울화병으로 죽었다. 그 때 나이가 69세였다.

2차 원정은 수군이 경험을 쌓았기 때문인지 전보다 더욱 위험하게 진행되었다. 요동성의 수비군은 이번에도 20일 이상 적의 공세를 막아내며 선전했다. 수군은 누차를 세워 공격했으나 쉽지 않자, 모래부대로 너비 10m의 벽을 쌓았다. 이를 어량대도(魚梁大道)라고 했는데, 중간에는 바퀴가 8개인 거대한 누차를 세워 보병을 엄호했다.

이것은 일종의 공격용 방호벽이었다. '어량'이라고 한 것은 모래푸대로 쌓았으므로 물고기 비늘이나 그물처럼 보였기 때문일 것이다. '도(道)'는 길이란 뜻이지만 공성전에서 이렇게 쌓는 방호벽이나 토산을 중국에서는 '누도(壘道)'라고 불렀는데, 여기서 따온 말인 것 같다. '누도'라고 한 것은 이것이 기본적으로는 공격용 방호벽이지만 성벽에 근접하여 높게 쌓으면 성안을 굽어보는 망대도 되고, 이것과 성벽을 연결시키면 성 안으로 돌입하기 위한 길도 되어 주기 때문일 것이다. 하여간 이것이 완성되면 수군은 공성구와 병력을 이 벽 뒤로 집결하여 총공격을 감행할 심산이었다.

어량대도가 완성되어 감에 따라 요동성의 함락시간은 가까워져 갔다. 내지로 진격한 우문술과 설세웅 군도 고구려군의 방어선을 뚫고 무난하게 진격을 계속했다. 설세웅군은 오골성까지 왔으며 우문술군은 집결지인 압록강가에 도달했다. 내호아의 함대도 출항지인 동래로 집결하고 있었다.

이 때 중국에서 급보가 날아들었다. 이 해 6월 3일 예부상서 양현감이 하남성 여양에서 10만 군중을 이끌고 반란을 일으켰다는 소식이었다. 양현감은 수 양제 즉위의 일등공신인 양소의 아들이었다. 당시 그는 수송 내지는 군수사령관직을 맡고 있었는데, 수 양제에 대한 원성이 드높은 것을 보고 민중을 선동하여 반란을 일으켰던 것이다.

수 양제는 원정에 미련을 버리지 못하고 장안 수비를 맡겼던 위현의 4만 병력으로 양현감을 막게 했으나 패배했다. 다급해진 양제는 군수품과 공성장비를 그대로 남겨둔 채 철군했다. 요동성의 고구려군은 양현감의 반란소식은 몰랐을 터이므로, 눈 앞에 펼쳐진 어이없는 사태를 이해할 수가 없었다. 그들은 철군을 계략으로 의심하여 수군이 철수한 뒤에도 이틀 이상 성 밖으로 나오지 않았다. 뒤늦게 수군을 추격한 고구려군은 살수에서 했던 그대로, 요하를 건너고 남은 수군의 후위를 요격해서 수천 명을 살해했다.

양현감은 완전한 전략 실수로 두 달을 넘기지 못하고 8월 1일에 요동에서 돌아온 우문술·내호아 군에 의해 격파되었다. 고구려 원정군의 뒤를 치던가 장안으로 진격하자는 참모 이밀(李密)의 말을 듣지 않고, 멀리 떨어진 낙양으로 진군하다가 장안의 위현군과 귀국한 원정군 사이에 끼여 버렸던 것이다.

반란은 진압되었지만 그 의미는 컸다. 건국 최고공신의 아들이 반란을 일으켰다는 사실 자체가 수의 체제가 극도로 불안한 상태임을 입증하는 것이었다. 양현감의 봉기는 두 달로 끝났지만, 이밀은 달아나 새로운 반군을 조직했고, 이를 계기로 전국 각지에서 농민봉기와 군웅들의 반란이 잇따랐다.

이런 위기에도 정신을 차리지 못한 양제는 다음 해에도 원정 명령을 내렸다. 그러나 병사들이 제대로 모이지 않아 포기했다. 그러나 꼭 양제의 무모함을 탓할 일만도 아닌 것이, 중국이라는 나라는 너무 넓어서 나라의 반쪽이 내란에 휩싸여도 반대편에서는 남의 나라 일처럼 느껴지는 모양이다. 이 때 내호아의 수군만 단독으로 출격하여 요동반도 끝에 있는 비사성을 함락하고 평양으로 진공하려고 했다. 양제가 원정을 포기하고 내호아에게 회군하라는 조서를 보내자, 내호아는 고구려도 이제 지쳐서 공격만 하면 떨어뜨릴 수 있는데, 왜 그 큰 희생을 치르고 여기까지 와서 그만두느냐고 화를 내며 조서도 제대로 받지 않으려고 했다고 한다. 그도 국내 상황의 심각성을 느끼지 못하고 있었던 것이다.

고구려도 힘들긴 힘들었던 모양이다. 고구려 정부는 양현감의 난으로 고구려로 망명해 왔던 병부시랑 곡사정을 잡아 돌려보내고, 왕이 몸소 수에 조공하겠다고 약속하는 등 상당한 성의를 보였다.

그러나 614년의 회군 이후 수나라도 급속한 혼란 속으로 빠져들었다. 각지에서 반란이 일어나자 양제는 천 명의 미녀를 이끌고 수도 낙양을 떠나 절경으로 유명한 강소성 강도로 옮겨갔다. 낙양을 두고 수군과 반군 사이에 격렬한 전투가 벌어지고 장안 수비를 맡긴 외사촌 이연이 배신하여 당나라를 건국해도, 정작 양제는 사태를 아는지 모르는지 아니면 자포자기를 한 건지 천자라는 호칭도 포기하고 자신을 남조의 왕으로 부르게 하면서 주색에 빠져 살았다.

618년 3월 양제의 평생 동지였던 우문술(그는 양현감의 난을 진압한 후 곧 병사했다)의 아들 우문화급(宇文化及)이 궁으로 들어왔다. 그의 입궐이 이상한 일은 아니지만 이번에는 달랐다. 군사를 끌고 들어왔기 때문이다. 최후의 순간에 양제는 자살하겠다고 했으나 우문화급은 그것도 용인하지 않고 양제의 목을 졸라 죽였다. 죽은 양제의 시신은 돌보는 사람이 없어 후궁 하나가 평상을 뜯어서 그 판자로 관을 만들어 매장했다. 이 때 그의 나이가 50세였다.

고구려 원정에 종군했던 장군들도 대개는 비슷한 최후를 맞았다. 천하제일의 용사로 꼽혔던 심광과 맥철장의 아들들은 우문화급을 기습하려다가 정보가 누설되는 바람에 매복에 걸려 살해당했다. 내호아도 우문화급에게 제거되었다. 설세웅은 10만 농민군을 거느리고 이세민과 패권을 다투었던 두건덕과 싸웠다가 패전하여 죽었다. 패전을 모르던 용장 왕인공은 혼란 중에도 맡은 고을을 굳건히 지켰는데, 첩과 간통한 부하가 수하를 거느리고 청사로 난입하여 살해했다.

이로써 수는 사실상 멸망했고, 약간의 혼란기를 겪은 후 당이 다시 천하를 제패했다. 위기의 순간으로 몰렸던 고구려는 다시 힘을 비축할 시간을 벌었으며 제국 군대와 싸워 보는 귀중한 경험을 체득했다.

2. 천자와의 전쟁

중원의 영웅

626년 6월 4일, 당의 수도 장안에서 현무문의 변이라는 유명한 정변이 발생했다. 궁성의 북문인 현무문에서 고조의 둘째 아들 이세민이 형인 태자 건성과 동생 제왕 원길을 살해한 것이다. 정변 후 이세민은 부친 고조를 감금했다가 퇴위시키고 자신이 황제로 즉위했다. 바로 그가 중국 역사상 최고 황제의 한 사람으로 꼽히는 당 태종이다.

태종의 치세에 이룩한 체제개혁은 역사적으로 대단한 의미가 있어서 한나라 때와는 확연히 다른 새로운 국가, 사회체제를 만들어 놓았다. 이 때의 개혁정치를 태종 때의 연호를 따 '정관지치'라고 한다. 이 정관시대의 정책과 정치원리를 기술한 『정관정요』는 지금까지도 꾸준히 읽히는 동양 정치학의 고전이다. 물론 『정관정요』는 약간은 위선적이어서 실제와는 다른 내용도 많다. 하지만 글만으로라도 만인을 매료시켰다는 것 자체가 태종이 사람들이 무엇을 원하는지를 분명히 아는 정치가였다는 사실을 알려준다. 인륜을 하늘같이 존중하는 동양사회에서 형과 동생을 죽이고 동생의 첩을 강탈하고, 부친을 쫓아내는 패륜 행위를 저지르고도 그처럼 존경을 받은 사람은 당 태종 이외에는 없다.

태종은 또 다른 일면으로 천재적인 전략가다. 이 집안이 원래 중국 서북변경의 군벌 집안이고 부친 고조도 장군 출신이지만 태종에 비하면 우유부단한 편이었다. 고조의 군대는 삼형제가 우군·중군·좌군을 나누어 지휘했는데, 선봉이 되어 활약한 사람이 이세민이었다. 그는 19세 때부터 당군을 맡아 언제나 열세인 병력과 불리한 상황에서 승리를 이끌어 냄으로써 중국 역사에서 기억되는 명장의 지위를 확보했다.

그는 적과 조우하면 섣불리 싸움을 걸지 않았다. 진지를 강화하여 끈질기게 지구전을 펴면서 상대의 약점을 잡아내고, 그 약점을 물고 늘어져 상대를 지치게 한 후 일거에 적을 강타하여 격멸했다. 지구전을 할 때는 지겹도록 질질 끌다가도 막상 공격을 개시하면 신속하고 날카로운 공격으로 단번에 승부를 갈랐다.

패주하는 적은 악착같이 추격하는 것으로도 유명했다. 승세를 잡았을 때 적이 다시는 재기할 수 없도록 완전히 궤멸시켜 버리기 위해서였다. 어느 때는 200리를 추격했는데, 하루에 여덟 번을 싸우고 이틀 식사도 하지 않고 사흘 동안 갑주를 벗지 않았다고 한다. 여기서도 그의 성격과 장점을 느낄 수 있지만, 이 과정에서 보여준 그의 정확한 판단력, 지휘능력과 전술은 가히 전설적이며, 부하와 군중의 마음을 사로잡는 카리스마와 연기력 역시 거의 고전이 되어 있다.

그런데 그의 장기였다는 '신속한 돌격과 악착같은 추격'은 장점이긴 하지만 새로울 것까지는 없어 보인다. 이 '신속한 돌격과 악착같은 추격'을 새로운 전술로까지 바꾸어 준 비밀은 새로운 기병부대였다. 당군은 말의 기동성을 살리기 위하여 말갑옷을 다 벗겨 버리고, 기병도 철갑의 양을 거의 절반으로 줄였다. 팔과 다리까지 내려오던 미늘갑옷은 사라지고, 양어깨와 미니스커트처럼 허리에서 엉덩이를 가리는 정도만 남겼다. 몸통도 철갑으로 전신을 에워싸는 대신 가죽옷을 입고, 가슴 부분에만 둥근 철판을 대는 형태로 개량했다. 그 외 부분에도 가능한 한

당태종 이세민.

무거운 철판보다는 가죽의 사용량을 늘려 무게를 줄였다. 과감하고 위험한 변신이었지만, 그 변화는 놀라울 정도로 성공적이었다. 후대에 약간 개량이 가해지기는 하지만 이 때의 개량 갑옷이 후대까지 기병 무장의 원형이 되었다.

이 개혁은 중장기병이 상실했던 기병의 진정한 장점, 즉 속도와 기동성을 되살려 준 선택이었다고 평가되고 있다. 또한 중장기병보다는 경기병이 양성하기도 쉽고 비용도 절약되므로, 기병의 숫자를 획기적으로 늘릴 수 있었다. 그리하여 상대적으로 기병 수가 많은 북방민족의 부대와도 대등한 기병전을 펼치게 되었고, 기병부대의 단독전술이 가능해졌다.

이 때부터 기병을 이용한 장거리 기습과 철저한 추격전, 기병이 적진을 우회하여 측면이나 후면을 강타하면 보병이 정면으로 전진하여 적과 충돌하는 우회·협격 전술이 발달하였으며, 기병을 이용한 적의 보급로 차단작전도 위력을 발휘하게 되었다. 이로써 중국에서 중장기병은 한동안 전장의 주역에서 퇴장한다.

기병전술이 다양해짐에 따라 당연히 군의 전술 전체가 다양하고 복잡해졌다. 이것은 전투에서 기술과 지략, 지휘능력, 전술훈련과 부대 간의 협력체제의 효력이 배가되었음을 의미한다. 전쟁이 더욱 고도의 테크닉 싸움으로 진보한 것이다.

물론 이세민이 이러한 장비 개량과 전술적 진보의 창안자는 아니었다. 이 진보의 최고 공로자는 이세민 휘하의 장군으로 병법과 전술의 대가였던 이정(李靖)으로 알려져 있다. 『위공이정병법(衛公李靖兵法)』

에는 그가 고안한 육화진(六花陣)이 소개되어 있는데, 이 진법과 부대 편성 방식은 당나라 군대의 표준전술이 되었다. 또 그가 이세민과 병법에 관해 나눈 대화를 기록한『이위공문대(李衛公問對)』라는 책은 우리 나라 무과에서도 필독서가 되었던 무경칠서(武經七書 : 가장 중요한 7개의 병서로 송대에 편찬한 것이다)에도 수록되었다.

그렇다고 이세민의 능력을 낮추어 보아서는 안 된다. 지도자가 꼭 모든 것을 다 할 필요는 없다. 지도자에게 가장 필요한 자질은 새로운 기술의 가치와 능력 있는 부하를 알아보는 안목이다. 이세민은 그런 능력이 있었고, 새로 배운 전술을 효과적으로 사용할 줄도 알았다.

이런 인물이 고구려에 대한 친정을 계획하고 있었다. 수와의 전쟁이 통일 중국과의 최초의 전쟁이었다면, 대당 전쟁은 거기에 최고 능력의 지휘관에, 중국의 특성에 맞춘 새로운 군대가 더해졌다. 태종이 지휘하는 당군에게선 수 양제의 군대가 보여준 엉뚱한 실수나 혼란도 기대할 수 없었다. 고구려는 역사상 최강의 적을 만난 것이다.

그런데 당과 고구려의 관계는 처음에는 평화스러웠다. 고종도 그렇고 태종도 그랬지만 그들은 즉위한 후 고구려와의 갈등은 일단 접고 내치에 주력했다. 고구려도 비록 승리는 했지만 수와의 전쟁은 아슬아슬했고, 국력부담도 컸다. 그래서인지 당과는 꽤 적극적으로 평화관계를 모색했다. 화해를 위한 극적인 조치는 수군 포로의 석방이었다.

영류왕 5년(622년) 고종은 고구려에 남아 있는 수군 포로들을 귀환시켜 줄 것을 요청했다. 고구려는 전국을 뒤져 1만 명의 생존자를 찾아 송환했다. 물론 이들이 전부는 아니었다. 641년에 당의 사신으로 온 진 대덕은 곳곳에서 살고 있는 수나라 포로들을 만났다고 한다(그들 중에는 결혼하여 가정을 꾸미고 살던 사람들도 있었을 터이므로 송환을 거부한 사람도 있었을 것이다). 그래도 1만 명이면 고구려로서는 대단한 성의를 보인 것이다. 이 시대의 관행에 따르면 그들은 대부분 장군과 참

이정. 당의 최고 전술가. 당군은 그의 전술을 사용하여 북방기마민족에게 승리를 거두었다.

전용사들의 노예가 되어 살고 있었을 텐데, 그들을 송환하려면 국가는 상당한 보상을 해 주어야 했다. 또한 보상을 받았다고 해도 그 정도의 노예를 내놓았다는 것은 국가의 화해정책에 대한 사회적 지지도도 상당히 높았다는 말이 된다.

이후 양국의 교류는 확대되었다. 예나 지금이나 친선관계의 확대는 문화·종교·학문에서 시작한다. 고구려는 당에서 도교를 수입했고, 당의 국학에 고구려 유학생이 입학했다. 평화를 위하여 고구려는 무리한 투자도 해서 628년에는 당에 고구려지도를 보냈다. 물론 군사적으로 중요한 부분을 지우거나 고쳐서 보냈을 가능성이 크지만 그 의미는 컸다.

631년에는 당의 사신이 와서 수나라 전사자의 해골을 묻어 주고, 위령제를 지냈다. 당시 고구려에는 수와의 전쟁을 기념해서 세운 경관(景觀)이란 것이 있었는데, 당의 사신이 보고 분노해서 당장 허물 것을 요청했다고 한다. 기념물을 뜻하는 '경관' 이 무엇이었는지는 알 수 없으나 많은 분들이 수군 전사자의 해골탑이나 그 비슷한 것이었을 것으로 추정한다.

해골탑이란 게 좀 끔찍하고 야만적으로 보이기는 하지만 옛날이란 사실을 기억하자. 그 시대는 100년 전까지만 해도 순장이 행해졌다. 신라에서는 6세기나 되어서야 순장 금지령을 내렸다. 그러니 죽은 사람의 뼈로 승전을 기념하는 행위 정도는 정서적인 거부감이 적었을 것이다. 그래도 고구려는 당의 항의를 겸허하게 수용하여 그것도 헐었다.

하지만 이는 위장된 평화였다. 고종이나 태종이나 고구려를 그대로 놓아 둘 생각은 전혀 없었다. 유화정책을 쓰면서도 당 조정에서는 고구려 정복에 대한 논의가 계속되었다. 다만 수 양제와는 수준이 다른 진정한 정치가였던 그들은 전쟁 이전에 사회를 안정시켜 국력을 회복하려고 했을 뿐이다. 따지고 보면 고구려로서는 더 큰 위기였다.

고구려도 경계심을 늦추지 않았다. 632년부터 647년까지 16년 동안 고구려는 북쪽의 부여성에서 신성, 요동성을 거쳐 요동반도 남단의 비사성까지 천리장성을 쌓아 방어태세를 더욱 확고히 했다.

하지만 이는 소수 사람들의 걱정이고 사회 전반으로는 평화분위기가 확산되어 갔다. 614년 수의 마지막 침공이 있은 후 30년 이상 평화가 지속되고 있었다. 교류는 사회 각 분야로 확대되고, 오고가는 사람들이 많아졌다. 아무튼 당은 수와는 다르다는 생각을 할 만도 했다. 특히 640년(영류왕 23년) 고구려 세자의 입조는 양국 관계의 절정을 보여주는 사건이었다. 중국에서 왕이나 세자, 혹은 왕자에게 친히 입조할 것을 요구한 것은 장수왕 이전으로 거슬러 올라간다. 왕이나 세자의 입조는 위험부담도 크지만 그만큼 상징성도 높다. 고구려는 항상 이를 거절했고 이것이 양국 충돌의 빌미가 되곤 했었는데, 이 해에 드디어 이루어진 것이다.

1970년대에 미국과 중국 정상이 서로 양국을 방문했을 때 온 세계가 떠들썩했고, 그 때 중국에서 팬더를 선물로 보내는 바람에 지금까지도 팬더 선물이 중국 정부의 우호교린의 징표처럼 된 것을 상기해 보자. 1970년대에는 미국이나 중국이 상대방 원수를 인질이나 포로로 붙잡을 위험이 없었는데도 그 정도였으니, 600년대에 세자의 조공이 의미하는 상징성은 더한 것이었다. 그야말로 냉전의 종식이었다.

태종은 세자를 붙잡아 두거나 협박하는 치졸한 짓은 하지 않고 후히 대접했다. 그리곤 다음 해에 세자의 조공에 대한 답례사절까지 보냈다. 사신으로 온 진대덕의 행차는 여유와 평화 그 자체였다. 그는 지나가는 곳마다 관광과 유람을 하고 사람들을 만났다. 때로 이 때까지 고구려에 억류되어 있던 수나라 포로를 만나 사는 이야기도 들었다. 기록에는 항상 관원에게 예물을 후하게 주고 유람을 부탁하니 관원들이 기쁘게 인도하여 가고싶은 곳을 골고루 돌아다녔다고 한다. 그러나 고구려측에서도 부족한 것이 없도록 특별히 잘 대우하라는 지시가 내려왔을 것임에 틀림없다.

옛날 높은 사람의 관광이란 엄청난 수하와 호위행렬, 의장대, 악단, 기생을 데리고 겸하여 잔치까지 질탕하게 벌이는 게 정상이다. 마치 요즘 올림픽 성화를 봉송할 때 성화가 방문하는 도시마다 성화 방문 환영 행사와 축제가 벌어지듯 진대덕의 행차는 가는 곳마다 잔치 한마당이었다.

중국 사신의 행차를 성화봉송에 비유하면 기분 나빠하실 분이 있을 지도 모르겠다. 하지만 그것은 정확한 비유다. 성화봉송은 히틀러 정권이 개최한 베를린 올림픽 때 창안한 작품이다. 그리스에서 채취한 성화가 유럽대륙을 달려 베를린까지 가는 동안 독일의 올림픽 기록영화 촬영팀은 유럽 각국의 주요 도로망을 샅샅이 찍어 군사령부에 바쳤다. 그때의 기록영화도 영화사에 길이 남는 명작이었다고 하니 두 마리 토끼를 다 잡은 셈이다. 하여간 사람들이 고대 축제의 부활을 보며 흥분하고 기뻐하는 사이에 제3제국의 수뇌부는 그 필름을 보며 게르만 제국의 설계도를 그리고 있었다.

진대덕의 행차도 이와 전혀 다르지 않았다. 평화의 사절로 국빈 대접을 받으며 고구려를 여행한 진대덕은 귀국하여 태종에게 고구려에 대한 종합보고를 올렸다. 그가 고구려에서 수나라 포로들을 자주 만난 것도 고구려에 대한 각종 정보를 채취하기 위한 일환이었을 것이다. 그의 보고를 들은 태종은 크게 기뻐하며 그 자리에서 노골적으로 고구려 정복의 뜻을 밝혔다.

"내가 군사 수만을 내어 요동을 치면 고구려는 반드시 전력을 기울여 [요동을] 구원할 것이다. 이 때 수군을 따로 보내어 동래에서 해로로 평양에 가서 수륙 양군이 합세하면 평양을 취하기는 어렵지 않다. 그러나 산동의 고을들이 아직 회복되지 않았으므로 그들을 수고롭게 하고 싶지 않다."

이 한 마디는 태종이 이미 구체적인 전쟁계획안을 세우고 있었음을 보여준다. 이 작전은 살수대첩이 있었던 수나라 2차 침공 때의 전략과 유사하다. 그들은 수의 전쟁 경과를 검토했을 것이고, 그 때 내호아군이 거의 평양성을 떨어뜨릴 뻔했다는 사실에 주목했던 것 같다. 그래서 아예 양동작전을 펴서 육군은 고구려군을 요동으로 끌어내고, 해군은 대동강을 거슬러 올라가 평양성을 기습·공략한다는 작전을 세웠다.

이 말에는 태종이 고구려 정벌을 감행하지 못하는 이유도 드러나 있다. 중국이 전력을 기울여 고구려를 침공한다고 해도 중국 전역에서 물자와 인원을 고르게 징발할 수는 없다. 수송수단이 발달하지 않았던 시절이라 너무 먼 곳에서 징발하면 운송비용이 더 들기 때문이다. 그러므로 고구려 정벌에 나서게 되면 아무래도 중앙과 동부지역의 부담이 커진다. 그 중에서도 산동이 특히 심했다. 수 양제의 원정 때도 산동은 군사기지요 보급창 노릇을 했다. 그래서 수를 뒤흔든 양현감의 반란을 위시하여 수 말의 농민반란은 주로 이 산동지역에서 일어났다.

수 양제 때 동원된 대군은 적게 잡아도 전 국민의 5%가 넘는 인원이었다. 그러니 산동의 실제 부담률은 훨씬 높았을 것이다. 만약 산동 인구의 10%로 잡으면, 한 가구당 남자가 3, 4명이라고 가정할 때 세 집에 한 집꼴로 고구려 원정의 종군자나 희생자가 있었다는 얘기다. 여기에 반란의 희생자까지 더하면 이래저래 옆집이나 일가 친척 중에서 희생자가 없는 집이 없었을 것이다. 그러니 그 상처가 아물려면 한 세대는 족히 지나야 했다.

태종은 중국인다운 끈기로 근 20년을, 고조 때부터 따지면 30년 이상을 기다렸다. 기왕에 기다리면서 괜히 고구려의 경계심을 자극할 필요는 없었으므로 기분 좋게 유화책을 쓰고 덤으로 007작전까지 성공시켰다.

평화의 끝

진대덕의 행차가 있은 지 4년 후인 644년에 위장된 평화는 끝났다. 그해 10월에 당 태종은 고구려 원정을 선포한다. 640년의 진대덕 파견에서 알 수 있듯이 당은 슬슬 원정 준비에 착수하고 있었는데, 갑자기 생각지도 않았던 호재가 굴러 들어왔다. 642년에 연개소문이 정변을 일으켜 평양성 전투의 영웅이던 영류왕(건무)을 토막쳐서 죽이고, 100여 명에 이르는 대신을 살해했다. 『일본서기』에는 이 정변의 피해자를 180여명으로 기록하고 있다. 이러한 쿠데타의 경우 2차, 3차 숙청이 뒤따르는 게 보통이다. 따라서 100명은 당일에 살해한 숫자이고 『일본서기』의 기록은 피해자의 총합계일 것이다.

연개소문은 영류왕의 동생의 아들인 보장왕을 새 왕으로 세웠다. 그러나 보장왕은 실권이 없었고 연개소문이 대막리지라는 초유의 관직을 만들어 취임했다. 겉으로는 완전한 연개소문의 독재체제였다. 그러나 내부 사정은 그리 간단하지 않았다. 이 때의 고위관료는 일반 관료가 아니라 대를 이어 온 귀족가문의 어른들이며 제각기 상당한 영토와 무사, 군사를 거느리고 있었다. 그들을 200명 가까이 살해했으니 그 후유증이 작을 수가 없다. 지방에도 연개소문 정권에 반대하는 세력이 꽤 있었는데, 연개소문은 그들까지 완전히 장악하지는 못했다.

연개소문에 대해서는 지금도 평가가 극단으로 갈리지만, 그의 정변으로 고구려 지배층이 크게 분열한 것만은 부정할 수 없는 사실이다. 당은 이 기회를 놓칠 수 없었다.

독재정권이 전쟁에는 유리한가?

연개소문이 잔혹한 숙청을 하기는 했지만, 그래도 그의 강력한 지도력이 대당전쟁을 승리로 이끈 원동력이 되었다고 보는 견해가 있다. 대몽항쟁을 이끈 고려의 무신정권에 대해서도 비슷한 설명을 한다. 독재자, 독재정권이 군사력은 강하게 한다는 생각은 의외로 널리 퍼져 있는 속설인 듯하다. 그러나 그것은 무서운 오해다. 반대로 전제적, 독재적, 혹은 경직된 사회일수록 전쟁을 수행하는 데는 치명적인 약점이 된다. 연개소문 정권의 예를 들어보자.

연개소문은 대귀족을 200명 가까이 살해했다. 그들은 최고위직 인사며 최고 귀족들이었다. 그러니 군의 장교와 최고의 용사들은 다 그들 수하에 분산되어 있었을 것이다. 이럴 경우 군의 장교와 하사관층을 이루는 그들의 자제와 수하 무사들, 그 귀족이 양성한 부대는 당장 요주의 대상이 된다. 당시 군대는 정부가 장수를 임명하면 장수가 휘하의 무사와 사병을 거느리고 참전하는 형태였다. 그러니 실제 전투력의 근간을 이루는 하급장교와 무사들도 숙청되었을 것이다. 후속 숙청의 희생자 수는 기록이 없지만 그 규모는 엄청났을 것이다. 이 때보다는 훨씬 인도적이었던 조선시대에도 거물급 정치인, 특히 군무에 오래 관여한 정치인을 숙청하게 되면 그와 관련이 있는 무사들은 남김없이 찾아서 죽이거나 쫓아냈다.

이것은 당장에 군인사와 군대편성의 왜곡을 낳는다. 우수한 군대와 지휘관이 변방으로 밀려나고, 역전의 용사가 군에서 떠나가고, 엉뚱한 부대와 인물이 그 자리를 메울 수도 있다.

물론 이렇게 반문할 수도 있다. 연개소문이 귀족세력을 숙청했기 때문에 귀족제의 그늘에 가려 있던 우수한 인재들이 신분을 뛰어넘어 등용될 수도 있지 않았겠는가? 그럴 가능성도 있다. 그러나 혹 연개소문이 원대한 뜻이 있었다고 해도 그의 정권은 정상적인 정치를 할 수가 없었다. 연개소문 시대에 기존의 지배질서를 대체할 새로운 사회세력이 존재했다고 보기는 어렵고, 권력을 탈취하는 과정이 지극히 무리했기 때문이다.

정권의 지지기반을 확보하기 위하여 새로운 인사의 등용을 시도하기도 했겠지만, 연개소문이 주로 한 일은 자기 아들들을 포함한 일가 친척과 자기 수하에게 정부와 군의 요직을 맡기고, 자기가 신뢰할 수 있는 부대를 전선의 중추에 세우는 것뿐이었다.

이건 필자의 추측이지만 대당전쟁 중에 성마다 항복하자는 파와 싸우자는 세력 간에 내분이 발생했다. 수성군과 지원군과의 손발도 맞지 않았다. 고구려가 국력을 기울여 편성해 보낸 고연수의 구원군은 안시성 수비군과 연계할 생각조차 하지 않았다. 고연수군의 지휘계통과 군편제는 과연 최적의 구성이었을까? 그 2년 전의 숙청에서 살아남은 생존자들은 국가적 위기에 처해 영예롭게 전역에 복귀했을까? 고연수군은 장기농성전이라는 전통적인 전술을 버리고 조급하게 승부를 내려다가 실패하고 말았다. 왜 그는 서둘렀을까? 군 내부에 무슨 문제가 있었던 것은 아닐까?

연개소문이 사망하자 세 아들과 각기 그들 밑에 분산된 귀족세력들의 대립으로 고구려는 자멸하고 말았다. 유교적 교훈을 강조하는 『삼국사기』는 세 아들이 아버지의 유언을 듣지 않아 그렇게 된 것처럼 적었다. 그러나 실제 이유는 연개소문 정권이 개혁정치를 해서가 아니라 사적권력의 기반을 강화하는 데 주력했기 때문이다. 그렇게 되자 권력의 속성상 기득권층은 연개소문의 아들들 밑으로 줄서기를 했다. 이런 경우 지배층 중에서도 몰염치하고 이기적인 인물들이 더욱 기승을 부리기 마련이다. 권력운영도 상식을 벗어난다. 이전의 권력배분 방식을 파괴했지만, 새로운 질서도 세우지 못했기 때문에 남은 질서는 보스 정치와 승리한 집단이 모든 것을 독식하는 탐욕스런 대결방식뿐이었다. 그 결과 외침이 끊이지 않는 판에 고구려의 지배층은 무책임한 내란으로 치닫고 말았다. 이것이 연개소문 정권이 역사에 남긴 유산이다.

출정

644년 11월에 당군은 출정식을 가졌다. 병력은 10만이 넘었으며, 전함 500척을 요동반도의 비사성으로 보냈다. 이제 45세의 장년이 된 태종은 특유의 제스처와 세심함, 탁월한 조직관리 능력을 맘껏 발휘했다. 병사들 앞에 등장하는 그의 모습은 병사들을 사랑하고 그들의 고통을 이해하여 조금이라도 그 고통을 덜어 주고자 노력하는 황제였다. 출정을 떠나면서 그는 세자에게 승리하여 돌아올 때까지 외투를 새 옷으로 갈아입지 않겠노라고 약속했다. 시종하는 내시도 겨우 10명에 불과했다. 황제는 몸소 활과 화살을 메고, 군장을 꾸렸고, 그 모습으로 병사들 앞에 나타났다. 그들과 함께 행군하면서 웬만한 시내는 병사들과 함께 말을 타고 옷을 적시며 건넜다.

호통치며 책임추궁만 하던 수 양제와는 달리 태종은 모든 결정은 자신이 내리고 책임도 자신이 졌다. 대신 신하들에겐 언로를 열어 놓아 자유롭게 의견을 개진하게 했다. 그렇다고 『정관정요』의 신화처럼 어떤 비판이라도 감내하는 바다같이 넓은 마음의 소유자는 아니었다. 태종의 열린 귀는 인격이 아니라 정치감각에서 나온 것이다. 어쨌든 이런 능력으로 그는 부하에 대한 통제력과 인망을 함께 확보했다.

전쟁은 어느 정도는 긍정적인(?) 역할도 한다. 사회의 활력과 탄력성이 적은 시대에 전쟁은 대규모 군수산업을 일으켜 대상인과 청부업자에게 정계와의 인연과 재산을 늘릴 기회를 마련해 준다. 떡은 고물을 뿌려 조선기술자, 장인, 대장장이 등에게도 한 뭉치의 일감이 간다. 군주를 잘못 만나면 제 값을 못 받지만 보통은 그들에겐 호경기가 열린다.

기회는 귀족과 부자에게만 가는 것이 아니다. 신분, 가문, 지역, 학벌 등등 출세에 제한이 많은 중세사회에 전쟁은 영웅을 만들고 벼락출세의 기회를 준다. 대원정이 있을 때마다 전국 각지에서 수많은 무사들이 자원입대를 한다. 그들의 꿈은 아메리칸 드림보다 더 위험하고 성공할 확률이 낮지만 그래도 수천 명의 젊은이들이 불나방처럼 군문으로 달려온다.

그들을 바라보는 장군들의 심정은 착잡할 것이다. 장군들은 누구도 거역할 수 없는 운명적인 통계를 안다. 노르망디 상륙작전 전야에 아이젠하워 장군은 101공수부대의 장병들을 사열했다. 총사령관을 맞은 병사들은 밝고 자신에 찬 모습을 그에게 보여주려고 노력했지만 정작 총사령관은 그 젊은이들의 얼굴을 똑바로 쳐다볼 수 없었다고 회고했다. 며칠 후면 그들 중 반 이상이 적진 후방에서 사살될 운명임을 알고 있었기 때문이다.

그래도 그들의 꿈을 깨뜨릴 수는 없다. 그들은 전쟁에서 가장 유용하고 필요한 사람들이기 때문이다. 40년 전 요하의 강물 속으로 뛰어들어 비탈을 기어올라 고구려군의 진지로 돌격하던 젊은이들, 요동성에서 사다리차 끝의 널판에 서서 고슴도치처럼 창을 내밀고 있는 고구려군의 장벽을 온 몸으로 부딪히던 용사들은 다 그들이었다. 어떤 전쟁이든 영웅을 창출하지만 한 명의 영웅 뒤에는 수천 명의 죽음이 있다는 사실을 그들은 알까?

하지만 지원자들의 입장에서 보면 세상의 모든 일이 마찬가지다. 모험은 위험부담이 있기에 매력이 있고, 어느 분야에나 한 사람의 성공자 뒤에는 실패자들의 거대한 무덤이 있기 마련이다.

하여간 그 때도 전국에서 응모자들이 넘치듯이 들어왔다. 그 중에 두 사람의 설씨가 있었다. 한 사람은 지금의 산서성 직산현인 강주(降州) 용문(龍門) 사람인 설인귀였다. 무술이 뛰어나고 활솜씨도 천하무적이었다. 그러나 평민에다 집안이 가난하여 출세를 못하고 농사를 지으며 살았다. 고구려 원정이 발표되었을 때 그는 부모의 상중이었는데, 부인이 이번 기회에 한 번 출세해 보라고 등을 떠밀어 입대시켰다. 역사책에는 부친상을 당해 고민하는 그에게 부인이 "기회는 자주 오는 것이 아니니 이 때 당신의 재주를 펼쳐 보라"고 말했다고 이 장면을 좀더 우아하게 표현했지만, 오죽 사는 게 힘들었으면 부인이 남편에게 전쟁에 나가라고 권했을까 싶다.

또 한 사람 설계두(薛罽頭)는 신라인이었다. 최치원을 배출한 최씨와 설총으로 유명한 설씨는 왕족인 김씨 바로 아래 서열의 귀족가문이었다. 그가 성장하던 때에 삼국 간의 항쟁은 점차 가열되고 있었다. 전쟁은 점점 대규모화해서 고구려는 이미 수나라와 네 차례나 전쟁을 치렀다. 무용에 자신이 있던 설계두는 장군이 되겠다는 야망을 품었으나 신라는 진골 출신이 아니면 장관이나 장군이 될 수 없는 사회였다. 그는 신라보다는 훨씬 개방적이었던 기회의 나라 중국으로 밀항을 했다.

그 때가 621년이었다. 그러나 불행하게도 이 해에 당은 중원의 패권을 다투던 적대세력을 거의 평정했고, 이 때부터 당과 고구려는 평화공존의 길을 걸었다. 전쟁이 끝나 버린 것이다. 중국에서 그가 무엇을 하며 살았는지는 알 수 없다. 군에 입대하거나 무술과 관련된 일에 종사한 것만은 분명하다. 대돌궐전이나 여타 전역에 종군했을 가능성도 있으나 꿈은 이루어지지 않았다. 차라리 전란에 시달리고 있는 신라에 남아 있었더라면 용맹을 떨칠 기회가 훨씬 많았을지도 모른다. 그의 허탈함을 아는지 모르는지 세월은 허무하고 야속하게 흘러갔다.

그러나 마침내 기다리던 순간이 찾아왔다. 644년에 당의 고구려 원정이 시작되었다. 이 순간을 기다린 지 24년 만이었다. 신라를 떠날 때의 나이가 20세였다고 해도 벌써 44세의 장년이 되어 있었다.

군인으로서는 정년이 다 되었지만 뒤늦게라도 찾아와 준 기회에 감사하며 군문에 응모했다. 그는 실력을 인정받아 과의(果毅)라는 관직을 받았다. 딱 이렇게 응모한 용사들에게 주는 하급 장교직이었다. 현장에서 실력발휘를 한 번 해 보라는 의미였다.

4월의 기습

당군은 645년 4월에 전쟁의 땅 요동에 도착했다. 처음 도착한 부대는 이세적군이었다. 6만의 병력과 난주와 하주의 이민족(돌궐과 선비족인 듯함) 부대로 구성된 이세적군은 어느 날 불쑥 현도성(지금의 무순) 앞에 나타나는 것으로 전쟁의 시작을 알렸다.

이세적은 조주(曹州) 출신으로 원래는 서씨였다. 나중에 이씨를 사성받고, '세' 자가 이세민의 이름에도 있다 하여 이적으로 개명했다. 수말의 혼란기가 시작되자 약관 17세의 나이로 적양(翟讓)이란 군도에 투신하여 순식간에 지도자가 되고, 그들을 토벌하러 온 2만의 수군을 격퇴하여 명성을 날렸다. 그 후 타고난 혁명가요 풍운아였던 이밀의 휘하로 들어가 수나라측에서 최강의 토벌부대였던 왕세충을 격파하고, 한때 20만의 무리를 거느렸다. 마침내 우문화급이 몸소 그를 토벌하러 왔으나 성을 지키다가 멋진 계략으로 역습을 가해 우문화급의 군대를 격퇴했다. 이밀이 패망하자 당에 귀순하여 통일전쟁에 종군했다. 태종 즉위 후에 이정과 함께 돌궐에 원정하여 힐리가한(詰利可汗)을 멸하고 5만의 포로를 잡아왔다.

그는 이정과 함께 당태종이 가장 아끼고 신뢰하던 장군으로 통솔력과 전략적 상황을 분석하는 능력이 뛰어났다. 전쟁의 비중으로 볼 때 고구려원정은 당연히 이정의 몫이었다. 이정 자신도 두 달이면 고구려를 정복할 수 있다고 자신감을 피력한 적도 있었다. 그러나 마침 이정이 병이 들어 더 이상 전역에 종사할 수 없게 되었고, 원정의 책임은 이세적에게 넘어갔다. 그는 이정병법의 추종자였으며 이정이 은퇴하면서 자기 병법의 전수자요 후계자로 지목한 인물이기도 하다. 다만 당태종의 표현을 빌면, 이세적은 이정의 병법과 전술을 이야기하지만 이정처럼 그 근원과 원리까지 체득한 수준은 아니었다고 한다.

그간의 노하우와 고구려에 대한 정보가 축적된 덕분이긴 하지만 당군은 수군처럼 대병력을 몰아 자신들의 진격로를 예고하며 한 곳으로 나아가는 멍청한 짓을 하지 않았다. 그들은 부대를 나누고, 예상 진격로와 공격지점을 교란하고, 부대가 나아가는 방향과 공격하는 성과 도착하는 시간을 각기 달리함으로써 전쟁 상황판을 아주 복잡하게 만들었다. 인공위성은 고사하고 무전도 없던 시절이다. 적군 병력이 어디로 이동하고 있으며 언제 어떤 병력이 어디로 도착하는가는 전투의 성패를 좌우하는 제일 중요한 요소였다.

전략의 천재가 지휘하는 군대답게 당군의 전술적 배치와 운영은 뛰어나서 고구려군은 완전히 교란되고 말았다. 『삼국사기』의 "우리 성들이 크게 놀라 모두 문을 닫고 스스로 지키었다"라고 하는 간략한 표현은 바로 이런 상황을 말한다. 당군의 진로를 파악하지 못했으므로 고구려는 섣불리 어느 성의 병력을 보강하거나 이동시킬 수가 없었고, 각기 자기 위치에 고정되고 말았다. 요동 방어망의 삼각편성과 협력체제는 기능을 상실했다. 수군이 오직 머릿수로 해결하려고 했던 효과를 당군은 머리의 양이 아니라 질로 이루어 냈다.

이세적. 당의 장군.
대고구려전을 승리로 이끌었다.

이 기회를 틈타 당군은 신속하게 방어망의 여러 성을 각개격파했다. 이세적군은 신성 공략에는 실패했지만 병력을 묶어 두는 데는 성공했고, 다음에 개모성을 함락했다. 개모성 전투에서 고구려는 인구 2만 호와 양곡 10만 석을 잃었다. 5월에는 요동반도의 끝 해안 절벽에 위치한 비사성도 장량이 거느린 당군에게 어이없이 떨어졌다. 이렇게 북쪽과 남쪽의 요새들을 공략하여 협공이나 배후 기습의 우려를 말끔히 씻어낸 당군은 비로소 요동방어망의 중심이며 정문이라 할 수 있는 요동성으로 집결했다. 당 태종이 이끄는 주력도 이 때에야 요하에 모습을 드러냈다.

고구려군도 이 때야 비로소 당군의 동향을 확신할 수 있었던 것 같다. 고구려는 국내성과 4월의 기습에서 살아남은 신성의 병력 4만을 요동성으로 파견했다. 여기서 당군의 전략이 다시 한 번 위력을 발휘했다. 고구려의 구원군이 요동에 도착했을 때 요동성 앞에 포진한 당군은 수가 많지 않았다. 이세적군의 주력은 아직 도착하지 않았고, 당 태종의 군대는 200여 리는 족히 되는 그놈의 요하의 진창 때문에 지체되고 있었다.

기회를 잡은 고구려 지원군은 숫적으로 열세인 당군을 공격하여 패퇴시켰다. 이 때 당군의 지휘관은 17세 때부터 태종의 군대에서 종군해 온, 태종의 조카 강하왕(江夏王) 도종(道宗)이었다. 도종은 흩어진 당군을 겨우 수습하여 고지로 올라가 수비진형을 갖추었다. 이 때 고구려 군은 승리에 도취되어서인지, 적군 진영을 약탈하느라고 그랬는지, 아니면 병력이 많고 도주하는 당군을 쫓다 보니 넓게 흩어지고 전열을 재정비하는 데 시간이 걸렸기 때문인지는 몰라도 대형이 많이 흐트러졌다. 산 위에서 이를 발견한 도종은 과감하게 수천 기를 거느리고 고구려군에게 돌진했다.

이 공격은 당군의 앞선 기동력을 이용한 역습이었다. 빠른 경기병 부대로 적진을 유린하며 타격을 가하는 이러한 작전도 역시 이미 중원에서 이정이 여러 번 시범을 보인 적이 있었다.

전열이 흐트러지고, 도종에게 기습까지 당한 이 때에 하필 이세적의 군대가 요동성 앞에 도착했다. 처음부터 이세적군이 있었더라면 고구려군은 이 정도로 진을 흐트러뜨리지는 않았을 것이다. 원래 전투의 기본이 기병으로 구성된 결사대나 돌격대가 측면으로 돌진하여 대형을 무너뜨리면 주력이 진격하여 타격하는 것인데, 당군의 패전과 지연도착이 절묘하게 그런 상황을 연출한 결과가 되었다. 고구려군은 대패하여 사망자만 천여 명에 달하는 손실을 입고 패주했다. 이 패전으로 요동성은 언제고 구원병이 도착할 것이라는 희망을 상실하고 말았다.

구원병은 패하여 물러가고 당군의 주력이 차례로 도착하면서, 요동성 공격이 시작되었다. 요동성은 수 양제의 백만 대군도 함락하지 못했던 성이다. 첫 공격은 포격, 보병이 진격하기 전에 적진을 포격하는 전술은 유래가 오래 되었다. 단 이 때의 포는 대포가 아닌 포차, 즉 투석기에 의한 포격이었다. 포차는 바퀴를 달아 이동성을 높이고, 일렬로 세워 한 지점씩 집중사격을 한다. 고구려군이 신라의 북한산성을 공격할 때 포차 30대를 일렬로 세웠다는 기록이 있는데, 이 때 병력은 1만이 되지 않았던 것 같다. 당군의 병력을 그 10배로 가상하면 무려 300대. 장비가 좀더 풍부했을 것이라고 가정하면 400대 이상이 되었을지도 모른다.

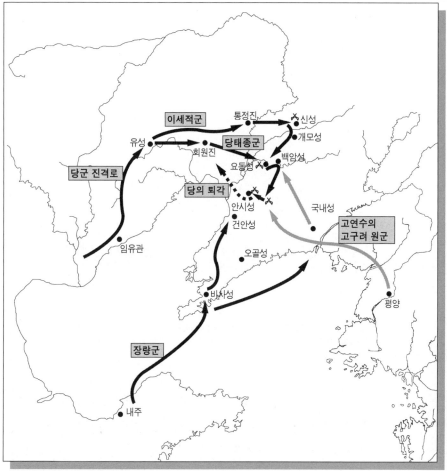

이세적군

통정진

신성

유성

당태종군

개모성

회원진

백암성

요동성

당군 진격로

당의 퇴각

국내성

안시성

건안성

고연수의
고구려 원군

임유관

오골성

비사성

장량군

평양

내주

당태종의 침입경로와 고구려의 대응.

　그런데 투석기는 대포처럼 포탄을 강력한 추진력으로 발사하는 것
이 아니고, 포탄이 직선궤도로 날아 성벽을 강타하지도 못하므로 튼튼
한 성이라면 성벽을 완전히 허물어뜨리기는 어렵다.

　그러므로 투석기에 의한 포격은 성벽도 성벽이지만, 누각·탑·쇠
뇌 등 성벽 위의 방어시설과 장애물을 파괴하는 데 일차적인 목적이 있
었을 것이다. 예를 들어 수비측에서는 성벽 위에 통나무로 받침대를 설
치하고 그 위에 쇠뇌를 고정시켰는데, 이런 것들은 포격에 여지없이 부

고대 로마군의 투석기. 중국 포차와 달리 짐승 힘줄, 섬유 등 탄력있는 소재를 기둥에 감고 비틀었다가 그 복원력을 이용해 활시위를 잡아당겨 포탄을 날렸다.

서졌을 것이다.

포격은 수비군을 성벽에서 밀어내는 데도 아주 효과적이다. 수비군을 밀어낸 틈을 타서 공성군이 성벽 아래로 공성구를 이동시키거나 성벽을 기어오를 여유를 가질 수 있었다. 오늘날 전진하는 보병의 앞으로 집중 포격을 해 주어 보병의 진격을 엄호하는 것과 같은 이치다.

수비측도 그냥 당하지는 않는다. 이 때의 포차는 명중률이 떨어지므로 공격군의 바로 앞선을 때리는 정교한 포격을 할 수는 없었다. 그래서 수비측의 입장에서 보면 포격과 보병의 공격 사이에 다시 전열을 정비할 수 있는 시간적 여유가 있었다.

중국의 성은 벽돌을 많이 사용하므로 아무래도 건물의 구조가 좀더 세밀한데, 성벽 아래쪽에 커다란 벙커를 만든 성도 있다. 포격이 시작되면 병사들을 이 곳에 대피시켰다가 포격이 그치면 바로 성벽 위로 올려보낸다.

우리 성에는 그런 것은 없다. 대신 성벽 바로 아래에 참호를 파거나 성벽 위에 통나무를 세우고 그물을 덮어 투석기의 공격을 막았다. 고전적인 전쟁영화에서 흔히 나오는 장면이 참호 속에서 흙먼지를 뒤집어쓰면서 적의 포격을 버텨 내는 병사들의 모습이다. 옛날 전쟁에서도 나무 벙커 아래 웅크린 채 바윗돌의 공격을 버텨 내고, 적의 투석기를 향해 쇠뇌와 화살을 날리는 장면은 그 못지않게 치열하였다.

그런데 이 날의 전투에서는 지금껏 보지 못한 거대한 투석기가 등장했다. 40년 전 수나라 침공 때 수군의 공성구가 효과를 보지 못한 경험을 살려 당군은 지금껏 보지 못한 강력한 포차를 만들었다. 이 신형 투석기는 맞히는 족족 나무 벙커를 무너뜨리는 거대한 돌을 무려 300보(약 450m)씩이나 날렸다. 맥궁의 표준사거리가 80보에서 240보였으니 이 수치와 파괴력으로 보아 투석기는 엄밀히 계산해서 제작한 것임에 틀림없다.

고구려군의 저항이 약화되자 당군은 공성구를 성벽에 근접시켜 성벽 위의 방어시설을 부수었다. 마침 남풍이 강하게 불었다. 서남쪽으로 접근하던 당군의 운제가 성의 누각을 불살랐다. 불은 바람을 타고 성 안으로 번져 대화재를 일으켰다. 이 화재로 사망한 사람만 만여 명이었다.

화재로 고구려군의 후방이 교란되어 지휘는 물론 교대·보급·병력배치 등이 제대로 이루어질 수가 없었다. 마침내 당군이 보병을 투입하여 성벽을 기어오르기 시작했다. 그래도 고구려의 용사들은 물러서지 않았다. 방어시설과 장애물이 파괴되자 그들은 방패를 일렬로 세우고 창으로 방아찧듯 적을 내려찍고, 돌을 굴리면서 끝까지 저항했다.

운제나 누차를 사용하여 성벽 위로 뛰어들 때 성벽 위에 교두보를 확보하느냐 내어 주느냐가 전투의 승패를 좌우한다. 이 때 공격군의 선봉은 당연히 특별히 선발한 최고의 고수들이 맡는다.

과거 수와의 전쟁 때 수에 심광(沈光)이란 용사가 있었는데, 그는 널판에서 성벽 위의 고구려군과 충돌하여 혼자 10여 명을 죽였다. 그러나 더 칭찬해야 할 쪽은 고구려군이다. 이런 무시무시한 고수가 쳐들어와도 고구려 병사들은 밀집대형을 허물지 않고 끝내 심광을 창과 장대로 쳐서 떨어뜨렸었다. 이 날의 고구려군도 물러서지 않고 용감히 싸웠다. 이런 전투에서는 늘 적이 집중공격을 가하는 곳이 있고, 수비측에서도 무너지는 곳이 있다. 적에게 교두보를 내어 주지 않으려면 즉각 즉각 수비병력을 재배치하고, 이동시키고, 위험지역에 지원병을 투입하는 게 중요하다. 때로는 고수들로 구성한 특수부대를 편성해 두었다가 위험지역에 투입한다. 순간 순간의 상황판단과 결단이 대단히 중요하다. 이것이 장군의 몫이다.

그러나 이 날은 방어시설과 장애물이 많이 파괴되었고, 화재로 인한 혼란으로 병력의 투입과 장비의 보충이 제대로 이루어지지 않았던 것 같다. 마침내 요동성이 함락되고 말았다. 그냥 읽으면 하루에 벌어진 일 같지만 실은 12일 동안에 걸친 사투였다. 포로가 된 병사만 1만. 그것도 고구려가 신경을 써서 배치한 정예병이었다. 민간인 포로가 4만에, 빼앗긴 곡식이 50만 석이었다.

당군의 다음 목표는 백암성이었다.

백암성은 강으로 둘러싸여 삼면이 절벽이고, 출입구는 서남쪽뿐이다. 다만 이 쪽 사면은 넓고 평평한 경사면이라 삼면의 절벽이 좀 아쉽다. 그래도 한쪽 면만 막으면 되기 때문에 수비측으로서는 상당한 이점이 있다.

하지만 백암성은 쉽게 떨어졌다. 성주 손벌음(孫伐音)이 당군과 내통했기 때문이다. 손벌음은 요동성이 떨어지자 바로 사자를 보내 내응하기로 약속했다. 하지만 부하들의 반대로 계획이 무산되었는데, 공격이 시작되자 다시 내통하여 자기 부하를 시켜 당군의 깃발을 성 위에 세웠다. 그것을 보고 성 안 사람들은 성벽이 당군에게 점거된 줄 알고 모두 항복하였다.

전쟁을 하다 보면 항복하는 군대도 나오기 마련이다. 더욱이 4~5월 동안 건안성, 개모성, 요동성이 허무하게 떨어져서 고구려군도 자신감을 많이 상실한 듯하다. 설사 그렇다고는 해도 이 때의 경우를 보면 성마다 항복하자는 쪽과 반대하는 쪽 간에 갈등이 심하게 벌어지는 이상기류가 감지된다. 요동성에서도 내분이 일어나 하급 수령인 장사(長史) 한 명이 부하에게 살해되는 사건이 있었다. 나중에 태종이 그를 후하게 장사지내고 평양으로 이송까지 해 준 것으로 보아 항복을 주장하다가 살해된 게 아닌가 싶다. 그 가족이 하필 백암성으로 도망쳤고, 백암성주도 또 항복했다. 아마도 이들 간에는 어떤 공통점이나 유대감이 있었던 듯하다.

이 때 성에는 다른 성에서 온 지원군도 있고, 중앙에서 파견한 부대도 있었다. 그래서 성주가 군대의 지휘권을 일원적으로 장악하지 못했다. 손벌음이 바로 항복하지 못하고 자기 수하를 시켜 당군과 내통한 것도 그 때문이다. 왜 이런 일이 벌어졌을까? 이유는 연개소문의 쿠데타밖에 없다. 연개소문도 지방의 성주와 지방 귀족세력들까지 다 제거하고 자기 사람으로 교체하지는 못했다. 대표적인 사람이 안시성 성주다. 그래도 안시성주는 끝까지 당군에게 저항했지만 연개소문 정권에 반감을 가진 세력 중에는 목숨을 바쳐 적과 싸워야 할 이유를 상실한 사람도 있었을 것이다.

또한 정치적 갈등이 심해지면 군 인사는 이질적인 세력들이 상호 견제하도록 편성할 수밖에 없다. 연개소문도 각 성주들의 성향을 알았을 터이므로 지원군을 파견할 때는 이런 사정을 고려했을 가능성이 높다. 갑자기 고구려군 내부의 지휘계통이 혼란스러워지고 심하면 한쪽을 살해하기까지 하는 사건이 벌어진 것은 이런 사정 때문이 아닐까 싶다.

하여간 태종은 백암성 앞 강가에 장막을 치고 기분 좋게 항복의식을 거행했다. 심리전에는 대가였던 그는 손벌음을 그대로 백암성의 성주로 임명했으며, 백암성 주민 중 80세 이상 노인에겐 비단을 주고, 다른 성에서 파견된 병사들에겐 양식을 주고 무기도 주어 가고 싶은 대로 가라고 호의를 베풀었다.

이전에 백암성이 한 번 항복하기로 했다가 배신하자 태종은 화가 나서 성을 함락하면 병사들에게 약탈을 허용하겠노라고 공언했었다. 이때 백암성이 다시 항복을 호소하자 태종은 약탈명령을 취소했다. 약탈명령이 취소되자 장군 이세적과 갑사 30여 명이 태종에게 와서 탄원을 했다. 약탈명령을 믿고 병사들이 용감히 싸웠는데, 이제 와서 취소하면 어떡하냐는 것이었다. 태종은 이 말을 듣자 말에서 내리더니 그들을 향해 몸을 굽혀 사과하고 "군사를 풀어 사람을 죽이고 처자를 사로잡는 것은 내가 차마 못할 바다. 장군 휘하에서 공을 세운 사람은 내 재산에서 상을 줄 것이니 장군은 이 성을 용서해 주기 바란다"고 말하여 그들을 돌려보냈다.

태종의 인격을 있는 대로 과시하는 일화지만, 정말 그렇게 인도주의자였으면 애초부터 약탈명령은 내리지 말았어야 하지 않겠는가? 그는 인도주의가 아니라 철저하게 정치적 계산에 따라 움직이는 인물이다. 지금 성마다 주전파와 주화파가 갈등하고 있다. 이런 때에 항복한 백암성을 약탈했다고 하면 주변 성들은 일시에 결사항전으로 태도를 바꿀 것이다. 패잔병을 무장해제하지 않고 돌려보내는 방법도 유서 깊은 심리전의 하나다. 당군의 후예인 중공군도 한국전쟁 때 가끔 포로가 된 미군을 돌려보내 주곤 했다고 한다.

주필산 전투

연승으로 사기가 오른 당군은 안시성으로 진군했다. 안시성까지 떨어뜨리면 요동반도에 쳐 놓은 고구려의 일선 방어망은 완전히 뚫린다.

그 뒤로 건안성, 오골성이 있으나 성이 약하고 병력도 적었다. 그러므로 안시성만 떨구면 사실상 평양으로의 직행로가 열린다. 당군은 고구려가 전력을 이 요동방위선에 투입했으므로 후방의 고구려군은 매우 약할 것이라고 예측했는데, 그 예상은 틀리지 않았을 것이다. 그러니 안시성 전투는 당군으로서는 마지막 고비였다.

이 때 비로소 북부욕살 고연수와 남부욕살 고혜진이 이끄는 15만의 고구려 지원병이 안시성 남방에서 모습을 드러냈다. 지원병 안에는 최소 5천 명 이상 되는 말갈병이 포함되어 있었다. 그들은 당군에게도 제일의 경계 대상이었다. 말갈이 특별히 고구려보다 강해서가 아니라 이렇게 참전하는 이민족 부대는 대개가 특별히 선발하거나 고용한 특수집단이기 때문이다.

욕살은 여러 성을 관장하는 광역 행정망의 책임자로 여겨지는데, 욕살이 관할하는 고구려의 광역행정망은 동서남북의 방위명을 딴 5부였다. 그러니 5부 중 남부와 북부의 병력을 총동원해서 요동으로 달려온 것이다.

최대의 결전이 다가왔음을 안 당군은 작전회의를 개최했다. 이 자리에서 태종은 다음과 같이 말했다고 한다.

"지금 고연수에게 방책이 있다면 세 가지다. 군사를 이끌고 바로 전진하여 안시성과 연결하여 진지를 구축하고, 고산의 험한 곳에 의지하여 성중의 양식을 먹고, 말갈병을 놓아 우리의 우마를 노략하면 이를 쳐도 갑자기 함락시킬 수 없고, 돌아가려면 요하의 진창이 장애가 되어 앉아서 우리를 괴롭힐 것이니 이것이 상책이다. 성중의 병사를 빼어 함께 밤에 도망함은 중책이다. 지능을 헤아리지 않고 와서 우리와 싸움은 하책이다. 경들은 보라. 저들은 반드시 하책으로 나올 테니 포로가 됨은 내 눈 안에 있다."

이것이 동양의 사서에서 즐겨 써먹는 제갈공명식 서술법이다. 위대한 전략가는 앉은 자리에서 상대를 꿰뚫고 거의 예언자적으로 일을 처리한다. 물론 그의 예상은 척척 들어맞는다. 정말일까? 아니다. 이런 서술법은 함정이 있다. 이런 결정을 내리기까지의 전후 과정을 생략해 버리는 것이다.

실전으로 돌아가서 냉정하게 따져 보자. 결전을 앞두고 상대가 쓸 수 있는 전략을 짚어 보고 예상답안을 작성해 보는 것은 작전회의의 기본이다. 그런데 태종은 예상문제를 검토한 후 적들은 하책을 쓸 것이라고 예언을 해 버린다. 나중에 그의 예측은 거짓말처럼 들어맞았다. 사람들은 태종의 선견지명에 감탄을 한다. 이런 공식인데, 정말 그랬다면 우리는 태종을 무책임한 지휘관이라고 비난해야 할 것이다. 그는 어떤 근거로 이런 예언을 하는가? 설사 그것이 맞았다고 해도 어떻게 수십만의 생명이 걸린 결정을 주관적인 예감으로 결정할 수가 있는가?

태종은 그런 인물이 아니다. 그런 인물이었다면 황제가 되기도 전에 중국 어디에선가 다른 반군에게 패해 역사에서 사라졌을 것이다. 이 기록에는 이들이 이런 예상을 하게 된 판단근거가 빠져 있다. 그 근거는 여러 가지를 예상할 수 있다. 고구려군이 이미 당군이 흘려 놓은 역정보에 걸렸다거나, 고구려군이 속전속결을 택할 수밖에 없는 어떤 사정, 즉 병참에 문제가 있다거나, 백제와 신라와의 국경지대가 비어 오래 주둔할 수 없다거나 하는 등의 사정이 있었을 수도 있다.

그런데 여기에 한 가지 단서가 있다. 태종이 두려워한 상책과 중책에는 공통점이 있다. 두 계책 모두 고연수군과 안시성 수비군의 합동작전을 전제로 한다는 사실이다. 반면 하책은 고연수군의 단독작전이다. 이것이 단서가 아닐까?

당 태종은 당이 침공하기 전에 안시성이 연개소문 정권에 불복해서 연개소문이 친히 군사를 거느리고 성을 공격한 일이 있다는 사실을 알고 있었다. 그 때의 전투에서 연개소문은 성을 함락시키지 못했고, 할 수 없이 안시성주의 권력을 그대로 인정해 주는 것으로 타협하고 말았다.

안시성군과 고구려 중앙군 사이에는 이런 불편한 관계가 있었다. 그러니 안시성군과 고연수군이 합세한다고 했을 때 한쪽이 상대방을 살해하고 지휘권을 박탈하는 일이 발생하지 않는다고 누가 보장할 수 있을까? 아무래도 두 부대는 연합작전을 펴기에는 서로 껄끄러운 관계였다. 백암성주도 항복했으므로 당 태종은 당시 고구려의 정세와 인맥에 대해 보다 상세히 알고 있었을 것이다.

또 하나 예상할 수 있는 문제점이 있다. 고연수군은 고구려가 거국적으로 징발한 대군이었다. 친연개소문파만으로는 이런 대군을 구성할 수 없었을 것이다. 따라서 그 내부에는 정치적 성향이 다른 여러 군대가 포함되어 있었다고 보아야 한다. 이런 군대일수록 장기전으로 가거나 전황이 불리해지면 갈등과 불신이 깊어진다. 누군가가 당군에 투항하거나 배신해 버린다면? 이것도 고연수군에게 속전속결을 택하게 한 원인의 하나일 수 있다.

사서에는 고연수가 어리석어서 당 태종의 말마따나 하책을 택한 것처럼 적었다. 고구려측에서도 대로(對盧) 고정의(高正義)가 이런 계책을 건의했으나 고연수가 듣지 않고 당군 진영으로 진격했다고 한다. 그러나 필자의 생각은 다르다. 태종이 말한 상책·중책·하책은 작전이라기보다는 전략에 가까운 범주의 내용들이다. 특히 상책은 특별하고 새로운 것이 아니라 고구려의 전통적인 전략이다. 요동방어망 자체가 그런 전략개념으로 짜여진 것이었다.

그러므로 고연수가 상책을 거부한 것이 그 작전의 의미와 효과를 미처 생각지 못했기 때문이라고 볼 수는 없다. 어쩌면 전통적인 작전을 되풀이할 수 없는 새로운 사정 내지는 돌발상황이 발생했기 때문이 아닐까? 그것이 무엇이었는지는 기록에 없지만, 어떤 경우든 연개소문의 쿠데타가 여러 모로 부담스런 상황을 연출한 것만은 틀림없다. 당군이 연개소문 정권이 서자 서둘러 출정한 것도 다 이런 이득을 바란 게 아니었겠는가?

하여간 태종의 바람대로 고연수군은 하책을 택했다. 태종은 그들이 하책을 택하지 않을 것을 걱정해서 약간의 병력을 내보내 거짓으로 패함으로써 그들을 유인했다. 고연수군은 이 작전에 걸려들어 전진하여 당군과 대치했다.

당군은 다시 작전회의를 열었다. 첫 의제는 전 군의 지휘권을 누구에게 맡기느냐였다. 군사지휘도 잘했지만 원래는 문관으로 신중하고 생각이 깊었으며 태종의 손위 처남이기도 했던 장손무기가 기분 좋은 소리를 섞어 가며 옛날 거병 시절부터 해 오던 대로 역전의 명장인 태종이 지휘를 맡아야 한다고 말했다. 다른 사람이 지휘권을 맡을 때 일어날 수 있는 알력과 명령불복종, 지연수행 등을 방지하기 위함이었다. 태종의 내심도 그랬을 것이다. 전면에 등장한 고구려군의 병력이나 기세가 만만치 않았기 때문이다. 전투에서 이긴다고 해도 당군의 손실이 크다면 원정을 지속하기 어렵게 된다. 당군으로서는 신속하고도 결정적인 승리를 거두어야 한다는 부담이 있었다. 고맙게도 고연수가 당군의 유인작전에 걸려 주어서 한 가지 과제는 해결됐으나 남은 한 가지 과제도 만만치 않았다.

나중에 주필산 전투로 알려진 이 전투는 양군 병사들까지도 이것이 전쟁의 성패를 좌우하는 결전이라는 의식을 가지고 임했던 대회전이었다. 병사들은 장비를 점검하며 결전의 순간을 기다렸다. 그 대열 어딘가에 있었던 설인귀와 설계두도 기다리던 운명의 순간이 왔음을 직감하였다.

이 때의 전황을 보다 상세히 복원하기 위해서는 전투 기록과 현장 지형을 함께 비교하며 고찰해야 할 것이다. 그러나 주필산의 위치가 불확실해서 지형을 고찰할 수가 없는 것이 안타깝다.

　기록에 따르면 고구려군은 안시성 동남쪽 8리쯤 되는 곳에 산을 의지하여 진을 쳤다. 당군은 북쪽 내지 서북쪽에서 진군해 왔을 것이다. 태종은 천자가 주둔했다고 해서 나중에 주필산이라고 명명한 북쪽 산에 4천의 병력을 거느리고 주둔했다.

　중군 4천 명이란 기록이 약간의 단서가 된다. 당군의 표준편제는 중군과 기타 6군으로 구성한 7군편제였는데, 이 경우 총병력이 2만 명이고 그 중 중군이 4천 명이었다.

　그러므로 중군이 4천 명이었다는 것은 이 때 당군이 교과서적인 편제를 했음을 알려 준다. 그러나 당시 원정에 참여한 당군은 훨씬 많았고, 고구려군도 15만이나 되었다. 물론 그 전부가 전투병은 아니었겠지만 그래도 당군이 겨우 2만이었을 리는 없다. 후군이나 기타 부대의 구성에 적당히 증감이 있었을 것이다.

　태종의 우측인 서쪽 고개에는 흑기를 펄럭이는 이세적군이 진을 쳤다. 병력은 1만 5천, 당시 당군의 보병과 기병의 비율은 2대 1편제였으므로 보병 1만에 기병 5천 정도였다. 그리고 야음을 타서 장손무기와 우진달에게 1만 1천의 병사를 주어 고구려군의 눈에 띄지 않게 북쪽, 즉 뒤로 돌려 협곡에 매복시켰다. 기록으로 보면 고구려군의 후미로 돌아갔다는 뜻으로도 보이는데, 그런 진군이 가능했을 것 같지는 않다. 이세적군의 뒤로 돌아서 매복했다가 고구려군이 진격하면 고구려군의 후미를 공격하는 포진이었을 것이다.

　다른 4부대의 위치와 그 외의 진형에 대해서는 기록이 없다. 기록은 전투에서 중요한 역할을 한 부대의 움직임만을 서술했기 때문이다. 그런데 당시 당군의 표준전법은 이정이 창안했다는 육화진(六花陣)이었다. 이 중에서 수비진형으로 사용한 진이 안행진(雁行陣)이다. 기러기 대형이라는 뜻을 가진 이 진형은 전면에 3군을 '八'자형 혹은 그 역인

'V'자형으로 포진시키고, 나머지 3군은 같은 형태로 뒤에 배치하는 형태였다. 고구려군이 선공을 했고, 주로 전투를 행한 부대가 이세적의 우군과 중군이고 장손무기군은 몰래 뒤로 빼돌려야 했다는 상황으로 감안해 볼 때, 당군이 안행진을 사용했을 확률이 가장 높다고 생각된다.

7군이 어떤 진형을 사용하든지 간에 각 군의 기본구조는 직사각형의 방진이었다. 이 방진의 내부구성을 살펴보면, 부대의 기본단위는 대(隊)였다. 1대는 50명으로 이들은 예전의 밀집보병대와 같은 사각형 대열이 아니라 삼각형의 쐐기꼴 대형을 만들었다. 맨 앞에는 대두(隊頭)라고 하는 지휘관이 서고, 바로 뒤에 기수 1명과 기수 호위병 2인을 두었다. 그 뒤에 일반 보병이 5열로 섰다. 이등변삼각형 모양이므로 1열은 7명이고 그 뒤로 1열마다 1명씩 늘어 마지막 5열은 11명이었다. 그 뒤에 맥도(陌刀)라고 불리는 긴 칼을 든 부대장 1명이 서서 병사들을 감시했다. 맥도를 든 이유는 도망치는 병사는 현장에서 처형한다는 뜻이었다. 1열에서 5열까지의 길이, 즉 이등변삼각형 모양의 꼭지점에서 밑변까지의 길이는 약30m 정도였다.

4천 명 중군일 경우 이런 쐐기형의 3개 대를 앞에 1대, 뒤에 2대식으로 세워 다시 큰삼각형을 이루었다. 이렇게 형성된 150명의 큰 삼각대형을 대대라고 했다. 부대의 맨 앞 줄에는 5개 대대를 횡대로 세웠다. 이때 5개 대대가 차지하는 길이는 300~450m 정도였다. 이 1선 부대를 전봉대라고 했다.

당의 보병이 일종의 돌격대형이라고 할 수 있는 쐐기형 대형을 기본대형으로 취한 이유는 당이 경기병 제도를 취함에 따라 과거 중장기병의 몫이던 충격작전을 보병이 대신하게 되었기 때문이다.

그런데 당의 보병대의 특징이 쐐기꼴 대형 자체에 있는 것은 아니다. 과거의 밀집중장보병대도 사각형 대형만을 취하지는 않았다. 그들은 상황에 따라 여러 대형을 만들었고, 그 중에는 쐐기형 대형도 있었다.

당의 새로운 보병전술의 특징은 밀집보병대의 기본단위를 50명으로 축소하고, 3개의 대를 묶어 하나의 세트로 만들었다는 사실일 것이다. 쉽게 말하면 예전에는 크게 한 단위로 운영하던 밀집보병대를 세 조각으로 분할해서 붙여 놓았다고 할 수 있다. 이로써 병력을 더욱 효율적이고 세밀하게 이용할 수 있게 되었으며, 보병 전술 역시 다양하고 복잡해졌다.

2선 부대는 주대(駐隊)라고 불렀는데, 11대를 횡대로 세워 사실상 5열의 긴 횡대대형 비슷하게 되었다. 이 횡대의 양쪽에 각각 경기병 20대씩을 배치해 두었다. 전방이 아닌 2선 양 날개에 기병을 몰아 둔 것은 상황에 따라 적절한 기동전을 펼치기 위한 포진이었다. 현대 축구에서 후방의 풀백이 중간수비에도 가담하고 경우에 따라서는 기습적으로 공격에 가담하는 오버래핑과 같은 효과를 노리기 위한 것이었다.

이런 방식을 사용한 이유는 당의 경기병대가 이전의 중장기병대처럼 기갑전술에 의한 적진돌파를 감행할 수 없었기 때문이다. 대신 그들은 빠르게 움직이면서 적의 전형을 교란하고, 측면이나 적의 허점을 노려 공격했다. 그 외에도 기병은 그때 그때 상황에 따라 다양한 역할을 했다. 이 방식의 큰 장점은 기병의 기동력을 이용하여 전투 상황에 따른 순간대처 능력을 높였다는 데 있다.

그렇다고 기병이 측면공격이나 교란작전에만 투입된 것은 아니다. 당군은 적진이 동요하고 헛점을 노출시켰을 때 기병을 집결시켜 적진을 돌파, 적의 심장부를 직격하는 전술도 자주 사용했다. 중장기병대가 막강한 장갑력으로 이 임무를 수행해 냈다면, 당의 경기병대는 속도와 팀웍을 이용한 다양한 교란작전과 전술능력으로 이 임무를 감당해 냈다.

3선에는 예비군이라 할 수 있는 기병(奇兵) 10대를 두었다. '기병'이라고 이름 붙인 것은 역할을 고정시키지 않고 상황에 따라 적절하게 사

노의 발사 장면. 3열 횡대로 서서 1열 장전, 2열 조준, 3열 발사 순으로 사격한다.

용할 수 있다는 뜻이다. 여기에 수송대 내지는 사역병 역할을 하는 치중대 1200명이 딸렸다.

다른 6군도 병력수는 달라도 기본적인 형태는 이와 유사하였다. 부대의 내부구성을 보면 기병이 약 1/3, 보병이 2/3정도였다. 경기병 전술에 따라 당군에서는 기병의 숫자가 대폭 증가했다는 말을 앞에서 했지만, 이렇게 함으로써 기병과 보병의 비율이 북방민족이나 고구려와 유사해졌다.

한편 당군은 북방민족과의 싸움을 대비해서 보병 중에서도 궁수과 석궁을 사용하는 노수(弩手)의 비율을 크게 늘려 원거리 공격능력을 높였다. 4천 명 중군일 경우에는 궁・노수가 각각 400명씩 해서 800명이 표준형이었다. 그러나 각 군의 경우는 사정에 따라 최대 1/3정도까지도 두었다.

작전과 부대배치를 결정한 후 태종은 고연수에게 사신을 보내 자신은 교전할 의사가 없으며 고구려가 신하의 예를 갖추면 점령한 성도 내놓고 돌아가겠노라고 말했다. 싸우지 말고 협상을 하자는 뜻인데, 고연수는 섣불리 이 말을 믿고 경계를 늦추었다. 그것은 일선에서 활동하는 전방정찰 부대의 활동을 정지시켰거나 부대의 전진배치를 늦추었다는 뜻일 것이다. 괜한 충돌을 일으켜 협상분위기를 깨뜨리지 않으려는 배려였을 것이다. 그러나 그 덕분에 고연수는 장손무기군의 움직임을 더더욱 파악할 수 없게 되었다.

협상 가능성이 없어지자 고구려군이 먼저 공세로 나왔다. 그들은 이세적군의 수가 적음을 보고 서쪽 진영을 먼저 공격했다. 그들을 무너뜨리고, 태종이 있는 중군을 친다는 계획이었다.

수말에 등장한 경기병제도가 이 때 고구려군에게 도입되어 있었는지는 알 수 없다. 고구려군도 명광개를 입고 있었다는 기술로 보아 당의 새로운 갑옷제도를 도입한 것은 분명하나 전술체제까지 받아들였는지는 알 수 없다. 그러나 후대의 역사를 보아도 선비족·거란족·몽골족 등 중국 북방의 기마민족들은 중국과는 상황이 달라서 기본적으로 우수한 기병이 많고 상당수의 경기병을 보유했으므로, 중장기병 전술을 끝까지 포기하지 않았다. 그러므로 이 때의 고구려가 당군의 갑옷과 경장갑 기병을 도입했다고 해도 그들은 중장기병대를 보조하는 부대로 존재했을 뿐, 중장기병을 아주 대체하지는 않았을 것이다.

고구려군의 병력이 15만이었다지만 이 날 공격에 나선 부대의 수는 대략 5~6만 정도였다고 추정된다. 전형적인 중장기병 중심의 체제였다면 전면에 보병과 궁병을 종대나 횡대대형으로 두고 적을 포위하면서 양쪽, 혹은 한쪽에 중장기병부대를 밀집시켜 돌격했을 것이다. 혹 중장기병이라기보다는 경기병이었을 가능성이 높은 말갈기병을 당군이 좋아하는 우회측면 공격부대로 사용했을 가능성도 있다.

전투 기록이 상세한 장면까지 보여주지 않으므로 이 날의 전투 양상은 이정의 병서에 있는 당군의 전술에 기초해서 살펴볼 수밖에 없다. 물론 이런 방식에 대해 의문을 제기하는 분도 계실 것이다. 실제 전투는 수많은 돌발상황과 실수로 점철된다. 현명한 장군이라면 꼭 전술교본대로 싸우지도 않는다. 그러나 아무리 탁월한 임기응변과 예상을 뒤엎는 기지를 발휘한 전투라고 해도 어디까지나 기본틀 안에서의 응용이다. 장군들이 정석을 사용하는 이유는 사고가 경직되어서가 아니라 그것이 병사들이 가장 오랫동안 훈련받아 왔고 그만큼 가장 잘 싸울 수 있는 방식이기 때문이다.

기병대의 돌격에 대응하는 당군의 일차적인 대응방식은 사격이었다. 궁·노수의 수는 전군의 1/3에 육박하기도 했는데, 이 때 궁수와 노수의 비율은 궁수가 약간 많기는 했지만 거의 반반이었다. 적이 공격해 오면 궁·노수가 전방으로 진출하여 사격을 가하고, 나머지 보병은 대기한다. 기병도 모두 말에서 내려 대기했다. 석궁은 기계장치로 화살을 쏘는 것이므로 사거리가 길고, 노수의 개인차와 무관하게 일정한 파괴력을 가진다는 장점이 있으나 사격속도가 너무 느렸다.

노수의 사격개시거리는 220m였다. 적이 90m 지점에 도달하면 궁수가 사격에 가담하고, 적이 전방 30m 지점까지 진출하면 궁수와 노수는 모두 사격을 중지하고 뒤로 물러난다. 그렇다고 일선에서 벗어나는 것은 아니다. 궁수는 주로 2선인 주대로 돌아가 재배치되고, 노수는 석궁을 버리고 칼이나 곤봉을 들고 전봉대에 보병으로 배치된다. 다만 한 번 전투를 치렀고 후퇴하여 재무장할 시간이 필요하므로 전봉대 중에서는 최후미로 배치된다.

때로는 사격전에 투입할 부대를 미리 정해 놓고 순서대로 전진하여 사격전을 전개하는 방식도 사용했다. 이것은 50명의 대(隊) 단위로 운영한 듯한데, 순서를 정하는 방식은 추첨이었다. 적이 근접하면 후퇴하고 다른 부대가 진출하여 사격에 가담하며, 만약 후퇴하는 부대를 적의 기병이 따라잡아 백병전이 벌어지게 되면 다른 부대가 전투에 가세하여 그들을 돕는다. 만약 적이 포위공격을 하는 중이고 일부가 방어선을 돌파한 상황이라면, 두 부대가 함께 기병을 대적하는 동안 남은 한 부대는 후퇴한 부대의 역할을 이어받아 진을 지키며 사격을 계속할 수 있

전쟁과 역사·삼국편

을 것이다. 이정은 이 방식이 특히 적에게 포위되었을 때 유용한 전법이라고 해설을 달았다.

당군 진지로 진격하는 고구려 기병이 당군의 사격을 감당해야 하는 거리는 220m에서 30m 지점까지, 즉 190m 정도였다. 이 중 90~30m 지점까지 최후의 60m를 달리는 동안은 궁수도 사격에 가담하므로 당군의 화력이 두 배 이상으로 증가한다. 물론 거리가 가까워질수록 화살의 파괴력도 증가한다.

대략 200m의 거리를 중장기병이 돌파하는 데 걸리는 시간이 얼마나 되는지 조사한 자료는 찾아보지 못했다. TV프로에서 괜히 화약무기만 날려 보지 말고 이런 것이나 한 번 테스트해 보았으면 좋겠다. 말도 전력질주를 하면 그리 오래 뛰지는 못한다. 중장기병의 돌격속도를 어림잡아 평균시속 40km로 잡으면 1초에 10~11m를 주파한다는 계산이 나오므로 대략 20초 정도 소요된다. 석궁의 1발당 사격속도를 7~10초로 잡으면 두세 번의 사격기회가 있다. 화살은 글쎄 빨리 쏘면 3초, 그러나 마지막에는 가속도가 붙으므로 말이 90m에서 30m까지 주파하는 시간은 5초 이내라고 보면 2발 정도밖에 쏠 시간이 없다.

그러나 중장기병이 평균시속 40km를 내기는 쉽지 않았을 것이라고 생각된다. 물론 이 중장기병의 돌격방식과 속도는 상황에 따라 얼마든지 바뀔 수 있는 것이지만. 그러므로 집중사격을 받는 횟수는 석궁과 화살을 합하여 그저 다섯 번 정도 되지 않을까 싶다. 이것도 많이 잡은 것이다. 사격은 직사가 아니고 곡사이며, 그것도 앞으로 빨리 달려오는 기병을 향해 사격하는 것이므로 정확하게 맞추려면 화살 속도와 말이 달려오는 속도, 거리, 풍향 이 모든 것을 계산에 넣어야 한다. 쉽게 비유하면 오늘날 소총이나 수동화기로 이동표적을 쏘는 경우와 마찬가지다.

그러나 요즘도 이런 사격은 컴퓨터가 대행해 준다. 예나 지금이나 현장에서 사수가 그걸 계산하며 사격을 한다는 것은 무리다. 그러므로 수비군은 미리 사격개시점을 정해 두고, 기병대가 어느 지점에 왔을 때 어느 정도의 각도로 사격하도록 훈련시켰을 것이다. 그래도 팔의 길이, 활을 당기는 힘, 사격각도나 이런 것이 다 개인차가 심하므로 명중률은 지극히 떨어진다.

따라서 이런 사격이 효과를 거두려면 역시 대공사격과 마찬가지로 일제사격을 통해 화망을 구성하는 것이 제일 효과적이다. 화망을 구성하려면 구령에 맞춰 일제사격을 해야 한다. 그렇게 하면 사격속도는 더 떨어진다. 어쩌면 궁수 같은 경우는 사수 한 명당 한 번밖에 사격할 기회가 없을지도 모른다. 그렇게 단 한 번 사격을 한 것이 빗나가 버리면 큰 일이고, 적의 기병 진형을 흔들어 놓으려면 가능한 한 지속적으로 화살이 쏟아지게 해야 한다. 그러므로 일제사격을 하려면 전원이 한 번에 사격하는 것보다는 2~3개 조로 나누어 차례로 사격을 하는 방법이 효과적이었을 것이다.

어쨌든 노수와 궁수의 사격을 도합 다섯 번으로 잡는다면, 고구려군이 이세민의 중군으로 돌격한다고 할 때, 궁·노수가 각기 400명씩이므로 석궁사격을 세 번으로 잡으면 $400 \times 3 = 1200$발, 화살은 두 번으로 잡으면 $400 \times 2 = 800$발로 도합 2천 발의 화망을 돌파해야 한다.

하지만 1만 5천의 이세적군이 예전에 돌궐전에서 했던 대로 궁·노수의 비율을 1/3까지 높였다고 보면 궁·노수는 5천 명 정도 되고 이 수는 중군의 거의 12배에 달하므로, 돌격해 오는 고구려군에게 약 20초 동안 퍼부은 화살은 2만 4천 발 정도 된다는 계산이 나온다.

그래도 결정적인 사격은 최후의 한두 번이고, 통상적으로는 이 때가 기병의 전속돌격 시점이다. 어느 거리까지 어느 속도로 가서 어느 시점에서 돌격하는가는 전적으로 기병지휘관의 판단과 병사들의 수준에 달려 있다.

여기까지가 기본틀에 의한 양상이다. 더 이상의 구체적이고 실제적인 양상은 알 수 없다. 카이사르는 그의 명저 『갈리아원정기』에서 이런 상황에서 어떤 속도와 대형으로 돌격했고, 누가 돌격나팔을 잘못 불었다는 이야기에서부터 수비측이 진지 앞에 설치해 둔 함정과 장애물의 모양과 효과, 제작 방식까지 자세히 기록해 주었지만, 동양에는 그런 기록이 없다. 다만 알 수 있는 것은 당군의 새로운 전술에도 불구하고 고구려군이 이세적군의 전면으로 진출하여 강하게 압박했다는 사실이다. 고구려군의 공격은 매서웠다. 전 전선에 걸쳐 당군은 고구려군에게 밀렸다. 이세적군은 크게 두들겨 맞아 한때 이세적이 포위당하는 상황까지 갔고, 이 소식에 태종도 놀라 일어났다고 한다.

그러나 전체 작전구도로 보면 이세적군은 미끼였다. 알렉산더군에서 파르메니오가 하던 거점방어작전을 이 날은 이세적이 맡았다. 그는 고전했고 희생도 컸으나 파괴되지는 않았다.

이세적군이 상당한 위기에 몰렸을 때 협곡으로 돌아간 장손무기군이 비로소 목표지점에 도달했다. 초조하게 전황을 지켜보던 태종은 장손무기군의 도착을 보자 북을 치고 나팔을 불어 역습신호를 내렸다.

후미를 찔렸다는 사실을 깨달은 고구려군은 크게 놀랐다. 비로소 적의 작전을 간파한 고구려군은 병력을 나누어 당군을 막으려고 했다. 구체적으로 어떻게 대처했는지는 알 수 없으나 군을 셋으로 나누어 각 방향의 적군을 상대하려 한 것 같다.

그런데 한쪽으로 공격하던 부대를 세 편제로 분할하는 일은 쉬운 게 아니다. 고구려군이나 당군이나 기병·보병·궁병 등이 긴밀하게 연결된 정교한 부대편성과 전술운영체제를 갖추고 있었다. 그런데 이 때 공격부대가 앞줄은 기병, 중간은 보병, 뒷줄은 궁병 이런 식의 단 세 줄로 구성되었을 리는 만무하다. 기병이라고 해도 여러 단위부대가 존재했을 것이고, 전투중에 이 중 상당수는 뒤섞였을 것이다. 이들을 다시 셋으로 나누려면 깃발을 흔들고, 작은 단위부대, 독립부대에 다 전령을 보내 재구성을 해야 한다. 통제상의 자그마한 실수나 한두 부대의 혼돈, 지연만으로도 혼란이 발생할 수 있다. 실제로 이 과정에서 고구려군 내부에 혼란이 일었다.

당군은 자신감을 가지고 총공세로 나왔다. 주필산의 중군과 장손무기군이 공격을 개시하자, 이세적군도 공세로 돌아섰다. 기록에 이세적군 만 명이 장창을 앞세우고 치고 나왔다고 했다. 보병을 돌격대형으로 편성하고 창을 앞세워 밀고 나온 것이다. 중장기병을 중국사에서 몰아낸 당군의 보병 돌격은 위력이 상당했으므로 이 공격은 고구려군에게 큰 피해를 입혔을 것이다.

고구려군은 혼란에 빠지고, 삼면에서 동시에 공격을 받게 되었다. 게다가 당군의 경기병대는 고구려의 중장기병보다 빨랐다. 사실 당군의 경기병 전술은 처음부터 북방민족의 전술을 상당히 의식한 것이었다.

한족이 북방민족과 똑같이 중장기병으로 싸우면 숫적으로나 질적으로 우수한 말과 기병을 보유한 북방민족이 유리하였다. 이정은 이에 대항하기 위해 말이 가진 또 하나의 장점, 즉 기동력에 주목했고, 그 장점을 살리는 전술을 고안해 냈다. 629년에 행한 동돌궐 원정은 그 동안 개발한 신기술의 종합편이었다. 특히 마지막 전투에서 경기병 부대가 적을 교란시키고 몰아세우면 보병이 한쪽을 맡아 적을 부수는 기병과 보병의 협력전술을 보여주었다. 이 때 기병을 지휘한 사람이 이정이고, 보병을 이끈 사람이 이세적이었다. 그 외 고구려 원정에 참전한 장군 대부분이 이 원정에 종군하여 그 전투 어디선가에서 활약을 했다.

그러므로 고구려군의 혼란은 당의 경기병들에겐 더욱 좋은 기회가 되었다. 장손무기군이 뒤를 기습했다고 해도 예전의 군대처럼 우직하게 일직선으로 밀고 나오기보다는 기병대를 측면으로 선회시켜 고구려군을 더욱 분열시키고, 경우에 따라서는 고구려군의 중심부로 돌격시켰을 것이다.

지휘부의 실수였는지 고구려군 내부에 호흡이 잘 맞지 않았기 때문인지는 모르나 고구려군으로서는 큰 불행이었다. 누차 이야기했지만 백병전에서 진형과 대형을 상실하는 것처럼 무서운 일이 없다. 전투란 누가 먼저 진형을 허무느냐는 싸움이기 때문이다.

반면에 당군은 수십 년을 전쟁터에서 보낸 노련하고 팀웍이 잘 맞는 장군들로 구성되었고, 이전에는 보지 못한 정교하고 다양한 전술운영 능력을 갖추고 있었다.

여기까지가 장군의 역할이라면, 전투현장에서 적의 중심으로 돌격해서 적군을 분할시키고 진형을 깨뜨리는 것은 기병장교의 몫이다. 적의 용사를 거꾸러뜨리면 보통 50명, 100명 단위로 구성되는 단위부대 하나를 해체시킬 수도 있다. 그러나 적진 돌격은 그만큼 위험부담이 크다. 적의 진형을 흩어 놓는 것은 아군의 주력부대가 정면대결에서 우위를 점하는 계기를 만들어 주지만, 그러기까지는 시간이 걸린다. 앞으로 나갈 때는 좋지만 너무 깊이 돌격하면 퇴로가 차단되거나 체력이 다할 수 있다.

여기서도 『삼국지』의 환상에서 벗어날 필요가 있다. 소설처럼 한 사람이 수십, 수백 명을 쓰러뜨릴 수는 없다. 인간의 체력에는 한계가 있다. 전력을 다하면 더욱 쉽게 지친다. 아마추어 레슬링이나 씨름을 보면 그 대단한 역사들조차 5분, 10분만 경기를 해도 서 있지 못할 정도로 지쳐 버린다. 격투는 생명을 걸고 벌이는 대결이다. 스포츠 경기와 달라 덤벼드는 상대가 누구이며 실력이 어느 정도인지도 전혀 알 수 없으므로 무조건 전력을 다해 싸워야 한다. 더욱이 갑옷을 입고 무거운 창을 휘두르는 싸움이다. 상대도 실력 있는 용사라면 서너 명과 싸우면 체력이 소진될 것이다. 그렇기 때문에 적진 돌격이란 그만큼 위험부담이 크고 말이 넘어지는 등 돌발사고도 많다.

이 날 영웅이 되기로 결심했던 두 사나이, 설인귀와 설계두는 둘 다

기병대의 선봉에 서서 적진 돌파를 강행했다. 설인귀는 극을 들고 안장 양쪽에 활을 걸고 출전했는데, 주필산 전망대에서 지켜보는 황제의 눈에 띄기 위하여 아예 전신에 흰옷을 입었다. 그는 맹활약을 해서 가는 곳마다 고구려 장수를 쓰러뜨리고 부대를 허물었다. 위치도 잘 골랐는지 예상대로 그의 흰옷은 황제의 주의를 끌었다. 태종은 그의 활약을 보고 감탄해서 전투중에 그의 이름을 알아오게 하고 전투가 끝나면 바로 자신에게 데려오라는 명령을 내렸다.

신라인 설계두도 고구려진 안쪽으로 깊숙이 파고들었다. 그는 황제의 눈에 띄지는 못했지만 함께 싸웠던 모든 병사들이 그의 활약을 보았다. 전투가 끝난 후 병사들은 그를 그 날의 최고 공로자로 뽑았다.

전투가 종료된 후 두 사람은 태종을 알현했다. 태종은 설인귀를 보더니 "나의 옛 장수들이 이젠 모두 늙었는데, (현재 아군 중에) 효용이 경 같은 사람이 없다. 짐이 요동을 얻어서 기쁜 게 아니라 용맹한 장수를 얻어서 기쁘다"고 극찬을 했다. 이어 황제는 그를 유격장군으로 임명했다.

그 후로 설인귀는 고구려와 돌궐과의 전투에서 맹활약을 하여 제후로까지 승진함으로써 그야말로 대고구려전이 낳은 최대의 스타가 되었다. 그의 입지전적인 출세는 여러 사람에게 감동을 주어 설인귀전이라는 소설까지 생겼다. 우리 입장에서 보면 그는 침략군이요, 그의 출세를 도와준 피는 다 우리 민족의 피건만 이 소설은 조선에서도 대히트를 쳐서 일세를 풍미한 군담소설의 원조가 되었으며, 무속에서는 설인귀를 신으로 받들기까지 했다.

신라인 설계두도 태종 앞으로 불려 왔다. 하지만 그는 설인귀와 같은 극찬을 듣지는 못했다. 들을 수가 없었기 때문이다. 그는 너무 깊이 들어갔다가 빠져 나오지 못하고 전사했다. 태종은 설계두가 신라인이라는 사실을 알고는 눈물을 흘리며 감격했다. 그의 소원이 장군이 되어 황제를 보좌하는 것이었다는 말을 듣고는 어의를 벗어 덮어 주고 육장군으로 추증했다고 한다. 그는 이 일로『삼국사기』열전에도 실렸으나 그 이상의 영예는 누릴 수가 없었다. 또한 설인귀가 이 땅에서도 추앙을 받은 반면 그는 간혹 반민족적 인물이라는 비난을 받았다. 무엇으로 이 아이러니를 설명해야 할지 모르겠다. 산 자와 죽은 자, 성공한 자와 묻힌 자의 차이일까?

설인귀. 당의 명장

사료가 전적으로 중국측 기록이라 당군이 쉽게 이긴 것 같지만 꼭 그렇지는 않은 듯하다. 고구려 병사는 역전을 했고, 말갈 기병대는 황제의 본진을 압박해 들어와 한때 태종을 위협했다는 기록도 있다. 그러나 결과적으로는 패배였다.

북쪽의 중군, 서쪽의 이세적군, 남쪽의 장손무기군에게 협격당한 고구려군은 만 명의 희생자를 내고 동쪽으로 후퇴했다. 활로는 동쪽 길뿐이었지만 동쪽에는 하천이 있어 퇴로가 막혔다. 다리가 있었지만 장손무기군이 먼저 점거하여 교량을 끊었다. 고구려군은 하천을 건너지 못하고 산으로 올라갔고, 그 결과 당군에게 포위되어 고립되었다.

어쩌면 이 날 전투의 백미는 이 부분이다. 고구려군은 아직 상당한 전력을 보유하고 있었다. 무리하게 전투를 계속하지 않고 빨리 후퇴하여 진을 재정비했더라면 다시 한 번 싸울 수도 있었고 태종이 두려워하던 장기농성전으로 갈 수도 있었을 것이다. 반면 당군은 반드시 이 전투에서 고구려군을 궤멸시켜야 했다. 태종이 항복막사를 미리 세워 두라고 한 것은 예언이나 자신감의 표현이 아니라 무언의 압력이었다.

예전부터 태종은 승기를 잡으면 집요한 추격전을 전개하여 한 번 싸움으로 적에게 회복불능의 타격을 입히는 것으로 유명했다. 그러나 화북 평원지대와 달라 곳곳에 고구려군의 요새가 산재하고 안시성이 건재한 이 지역에서는 그런 추격전을 전개할 수가 없었다. 그래서 당군은 이번에는 추격하여 섬멸하는 대신 고구려군의 퇴로를 끊어 고립시켜 버렸다.

산으로 올라간 고연수는 꼼짝 못하게 되었다. 그는 복병에게 당한 것보다 당군이 몰아간 대로 움직여 버렸다는 사실에 더욱 통탄했을 것이다. 그러므로 이 부분의 완패는 시인해야 한다. 대군을 움직이고 운영하는 능력에서 이 날의 고구려 지휘부는 노련한 당군의 상대가 되지 못했다.

이 날 전투에서 희생된 고구려군의 수는 약 만 명이었다. 일부는 전선에서 흩어지거나 다른 방향으로 도주했을 것이다. 산 위의 고연수에게는 아직 3만 6천 800명의 병력이 남아 있었다. 그러나 장비와 말, 식량의 손실이 대단히 컸을 터이므로 병력수에 비해 전투력은 크게 떨어졌을 것이다. 전투에 가담하지 않았던 고구려군의 후위에 대해서는 기록이 없는데, 어떻게 되었든 그들이 아무런 역할도 못한 것은 사실이다.

고연수는 태종 앞에 나와 무릎을 꿇고 항복했다. 태종은 전투가 바라던 대로 끝나자 한 번 싸움으로 고구려를 깨뜨렸다며 말에서 내려 하늘에 감사를 올리고는 무릎을 꿇고 엎드려 있는 고연수에게 "또다시 감히 천자와 전쟁을 하겠느냐"고 자부심에 가득 찬 한 마디를 던졌다. 태종의 말대로 하늘이 그를 돕는 것 같았다. 세우는 작전마다 싸움마다 모든 것이 척척 들어맞고 있었다.

태종은 고연수 이하 군 간부 3천 500명을 가려서 중국으로 이송했다. 항복한 병사 3만 6천여 명 중에서 3천 500명을 빼냈으니 전투병 10명당 한 명 꼴이다. 소대장급에 하사관들까지, 다시 말하면 고구려군에서 전문 무사는 다 뽑아 낸 것이다. 고구려로서는 엄청난 손실이 아닐 수 없다.

　이들이 빠져 나가면 남은 일반 병사들만으로는 사역부대는 구성할 수 있어도 전투부대를 구성할 수는 없다. 그래서 태종은 남은 자들을 모두 석방했다. 단 말갈병 생존자 3천 300명은 모두 땅에 파묻어 죽였다. 일설에는 그들이 황제의 본진에 육박하여 황제를 위협했기 때문이라고도 하는데, 이들은 일종의 특수부대로 거의 전원이 베테랑 전사였고, 말갈을 위협하여 고구려전에 함부로 참여하지 못하게 하려는 경고의 의미와 말갈과 고구려를 이간시키려는 의도도 있었던 것 같다.

　고구려군의 장비와 물자 손실도 엄청나서 당군이 노획한 말이 3만 필, 소가 5만 두, 명광개가 5천 개, 기타 기계가 5천 점이었다.

　이 통계는 『구당서』의 기록을 토대로 했다. 그런데, 『신당서』와 그 후의 사서에는 전사자 수가 3만으로 기록되고 『삼국사기』에도 3만으로 기록되어 있다. 말과 소, 기타 장비에 대한 통계도 『구당서』가 가장 적고, 후대의 사서로 갈수록 두 배 이상으로 늘어나는 희한한 변화를 보인다. 그러나 이런 기록은 최초의 수치가 정확하다고 보아야 할 것이다. 다만 『구당서』에는 항복한 고연수군의 수가 고구려군의 총병력이었던 15만 6천 8백 명으로 나와 있다. 이는 총 15만 명의 고구려군이 패했다는 사실과 포로의 수치를 혼동한 데서 온 것이라고 생각된다. 『신당서』에는 이 수치가 3만 6천 8백 명으로 교정되었다. 이것은 『신당서』의 기술이 맞다고 생각된다. 전사자 만 명과 포로 3만 6천을 합하면 고연수군의 수는 4만 6천이다. 하지만 전사를 면한 전 군이 포로가 되었다고는 볼 수 없다. 이런 경우 패전 중에 상당수의 이탈자가 있기 마련이므로 최초 공격에 투입한 고구려군의 수는 약 6만 이상은 되었을 것으로 추정된다.

　이 패전은 고구려에 큰 충격을 주어 석황성(石黃城), 은성(銀城)의 군사들이 다 성을 버리고 도망했으며, 수백 리 사이에 인가가 다 비었다. 당군은 기세등등해서 주둔할 때도 참호나 망대를 세우지 않았고, 군사가 단기로 양식을 운반해도 고구려군-아마도 주변의 작은 보루들에 배치한 고구려군이 아닌가 싶다-이 감히 공격하지 못했다고 한다.

평양으로 가는 마지막 관문

당군은 승리 일보 직전까지 왔다. 전쟁을 종결시킬 마지막 작전회의에 들어갔는데, 이 때 두 가지 방안이 나왔다. 먼저 안시성에 주둔한 고구려군이 많고 상당히 강하다는 정보를 입수하고 있던 터라 안시성을 버려두고 건안성을 치거나, 안시·건안성을 다 버려두고 바로 후방의 오골성을 치고 평양으로 직행하자는 좀더 대담한 안이 상정되었다.

이 계획을 수행하려면 두 가지 조건이 맞아 주어야 했다. 건안성이나 오골성이 떨어지면 중간의 작은 성들은 저항을 포기할 것이다. 그리고 당군은 그 성들에 비축해 둔 양곡을 접수하여 식량을 조달한다는 것이다. 배후에 상당한 병력(10만이란 설도 있으나 병력이 그렇게 많았을 것 같지는 않다. 이는 주민까지 다 합한 숫자일 수 있다)이 집결해 있는 안시성을 두고 가므로 보급로를 차단당하거나 고구려군에게 추격당할 위험성이 컸기 때문이다.

이 안은 태종 자신도 생각했었고, 항복한 고연수와 고혜진도 같은 건의를 했다. 식량의 현지조달이란 부분이 좀 위태하게 느껴졌지만-고구려군이 도주하더라도 곡식을 불태워 버릴 가능성이 컸으므로-그것은 임시적인 방편이고, 비사성에 주둔하고 있는 장량의 수군이 이틀이면 육군과 합류할 수 있으므로 그들을 통해 군량을 운반하면 된다는 의견도 첨가되었다.

그러나 아무래도 식량두절 사태가 발생할 수 있다는 우려 때문에 이 안은 기각되었다. 이번에도 말 잘하는 장손무기의 한 마디가 결정적이었다. 좋은 의견이지만 천자가 친정할 때는 조금이라도 위험한 계획을 세워서는 안 된다. 좀 돌아가더라도 확실하고 안전한 길로 가야 한다는 것이 그의 요지였다.

　이 한 순간의 판단으로 고구려는 구원을 얻었다. 이 정보를 들었다면 고구려는 장손무기에게 감사하고 또 감사했을 것이다. 그러나 정작 감사드려야 할 사람은 따로 있다. 을지문덕 이하 과거 수나라와 전쟁을 치른 용사들이다.

　육군이 보급선을 무시하고 평양으로 직공하고 대동강으로 들어온 해군과 만난다는 작전은 양제가 처음 사용했고, 태종도 전쟁 전부터 마음먹고 있던 작전이다. 아무리 멋진 승리를 거두어도 고구려의 요동방어선은 단기간에 뚫기가 어려웠다. 요동에서 평양까지의 보급로는 너무 길고, 이 지역엔 겨울이 빨리 닥치는데다 외지에서 장기간 주둔하기에는 병력이 너무 많았다.

　이 문제를 극복하려면 역시 평양직공 작전이 최고였다. 하지만 결단력이 뛰어난 태종도 망설이지 않을 수 없었다. 수나라가 이 작전을 채택하여 압록강을 건넜다가 35만 명을 잃은 전례가 있기 때문이다. 아무리 좋은 말로 설득을 해도 이런 무서운 경험을 극복하기란 쉽지 않다. 천하의 태종도 끝내 이 두려움을 극복하지 못했다. 선배들이 역사에 남긴 과업이 고구려를 살린 것이다.

　장손무기의 만전지책에 따라 당군은 진로를 안시성으로 돌렸다. 중국에서나 한국에서나 역사를 좋아하는 사람이면 다 알 만한 이 유명한 성은, 명성에 맞지 않게 위치가 불확실하다. 요동방어선에 있던 성들 중에서 위치 비정을 두고 제일 논란이 많은 성이 안시성이다. 그것은 이 성이 지형적으로 두드러진 특성이 없는 반면, 사람들의 관심은 높아서 오랜 세월 동안 사람들이 단편적인 지식을 가지고 여기저기로 비정해 왔기 때문이다. 그러다 보니 구전도 혼착되어 안시성이라고 소문난 곳도 여러 곳이 되어 버렸다.

　오늘날에는 해성시 영성자촌에 있는 영성자산성을 안시성이라고 보는 견해가 유력하다. 성밖 동남쪽에 작은 토산이 있는데, 그것을 당군이 쌓았던 토산이라고 보기도 한다. 다만 그것이 인공산인지 자연산인지는 눈으로는 판단이 불가능하고, 과학적으로 검증되지도 않았다.

현존하는 영성자산성은 모서리가 둥근 사각형 성이다. 성벽 위에서 전투의 흔적인 돌 포탄들이 상당히 많이 발굴되었고, 성벽에도 박혀 있다고 한다. 이 성도 올라서면 사방의 시야는 상당히 좋다. 둘레는 약 4km 정도도. 성은 너무 커도 좋지 않다. 방어선이 길어지기 때문이다. 적정 규모가 얼마라고 말할 수는 없지만 사각지대가 없고, 시야가 트여 적의 이동과 공격 방향을 미리 감지할 수 있으며, 성벽 아래쪽에 공간이 적고 가파른 경사가 져 공성군이 집결할 여유가 없는 곳이 좋은 성이라고 할 수 있다.

> **안시성주 양만춘(楊萬春)** : 안시성을 사수한 영웅에 대해서 오랫동안 많은 사람들이 궁금해했다. 성호 이익(李瀷)은 『성호사설』에서 하맹춘(何孟春)이란 사람이 지은 『여동서록(餘冬序錄)』에 "안시성장은 곧 양만춘이다"라는 기록이 있다고 했다. 하지만 하맹춘은 명나라 때 사람이라 이 역시 시대가 한참 처진다. 안시성 전투와 태종의 패배는 중국에서도 꽤 충격적인 사건이었다. 아마도 요동지방에서는 이 전투에 관한 전설이 당시부터 오랫동안 전해져 왔던 것 같고, 양만춘이란 이름도 그런 구전에서 채집된 것이 아닌가 생각된다.
>
> 한편 이 전투에서 태종이 날아오는 화살에 맞아 한쪽 눈을 잃었다는 전설도 전해진다. 이 전설 역시 확인하기는 어렵다. 다만 이 이야기 역시 꽤 오래 된 구전이다. 고려 말의 문신이었던 목은(牧隱) 이색(李穡)의 시에도 "누가 흰깃 화살로 태종의 눈동자를 떨어뜨렸는지 알까"(誰知白羽落玄花)라는 구절이 있다.

안시성 전투는 7월에 시작되었다. 성의 저항이 맹렬하자 태종은 지금까지 써 온 인군의 탈을 벗고 성을 함락하면 약탈을 허용하고 다 죽이겠다고 선언했다. 주변의 성을 적당히 다 평정한데다가 북쪽의 신성 이외에는 강한 성이 남지 않았고, 무엇보다 시간이 얼마 없었다. 겨울이 오기 전에 평양으로 진군하여 평양을 공략하려면 남은 기간은 3~4개월밖에 없었다. 그러므로 한 달 이내로 안시성을 함락해야 했다.

그러나 이 선언은 안시성군에게 오히려 결사항전의 의지를 북돋워 주는 역효과를 가져왔다. 과거 안시성주가 연개소문에게 반기를 들었기 때문에 이 성에는 중앙군이나 연개소문과 군대를 파견하거나 군대를 섞어서 재편하지도 못했던 것 같다. 그것은 안시성 수비군이 이 지역의 토착병으로 구성되었으며, 그만큼 군의 단결력과 병사와 성 주민과의 유대감이 높다는 뜻이 된다.

항복한 고연수가 태종에게 평양직공 작전을 건의할 때 "안시성 사람들은 그 집을 돌보고 아끼어 스스로 싸우니 빠른 시간에 함락시킬 수 없다"고 말했다. 이 말은 되새겨볼 가치가 있다. 무슨 뜻일까? 안시성 사람들이라고 특별히 가정적이었을 리는 없다. 이 말은 안시성의 수비군은 바로 안시성에 집과 가족을 거느린 토착병을 주축으로 구성되어 있었다는 뜻이고, 그만큼 다른 성과 달리 내부갈등이 없고 단결력이 강하다는 뜻으로 해석해야 한다.

어쩌면 연개소문은 정권획득 후에 지방세력의 약화를 위해 각 성의 주둔군을 토착병이 아닌 타지역 군사로 물갈이하거나 적당히 혼합했을 가능성이 있다. 장기적으로 보면 그것은 중앙집권적 국가로 가는 길이지만 전투력은 오히려 약화시켰을 가능성이 높다. 때로 이런 방어전에서는 가족과 주종관계를 주축으로 하는 토착적 집단이 타지에서 온 부대보다 월등한 투지를 발휘한다. 살다 보면 별 사소한 자존심에 목숨을 거는 사람도 있지만 대부분의 사람들은 자기 목숨을 중시한다. 이 목숨을 내놓을 각오를 하려면 최소한 자신의 생명보다 귀중한 무언가가 있어야 한다. 태종의 약탈선언은 장소를 잘못 골랐다. 부인과 딸을 겁탈하고 아이는 종으로 끌고 가겠다는 적과 싸우는 병사들만큼 항전 목표가 분명한 군대가 어디 있겠는가?

안시성 공방전은 9월까지 3개월 동안 지속되었다. 재미난 것은 처음 전투의 시작 과정은 아주 소략하다는 사실이다. 그리고는 갑자기 다음 일화가 등장한다.

"태종이 성중에서 닭과 돼지의 울음소리가 나는 것을 듣고, 이세적에게 이르되 '성을 포위한 지가 오래 되어 성 안에서 밥짓는 연기가 날로 미약해지는데, 지금 닭과 돼지 소리가 시끄러우니 이는 반드시 군사들을 잘 먹여 밤에 우리를 습격하려는 징조다. 마땅히 군사를 엄히 하여 대비하라'고 하였다. 이 날 밤에 고구려군 수백 명이 줄을 타고 내려왔는데, 당주가 이 소식을 듣고 친히 성 아래까지 와서 급히 치니 고구려군의 전사자가 수십 인이요, 수백 명이 포로가 되었다."

옛날 사서의 전쟁 기사는 특징이 있다. 승리했을 때는 반드시 승리했다고 표현을 한다. 패전했을 때는 승리든 패전이든 언급하지 않고 누구를 사로잡았다거나 어느 전투에서 누구를 구했다거나 하는 식으로 일회성 일화만을 기록한다. 영웅 설인귀의 전기도 꼭 이렇게 되어 있다. 안시성 전투의 전반부 기록이 이 에피소드 하나뿐이라는 것은 초반 공격에서 당군이 참담한 실패를 맛보았다는 뜻이다.

성을 공략하는 데는 장기전술과 단기전술이 있다. 장기전술의 대표는 포위전이다. 많은 분들이 포위전은 그냥 둘러싸고 버티면 이기는 쉬운 전술인 줄 안다. 그러나 공격군이 대군일 경우 공격군에게도 이는 굉장한 부담이 된다. 3만 군대를 10만 군대가 포위할 경우 전쟁비용은 공격군이 세 배가 된다. 원정군은 식량과 보급품을 멀리서 날라 와야 하므로 실제로는 다섯 배, 일곱 배가 넘어간다. 전쟁에는 군사력 못지않게 경제력도 중요하다. 금고가 비면 전쟁에서 진다. 설사 이긴다고 해도 비용을 생각하면서 싸워야 한다. 패배 못지않게 무서운 게 파산이다.

그러니 포위전은 일단 접자. 다른 전술은 거대한 공사를 벌이는 것이다. 성 밑으로 파고드는 지하갱도를 뚫거나 성벽 아래쪽까지 공성로를

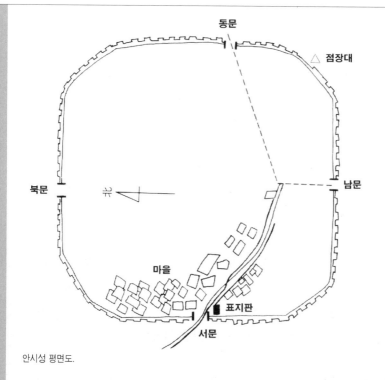

안시성 평면도.

만든다. 영화에는 몰래 파는 비밀통로만 나오지만, 몰래 파는 게 아니고 광산갱도처럼 나무와 흙으로 위를 덮어 가면서 기존 무기로는 파괴할 수 없는 튼튼한 갱도를 판다. 그게 성을 뚫고 들어오면 성의 안팎을 관통하는 직선도로가 뚫린다. 성 밖에 인공성을 쌓거나 토산을 쌓는 것도 고전적인 방법이다. 그 성이 완성되면 수비측의 성벽은 더 이상 방어시설이 되어 주지 못한다.

이런 방법들은 성과가 확실하다는 장점이 있다. 지금은 이스라엘군의 신병훈련장이 되어 있는 마사다(Masada)는 오녀산성처럼 정상부가 싹둑 잘려나가 사람들이 거주할 수 있게 되어 있는 요새다. 정상부는 넓지만 산의 경사는 급해서 눈으로 봐서는 도저히 함락시킬 수 없을 것 같은 요새인데, 로마군은 산 위 요새까지 도로를 닦고 그 길로 거대한 공성탑을 요새 정문까지 끌어올렸다. 이 이야기는 책으로도 나왔고,

현지 로케이션으로 제작한 영화로도 만들어졌는데, 그 도로가 지금까지 그대로 남아 있다. 절벽에 닦은 길이니 자동차도 올라가기 힘들 정도로 경사가 굉장한데, 로마군은 수천 개의 도르래를 이용하여 요새 정문까지 공성탑을 끌어올렸다. 정문이 파괴되려 하자 마사다 사람들은 더 이상의 항전을 포기하고 집단자살을 해 버렸다.

이런 공성용 토목공사 능력으로 로마군은 "싸우지 않고 공법으로 이긴다"는 명성을 얻었다. 그런데 영화로 만들지 않아서 그렇지 중국군의 공사능력은 로마보다 월등하다. 직접 비교가 불가능하다면, 로마의 자랑거리인 수로교와 만리장성 내지는 중국의 운하를 비교해 보면 된다. 참고로 달에서도 보인다는 만리장성은 2천 700km 정도고, 로마의 수로는 총 418km(직선거리는 92km)다. 그나마 대개는 지하배관이고 사진에 잘 나오는 아아치형의 석조 다리 부분은 48km다.

마사다 전경. 우측에 하얗게 보이는 길이 로마군이 닦은 공성로이다.

하지만 이런 방법은 만만치 않게 시간을 잡아 먹는다. 어떻게 해서든 시간을 절약해야 했던 당군은 단기전술, 즉 공성구를 동원한 직접 공격 쪽을 택했다. 그 방식은 요동성 전투에서 보여준 방식 그대로였을 것이다. 요동성은 이 공격을 받고 12일 만에 떨어졌다. 하지만 안시성은 3개월 동안 끄떡도 하지 않았다.

진정으로 강한 군대란 어떤 군대일까? 여러 의견이 있겠지만, 병사 한 명 한 명이 자신에게 떨어지는 순간의 의무, 자신의 목숨과 바꾸어야 하는 그런 의무를 피하지 않는 군대가 그 중 하나임은 분명하다. 이건 필자의 견해가 아니라 예전에 읽은 미 해병대에 관한 책에서 강조하던 내용이다.

이 정의는 안시성의 병사들에게도 해당된다. 전투 장면에 대한 기록은 전혀 없지만 당군에게 함락당하지 않았다는 사실 자체가 이를 증명한다. 성을 지켰다는 것은 성벽을 지켰다는 것이고, 수비병이 성벽에서 물러나지 않고 몸으로 적의 상륙을 저지했다는 뜻이다.

공성전에서는 수비측이 절대 유리할 것 같지만 그렇지도 않다. 충차나 운제가 성벽보다 높은 경우도 왕왕 있다. 상대는 세계 최고의 재력과 물량, 건축술로 무장한 부대다. 충차나 운제는 쇠뇌와 화살을 날리며 다가와서 성벽과 운제 사이에 널판이나 사다리를 연결한다. 그것은 오늘날 탱크가 자기 앞으로 다가오는 것만큼이나 위력적이다. 널판이 누구 앞으로 놓여지는가도 조마조마하다. 그것이 연결되면 보통 병사는 상대할 수도 없는 무서운 용사가 선두에서 건너온다.

수비측에서도 그를 상대할 장수나 위급한 지역에 투입하기 위한 특수부대를 편제해 둔다. 그러나 이 과정도 매우 치열하고 여러 대가 동시에 다가오므로 어느 쪽이 먼저 닿을지 알 수 없다. 그러므로 수비측에서는 일단 널판이 연결된 다음에 무사를 투입할 수밖에 없다. 이 짧은 기간 동안 수비측에서는 일반 병사가 그들을 상대해야 한다. 그에게는 죽음의 선고다. 그가 도망치면 수비대형에 구멍이 뚫리고 양 측면의 병사들도 연쇄적으로 도망할 것이다. 이 공간으로 용사 서너 명이 뛰어들면 공간이 확보되는 것이다. 물론 수비측에서도 성벽을 이중으로 두거나 탑·누각을 두어 이런 곳을 저격하는 이중 삼중의 조치를 하기는

로마의 수로교.

한다. 그러나 어떻든 간에 최초의 돌격자들이 생존하고 충차나 운제 여러 대가 상륙하면 공격측은 교두보 확보에는 성공하는 것이다.

수비측에서 운제나 충차를 파괴하는 방법의 하나는 장대를 들고 대기하다가 그것들이 가까이 왔을 때 성벽과 운제 사이에 장대를 끼우거나 여럿이 장대로 밀어서 넘어뜨리는 것이다. 밀어 넘어뜨리려면 그것이 최대한 근접해야 효과가 있다. 그러나 장대를 끼우거나 밀려면 적의 사수에게 몸을 노출해야 한다. 널판을 막거나 장대를 끼우는 짧은 동작 하나 하나가 병사 한명 한명의 생명을 요구한다.

어느 집단이나 의무감과 희생정신이 강한 인간과 이기적인 인간이 있다. 공격이 반복되면 그 1분 동안의 의무를 회피하지 않았던 용감한 병사들은 하나 하나 전사하고, 결국은 약하고 겁많은 병사들의 비율이 높아질 것이다. 공성군이 지속적으로 전투를 계속하는 것은 수비군을 지치게 하는 목적도 있지만 이들의 비율을 줄여 나가는 목적도 있다. 성의 방어막은 차츰 얇아질 것이고 결국은 약한 구석을 드러내고야 말 것이다.

그러나 3개월이 지나도록 안시성에서는 이 비율이 줄어들지 않았다. 이 과정에서 당군도 많은 사상자를 내고 장비손실을 입었을 것이다. 마침내 당군은 단기전술을 포기하고 장기전술로 전환했다. 성의 동남쪽에 커다란 토산을 쌓기 시작했다.

성에 바짝 붙여서 산을 쌓는 것이므로 안시성군도 공사를 방해하기 위해 집중공격을 가했을 것이다. 당군도 충차와 포차를 공사장 부근에 집중 배치하여, 성벽을 하루에 예닐곱 차례씩 지속적으로 공격하여 수비군의 기세를 눌렀다. 당군도 시간이 급했으므로 60일 동안 연인원 50만을 동원하여 철야로 공사를 계속했다. 공사 책임자는 강화왕 도종이었다.

마침내 토산이 완성되었다. 산 정상은 성벽보다 높이 솟았고, 정상부에만 수백 명이 주둔할 수 있는 규모였다. 앞서 수나라군의 어량대도를 설명하면서 이런 진지를 누도(壘道)라고도 부른다고 했지만, 이런 토산의 정상부에는 나무와 소가죽으로 집을 지어 병사를 보호하고(가죽은 화공에 대비하기 위한 것이다) 병사들이 장기간 거주할 수 있는 시설까지 마련하는게 보통이었다.

성벽과의 거리가 수장이라고 했는데, 1장이 3m 정도니까 대략 10~30m 정도였을 것으로 생각된다. 이제 최후의 공격부대를 편성하여 돌격할 일만 남았다.

최후 공격을 준비하려고 했는지, 잠시 쉬려고 했는지 도종이 자리를 비우면서 부장 부복애에게 토산 수비를 맡겼다. 마침 이 때 비가 내려 산의 일부가 허물어지면서 성벽을 덮쳤다. 토사의 무게로 성벽도 함께 무너져 산과 성이 저절로 연결되었다. 당군으로서는 거저 얻은 기회였는데, 하필 토산의 수비 책임자였던 부장 부복애가 무단이탈해서 자리

토산. 정상부의 건물은 실제로는 벽을 만들어 적의 화살공격을 막았다.

에 없었다. 아찔한 위기의 순간에 고구려군 수백 명이 역습을 가해 거꾸로 산을 점거해 버렸다. 당군은 토산의 탈환을 시도했으나 완전한 역전의 기회를 잡은 고구려군이 호락호락할 리가 없었다. 그들은 정상 주변부를 깎아 내리고 참호를 두르고 불을 질러 당병의 접근을 막았다. 당군은 3일 밤낮으로 공격했으나 토산을 탈환할 수가 없었다.

도종은 무릎으로 기어와 사죄를 했고, 태종은 펄펄 뛰었지만 엎질러진 물이었다. 이미 계절은 가을로 접어들고 있었다. 하지만 이 지역은 벌써 겨울이다. 사기가 떨어지고 식량이 다한 그들로서는 안시성을 버려두고 내지로 진공할 수도 없었다. 태종은 실패를 인정하고 발길을 돌렸다. 철군하는 길에 요하의 진창이 다시 길을 막고, 눈보라까지 몰아쳐 많은 군사가 목숨을 잃었다.

안시성 공방전은 고구려의 승리로 끝났지만 승리를 자축하기에는 타격이 너무 컸다. 요동, 현도, 개모, 백암성 등 방어선의 주요 성들 10개가 함락당했다. 중국에 사로잡혀 간 호구만도 7만 호고 그들은 중국인의 노비가 되었다. 병력 손실도 20만이 넘었다.

특히 고연수의 패전으로 15만 군대가 무너지고, 간부 3천 500명이 당으로 끌려갔다. 고연수는 이 충격을 이기지 못해 장안에 도착하기 전에 중도에서 사망했다. 이 패배는 연개소문 정권에 적지 않은 부담을 주었다. 군의 중추를 이루는 친연개소문파 장교들이 대거 포로가 되었다. 거국적인 동원이니만큼 정적의 자제들도 상당수 참가했을 텐데 그들은 이 엄청난 패전의 원인을 정권의 잘못된 인사 탓으로 돌렸을 것이다. 그들의 눈으로 보면 비정상적인 집권과 비정상적인 인사가 낳은 비극이었다.

연개소문은 이 위기를 버텨 냈지만, 그가 추진하던 개혁이 있었다면 보수세력에게 양보를 해야 했을 것이고, 반대로 편협한 독재체제를 구상하고 있었다면 자기 정권을 지키기 위해 더욱 무리하고 편협한 조치를 취해야 했을 것이다. 고구려는 연이은 위기를 극복해 냈으나 내적 위기는 심화되고 있었다.

초토화 작전

태종은 큰 희생을 내고 고구려 원정에 실패했지만 고구려 정복을 포기하지 않았다. 2년 후 당은 소부대를 자주 출격시켜 고구려를 지치게 하는 장기전술로 바꾸었다. 당군이 오면 고구려는 주민을 거두어 성에서 농성을 하므로 농성하는 동안에는 농토를 돌볼 수 없다. 그런데 농사란 절기마다 해야 할 작업이 있다. 농성기간이 10일만 넘어가도 큰 손실을 본다. 고구려는 굶주리고 지칠 것이다. 더욱이 당의 출병 명분은 연개소문의 쿠데타였다. 장기전에 싫증이 난 사람들은 연개소문을 더욱 원망하게 될 것이다. 그 때 대군을 동원해서 다시 원정한다는 전략이었다.

이후 20년 동안 당군은 일일이 서술하기가 피곤할 정도로 집요하게 고구려를 괴롭힌다. 649년에 태종은 다시 한 번 대규모 원정을 준비하다가 끝내 자존심 회복을 이루지 못하고 사망해 버렸다. 태종의 뒤를 이은 고종이나 그를 쥐고 흔들었던 측천무후까지도 계속되는 고구려 전쟁을 부담스럽고 피곤하게 여겼다. 그럼에도 당의 고구려 침공은 그치지 않았다. 정말 중국인의 끈기는 무섭다는 생각이 들 정도다.

이 때의 양상을 보면, 보통 1만에서 3만 정도의 병력이 고구려의 한두 개 성을 공격하고, 무력시위를 하는 방식이었다. 그러다 점차 수군을 사용하여 상륙작전을 하는 횟수가 늘었다. 때론 이기고 때론 지는 싸움이 반복되었다. 중국인도 끈질겼지만 고구려인의 끈기는 더욱 놀라웠다. 그렇게 고충을 당하면서도 포기하지도 물러서지도 않았다. 혹 커다란 패배를 당하거나 연속적으로 패배를 당해 이젠 힘이 다했다고 느껴질 때도 여러 번 있었지만, 그러다가도 거짓말처럼 당군을 패퇴시켰다. 중국인들은 자신들의 패배는 기록하지 않고 일방적으로 이긴 것처럼 서술해 놓았는데, 물론 그 정도로 일방적으로 당하지는 않았지만 수십 년 동안 전화에 시달리면서도 고구려는 요동을 놓지 않았다.

수와 당은 왜 집요하게 고구려를 공격했을까?

수는 612년부터 614년까지, 당은 644년에서 668년 고구려가 멸망할 때까지 무려 25년 동안 지속적으로 고구려를 침략했다. 이 끈질진 침공 기사를 읽다 보면 누구라도 이런 의문이 들 것이다. 도대체 당은 왜 이렇게까지 지독하게 고구려를 공격했던 것일까?

그 답도 꽤 많다. 필자가 초등학생일 때는 우리 나라 땅이 금수강산, 옥토였기 때문이라는 설명을 들었던 기억이 난다. 최근에는 중국의 패권주의와 자주성을 수호하려는 고구려의 자존심의 대결이었다는 해석이 유행이다. 그러나 어째 요즘 세상에서 많이 듣는 얘기 같다. 중국의 중화주의가 주변 국가에 대해서는 일종의 패권주의인 것은 사실이다. 역사적으로 중국은 자신과 주변 국가를 천자와 제후·신하의 관계로 설정하고 신하의 예와 조공을 요구하고 여러 가지 요구도 했다. 하지만 중화주의란 주변 국가에 대한 직접지배나 속국화를 의미하지는 않는다. 고구려에 대해서도 신라침공을 중지하라는 등 무리한 요구를 했으나 그건 이미 침략할 마음을 먹고 잡은 트집이다.

패권주의가 직접지배가 아니라면, 외교적 갈등과 명분 때문에 이렇게 오래고 소모적인 전쟁을 하는 건 명분도 서지 않을 뿐 아니라 사실상 불가능하다. 우리는 보다 현실적이고 역사적인 상황에서 그 이유를 찾아야 할 것이다.

답은 의외로 간단하다. 중국은 한족 왕조와 이민족 왕조가 번갈아 지배했다. 한족 왕조가 쇠퇴하면 주변의 이민족이 치고 들어와 영토를 점거하고 그들이 성장하여 중원의 패권을 차지했다. 그 최초의 시작이 5호16국이었고, 이를 회복한 나라가 수와 당이다. 5호16국들은 모용부, 광개토왕 이전의 고구려처럼 부족체제의 작은 집단에서 출발했다. 그 정도 작은 집단도 경우에 따라서는 통일왕조로 성장할 가능성이 있다는 이야기다.

그런데 당시 고구려는 그 몇 개는 합한 영토를 지닌 강국이었다. 특히 중요한 것은 고구려가 요동방어선을 장벽으로 삼아 그 안쪽을 국가체제로 재편하고 있었다는 사실이다. 이 요동방어선은 단지 중국에게 침공하기 어렵게 만든다는 방어적 의미만 있는 게 아니다. 들판에서 노숙하는 떠돌이 군사집단이라면 주변 사람들에게 큰 소리를 치지도 못할 것이다. 자신들이 반격에 취약하기 때문이다. 그러나 누구도 절대로 함락할 수 없는 요새에 주둔하는 집단이라면 서슴없이 누구에게나 공격을 가할 수 있을 것이다. 최선의 방어는 공격이라지만 반대로 최상의 방어체제는 상대방에겐 항상적인 공격의 위협이 된다. 중국은 그들의 국경 외곽에 절대로 이런 영토국가를 용납할 수가 없었다. 수와 당은 거의 왕조의 안정과 생존의 차원에서 고구려를 해체하려 한 것이다. 너무 과민한 태도인 듯하지만 그들은 변방 이민족이 한꺼번에 중원으로 쳐들어왔던 5호16국시대를 겪었다. 인간이 역사적 경험으로부터 자유롭기는 쉽지 않다. 그리고 그 후의 역사를 보아도 이런 걱정이 기우는 아니었다. 몽골족의 원, 거란족이 세운 요, 여진족이 세운 금, 만주족의 청나라 모두 이 때의 고구려보다도 더 열악한 부족단위에서 시작하여 중원을 제패했다.

대왕암. 삼국통일의 주역인 문무왕이 호국을 위해 바다의 용
이 되고자 한 염원에 따라 동해의 해중릉에 장사지냈다.

Ⅳ. 극적인 전환

1. 서라벌의 선택

백옥 같은 남자

7세기, 고구려는 영양왕에서 보장왕, 백제는 무왕에서 의자왕, 신라는 진평왕 후기부터 선덕여왕 – 진덕여왕 – 무열왕으로 이어지는 시기에 삼국항쟁은 절정에 달했다. 전쟁는 더욱 잦아지고, 규모는 커졌으며, 더욱 치열해졌다. 수가 망하고 당과 고구려 사이에 휴전이 성립된 동안 전쟁의 중심이 남부로 이동했기 때문이다.

백제는 수에게 고구려를 쳐 달라고 부탁할 때부터 이미 신라를 공격하고 있었다. 여기에 고구려가 신라공격에 가세했다. 신라에게 한강 유역을 빼앗긴 이후 본격적으로 시도한 대반격이었다. 이 때의 남진은 연개소문이 몸소 출전할 정도로 적극적이었다.

신라는 곤경에 빠졌다. 굵직한 사건들만 보아도 진평왕 33년(611년)에 가잠성(위치 미상)이 백제에 떨어졌고, 진평왕 46년(624년)에는 함

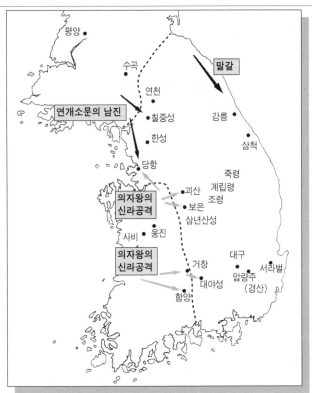

평양

수곡

연천

칠중성

한성

당항

연개소문의 남진

말갈

강릉

삼척

죽령

괴산
계립령
조령
보은
삼년산성

**의자왕의
신라공격**

사비 웅진

**의자왕의
신라공격**

거창

대구

압량주
(경산)
서라벌

대야성

함양

고구려 · 백제의 신라 공격.

양 · 운봉 등지의 성 세 곳이 떨어졌다. 이 지역들은 소백산맥 남단으로 영 · 호남을 이어주는 회랑이다. 선덕왕 7년(638년)에는 고구려의 남하 거점인 고량포 지역을 방어하는 칠중성(파주군 적성면)이 고구려에게 함락되었다. 북쪽 대문이 열린 셈이었다.

선덕왕 11년(642년)은 최악의 해였다. 백제의 대공세로 서쪽의 40개 성을 잃었다. 다음 달에는 백제 · 고구려 연합군에게 당항성(경기도 남양)을 빼앗겨 당으로 가는 항로가 폐쇄될 뻔했으며, 섬진강 방어선의 관문인 합천의 대야성이 백제에게 함락당하여 전남에서 경북, 경남 지역으로 들어오는 통로, 즉 지금의 올림픽고속도로가 지나는 함양, 거창, 합천, 고령으로 이어지는 길이 열렸다. 이 곳을 지나면 바로 대구, 경산이며 경산에서 경주는 하루길이다.

물론 이 동안에 신라의 승리가 없었던 것은 아니다. 『삼국사기』를 보면 신라의 패배와 승리가 반반이며, 가잠성·칠중성 등 대부분의 성을 되찾는다. 하지만 거의 모든 전투가 신라의 영토에서 벌어진 것이고, 승리했다는 전투도 신라가 잃었다가 되찾은 경우라는 사실에 주목할 필요가 있다.

더욱이 『삼국사기』의 기록은 크고 중요한 전투만 기록한 것이며, 후기로 올수록 신라측 기록에 대한 의존도가 높아진다. 패배한 전쟁은 웬만 하면 기록하지 않고 승패가 애매한 전투는 반드시 이긴 것처럼 기록하는 것이 이 시대의 관습인 점을 감안하면, 신라의 고통과 피해는 훨씬 컸을 것이다.

대규모 전투가 아니라도 백성들은 고생이다. 농사란 때가 중요하다. 밭갈고 씨뿌리고 김매는 때가 다 기한이 있다. 우리 나라는 사계절이라 계절의 변화가 빨라서 각기 기한이 열흘 정도씩밖에 여유가 없다. 적이 쳐들어오면 주민들은 성으로 들어가야 한다. 그러니 전투가 있던 없던, 누가 이겼든 간에 군대가 한 일주일만 시위를 하고 가도 그 해 농사는 큰 타격을 입는다. 비가 오면 수로를 터 주어야 하는데, 한여름 장마철에 한 3일 군대가 둔치고 있으면, 논밭은 어떻게 될까? 그러므로 소규모 약탈과 기습공격, 무력시위도 엄청난 손실을 발생시킨다. 신라는 당장은 버티고 있지만 이런 상태가 오래 계속되면 배겨날 수가 없다.

위기의 때를 맞이하여 신라에서는 변화가 발생했다. 두 사람의 신진이 정권을 장악하고, 젊은 서클이 최고의 정치조직으로 부상했다. 작고, 작은 만큼 속좁고 고리타분하던 나라의 회춘이었다.

그 두 사람 중 한 사람이 김춘추다. 김춘추는 얼굴이 백옥같이 희고, 대단한 미남에 쾌활하고, 말솜씨와 매너가 뛰어난 귀족 남성이었다. 옛날 사서는 개인의 용모나 개성에 대해서는 거의 묘사하지 않는다. 하다

못해 신라의 영웅인 김유신만 해도. 그의 용모에 대해서는 일체 기록이 없다. 그러나 『화랑세기』도 『일본서기』도 모두 김춘추의 용모와 말솜씨에 대해서는 기록을 남겼다. 그만큼 이 두 부분은 인상적이다.

이상의 표현만으로 보면 김춘추는 아주 귀족적인 미소년 같지만, 고대사회의 지도자답게 체구도 위풍당당하였다. 『삼국유사』에 의하면 하루에 밥으로 해 먹는 쌀이 서 되, 꿩이 아홉 마리였다. 만년에는 점심은 건너뛰었는데, 양은 더 늘어 쌀 여섯 되, 술 여섯 되, 꿩 열 마리였다고 한다. 인간으로서 불가능한 수치 같지만 옛날의 되는 요즘 것의 2/3크기이고, 옛날 상전의 밥상은 꼭 한 분이 드실 만큼만 차리는 게 아니고 아래물림해서 먹을 하인의 몫까지 포함한다는 점, 거기에 구전이 지니는 특유의 과장을 감안해 주면 그렇게 비현실적인 수치만도 아니다.

그러나 김춘추를 신라정계의 기린아로 만든 진짜 요인은 그의 가계에 있다. 그런데 이 부분을 설명하려면 상당히 민망한 이야기를 해야 한다. 당시 사회의 혼인과 성풍속이 우리 상식과는 너무 동떨어지기 때문이다. 그러나 우리만이 아니라 범세계적으로 고대사회의 혼인풍속은 지금과는 아주 달랐다. 성경에 나오는 이스라엘 민족의 조상 아브라함과 이삭과 야곱도 다 사촌과 결혼했으며, 형이 죽으면 형수를 부인으로 맞는 취수혼도 마찬가지로 행해졌다는 사실을 양해하자.

김춘추의 할아버지는 진지왕이다. 진지왕의 아버지 진흥왕은 사도태후에게서 동륜과 금륜을 낳았다. 동륜은 태자 시절에 아버지 진흥왕의 후궁이던 보명궁주와 사통을 했다. 태자는 매일 밤 월담을 해서 그녀의 집으로 들어갔는데, 572년 3월 어느 날 밤 도둑인 줄 알고 덤벼든 개에게 물려 사망해 버렸다.

덕분에 금륜이 왕이 되었다. 그가 진지왕인데 재위 4년 만에 폐위되고, 동륜태자와 만호부인 사이에 태어난 아들인 진평왕이 즉위했다. 진지왕의 폐위 원인은 폐정과 음행이라고 한다. 그런데 『화랑세기』를 보면 이 시대는 왕비도 간통을 해서 사생아를 낳는 게 다반사고, 촌수를 논하기가 민망할 정도로 혼인관계도 복잡하고 근친혼도 많다. 진지왕의 부인 지도부인은 처음에 동륜태자와 결혼했다가 금륜과 간통을 했다. 금륜, 즉 진지왕이 즉위하자 정식으로 황후가 되었고, 진지왕이 폐위되자 동륜태자의 아들, 즉 자신에겐 아들뻘이자 조카가 되는 진평왕의 후궁이 되었다.

『화랑세기』에서 진지왕의 아들이며 김춘추의 부친인 김용춘을 평하면서, 그는 부친이 황음으로 왕위에서 쫓겨난 것을 한스럽게 여겨 평생 여색을 삼가고 조심했다고 칭찬하였다. 그런데 여색을 삼간 것이 미덕이라는 용춘은 무열왕 외에 자식이 28명이고, 결혼은 두 번 했고, 선덕여왕과도 살았고, 이름이 밝혀진 첩만 3명이다. 이 정도가 삼가고 절제한 수준이니 정상은 어느 정도고 다른 사람이 눈뜨고 볼 수 없을 정도로 황음이면 또 어느 수준인지 짐작이 가질 않는다.

그러나 이런 풍조에도 불구하고 지조와 정조를 중히 여기고, 이런 성풍속을 비난하고 부끄러워한 사람도 있었던 것으로 보아 애증도 없고 질투도 없는 무소유 사회는 아니었던 모양이다. 그리고 진지왕의 여색이라는 것도 그냥 유흥과 여색을 밝히는 것이 아니라 정치적으로 민감하거나 여러 왕족과 귀족을 분노케 한 간통사건을 일으킨 것일 가능성도 있다.

실제로『화랑세기』에서는 진지왕의 폐위를 대원신통 계열(왕 등과 혼인을 하는 여자를 공급하는 계통으로 완벽하게 모계 계승으로 이어졌다)이었던 사도태후와 미실궁주가 주도했다고 하고 있다. 진골정통이었던 진지왕은 미실궁주와 관계를 맺고 자신을 왕으로 추대하면 대원신통계를 지지하겠다는 약속을 했다. 그러나 진지왕은 즉위한 후 이약속을 지키지 않았다.

사도태후와 미실궁주는 언젠가는 소설의 주인공으로 등장할 게 분명한 굉장한 여자들인데, 사생활이 워낙 복잡하고 그들의 삶은 현대인의 관념으로는 이해하기 힘든 부분이 많아서 여기에서는 이 정도로만 언급하고자 한다. 다만 『화랑세기』도 지나치게 혈통과 가계 중심으로 사건을 설명하는 바람에 정치적 상황을 소홀히 하는 경향이 있다. 그러므로 『화랑세기』의 설명도 100% 신뢰할 수는 없다. 이런 사정을 고려하면 사도태후가 진지왕의 폐위를 주도한 이면에는 대립하는 세력들 간의 정치적 음모도 있었던 것 같다.

진지왕은 불명예스럽게 은퇴했고 유폐된 지 3년 만에 사망했다. 왕위는 진평왕, 그의 딸 선덕여왕, 진평왕의 조카딸 진덕여왕에게로 이어졌다. 진평왕과 선덕여왕 모두 아들이 없음에도 불구하고 악착같이 동륜태자 계열에서 국왕을 내고 있다. 이 혈통을 성골이라고 했다.

여기에 맞서는 제1야당 세력이 진골정통, 즉 김춘추의 가계였다. 진지왕과 지도태후 사이에는 용수와 용춘이라는 두 아들이 있었다. 단, 지도태후가 두 형제를 섬겼던 덕분에 용수는 자기 아버지가 동륜태자인지 진지왕인지 분명하지 않다. 진지왕의 불명예스런 퇴진으로 갑자기 방계가 된 이들은 방계답게 화랑도로 진출했다. 서양 중세의 봉건영주는 적자에겐 영주 자리를 물려주고 서자는 수도원장으로 삼는 경우가 왕왕 있었는데, 이와 비슷한 포석이라고 할 수 있겠다.

용수와 용춘 중에서 화랑으로 진출한 쪽은 용춘이었다. 정치적으로 수세에 몰린 그는 진보주의자가 되었다. 그는 화랑도를 운영하면서 골품에 구애받지 않는 능력 본위의 인사를 천명하여 인기를 얻었다. 능력 본위라고 해서 완전 개방과 자유경쟁의 시대를 연 것은 아니다. 9부로 구성된 낭두 자리를 왕족이 아닌 사람에게도 개방하고, 화랑도 내의 3파인 진골정통·대원신통·가야파에게 배당된 계파 지분과 로테이션식·서열식 인사관행을 약간 수술한 정도였다.

하지만 이것만으로도 김용춘과 화랑도의 인기는 치솟았다. 하긴 21

세기를 이끌어 간다는 요즘의 정당들이 손도 못 되는 과제이고 보면 – 물론 화랑도의 계파는 요즘의 계파와는 범주가 다르긴 하지만 – 당시 사회에 준 충격은 작지 않았을 것이다.

용춘이 능력과 명성을 얻자 진평왕의 딸 천명공주가 숙부인 용춘과 결혼하고 싶어했다. 그러나 천명공주가 "용 숙부 만한 남자가 없다"라고 말하는 것을 용수로 잘못 알아듣고 용수와 결혼시켰다. 나중에 착오였다는 것을 알고 진평왕과 남편 용수는 천명공주가 용춘과 동침하는 것을 허용했다고 한다. 김춘추는 이 용수와 천명공주 사이에서 태어났다. 덕분에 용수와 마찬가지로 아버지가 분명치 않게 되었는데, 용수가 병으로 죽으면서 천명공주와 김춘추를 용춘에게 맡겼다. 용춘은 적자가 없었으므로 천명을 정식 부인으로 하고 김춘추를 적자로 삼았다. 이 조치로 용춘도 법적으로 정식 아버지가 되었다.

이런 사정 때문에 웃지 못할 일도 생겼다. 점잖은 스님이면서 양심적인 역사가였던 일연은 『삼국유사』에서 "부친은 용수(혹은 용춘이라고도 한다)"라고 뭉툭하게 기술해 놓았다. 최근에 『화랑세기』가 발견되기까지 학자들은 어느 문서에선가 실수로 '용수'를 '용춘'이라고 오기를 했고, 꼼꼼했던 일연이 그것을 놓치지 않고 주로 달아 놓은 것이라고 생각했다. 그러나 알고 보니 일연의 이 한 마디에는 전혀 다른 고민과 깊은 뜻이 숨겨져 있었던 것이다.

진평왕은 아들이 없었으므로 왕은 천명공주나 사위(용춘) 중 하나를 후계로 선택하려고 했다. 아마도 그는 왕실의 자기분열과 이로 인한 자멸을 막기 위해서는 동륜과 금륜(진지왕) 후손 간의 갈등을 해소해야 한다고 생각했던 모양이다. 일단 둘 중 누구든 왕이 되면 그들의 아들은 동륜과 금륜 양쪽의 혈통을 이어받으므로 양파의 화합과 단결은 저절로 이루어질 것이다.

그의 이런 걱정은 기우가 아니었다. 당시 신라왕족 내부에는 상당한 갈등이 잠재해 있었던 듯하다. 이 갈등은 결국 진평왕 53년 이찬 칠숙의 난이나 선덕여왕 말년의 비담의 난으로 폭발하였다. 이런 때에 진흥왕의 후손이 두 파로 나뉘면 적전 분열과 자멸의 길로 갈 수가 있다. 진평왕 자신과 자녀들이 촌수와 인척관계를 무시하고 진지왕 계열과 혼인관계를 맺은 것도 이런 위기감의 발로였다고 할 수 있다.

진평왕의 뜻을 받들어 큰 딸 천명공주는 사랑하는 남자(용춘)에게 왕위를 양보했다. 하지만 진지왕의 폐위를 주도했던 사람들은 진지왕의 아들인 용춘이 왕이 되는 것을 원치 않았을 것이다. 이 묘한 상황에서 천명공주의 동생인 여걸 선덕공주가 천명이 왕위를 포기하면 자신이 왕이 되겠다고 나섰다. 대신 선덕은 부친과 진지왕계의 불안을 해소하기 위하여 용춘을 자기 정부 ─ 이걸 어떻게 표현해야 할지 적당한 용어가 없다 ─ 로 달라고 요구했다. 그렇게 되면 자신과 용춘의 아들이 다음 왕이 될 것이니 진평왕이나 진지왕계로서는 천명이 왕이 되나 자신이 왕이 되나 마찬가지가 된다. 그리고 용춘과는 정식으로 결혼하는 것이 아니므로 용춘의 반대세력들도 어차피 천명이나 선덕 중에서 선택해야 한다면 용춘에게 푹 빠져 있는 천명보다는 주관이 강한 선덕을 선호했을 것이다.

그래서 선덕은 용춘과 살게 되었지만, 용춘은 선덕을 좋아하지 않았고 자식도 생기지 않았다. 이유는 선덕이 보편적으로 남자들이 싫어하는 두 가지 요소를 지녔기 때문이었다. 그녀는 너무 똑똑하고 감정변화가 심했다. 왕실의 화합과 단합을 몹시 소원했던 진평왕은 다시 용수를 보냈으나 이번에도 자식이 없었다. 불임의 원인이 선덕여왕에게 있었던 것이다.

그런데 아무리 근친혼이 유행하는 고대사회였다고는 해도 이렇게 상상을 초월하는 왕실의 근친혼과 난잡한 혼인관계는 일반적인 수준을 넘어선 것이었고, 그 중에서도 심한 근친혼은 당시에도 상당한 비난을 받았던 모양이다. 그럼에도 왕실이 이를 그만두지 않은 것은 근친혼의 진실한 배경이 지존의 권력이었기 때문이다. 신라에서는 국왕뿐 아니라 장관, 사령관 등 책임 있는 지위를 차지하기 위해서는 씨족 혹은 대가족보다도 좁은 '골(骨)'이라는 자격증이 중요했다. 그래서 그들은 혼인의 상식을 뛰어넘어서라도 서로간을 부부관계, 가족관계로 만들었고, 이처럼 극도의 근친혼과 이중 삼중의 혼인에 사통관계까지 동원하여 권력자의 범위를 최대한 좁혀 놓고, 필요한 사람은 자신의 골로 집어넣었다.

하여간에 진흥왕 이후 복잡해진 왕실 가족구도의 결론 부분에 김춘추가 있었다. 그는 진지왕과 진평왕으로 갈라진 진흥왕계의 양쪽 혈통을 한 몸에 구현하고 있으며, 진지왕의 아들 용수·용춘 형제, 진평왕계의 천명·선덕 모두를 아버지와 어머니 내지는 어머니뻘로 그리고 사촌으로 둔 인물이었다.

배경이 이렇고 보면 자녀가 없는 선덕의 다음 왕위는 당연히 김춘추에게 올 듯하다. 그러나 우리가 가지고 있는 사료는 신라 정치사의 반쪽이다. 나머지 반쪽에는 나름대로 왕위계승의 정당성을 내세우며 권력과 힘을 가진 세력이 있었다. 짐작컨대 그들 역시 나름의 정통성이 있고, 보다 보수적이고 전통적인 방침을 옹호하는 세력이었던 듯하다. 그들은 진흥왕대 이후 신라왕가의 정치에도 불만이 많았으며, 몰락한 가야파 왕족까지 설치고 다니고 골품을 경시하는 듯한 행동을 하곤 하는 화랑도 세력이 맘에 들 리가 없었다. 이들이 건재하는 한 김춘추는 혼자 힘으로는 왕이 될 수 없었다.

이러한 김춘추에게 필요한 것이 무엇인지를 아는 사람이 있었다. 금관가야의 마지막 왕 김구해의 증손이며, 성왕을 죽인 김무력의 손자로서 가야파 화랑의 우두머리였던 김유신이었다.

"문희의 언니 보희가 꿈에 서악에 올랐는데, 큰 물이 경성에 가득 찬

것을 보고 불길하다고 생각하였다. 문희가 이 꿈을 비단 치마와 바꾸었다. 그 후 열흘 만에 유신이 공[김춘추]과 더불어 집 앞에서 축국을 하였는데, 곧 정월 오기일이었다. 유신은 일부러 공의 치마를 밟아 옷섶의 고름을 찢었다. 들어가서 꿰매기를 청하니 공이 따라 들어갔다. 공이 보희에게 시키고자 하였는데, 병 때문에 할 수 없어서 문희가 이에 나아가 바느질을 하여드렸다. 유신은 피하고 보지 않았다. 공이 이에 사랑을 하였다. 1년쯤 되자 임신을 하였다." (『화랑세기』)

이 유명한 이야기는 『삼국사기』와 『삼국유사』에도 실려 있다. 이 사건을 계기로 김춘추는 문희와 결혼하여 김유신과는 처남매부 간이 된다. 두 사람의 만남은 신라와 삼국의 역사를 바꾼 만남으로 기억되고 있다.

그런데 『화랑세기』는 『삼국사기』에 수록되지 않은 이 사건의 몇 가지 배경을 좀더 알려 준다. 이 때 김춘추는 유부남이었다. 그의 부인은 김보종의 딸 보량공주였다. 김보종은 사다함에게 실연의 상처를 주어 죽음으로까지 몰고간 미실궁주의 사생아였다. 재미난 것은 김유신·김보종·김춘추 삼인의 관계다.

김유신의 계략으로 문희가 김춘추의 둘째 부인으로 들어갔으니 김보종과 김유신은 서로 원수가 될 법도 한데, 전혀 그렇지가 않다. 김유신·김보종·김춘추는 각기 15대·16대·18대 풍월주를 역임했는데, 김보종은 역대의 풍월주 중에서도 가장 종교적인 인물이었고 김유신의 평생 동료가 되어 준 사람이다. 두 사람의 관계를 『화랑세기』는 이렇게 표현한다.

"보종공은 유신 공을 엄한 아버지와 같이 두려워하였다. 유신공이 웃으며 '형이 어찌 아우를 두려워합니까?' 라고 하자 공이 말하기를 '공은 바로 천상의 일월이고, 나는 곧 인간의 작은 티끌입니다. 감히 두려워하고 공경하지 않을 수 있겠습니까?' 라고 하였다. 드디어 풍월주의 위를 [유신이 보종에게] 물려주었다. 유신공이 낭도에게 이르기를, '너희가 선도를 배우고자 하면 마땅히 보종형공을 따라야 하고 나라를 지켜 공을 세우려면 마땅히 나를 따라야 할 것이다' 라고 하였다. 미실궁주가 일찍이 유신공에게 말하기를, '나의 아들은 어리석고 약하니 도와주기 바란다' 하니 유신공이 말하기를, '신이 실로 어리석습니다. 형은 비록 약하나 그 도는 큽니다. 걱정하지 마십시오' 하였다."

"[보종은] 역대 선임 화랑들의 모임에서 번번이 아랫자리에 앉아서 오직 '예' '예' 할 뿐이었다. 그러나 우주의 진기를 깊이 살펴서 어류와 새, 식물의 이치에 정통하지 않은 것이 없었다. 유신공이 병이 나자 공이 문득 몸소 치료하여 '우리 공은 국가의 보배니 나의 의술을 숨길 수 없다' 고 하였다. 이로써 그가 편작의 학[의술]도 갖추었음을 모두 알게 되었다."

"나라에 큰일이 있으면 유신공이 칠성회를 열어 반드시 공[보종]에게 물었다. 공은 '나는 물고기와 새의 벗으로 국사를 어찌 알겠습니까? 오직 여러 공을 따를 뿐입니다' 하였다. 그러나 유신공은 공의 한 마디를 중히 여겨 묻지 않는 적이 없었으니 공의 덕 또한 크다."

세상 사람들 눈에는 보종이 나약하고 줏대없는 사람으로 비칠지 몰라도 김유신의 말마따나 보종은 어리석고 나약한 사람이 아니었다. 그의 태도는 무언가 세상이 바뀜을 감지하고 조용히 자기 자리를 지키며 은둔하는 구귀족의 전형적인 형태를 보여준다.

보통의 경우에 본부인이 있는 사람에게 계략을 써서 누이동생을 두 번째 부인으로 밀어넣고, 그 결혼이 정략적 의미까지 다분하다면 본부인의 사돈가와는 원수가 될 게 뻔하다. 그럼에도 김유신이 김춘추와 문희와의 결혼을 추진할 수 있었던 것은 자신과 보종의 관계와 보종의 처세술이 바탕이 되었기 때문이라고 할 수 있다.

이 결혼의 정치적 의미도 김유신과 김춘추의 결합으로 볼 게 아니라 세 사람의 삼각구도로 이해해야 한다. 당시 진골 내부에는 진골정통과 대원신통, 가야왕족인 가야파의 세 세력이 있었다. 김춘추·김보종·김유신은 각기 이 세 세력의 대표였다. 결국 진골정통 세력의 대표이며 다음 왕위의 계승자로 거론되고 있는 김춘추를 축으로 해서 세 사람이 결혼으로 뭉쳤다.

그러면서도 김보종은 스스로 대원신통계를 가라앉히며 진골정통파와 가야파에게 주권을 양도했다. 진흥왕대를 평정하고 진지왕을 밀어낸 세력은 바로 사도태후와 미실궁주가 주도한 대원신통계였다. 그들이 득세할 때 화랑도 내에서도 진골정통파와 가야파는 숨을 죽였다. 그런데 막강하던 대원신통계도 끝내 화랑도에서 먼저 침몰하고 있었다.

김보종 개인으로 혹은 대원신통계열에서 보면 이 동맹은 불만스러울 수 있다. 그러나 김보종은 현재의 형세로 보나 역사적 추세와 국가적 대의로 보나 자신과 대원신통계가 어떻게 처신해야 하는가를 자각하고 있었다. 김유신의 지적처럼 그는 큰 도를 아는 사람이었던 것이다. 김유신이 김춘추가와 결혼동맹을 추진할 수 있었던 것도 김보종이 이 동맹의 대국적 의미를 알고 이해해 줄 사람이라고 믿었기 때문이라고 할 수 있다.

하여간 이 결혼으로 화랑도라는 집단은 신라의 중추를 이루는 세 세력의 결합을 달성해 냈다. 한 사람은 왕이 될 것이고, 한 사람은 군을 장악할 것이고, 한 사람은 정치적 야심을 완전히 접고 충실한 후원자로서 불만세력을 다독거리고, 이선과 그늘에서 지원하는 역할을 완벽하게 해 낼 것이다. 완전한 삼각동맹이었다. 그리고 이 결합은 화랑도가 다음 정권을 인수할 수 있는 조직으로 완전히 성장했음을 천명하는 것이기도 했다.

김춘추가 문희와의 결혼을 망설이고 있을 때 김유신은 선덕여왕과 김춘추가 마침 남산에 올라간 틈을 타 문희를 태워죽인다며 마당에 장작을 쌓고 불을 질렀다. 참고로 김유신의 집은 남산 자락에 있었다.

선덕여왕이 김유신의 집에서 나는 연기를 보고 사연을 알아보았다가 김춘추와 문희의 간통사건을 알게 되었다. 이 연기는 김춘추가 아니라 선덕을 향해 피워올린 연기 내지는 시위였을 가능성이 높다. 진평왕의 딸이었으며 다음 왕위계승을 놓고 정치적 입지가 불안정하던 선덕은 이 결혼의 의미를 금새 알아채고 적극적인 후원자가 되어 주었다. 김춘추와 문희는 남산 기슭에 있는 포석정에서 정식으로 결혼식을 올렸고, 선덕여왕의 치세에 이 화랑파들은 정치적으로 크게 성장하였다.

이 때 보량공주는 고타소라는 외동딸 하나를 두었는데, 문희가 들어온 후 둘째 아이를 낳다가 죽었다. 문희는 정식 부인이 되었고, 문희에게 꿈을 팔았던 보희도 나중에 김춘추와 결혼하였다. 보량공주가 아들을 두었다면 김춘추의 후계자를 놓고 알력이 생길 가능성이 있었지만 그런 걱정조차 하지 않아도 되게 되었다. 보종의 입장에서 보면 개인적으로 딸의 단명은 안 되었으나 삼각동맹은 갈등의 소지 하나 없이 완벽하게 결합한 셈이었다.

김춘추와 김유신의 활약

배경과 무대는 준비가 되었다. 남은 부분은 본인의 능력이다. 화랑도가 군사적으로 중요한 역할을 한 이유는 조직과 리더의 개방성이었다. 극심한 전쟁이 삼국사회 모두에 개방화와 능력 위주의 풍조를 가져왔지만, 신라에서는 화랑도가 그 창구 역할을 하였다. 이는 진흥왕대부터 화랑도의 장점이었지만, 그 리더의 정치적 위상이 높아지면서 상승작용을 일으켜 더 많은 귀족청년들과 무사들이 그들의 휘하로 몰려들었다.

『삼국사기』를 보면 선덕여왕 때의 전쟁은 꼭 김유신이 도맡아한 듯한 인상을 준다. 그것은 상대적으로 김유신 가계의 사료가 많이 남아 있던 탓도 크지만 기록에 남을 만한 큰 전쟁이면 화랑도가 보유하고 있는 군사력이 꼭 필요했기 때문일 수도 있다. 그만큼 우수한 인재들이 이 곳으로 몰려들었고, 이 곳에서 정가의 엘리트들과 주종관계를 맺었다.

그래도 선덕여왕 전기에는 구세력의 대표격이며 맨 손으로 호랑이 꼬리를 잡아 패대기쳐 죽였다는 맹장 알천이 대장군을 맡았다. 선덕여왕이 옥문지에 개구리가 모여든 것을 보고 옥문곡에 백제군이 매복한 줄 알아냈다는 전설이 있는 옥문곡 전투와 선덕여왕 7년 고구려군에게 떨어진 칠중성(경기도 파주군 적성)을 탈환하고 고구려병 수천 명을 살해한 칠중성 전투는 다 알천이 일구어 낸 것이다.

그런데 선덕여왕 11년에 백제가 크게 군사를 일으켜 신라의 40개 성을 빼앗고 합천의 대야성을 함락시켰다. 이 때 성주이던 김춘추의 사위와 보량공주가 남긴 유일한 혈육 고타소가 함께 살해당했다. 김춘추는 이 소식을 듣고 하루 종일 마루에 서서 꼼짝하지 않았다고 하는데, 『화랑세기』를 보면 그럴 만한 사연이 있었다. 김춘추가 문희와 바람을 피우고 두 번째 부인으로 들이기는 했지만, 본부인 보량공주에 대한 애정은 대단히 깊었고 딸 고타소도 무척이나 사랑했다고 한다. 차마 입에 담을 수 없는 근친상간과 정략결혼이 판을 치던 시대에 문희와의 관계를 비밀로 하고 고민했던 것도 부인과 딸에 대한 사랑 때문이었다고 한다. 그런 딸이 비명에 간 것이다.

『삼국사기』에는 이 일로 김춘추가 분노하여 이 때부터 백제를 멸망시키기 위해 동분서주하는 것으로 되어 있다. 하지만 이후의 사태를 김춘추 개인의 분노만으로 설명할 수 없다.

선덕여왕 11년의 사태는 신라에게 두 가지 사실을 깨우쳐 주었다. 고구려와 백제의 대공세가 시작되었고, 기존의 군사체제와 병력동원체제로는 신라가 더 이상 버틸 수 없다는 사실이었다. 다시 말하면 알천으로 대표되는 구세력이 주도하는 군사력이 힘의 한계에 도달한 것이다.

그렇다면 대응방식도 두 가지밖에 없다. 고구려와 백제의 동맹을 분리시켜야 하고, 더 강하고 많은 병력을 끌어내는 방식으로 군체제를 바꿔야 한다. 바로 이 부분을 김춘추와 김유신이 나누어 담당하였다.

대야성이 함락된 지 3개월 후, 신라에 또다시 구원의 복음이 들려왔다. 연개소문이 정변을 일으켜 고구려가 내전의 위기에 휩싸인 것이다. 기회를 놓치지 않고 김춘추는 고구려로 들어갔다. 명목은 백제에게 복수하기 위해 고구려에게 군사를 빌리기 위해서라는 것이었지만, 속마음은 정권안정을 급선무로 했을 연개소문 정권이 일단 신라와 휴전하거나 동맹을 맺어 주기 바랐을 것이다. 그 반대급부로서 신라는 연개소문 정권을 지지 내지는 지원하겠다―혹은 그 반대로 연개소문 반대파와 맺어지기를 바랐을 수도 있다―, 뭐 이런 구상이었을 것이다.

그러나 연개소문은 스케일이 달라서 신라의 기대와는 반대로 대대적인 신라침공을 계획하고 있었다. 흔히 잘못 알려진 것처럼 그는 대당외교에 대한 강경론자가 아니었다. 연개소문은 집권 후 당과의 평화를 추구하는 대신 남방을 적극적으로 공략했다. 당시 그는 실질적인 최고 권력자였지만, 고구려의 상층 귀족 절반을 적으로 삼고 있는 인물이었다. 이런 형태의 권력자는 자신 또는 자식이나 손자대에 왕위까지 차지하는 경우가 많다. 연개소문의 야심이 어디까지였는지는 알 수 없으나 그에게는 자신의 권력을 받쳐 주고, 추종자들에게 분배해 줄 영지와 백성이 필요했다.

다음 해부터 그는 친히 남쪽으로 내려와 전보다 더욱 강력하게 신라침공을 지휘했다. 아예 백제와 연합작전을 펴서 당항성을 함락하고, 신라가 당으로 가는 길 자체를 봉쇄하려고 했다. 나중에 그의 동생이라는 연정토가 남부의 12성을 들고 신라로 투항한 것을 보면 남부의 점령지가 연개소문 일가나 부하에게 지급된 것이 분명하다. 신라침공을 중단하라는 당의 권고에 연개소문이 당의 사신을 토굴에 감금할 정도로 과민반응을 보인 것도 이 때문이었다.

　상황이 이러했기 때문에 아무리 달변인 김춘추라도 연개소문을 설득할 수는 없었다. 오히려 연개소문의 입장에서 보면 김춘추의 활동을 방치해 두면 보장왕이나 반연개소문파와 결합하거나 괜히 고구려에 그럴 듯한 미끼를 던져주어 대신라정책을 두고 고구려 지배층을 이간질할 우려만 있었다. 연개소문은 김춘추를 감금했다. 최악의 경우 김춘추는 살해당할 위기까지 몰렸다.

　그러나 김춘추는 선도해(先道解)라는 관리의 계교와 도움으로 무사히 빠져나온다. 기록에는 선도해가 김춘추를 찾아와 '토끼의 간' 이야기를 들려주며 거짓 약속을 하고 빠져나가라는 암시를 준 것으로 되어 있지만, 설마 김춘추가 그 정도 생각도 못했겠는가? 중요한 것은 김춘추가 그런 약속을 했을 때, 과연 고구려 조정에서 그 약속을 믿어 주고 그를 석방하겠느냐는 것이었다. 선도해가 '토끼의 간' 이야기를 한 진짜 의도는 '이런 방법을 써라'가 아니라 '지금 이 방법을 쓰면 된다'였을 것이다. 당연히 선도해는 연개소문의 정적인 보장왕의 측근이었다.

　고구려와 백제의 분리에 실패한 신라는 다음 해부터 아예 당에게 구원병을 요청할 정도로 적극적으로 대당외교에 매달린다. 그리고 2년 후에 당 태종의 고구려 침공이 시작된다. 당이 신라를 돕기 위해 고구려 원정을 감행한 것은 아니다. 그러나 신라에서 제공한 정보가 상당한 영향력을 끼쳤을 가능성은 높다.

　하여간에 이후로 김춘추는 대당외교에 적극 노력하여 당의 대한반도 정책을 바꾸는 데 성공한다. 이 부분은 조금 후에 살펴보겠다.

　김춘추가 고구려로 떠날 때에 김유신은 지금의 경산지방인 압량주 군주가 되었다. 압량주는 옛날의 압독국으로 한때 신라의 전신인 사로국과 패권을 다투던 중요한 지역이다. 이미 옛날 금관가야의 땅과 백성

경북 경산의 압량국 토성.

을 차지하고 있던 김유신에게 이 지역을 맡겼다는 것은 그가 신라 최대
의 군벌이 되었음을 의미한다.

　김춘추와 김유신의 성장에 불안을 느낀 쪽은 상대등 비담을 중심으
로 하는 정계의 또 다른 반쪽이었다. 그들의 실체는 분명하지 않지만 이
시기에 상대등이 되었다면 왕족의 일부이거나 최소한 혼인관계에 있
던 인물임에 틀림없다. 선덕여왕 16년에 여왕이 위독해지자 그들은 반
란을 일으켰다. 이 때쯤이면 선덕여왕의 후계 문제가 가시화되었을 터
고, 그것이 맘에 들지 않았기 때문일 것이다.

　반군은 궁으로 쳐들어왔으나 점령은 못하고 명활산성에 진을 쳤다.
이 때 여왕편에서 군사를 지휘한 사람이 김유신이었다. 구세력의 상당
수가 비담측에 붙었는지 선덕여왕측은 병력이 부족해서 반월성만 지
킬 뿐 격퇴할 엄두도 내지 못했다. 이렇게 10일이 지났는데, 낭도들이 대
거 김유신측에 가담함으로써 전세는 역전되었다.

　이 때의 풍월주는 진흥왕의 후예인 천광이었다. 그는 미실궁주의 피

경주 명활산성 성벽.

를 이은 대원신통계였지만 보광 · 김유신 노선을 추종하는 화합파였다. 노선이 좀 달랐다고 하여도 화랑도에 몸담고 있는 인물이었다면 이 순간이 지니는 의미를 몰랐을 리가 없다.

　그들은 선봉이 되어 명활산으로 돌격, 비담군을 깨뜨렸다. 그리고 비담의 9족을 멸했다고 하는데, 정말 9족을 멸했으면 성골이고 진골이고 살아날 사람이 없었을 것이다. 이 말은 구세력에 대한 대규모 숙청을 행했다는 정도로 새겨 들으면 된다.

　선덕여왕은 이 내전중에 사망하고, 그녀의 뒤를 이어 진평왕의 친동생인 국반(國飯)의 딸 진덕여왕이 즉위했다. 후대인의 관념으로 보면 이 계승은 별 문제가 없는 것 같지만, 그간의 왕위계승 과정에서 보면 이 즉위는 매우 이상한 사건이다. 진덕여왕의 모친은 박씨로, 성골도 진골도 대원신통도 아니기 때문이다.

　진덕여왕의 즉위는 일종의 인심수습용이었다. 비담의 반란은 김춘추 세력에 대한 반발도 포함하고 있는 것이었다. 김춘추는 정치적 결단을 내려 진골이나 화랑도의 주류와는 관계가 희박한 진덕여왕을 세우고, 알천을 상대등으로 추대했다. 하지만 정가의 주도권은 완전히 김춘추와 김유신에게로 넘어왔다.

정계를 장악했으면, 이젠 능력을 보여야 한다. 648년 김유신은 새로 얻은 압량주 병사를 보강하여 군대를 끌고 합천으로 나가 대야성을 탈환함으로써 섬진강 방어선에 뚫린 구멍을 막았다. 덤으로 포로로 잡은 8명의 장군을 김춘추의 사위와 딸의 유해와 교환했다.

여기서 끝나지 않고 그는 백제 국경 안으로 진격하여 21개 성을 획득하고 약 3만의 백제군을 살해했다. 아마 이 소식에 신라는 열광했을 것이다. 지난 수십 년 동안 신라가 공세로 나가 본 적이 없었기 때문이다. 이 전공으로 김유신은 자신에게 군사력을 집중시켜 준 선택이 옳았음을 증명해 보였다. 그는 이찬으로 승진했고, 상주행군도총관이란 직함

당을 방문한 신라 사신도(왼쪽에서 5번째 뾰족한 깃이 꽂힌 모자를 쓰고 있는 인물). 태종의 아들 장회태자묘에서 발견된 벽화로 삼국항쟁기 혹은 삼국통일 직후에 당을 방문한 사신의 모습이다. 태종을 방문한 김춘추 일행의 모습도 이와 같았을 것이다.

을 얻었다.

군사적인 면에서 의미 있는 성공이었으나, 여전히 신라의 힘으로 판세를 뒤엎기는 역부족이었다. 그 승리는 백제와 고구려의 위협을 완전히 제거할 정도는 되지 못했다. 신라에겐 아직 고구려와 백제의 동맹을 분리시켜야 한다는 절대과제가 남아 있었다.

김유신이 대야성을 지나 백제 국경으로 진입하는 동안 김춘추는 그 절대과제를 위해 서해를 건너고 있었다. 그의 가슴 속에는 신라의 운명을 바꿀 야심찬 계획이 서 있었다. 이 계획을 위하여 같이 갈 사람도 신경써서 선발했다. 진골 중에서는 문장에 뛰어나고 요즘식으로 말하면 세계화를 지향하고 선진적인 의식구조를 지니고 있었던 예원을 뽑고, 셋째 아들 문왕과 양도까지 동행했다. 외교란 이렇게 점잖은 측면만 있는 게 아니므로 뇌물도 상당히 준비했는데, 미녀 세 사람을 뽑아 종실 여인으로 위장시키기까지 했다.

2. 660년 여름

밀약

사학과 학생이면 알 만한 유명한 일본의 어느 역사전집에 수나라가 고구려를 침공한 원인에 대해 "수의 침략적 의도 외에 수를 부추긴 백제라는 요소도 고려해서 생각해야 할 것이다"라는 구절이 있다. '부추겼다'는 말은 정말 애매한 표현이다. 백제가 부추기지 않았으면 수가 침략을 하지 않았다는 뜻일까? 도대체 무슨 말을 하고 싶어서 이런 내용을 집어넣었을까? 남을 탓할 게 못 된다. 우리의 역사책에서도 "당, 신라의 요청으로 고구려 공격", "당나라가 신라의 요청을 받아 백제공격을 결정" 운운 하는 내용을 쉽게 찾아볼 수 있기 때문이다.

사실이라고 다 진실이 되는 것은 아니다. 만약 몇 년 전에 있었던 걸프전에 대해 "이라크의 침공을 받은 쿠웨이트가 미국에 원병을 청했고 미국이 그 요청에 응한 것이 걸프전이 발발한 원인이다"라고 서술한다면 보는 사람마다 웃지 않겠는가? 쿠웨이트 정부가 미국에 도움을 청한 사실이 있다고 해도, 그것은 하나의 사실일 뿐 걸프전의 원인이 될 수는 없다.

수와 당의 고구려 침공과 백제와 신라의 태도도 쿠웨이트와 미국과의 관계와 다름이 없다. 그들은 제각기 자신이 처한 현실에서 해결책을 모색했고, 어느 한 지점에서 서로의 이해관계가 만났을 뿐이다.

648년 당과 신라가 만난 접점은 당의 백제침공이었다. 백제는 당이 침공하리라는 생각은 전혀 못했던 듯하다. 중국과 고구려는 요동지방을 놓고 서로 양보할 수 없는 이

중국 남조 양나라를 방문한 백제 사신의 모습.

해관계가 얽혀 있지만, 당이 백제를 침공할 이유는 없었다. 사실 남북조시대로부터 중국과의 외교관계가 제일 활발하고 무난했던 나라가 백제였고, 이 때까지도 전혀 문제를 일으키지 않고 있었다. 당 태종의 고구려 원정 때 백제는 태종에게 금으로 만든 갑옷을 만들어 바쳤고 병사들도 백제가 보낸 명광개를 입고 출전했다.

물론 신라가 당나라에 백제가 자신을 괴롭힌다고 호소를 하고, 당에서 전쟁을 중단하라고 권유한 적도 있지만, 그것은 아무래도 위협성 발언에 불과했다.

당이 갑작스럽게 백제를 배신한 이유에 대해서는 몇 가지로 추정해 볼 수 있다. 김춘추가 당을 방문했을 당시 당 태종은 다시 한 번의 대규모 원정을 준비하고 있었다. 당은 그간의 전쟁을 통해 가장 효과적인 작전은 평양직공 작전임을 깨닫고 있었다. 그러나 이 작전의 걸림돌은 언제나 식량이었다. 만약 백제나 신라가 고구려의 남쪽 국경을 돌파해 식량을 운반해 준다면 어떨까? 그 정도까지는 아니어도 고구려군의 병력을 분산시키고, 대동강 하구로 진입하는 당의 수군을 엄호해 줄 정도의 역할은 할 수 있지 않을까?

그런데 여기에 또 걸림돌이 있다. 현재처럼 백제와 신라가 생사의 결전을 벌이는 상황에서는 어느 쪽이든 고구려 침공에 대병력을 투입할 여유가 없다. 천상 두 나라를 하나로 합쳐서 강국을 만들어 주어야 한다.

그러면 백제와 신라 중 어느 쪽을 파트너로 택할 것인가? 신라가 주체적으로 성공한 부분이 있다면 바로 이 부분, 당이 백제를 버리고 신라를 파트너로 택하게 한 부분이라고 할 수 있다.

김춘추는 백제와 고구려는 조상이 같다는 사실부터 들먹였을지 모른다. 물론 이 사실은 중국도 오래 전부터 알고 있었다. 그런데 그 전에 당이 백제를 불신할 만한 사건이 긴 있었다. 수의 침공 때 백제가 약속을 어기고 고구려를 침공하지 않았던 것이다.『수서』백제전에는 백제가 고구려와 내통하여 양 다리를 걸쳤다고 기술하고 있다.『수서』를 편찬한 사람은 바로 위징·장손무기 등 태종의 최측근이다.

더욱 결정적인 사건은 태종의 고구려 원정 때 발생했다. 신라는 당의 요청을 받아 남쪽에서 고구려를 공격했다. 신라군이 워낙 약해 별 전과는 없었지만, 백제는 이 틈에 신라를 공격해 전해에 김유신이 탈취해 간 7개 성을 되찾았다. 그뿐인가, 당장 지금 백제는 고구려와 동맹을 맺고 신라를 치고 있다. 그 이면에는 고구려가 당의 침공을 받을 때 백제는 고구려를 공격하지 않고, 신라를 쳐서 신라의 고구려 공격을 제지한다는 약속이 있을 게 틀림없다.

고구려의 신라에 대한 공세도 당이 우려하는 사태였다. 당은 지금 고구려를 장기적으로 괴롭히고 피곤하게 만드는 작전을 쓰고 있다. 그런데 고구려가 신라를 정복하게 되면 그 동안 당군이 요동에서 집적거려 놓은 피해를 상쇄하고도 남을 땅과 인구를 얻을 것이며, 연개소문 일가는 엄청난 점령지를 차지함으로써 지금까지의 내분 상태를 일소해 버릴 힘을 획득할 가능성도 있다.

마지막으로 상식적인 이유가 하나 있다. 동이족으로 동이족을 제압하는 데 강한 나라를 도와 그들을 더 강하게 만드는 건 바보짓이다. 약한 나라를 도와 강한 나라를 멸망시키고, 나중에 그들마저 제압하는 게 어느 모로 보나 순리가 아니겠는가?

당 태종은 신라를 밀어 주기로 결심했다. 그는 김춘추를 환대하고, 밤에 따로 불러 밀담을 나누었다. 김춘추가 신라로 돌아갈 때 태종은 3품 이상의 관원을 모두 소집해 성대한 환송연을 베풀어 주었다. 김춘추는 넘치는 희망을 안고 귀국길에 올랐다. 648년 외교와 군사 부분의 성공으로 두 김씨는 신라와 자신들의 운명을 바꾸는 데 성공하였다.

그러나 태종과 김춘추의 약속은 불발로 끝났다. 당이 신라와 합세하여 백제를 치겠다는 밀약은 태종과 김춘추가 밤에 조용히 만난 자리에서 오고 간 이야기였다. 태종은 그 약속을 지키려 했던 것 같으나 다음 해에 고구려와 백제에 대한 대규모 원정을 준비하다가 그만 사망해 버렸다. 사망할 때 그는 고구려 원정을 중지하라는 유언을 남겼다. 당연히 백제원정도 중지였다.

당은 요동지방에 대한 작은 공세는 계속했으나 백제침공은 전혀 고려하지 않는 듯했다. 신라는 전전긍긍하는 가운데 654년 진덕여왕이 재위 8년 만에 사망하고 김춘추가 즉위하였다. 그가 태종무열왕이다.

왕이 되기 전에 이루어 놓은 몇 가지 성과가 무색하게 무열왕의 즉위 후 사태는 더 악화되었다. 당의 백제침공은 기약할 수 없었고, 재위 2년에 고구려 · 백제 · 말갈이 함께 신라를 공격하여 33개 성을 빼앗아 나누어 가졌다. 이 공세는 다음 달에 행해진 당의 고구려 침공으로 인해 더 이상 진전되지는 않았던 듯하다. 재위 5년에는 그 동안 철통같이 지켜 오던 강릉이 위협을 받자 삼척을 이선 방어기지로 삼아야 했다. 아직 큰 손실은 입지 않았으나 신라의 국경선이 허물어지는 조짐이 나타나고 있었다.

무열왕의 공약은 지켜지지 않고, 위기는 증폭되고 있었다. 난국을 타개할 수 있는 방법은 죽은 태종의 약속뿐이었다. 다시 한 번 당에 사신을 보냈으나 응답이 없었다. 재위 6년에 무열왕은 주위 사람들이 다 알 정도로 심한 걱정과 근심에 휩싸였다.

백제 침공

백제 역사상 신라에 대해 가장 맹공을 퍼부은 사람은 의자왕이다. 그는 즉위하자마자 공격군을 진두지휘해서 신라의 성 40개를 빼앗았다. 김춘추에게 비통함을 안겨준 대야성 함락도 이 공세 때 있었던 사건이다. 그 뒤로도 의자왕은 신라공격을 계속해서 선덕여왕, 진덕여왕, 무열왕을 고민에 휩싸이게 만들었다. 『삼국사기』는 그의 성격을 "용감하고 담력과 결단력이 있었다"고 기록했다.

용기와 담력과 결단력은 훌륭한 미덕이다. 그러나 어딘가 마음에 걸리는 게 있다. 우리는 국호를 '남부여'로 바꿀 만큼 결단성이 있었던 성왕의 실패를 기억하고 있다. 의자왕은 국호까지 바꾸지 않았지만 657년에 대신급인 좌평직을 모조리 자신의 아들 41명으로 채우고 그들에게 식읍을 지급하는, 성왕 못지않은 결단력을 보여주었다. 신라와의 전쟁도 때로 큰 패배를 당하고, 승기를 잡았다가 당의 위협으로 철군하는 아쉬움을 되풀이하면서도 굴하지 않고 다시 쳐들어가곤 했다.

사람이 지나치게 강경하게 나올 때는 그 내부에 무언가 약점이 있는 경우가 많다. 건국 이래 백제를 괴롭혀 온 만성질환은 이주집단인 부여씨 왕족과 토착귀족 간의 갈등이었다. 백제에는 결단력 있는 왕도 많지만 암살당한 왕이 더 많으며, 몇 대 걸러 암살과 숙청, 극단적인 파워플레이가 반복되곤 하였다. 의자왕대까지도 이 상황은 조금도 변하지 않았다.

여기서 참고로 성왕이 전사한 때로부터 의자왕 대까지의 백제 정치사를 살펴보자. 성왕이 살해되자 태자 여명이 즉위했다. 그가 위덕왕이다. 그는 용기와 재능을 갖춘 왕이었지만 관산성 전투의 참패 때문에 즉위 후에 상당한 곤경에 빠졌고, 귀족들에게 많은 양보를 해야 했다. 부여씨의 자부심이 가득 담긴 남부여라는 국호도 백제로 되돌렸다.

위덕왕을 이은 혜왕과 법왕은 재위기간도 짧고, 법왕은 암살당했다는 의심을 받고 있다. 정국이 다시 혼미상태에 빠졌을 때 갑자기 나타난 인물이 무왕이다.

무왕은 그 유명한 「서동요」의 주인공이다. 법왕의 아들이라고 하지만 적자는 아니었던 게 분명하다. 어린 시절에는 궁에서 자라지 못하고 시골에서 모친과 함께 살면서 마를 캐서 생계를 이을 정도로 곤궁한 생활을 해야 했다. 서동요의 전설에 의하면 그는 거지 복장을 하고 신라의 수도 서라벌에 가서 환각제인 대마초를 소년에게 나누어 주고, 소년들을 통해 진평왕의 딸 선화공주가 자신과 사통했다는 노래를 퍼뜨려 선화공주와 결혼했다고 한다. 그 때 퍼뜨린 노래가 향가 「서동요」다.

하지만 이건 전설이고, 선화공주와는 그가 왕위에 오른 후에 결혼했다는 설도 있다. 어떻든 그가 원수 신라의 공주와 결혼한 것은 신라왕실의 힘을 빌릴 만큼 자신의 처지가 열악했다는 말이 된다. 이렇게 결혼한 그는 사비를 버리고 왕실의 근거지를 익산으로 잡았다. 지금 익산

익산 미륵사 9층탑. 미륵사는 3개의 금당과 3개의 대형탑을 가진 큰 사찰이었다. 가운데 탑은 목탑이고 양쪽의 탑은 석탑이다. 현재 남아 있는 탑은 서탑이다.

에 남아 있는 거대한 미륵사지는 그가 세운 것이다. 그는 왜 사비가 아닌 익산에 신라의 황룡사보다 더 큰 절을 세웠을까? 덕분에 무왕이 백제의 수도를 익산으로 옮겼다는 설도 유력하게 제기되고 있다.

자세한 사정은 알 수 없으나 이런 정황들은 백제의 정국이 계속 심상치 않게 돌아갔다는 사실을 암시해 준다. 의자왕은 바로 이 무왕의 맏아들이다(모친이 선화공주인지는 분명치 않다. 『삼국사기』에는 그의 모친에 대한 기록이 없다).

의자왕대의 백제는 겉으로는 강하고 화려했으나 속으로는 그간의 정치적 알력과 혼란이 미처 수습되지 않은 상태였고, 657년에 의자왕이 행한 대숙청의 몸살을 앓고 있었다. 유가적 도덕관으로 역사를 보았던 『삼국사기』는 이 때 의자왕이 음란·사치하고 간언을 듣기 싫어해서 충신인 좌평 성충과 홍수를 유배시켰다고 적었으나, 이들의 숙청은 의자왕이 행한 좌평직의 대대적인 개편과 관련이 있는 게 분명하다.

『삼국사기』는 또한 가부장적이어서 이 시대 여성들의 권력 행사는 애써 무시하는 경향이 있다. 『일본서기』에 보면, 이 때 의자왕의 대부인인 요녀가 무도하여 국권을 마음대로 빼앗아 현량을 주살하여 화를 불렀다는 기록이 있다. 이 기사는 일본에서 기록한 것이 아니고 어떤 고구려인의 사서를 인용한 것이다. 이 요녀라는 의자왕의 왕비가 누구며, 이 배후에 또 무슨 사정이 있는지는 전혀 알 수 없다. 그러나 백제 왕실과 조정이 상당한 내분에, 그것도 질기게 지속되어 온 권력투쟁으로 여전히 고통받고 있었던 것은 분명하다.

의자왕이 좌평직 물갈이를 단행한 지 3년 만인 660년, 신라 무열왕 7년에 당은 전격적으로 백제 파병을 결정한다. 근 반년 동안 고민과 근심으로 날을 지새던 무열왕에게 낭보가 날아든 것은 이 해 3월이었다. 그리고 5월 말 내지는 6월 초에 소정방이 이끄는 당군 13만 명이 내주(萊州: 산동성 액현)를 출발했다. 신라도 여기에 맞추어 경주와 한산주의 군대 5만을 동원했다. 서해를 건너온 소정방과 태자 법민(나중의 문무왕)이 덕적도에서 만난 때가 6월 21일이었다.

소정방(蘇定方) : 우리에겐 소정방이란 이름으로 귀에 익었지만 본명은 소열(蘇烈)이고, 정방은 자(字)다. 지금의 하북지방인 기주(冀州) 무읍(武邑) 출신이다. 수나라 말기에 전국이 혼란하자 부친이 군대를 일으켜 읍을 지켰다. 소정방은 이 때 15세 소년이었는데, 부친을 따라 참전했고, 부친이 일찍 사망하자 소년장군으로 지휘권을 인수받아 고을을 지켰다.

당에서는 이정(李靖)의 휘하로 들어가 돌궐 정복전에 참전, 선봉으로 활약했다. 돌궐 원정중에 큰 눈이 내려 땅에 60cm 이상 쌓였다. 장수들이 행군을 정지하자고 건의했으나 소정방은 듣지 않고 맹렬하게 병사를 몰아 진군했다. 밤낮을 가리지 않고 행군한 그의 부대는 마침내 목적지에 도착, 방심하고 있던 돌궐 진영을 급습, 대승을 거두었다. 이 일화는 그가 뚝심과 실천력이 있는 지휘관임을 알려준다.

백제에 원정할 때는 벌써 69세의 노년이었다. 다음 해에는 고구려 원정에 참여하여 평양을 포위했다가 철수했고, 이어 토번과 토욕혼 정벌에 종군했다가 667년 76세를 일기로 사망했다.

『삼국사기』 백제전에 의하면 백제는 6월경에 당군의 침공을 알고 매우 당황했다. 대책회의를 열었지만 결단력 있다는 의자왕도 결정을 내리지 못하고 우왕좌왕했다. 논점은, 당군을 저지하고 신라군을 먼저 칠 것인가 아니면 신라군을 막고 당군을 먼저 칠 것인가, 신라와 당군이 들어오는 길목인 탄현과 백강(금강) 입구를 봉쇄하고 지구전을 펼 것인가 아니면 좁은 탄현과 백강으로 들어오게 하여 요격할 것이냐였다. 의자왕이 나중에 성충과 흥수의 말을 듣지 않았다고 후회했는데, 그들의 계책은 탄현과 백강 입구를 봉쇄하고 최대한 지구전을 펴는 것이었다. 원정군의 약점은 언제나 보급이기 때문이다.

그러나 현임 좌평들은 이 계획에 반대했다. 성충과 흥수는 다 유배되어 임금과 나라를 원망하는 사람들이니 그들의 계책을 믿을 수 없다는 것이었다. 이 장면에 대해 고려와 조선시대 역사가들은 "의자왕이 충신(성충·흥수)의 말을 듣지 않았기 때문에 망했다"고 설명했다. 그러나 한 번만 더 생각해 보자. 간신으로 분류된 사람들도 이 전쟁에서 패하면 망하기는 마찬가지다. 그러니 그들이 일부러 상책을 버리고 하책을 택했을 리는 없다.

이 상황에서 간신·충신을 나누는 것은 아무 소용이 없다. 『삼국사기』의 교훈 속에 숨어 있는 메시지는 '어떤 경우이든 충신의 판단이 언제나 옳다'이다. 이런 중세적 교훈은 제발 잊고, 근대적 지성으로 사태를 분석해 보자.

이 전쟁의 오랜 의문점의 하나는 방어에 임한 백제군의 병력이 너무 적었다는 것이다. 탄현을 넘은 신라군을 저지하러 나간 계백의 5천 결사대는 사비에서 출발한 병력이었다. 탄현은 지금의 충남 대덕에 있는 마도령(馬道嶺)으로 알려져 있다. 그러면 마도령에서 사비성 사이에 백제 주둔군이 하나도 없었다는 말일까? 삼국시대의 가장 확실한 상비군은 귀족들이 거느린 사병이었다. 의자왕은 왜 가까운 지역이나 성의 군대를 탄현 방어에 투입하지 않았을까? 탄현을 봉쇄하든 탄현에서 요격하든 근처에 군대는 미리 미리 출동시켰어야 할 것이 아닌가?

이 작전회의의 진짜 논점은 지구전으로 가면서 여러 귀족의 협력을 얻어 대군을 편성하여 적을 격퇴할 것인가, 아니면 의자왕과 현임 좌평 세력이 이끄는 국왕군을 주축으로 전쟁을 수행할 것인가였다. 그들이 성충·흥수의 방안에 다른 속셈이 있다고 의심한 이유는, 그 안에 옛 좌평그룹의 협조를 얻고 그들에게 권력을 돌려주라는 뜻이 포함되어 있었기 때문이다. 의자왕의 실수는 충신을 알아보지 못한 데 있는 것이 아니라, 근시안적인 태도에 있다. 국가의 총력을 다 쏟아부어도 부족할 판에 그들은 자신들의 기득권에 너무 집착했던 것이다. 모든 것을 지키려다가는 모든 것을 잃는다.

나당 연합군의 백제 공격.

　백제가 전쟁 수행방식을 놓고 우물거리는 사이 신라군은 탄현을 넘어 버렸다. 백제는 약한 신라군을 소수의 병력으로 저지하고, 강을 타고 들어오는 당군을 총력을 기울여 요격하기로 했다. 당군을 격퇴하면 신라군은 저절로 물러갈 것이기 때문이다.

　그러나 이 때 백제에게 부족한 것은 시간이었다. 그들은 일본에 구원병을 요청했는데, 그들이 오는 시간과 지방에서 구원군이 올라올 시간이 부족했다. 의자왕은 탄현으로 출동하는 계백에게 최대한 적의 진격속도를 늦추라는 특명을 내렸다.

　신라군은 부여의 남동쪽에서, 당군은 장항으로 상륙하여 부여의 남서쪽에서 진군하고 있었다. 두 군대는 부여 남쪽에서 합류하기로 되어

황산벌 전경. 논산과 대전 사이인 연산에 있다.

있었다. 7월 9일 신라군은 그들을 저지하는 계백의 군대를 만났다. 흔히 계백의 5천 결사대라고 하지만, 이 부대에는 좌평 충상·충영을 위시하여 고관도 제법 있었다. 충상·충영은 지위가 좌평인 것으로 보아 의자왕의 아들일 수도 있다. 이 때 계백의 지위는 제2품 달솔이었다. 좌평을 제치고 그가 지휘를 맡은 걸 보면 전통 귀족이나 왕자가 아니라 의자왕과 특별한 사연이 있는 심복 중의 심복이었을 가능성이 높고, 이 부대는 충상 이하 고관들이 평소에 거느리는 사병과 용사를 총동원하여 구성한 군대였을 것이다.

황산벌은 지금의 논산과 대전 사이인 연산에 있다. 먼저 황산벌에 도착한 계백의 군대는 험준한 곳을 골라 진형을 갖추고 신라군을 기다렸다. 이 기술로 보아 황산벌 전투라고 하지만 벌판에서 싸운 것은 아니다. 상식적으로도 백제군이 벌판에서 신라군을 맞았을 리는 없다. 『일본서기』에는 노수리산(怒受利山)이라고 했는데, 노수리산을 유성에 있는 산으로 비정하는 견해도 있다.

앞서 험준한 곳이라고는 지적했지만 성곽이 있는 것도 아니고 요동의 산지나 신라를 지켜 준 소백산맥의 험지 같은 곳을 기대할 수는 없다. 백제군은 3개의 야전진지를 설치하고 신라군을 기다렸다. 아무리 용감하게 싸워도 계백군이 오래 버틸 수는 없는 상황이었다. 그러나 계백과 그의 부대는 최후의 한 사람까지 싸워 1분이라도 번다는 각오로 전투에 임했던 것 같다. 단 하루의 전투였지만 그들의 분전은 의미가 있었다. 사실 신라군은 하루가 급했던 것이다.

신라군이 당군과 합류하기로 약속한 날이 7월 10일이었다. 신라군이 늦으면 당군은 트집을 잡을 것이다. 하여간 군대가 약속시간을 지키지 못하는 것은 죄가 컸다. 혹 사비성이 당군의 힘만으로 함락된다면 신라는 백제 땅에 대한 권리를 주장할 수 없게 될 것이다. 신라가 가장 우려하는 경우는 당군이 제멋대로 백제의 항복을 받아들이거나 적당히 협상해 버리는 것이었다.

시간에 쫓긴 신라군은 이 날 네 번이나 적진을 향해 돌격했으나 한 개의 진도 빼앗지 못했다. 네 번의 공격이 실패로 돌아가자 체력을 소진한 병사들은 더 이상 움직이려 들지 않았다. 백제군은 고립되어 있다. 그들로서는 좀더 천천히 적을 지치게 하면서 싸우고 싶었을 것이다.

곤경에 처한 신라의 최고 지휘관들은 자신의 아들들을 희생시키기로 결정했다. 김유신의 친동생이며 19대 풍월주를 지내기도 한 김흠순은 함께 종군한 아들 반굴을 불렀다.

김흠순은 아들들을 전부 염장의 딸들과 결혼시켰다. 염장은 용춘과 어머니가 같고 아버지가 다른 형제였는데, 눈치가 빠르고 처세에 능한 전형적인 인물이었다. 그는 대단한 부자로 김춘추와 김유신의 든든한 후원자이기도 했다. 집안 분위기가 이렇다 보니 딸들도 행실이 좋지 않았는데, 흠순은 그것을 알면서도 결혼을 추진했다. 그의 재산 때문이었다. 그러나 셋째 아들 반굴만은 그 결혼을 거절하고 김유신의 딸이며 사촌인 영광(令光)과 결혼했다. 사랑을 찾아간 꿋꿋한 결혼이었는지 또다른 정략결혼이었는지는 모르겠는데, 『화랑세기』의 문맥이 주는 뉘앙스로 봐서는 전자인 듯하다.

김유신의 조카이자 사위이기도 했던 반굴은 적진으로 돌격하여 싸우다가 죽었다. 나중에 그의 아들 김영윤도 고구려 부흥군과의 전투에서 장기전으로 가자는 장수들의 의견을 거부하고 단독으로 나가 싸우다가 전사했다.

화랑의 신화

『삼국사기』 열전에는 '임전무퇴'의 정신으로 혹은 국가와 가문의 명예를 위해 적진으로 돌격하여 싸우다 죽는 용사들 이야기가 많이 나온다. 김유신 자신도 젊었을 때 낭비성 전투에서 돌격을 감행했다. 열전의 기록을 보면 그들은 하나같이 단신으로 돌격해서 싸우다가 죽었고, 그의 죽음을 보고 병사들이 감동하여 돌격함으로써 전투를 승리로 이끄는 것으로 되어 있다. 때로 이런 행동은 정신교육이 철저한 화랑들의 전유물처럼 인식되기도 한다.

그러나 『삼국사기』에 화랑들의 활약이 두드러지게 나오는 것은 상대적으로 그들과 관련된 기록이 많이 남았기 때문이다. 화랑들의 돌격도 단신이 아닐 가능성이 많다. 원래 옛날 전쟁에서는 돌격장의 역할이 중요하다. 『삼국지』를 보면 조운이 참모 서서의 조언을 받아 팔문금쇄의 진을 깨뜨리는 이야기가 나온다. 상당히 신비화되었지만 그 상황의 본질은 용사가 이끄는 돌격대가 적진을 돌파하여 진을 혼란에 빠뜨리거나 진형을 양분시키는 것이다. 병사들의 돌격은 감동 때문이기도 하지만 이 돌격으로 적의 빈틈이나 측면이 드러났기 때문이기도 하다.

열전은 이런 돌격장들의 사례 중에서 특별히 장렬한 이야기만 수록하기 때문에 그들이 일부러 적진에 부딪혀 죽을 때까지 싸운 것처럼 느껴지게 된 것이다. 아마도 이 돌격 역시 중장기병전술과 관련이 있을 것이다. 낭비성에서의 김유신의 활약도 일대의 중장기병대를 이끌고 돌격과 돌파를 감행하여 전진을 허물어 뜨린 것이라고 생각된다.

반굴이 돌격하여 전사했으나 병사들은 여전히 움직이려 하지 않았다. 이번에는 좌장군 품일(品日)이 16세 된 아들 관창을 불렀다.

　관창은 무술에 재능이 있는 소년이었으나 아직은 어렸다. 적진으로 돌격한 그는 적장을 쓰러뜨리거나 대형을 허물지도 못하고 허무하게 사로잡혔다. 계백은 끌려온 소년이 어린 아이인 것을 보고 놀랐다. 그는 관창을 말안장에 묶어 돌려보냈다. 관창의 용기에 감동을 받기도 했겠지만, 신라군의 속셈을 알았기 때문일 것이다.

　관창은 우물물을 한 바가지 떠서 벌컥벌컥 마시더니 다시 백제군 진영으로 돌격했다. 예나 지금이나 틴에이저가 무엇에 몰두해 버리면 말릴 수가 없다. 관창은 번번이 사로잡혔으나 돌려보내면 지체없이 다시 돌격해 왔다. 그러기를 네 번. 계백은 할 수 없이 그를 죽이고, 머리를 말안장에 매달아 신라군 진지로 돌려보냈다.

　관창의 용기와 죽음에 감동을 받고, 그 사이에 약간의 휴식도 취한 신라군은 다시 한 번 돌격을 감행했고, 계백군은 무너졌다. 보통 이런 전투에서 계백 정도의 고관이면 사로잡히기 마련이지만 그는 초전의 신

논산의 계백장군묘.

계백을 모신 충곡서원.

넘대로 끝까지 싸우다가 전사했다. 그러나 계백과 함께 병사들에게 죽음을 각오하고 싸워 나라의 은혜에 보답하자고 외치던 충상·충영 등 나머지 고관 30여 명은 살아서 포로가 되었다.

한편 같은 날 장항 부근의 강어귀에서는 소정방군과 백제군도 맞서고 있었다. 처음 백제군의 작전회의 때 금강 어구를 봉쇄하여 당군의 상륙 자체를 저지해야 한다는 안과, 당은 대군이고 금강은 좁아 아무리 대군이라도 일렬로 들어와야 하므로 강으로 끌어들인 후 강 양쪽에서 요격하자는 안이 맞섰다. 백제는 두 번째 안을 택했는데, 막상 전투가 벌어지자 그것은 탁상공론이었음이 드러났다. 당은 대군이었기 때문에 더더욱이 두 번째 안을 써서는 안 되었던 것이다.

당군은 해안에 상륙하여 육군으로 한쪽 강변을 휩쓸어 버리면서 전진했고, 육군의 엄호를 받으며 수군은 길이 30m 정도의 중형선을 타고 차례로 들어와 당군과 전투중인 백제군의 후미를 쳤다. 이것이 소위 수륙병진책이라는 것이다. 오늘날의 함포 사격에는 미치지 못해도 배는

중국의 몽충.

높고, 장갑을 갖추었으며, 병력이 집중되고, 중장비도 실을 수 있기 때문에 강변의 보병들에게는 위협적이다. 중국의 중형선 중에도 몽형(蒙衝) 같은 배는 아예 갑판 위에 나무와 가죽으로 브리지와 같은 높은 선실을 만들고, 사격용 창을 내서 궁수를 배치하여 이런 엄호 사격이 가능하게 했다.

일차 저지선을 통과한 후 당군은 수군과 육군이 나란히 서로를 엄호하며 진격했다. 보급품과 중장비는 배로 날랐을 테니까 진군 속도도 매우 빨랐다. 금강이 좁아 적은 한 줄로 들어와야 하므로 저지하기 쉬울 것이라는 예상과는 반대로 좁은 강폭과 평탄한 강변은 당군의 수륙병진책을 매우 효과적으로 만들어 주었다. 기갑사단과 보병부대가 나란히 전진하는 격이었다. 백제군은 강변에서 요격할 엄두도 내지 못했다.

결국 최후의 전투는 당군이 완전히 내지로 진출한 후에 벌어졌다. 부여 남방 20리 지점이었다. 당군의 진격로는 알 수 없지만 부여, 강경, 논산 일대는 우리 나라에서 산을 보기가 가장 힘든 지역이다. 그러니 마땅히 싸울 만한 곳이 있을 리가 없다. 백제는 남은 병력을 있는 대로 끌어 모아 다시 한 번 당군과 맞섰으나 만여 명의 사상자만 냈다. 성충의 말대로 당군과 평지에서의 대결은 피해야 했던 것이다.

백제는 당군에게 사자를 보내 교섭을 시도했으나 당군은 거절했다. 교섭이 성립하려면 신라군이 백제군에게 저지를 당하거나 패배했다거나, 당군의 희생이 컸다든가 하는 뭔가 침공군에게 불리한 상황이 있어야 했는데, 그런 것이 전혀 없었다.

12일에 당과 신라의 연합군은 사비성으로 진군했다. 기록에서는 명확하게 언급하지는 않았는데, 정황으로 보아 의자왕은 부여 외성에서의 전투는 포기하고 지금의 부소산성으로 들어갔다가 나·당 연합군이 성을 포위하자 다음 날 밤 아들들과 대좌평 등을 모두 남긴 채, 태자와 소수의 수하만 거느리고 공주로 탈출했다.

부소산성에 가면 지금도 불탄 곡식 낟알이 나오는 군창터가 있다. 군창터 옆을 돌아보면 백마강 기슭으로 내려가는 비탈이 보인다. 그 곳은 강변에서 그다지 높지 않다. 이 곳이 배로 실어온 곡식을 군창터로 옮기는 통로였을 것이다. 아마 의자왕은 이 곳을 통해 수로로 탈출했을 것이다.

의자왕이 태자만 대동하고 탈출한 이유는 아직 희망이 있기 때문이었다. 백제의 병력은 아직 전역에 걸쳐 남아 있었다. 사비성이 저항하는 동안 그는 병력을 모으고자 했다. 그러나 호응은 느렸고, 왕과 태자가 도주하자 둘째 태(泰)가 스스로 왕을 칭했고, 이 사태에 겁을 먹었는지 태자의 아들 문사(文思)가 줄을 타고 성벽을 내려가 항복해 버렸다. 이렇게 거물이 움직일 때는 늘 수하와 추종자들이 함께 움직이므로 그 손실은 컸다. 결국 태도 항복을 했고, 이 소식을 들은 의자왕은 18일에 웅진의 군사를 거느리고 와서 항복했다.

8월 2일 사비성에서 신라와 당의 장군들은 승전 파티를 했다. 소정방은 승전기념으로 사비성을 한바탕 노략질했다. 그 약탈과 폭행은 대단했던 모양이다. 마침 그 직전에 당군에게 투항하여 사비성으로 들어왔던 7척 거구의 장수 흑치상지(黑齒常之)는 그 광경에 충격을 받았다. 부하들과 함께 다시 탈출한 그는 임존성(충남 예산 대흥)으로 달아나 저항군을 결성했다.

9월 3일에 소정방은 의자왕 일행을 데리고 당으로 귀국했다. 의자왕과 태자 효, 둘째 아들 태, 셋째 아들 융, 연(넷째 아들로 추정), 그리고 대신 및 장군 88명과 백성 1만 287명(아마도 왕족과 고관의 가족과 수하, 종들이었을 것이다)은 바로 당의 수도 장안으로 압송되었다. 이들이 서해를 건너 당의 수도 장안에 도착하기까지는 두 달 이상이 걸렸을 것이다.

고종이 이들 잡혀온 백제인들을 접견했을 때, 황제 앞으로 끌려나온 의자왕은 놀랄 정도로 수척하고 초라해져 있었다. 너무 심하게 대우했다고 고종이 소정방을 나무랄 정도였다. 그들은 중국에서 살게 되었다. 마음고생이야 말로 할 수 없었겠지만 물리적으로는 험한 생활을 하지는 않았던 것 같다. 그들은 당의 관직을 받고, 그 수준의 대우를 받았다.

의자왕이 사망하자 당은 의자왕을 낙양 북망산에 장사하고 비도 세워 주었다. 그가 묻힌 장소는 오나라의 마지막 왕 손호(孫皓 : 손권의 손자)와 5호16국시대 남조의 마지막 왕인 진숙보(陳叔寶)의 묘 옆이었다고 한다. 나중에 융도 이 곳에 묻혔다. 이것은 의자왕에 대한 예우이면서 모욕이기도 한데, 손호와 진숙보는 다 망한 나라의 최후의 군주이면서 포악함과 사치와 향락으로 유명한 왕들이었기 때문이다.

교훈의 거리
근대에 들어서 융의 비석은 북망산에서 발견되었으나 의자왕의 무덤은 발견되지 않았다. 오랜 세월 동안 북망산을 찾은 선비들이 이 곳에서 역사가 가르치는 망국의 교훈을 되새기며 한 마디씩 남기고 돌아갔을 것이다. 그들의 한 마디와 한 구절의 시는 판에 박은 듯이 비슷했을 확률이 높다. 유가의 역사서는 하극상, 군주의 사치와 방탕, 충신배척을 멸망의 원인이라고 가르치기 때문이다.

백제의 허무한 멸망에 대해 제일의 원인과 제일의 교훈을 찾으라면 필자는 할 말이 없다. 상황은 복합적이고, 사료는 제한되고 가려지고 망실되어 있다. 그래도 중세의 역사책에서는 지적하지 않은 몇 가지 가능한 교훈을 찾으라면 이런 요인들을 떠워 볼 수 있다.

백제는 당의 동향과 배신을 눈치채지 못했다. 알고서도 자만했을 가능성도 있다. 성충이 죽기 전에 전쟁의 가능성을 예고한 것을 보면 당의 태도에 대한 정보를 얻고도 과연 당이 침략하겠느냐는 부분에 대해서는 확신을 하지 못했던 것 같다. 특히 당시 집권층이 이를 거부했던 인상을 준다. 당군의 침략 가능성을 인정하면 백제는 총력전체제에 돌입해야 할 것이고, 자신들이 몰아낸 옛 좌평세력과 토착귀족, 지방토호들에게 상당한 정치적 양보를 해야 할 것이었다. 집권층으로서는 마음이 내키지 않는 일이었을 것이다.

당시 집권층들은 이런 말을 들으면 펄쩍 뛰며 부인할 것이다. 어떻게 적의 침략 위험을 알고도 일부러 무시할 수가 있겠는가? 비록 자신들의 판단이 결과적으로는 틀렸다고 해도 결코 정파적 이해에서가 아니라 양심적으로 내린 판단이었다고 항변할 것이다.

그러나 자신은 양심껏 결정했다고 해도 인간은 본능적으로 보고 싶은 것만 보고, 받아들이고 싶은 것만 받아들이는 약점이 있다. 우리가 통치자의 자질을 따지기 전에 통치의 구조가 건전한가를 먼저 따져야 하는 이유가 여기에 있다. 아무리 현명하고 양심적인 인물이라도 그를 둘러싸고 있는 환경과 권력구조가 건전하지 못하면 잘못된 결정을 내릴 확률이 높아진다.

　백제의 통치구조는 태생적으로 약점을 안고 있었다. 역대의 통치자들은 이 약점을 극복하지 못하고 오히려 그 대립을 이용하면서 자신의 권력을 다져 왔다. 의자왕은 과감한 전쟁과 정계개편으로 자신의 권력은 키웠을지 모르나 왕족과 귀족층을 서로 극단적으로 대립하게 만들었으며, 이런 대립구조는 집권층으로 하여금 당군의 침략은 없을 것이라고 믿게 만들었다. 그것은 치명적 실수였다.

　당군의 침입을 알았고, 성충의 전술을 채택했더라면 백제의 운명이 달라졌을까? 성충과 흥수의 전략은 고구려의 전략과 동일한 것이었다. 당군은 백제 땅에 오래 주둔할 수도 없었다. 신라는 약했던데다 고구려의 위협 때문에 역시 많은 병력을 장기간 백제 땅에 투입할 수 없다는 약점을 안고 있었다. 그러니 백제가 장기농성전을 택했다면 분명 효과는 있었을 것이다.

　그러나 백제에겐 한 가지 요소, 쓸 만한 지형이란 요소가 결여되어 있었다. 백제의 멸망에 지리적인 요인이 중요하다는 사실은 다산 정약용도 지적한 바 있지만, 백제에겐 요동방어망에 비견할 만한 요새지대가 없었다. 특히 당군의 진격로였던 서해안에서 부여로 진출하는 길목은 잘하면 지평선이 보일 정도로 낮은 평원지대였다. 곧이어 일어난 백제 부흥군의 활약을 보건대, 부여까지는 사수할 수 없었다 할지라도 보다 끈질긴 저항은 가능했을지 모른다는 아쉬움이 남기는 하지만 역시 확신하기는 어렵다.

3. 반란과 혼돈

희망

백제가 망했다고 하지만 사실은 당군이 사비와 웅진성을 차고 앉은 데 불과했다. 아직 희망은 있었다. 지방의 백제군들이 항복하지 않았기 때문이다. 사비성에서 승전기념 파티가 벌어진 날이 8월 2일이고 소정 방이 의자왕 일행을 데리고 당으로 떠난 날이 9월 3일이었다. 당군은 주 둔병을 많이 둘 수 없었으므로 사비와 웅진에 각 1만 명 정도를 남겨 두 고 떠났다.

그러나 8월에 벌써 지방의 백제병과 패잔병들이 결집하여 당과 신라 의 통치에 반기를 들기 시작했다. 신라군은 작은 세력은 진압했지만 무 장도 변변치 않았던 주류성과 임존성의 반군에게 패했다. 그들은 신라 군의 무기로 새롭게 무장해 완전한 군대의 모습을 갖추었다. 그들의 세 력은 강력해서 사비성의 당군도 감히 공격하지 못하고, 신라와 사비성 간의 교통이 두절되어 버렸다.

이 때 백제 멸망의 소식을 들은 고구려도 다급하게 움직이기 시작했 다. 적어도 아직까지는 백제에게 희망이 있어 보였다. 신라는 승리의 축 배를 들 여유가 없었다. 그들은 승리는 했지만 백제를 평정할 능력이 없 었고, 당군은 다른 속셈이 있었다. 여기에 제각기 다른 생각을 하는 백 제의 잔여세력과 일본이 끼여들었다.

660년에서 663년의 전선은 그야말로 혼돈의 도가니였다. 여기저기서 사건이 터졌고, 무엇부터 어떻게 해야 할지 모르는 상황에서 사람들은 제각기 자신의 이해를 향해 달려나갔다. 그러다 보니 전쟁의 중심은 이 쪽저쪽으로 정신없이 이동했고, 그 빈틈을 노려 기습과 반란이 또 발생 했다.

걱정, 분노, 용기, 야심, 자만, 방심, 희생, 음모, 이런 단어들로 대변할 수 있는 상황들이 여기저기서 발생했다. 어느 한 지역도 제대로 마무리 되지 않았고, 주어진 기회를 제대로 살리는 팀도 없었다.

백제부흥군은 기세가 대단했다. 사비와 신라 간의 보급로가 단절되

충남 예산의 대흥임존성.

었다. 하지만 부흥군은 구심점이 없었다. 지방 세력 중에는 왕실과는 틀어진 세력이 많은데다가 의자왕은 납치되었고, 사비에 남은 백제의 지배층들은 벌써 당에 붙어버렸다.

부흥군도 이 사실을 깨달았다. 반군 중에서 가장 강력한 집단은 좌평이며 의자왕의 조카였던 복신과 승려 도침의 연합세력이 이끄는 주류성(한산)과 7척 거한 흑치상지가 가세한 임존성(대흥)이었다. 이 곳의 병사는 그들의 사병과 사비의 패잔병, 그리고 도침이 거느렸던 병력이었다. 그들은 일본에 가 있던 풍을 불러와 왕으로 앉히고 아울러 일본에 원병을 청했다.

백제에서의 사태가 심상치 않게 돌아가는 판에 고구려가 신라 북변을 강타했다. 백제가 멸망하고 두 달 만인 10월이었다. 이 때의 공세는 기록이 간단해서 크게 주목을 받지 못했으나 사실 역사를 바꿀 수도 있었을 중요한 공세였다. 신라가 백제공략을 위해 한산주의 병력을 빼낸 탓에 이 지역 방어가 허술해져 있었던 것이다.

고구려 장수 뇌음신(惱音信)과 말갈장군 생해(生偕)가 지휘하는 연합군은 전부터 하던 대로 고량포 앞 여울목에서 임진강을 건너 칠중성을 쳤다. 선덕여왕 때도 이 곳에서 한 번 대충돌이 있었지만, 고구려의 남하를 저지하는 데 있어서 가장 중요한 요충이 이 칠중성이었다. 이 진리 역시 1500년 동안 변하지 않아, 한국전쟁 당시 105탱크사단을 앞세운 북한군 주력과 다음 해에 참전한 중공군도 고량포 − 파주 − 서울로 이어지는 이 루트를 택했다. 1951년 이 고지에는 영국의 글로스터 대대 A중대가 엎드려 있었고, 660년 10월에는 현령 필부(匹夫)가 이끄는 신라군이 포진해 있었다.

앞에서도 이미 여러 차례 등장한 이 전략 요충 칠중성은 현재의 적성면에 있는 해발 300m 정도의 고지다. 엄밀하게 말하면 이 곳이 칠중성이라는 증거는 아직 발견되지 않았다. 다만 주변 지리로 보아 추정한 것이다. 비록 추정이지만 그래도 가능성은 높다고 생각된다.

지금도 이 고지에는 옛날 산성을 구성했던 돌들이 그대로 교통호와 참호에 사용되고 있다. 산세는 정상부가 좁고 초생달 혹은 활 모양으로

호로고루성에서 바라본 임진강 여울목. 가운데 강심이 드러난 부분이 여울목이다.

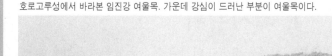

휘어 있다. 전방의 시야는 완벽하게 트여 있고, 평야에 불쑥 솟아 있어 주변에는 이 고지를 제압할 만한 높은 지역이 없다. 산은 알맞게 꺾이고 하늘에서 보면 산등성은 별 모양을 이루고 있어 인위적으로 성벽을 조정하지 않아도 공격해 올라오는 적군을 양쪽에서 협공할 수 있게 해준다.

칠중성(七重城)이란 이름이 성의 모양에서 유래했는지 혹은 다른 고유한 지명을 한자로 표기한 것인지는 알 수 없다. 성 모양에서 유래한 것이라면 아마도 성의 전면(북면)의 생김새 때문일 것이다. 방어의 중점인 북면은 가파르고 후면은 약간 완만하고 넓게 퍼져 있다. 다만 북서쪽으로 꼬리처럼 낮고 길게 산자락이 하나 뻗어 있는 게 단점인데, 그쪽에서 접근하는 것을 막기 위해 주성벽 아래쪽이나 성벽 주변에 목책을 이중 삼중으로 두르고 진지와 참호를 조성했을 가능성이 있다. 꼭 일곱 겹은 아니라도 다중의 방어선을 칠 수 있게 되어 있다.

1951년 글로스터 대대는 군단 규모의 중공군을 맞아 4일을 버텼고, A중대는 칠중성 고지에서 하루를 버텼다. 무열왕이 고심해서 선발했다는 용사 필부는 이 성을 20여 일을 사수했다. 고구려군이 포기하고 철군하려고 하던 참에 신라측 관리 하나가 배신을 하는 바람에 성이 떨어졌다.

여기에서 주목할 사실은 필부가 이처럼 선전을 했음에도 20여 일 동안 신라의 구원병이 도착하지 않았다는 사실이다. 칠중성을 함락한 고구려군은 다음 해 5월에 한강까지 남하하여 술천성(여주)을 공격하고, 다시 북한산성을 쳤다. 한강 유역을 다스리는 한산주의 중심지가 북한산과 이천이었다. 이 곳이 떨어지면 신라는 한성지역을 상실하게 된다. 그런데도 신라는 이 때까지 병력을 보충하지도 구원병을 보내지도 못했다.

고구려군이 공격을 해 왔을 때 북한산성에 남아 있던 방어군은 남녀

주민을 다 합쳐도 2천 800명에 불과했다. 이 기록으로도 알 수 있지만 신라는 백제점령을 위해 한강 유역을 방치하다시피 하는 도박을 감행했던 것이다.

한심한 쪽은 고구려였다. 칠중성도 거의 포기했다가 성 안에서 한 번만 더 공격하라는 통지를 받고서야 겨우 획득했고, 북한산성도 20일이 넘도록 함락시키지 못하다가 수비군이 힘이 다할 때쯤 해서 고구려측이 먼저 포기해 버렸다. 이번에는 내응자가 없었기 때문에 북한산성은 구원을 받았다. 아무래도 고구려의 공격군도 병력이 신통치 않았던 듯하다. 하여간 고구려는 어정쩡한 태도로 한성을 차지할 수 있는 절호의 기회를 날려 버렸다.

평양 포위되다

고구려도 변명할 여지는 있다. 고구려의 남침을 예상한 듯 661년에 당군이 이 때까지의 소모전을 그만두고 대공세를 폈기 때문이다. 당은 이 참에 고구려를 끝장내겠다는 작심을 한 듯 한때 고종이 몸소 참전하는 것까지도 고려했다. 당은 백제원정을 감행할 때부터 이미 고구려원정을 구상하고 백제침공을 하나의 양동작전으로 시행했던 것 같다. 특히 그들은 남쪽에서 쳐 올라올 신라군의 협공에 큰 기대를 걸었던 듯하다.

고종이 친정까지도 생각했던 이 때의 침공으로 당은 지금까지의 소모전에서 벗어나 다시 대규모 침략으로 전략을 바꾸었다.

임아상(任雅相)과 계필하력은 육로로, 그리고 백제원정에서 막 돌아온 소정방의 군단은 해로로 해서 평양으로 쳐들어 왔다. 이 해의 침공은 고구려 전쟁사에서 몇 가지 커다란 의미가 있다. 당군은 3개월 정도를 소요하긴 했지만 요동방어선을 큰 전투 없이 통과했다. 오랜 전쟁으로 인한 피로와 그간의 손실이 누적되어 요동방어선이 물러지고 분할

되어 버린 것이다.

　661년 8월에 대동강으로 들어온 소정방 부대는 상륙을 저지하는 고구려군을 깨뜨리고 평양성을 포위했다. 연개소문은 평양아 농성하는 동안 아들 남생을 보내 압록강에서 당군을 저지, 소정방군을 고립시키고 당군의 합류를 저지하게 했다. 남생군은 그 동안 요동방어선의 지원군 역할을 하던 국내성 일대에서 징발한 병력인 듯하다.

　남생군은 한동안 당군의 도하를 잘 막았다. 그러나 이 곳은 북방이라 음력 9월에 벌써 압록강이 얼어붙었다. 돌궐인으로 이세적 휘하에서 컸으며, 당이 신임하는 베테랑 장군 계필하력은 과감하게 얼음 위를 달려 고구려진으로 돌격했고, 고구려군은 허무하게 무너졌다. 전사자만 3만 명. 전술과 전투력 모든 것이 예전 같지 않았다. 그러나 당군도 피해가 컸거나 힘이 달렸기 때문인지 더 이상 침범하지 않고 철군했다. 하여간에 남생은 임무를 완수했다.

　한편 당은 신라에게 백제원정의 대가로 평양포위전에 합류하라는 명령을 내렸다. 거기에다가 소정방군에 대한 식량수송까지 의뢰했다. 당시 신라는 백제의 지방세력을 진압하기 위해서 한산주를 방치해야 할 정도로 전력이 부족한 형편이었다. 그런 그들에게 건국 이래 공격은 엄두도 내 보지 못한 고구려 땅으로 들어오라는 명령은 날벼락이나 마찬가지였다.

　신라는 고민에 빠졌다. 당의 명령을 제대로 수행하지 못한다면 당은 신라의 형편없는 허약함에 실망할 것이고, 일단 신라는 이용가치가 없다고 판단하면 백제 땅에서 철수해 버릴 가능성도 있었다. 당의 절대목표는 한반도의 점령이 아니라 고구려의 약화였기 때문이다.

　게다가 현재 백제 땅에서는 반군이 할거하고 있었다. 만약 신라군이 고구려로 들어갔다가 크게 패하기라도 하는 날에는 백제 전역이 들고 일어날 것이다. 승리의 길은 멀고도 험했다. 신라의 장군들은 다시 한 번 국가와 자신들의 운명을 건 도박을 감행해야 했다.

661년은 백제부흥군에게는 신나는 한 해였다. 신라의 주력은 고구려 원정에 동원되어 북상하기 시작했다. 그들은 임무에 성공하기는커녕 살아 돌아오기도 쉽지 않아 보였다. 그들이 고구려 땅에서 돌아오지 못 하면 백제의 각 성들은 거칠 것 없이 반기를 들 것이며, 당은 신라에 실 망하여 신라와 당의 관계도 악화될 것이다.

일본은 백제 구원에 전에 없는 열의를 보여주었다. 풍은 가족과 숙부 인 충승(忠勝)과 함께 귀국했는데, 일본은 출발 전에 풍에게 오오노오 미 고모시키(多臣蔣敷)의 누이를 아내로 맞을 것을 요구했다. 풍은 응 락했고, 그 대가로 호위군 5천이 딸려 왔다. 추가로 대규모의 지원군이 편성중이었다. 그들은 무기와 식량도 원조해 주었다. 한 번에 화살 10만, 피륙 1천 단, 종자용 벼 3천 석이 왔다는 기록도 있다.

백제 땅이 흉흉하자 신라는 남은 병력을 모아 주류성을 공격했으나 대패하고 물러갔다. 유인원이 이끄는 사비의 당군은 고립되었다. 사비 에는 당군 만 명에 부역한 백제군 병력 7천이 있었는데, 이미 여러 차례 의 전투로 손실을 입었다. 주류성의 백제군은 3만이 넘었고, 마침내 대 망의 일본 원군이 합세했다. 2차, 3차로 도착한 그들의 병력은 총 2만 7 천 명이 넘었으며, 다음 지원군이 또 편성중이라고 했다. 신라군이 자기 영토 안에서 꼼짝도 못하고 있는 동안 일본군은 공세로 나가 주변의 성 들을 탈환하기 시작했다.

고구려로 북상하던 신라군은 느릿느릿했다. 그들은 충청지방에 병 력을 있는 대로 모아 놓고 정세를 살폈다. 고구려침공을 포기할 수도 없 고, 그렇다고 병력을 북진군과 백제평정군으로 병력을 나눌 수도 없었 으므로, 중간지점에 병력을 집결시켜 놓은 채 북상하는 척도 하고, 백제 지역도 견제한다는 속셈이었던 것 같다.

한산의 주류성. 건지산성이라고도 불리는데 이곳이 주류성으로 추정되고 있다.

　사실 당군이 신라에게 떠맡긴 과제는 불가능에 가까운 요청이었다. 그냥 침공도 아니고 한겨울에 당군을 먹일 식량까지 운송해야 하는 행로였다. 우리 나라는 산이 험하고 길이 좁아서 육로로 대군의 식량을 수송한다는 것은 거의 불가능하다. 이로부터 1000년 후인 임진왜란 때도 왜군이 황해도 이북으로 진군하지 못한 결정적인 이유는 수송로 때문이었다. 당시 왜군은 해로가 이순신이 이끄는 조선 수군에게 막혔으므로 육로로 식량을 날라야 했는데, 짊어지든 달구지에 싣든 부산에서 서울까지 오면 수송대가 다 먹어 버리고 남는 것이 없었다는 얘기도 있다.

　아무도 이 임무를 맡으려 하지 않았다. 할 수 없이 68세의 노장 김유신이 자원했다. 당시 김유신은 상대등이며 실질적 최고 권력자이고, 최고의 군벌이며, 왕의 외삼촌이었다. 신라에서 국왕을 제외하고 그만한 위치에 있는 사람은 없었다. 그럼에도 불구하고 그는 자신이 평생에 걸쳐 이룩한 모든 것을 잃어 버릴 수도 있을 위험한 임무에 자원했다.

힘과 가능성을 확신하게 됐을 때에 백제군 내부에서 분란이 일었다. 661년 3월에 복신이 도침을 살해하고 그의 군사를 자기 휘하로 흡수했다. 사적인 주종관계가 중요한 시대였던 만큼 도침군의 주력 상당수가 이탈하거나 살해되었을 것이다. 복신과 풍의 관계도 서먹해지기 시작했다. 두 사람 다 왕족이었지만, 의자왕대의 백제 정치도 복잡했던 만큼 계보가 달랐을 가능성이 높다. 위기의 순간에 단합을 했지만, 알력의 소지가 남아 있었다.

662년 1월 예전의 힘을 상실한 것으로 보이던 고구려가 그들의 저력을 발휘했다. 평양성을 떨어뜨리지 못하고 있는 소정방군을 지원하기 위해 남하하던 백주자사 방효태의 군대를 연개소문이 이끄는 고구려군이 사수에서 전멸시켜 버렸다. 방효태는 그의 13명의 아들과 함께 전사했고, 고구려는 절대절명의 위기에서 또 한 번 벗어났다.

전세는 순식간에 역전되었다. 한겨울에 평양에 주둔중인 소정방군은 고립되고 식량이 떨어졌다. 그 해 따라 폭설이 내렸다. 고구려군은 공격으로 나와 당군 진지를 한두 개 탈취하기도 했다. 평양성 함락은 고사하고 당군은 고구려군의 공격을 두려워하는 처지가 되어 버렸다. 그러나 굶주린 군대로 철수할 수도 없었다. 또다시 살수의 악몽이 떠올랐다. 그들의 희망은 남쪽에서 식량을 가지고 와 줄 신라군뿐이었다.

신라는 더 이상 시간을 끌 수가 없었다. 662년 정월 김유신·김인문·김양도가 지휘하는 신라군은 2천 량의 수레에 쌀 4천 석과 벼 2만 2천 500석을 싣고 북상길에 올랐다. 그러나 길이 얼어 수레를 사용할 수 없었으므로 식량을 소와 말에 실었다. 이것은 기병의 전력에 큰 타격을 주었을 것이다.

북진하던 신라군은 드디어 23일에 국경선이라 할 수 있는 고량포 나루에 도착했다.

1930년대 고량포 나루 모습.

　이 지역의 고구려 기지는 큰 성도 없고 하안단구에 설치한 작은 보루들뿐이었지만 신라군은 떨며 감히 먼저 나가는 자가 없었다. 할 수 없이 김유신이 선두에 서서 강을 건넜다. 발은 내딛었으나 앞길은 암담했다.

　한겨울임에도 불구하고 신라군은 주 도로는 피하고 산길과 샛길로 돌면서 겨우겨우 앞으로 나갔다. 수안에 못 미쳐서 드디어 고구려군을 만났는데, 결사적으로 싸워 승리했다. 이 전투로 신라군은 상당한 자신감을 얻게 되었던 모양이다. 그러나 더 이상 진군하기는 쉽지 않았다. 당군 진영은 이제 3만여 보 정도(약 45km) 남았으나 그 사이에 고구려군은 저지선을 폈고, 추위와 험악한 날씨와 동상으로 인해 사상자가 속출했다.

　신라군의 힘으로는 더 이상 전진이 불가능했다. 임무가 실패로 끝나려는 순간 김유신은 최후의 방법으로 당군에게 밀사를 파견했다. 열기(裂起)와 구근(仇近)이 이끄는 15명의 특공대가 출발했다. 고구려군도 확실히 정상은 아니었다. 15명의 특공대는 고구려군을 뚫고 이틀 만에 당군 진지에 도착했으며, 당군의 메시지를 가지고 다시 신라군 진영으로 돌아왔다. 김유신은 이들의 용기와 무공에 감격해서 골품의 규정을 무시하고 급찬 벼슬을 주었고, 그것도 부족하다고 생각해서 나중에 왕에게 청탁하여 사찬(沙飡 : 신라의 17관등 중 8위)을 주고 평생토록 이들을 특별하게 대우했다고 한다.

이들 덕분에 당군과 연락이 닿았고, 당군도 어떻게든 조치를 취해서 통로가 열렸던 모양이다. 김유신은 당군과 친분이 깊은 김인문·김양도에게 약간의 병력을 주어 식량을 당군 진지로 운송케 하는 데 성공했다.

이렇게 식량은 전달되었다. 하지만 김유신에게 돌아온 당군의 메시지는 "우리는 바로 철군하겠다"였다. 당군과 김인문의 별동대는 배로 떠났지만 남은 신라군은 걸어서 남하해야 했다. 살수의 악몽이 이젠 신라군을 덮쳤다.

그러나 고구려군도 병력이 온통 요동과 압록강에 몰려 있어 여유가 없었던 모양이다. 그들은 신라군의 후미를 쫓아가 바로 치지 못하고, 국경선인 임진강에 미리 매복하여 도하하는 신라군을 노렸다. 그러나 신라군은 고구려군의 매복을 눈치채고, 소의 꼬리에 북을 매달아 계속 북을 치게 하고 장작을 잔뜩 태워 자신들이 주둔하고 있는 것처럼 위장하고는 몰래 샛길로 돌아 기습적으로 강을 건넜다.

그러나 신라군이 강을 다 건너기 전에 고구려군이 신라군의 작전을 알아차리고 추격해 왔다. 이 공격으로 강 북편에 남아 있던 신라군의 후위는 큰 피해를 입었다. 도하지점이 수심이 깊은 곳은 아니었을 터이므로 패배한 신라군의 후위는 제각기 강으로 뛰어들어 도주했을 것이다. 기회를 잡았다 싶은 고구려군은 이들을 추격했다.

이것이 실수였다. 백전노장이 지휘하는 신라군은 고구려군의 공격에 대비해 준비를 해 두었다. 먼저 건너갔던 부대는 강 언덕에 쇠뇌를 있는 대로 설치해 두었다가 후위부대를 치고 강을 건너 쫓아오는 고구려군에게 일제사격을 퍼부었다. 고구려군이 쇠뇌에 맞아 어지럽게 쓰러지고 대형이 흩어졌다. 강 중간에서 당했으므로 이럴 경우 대형을 추스리기가 쉽지 않다. 이 틈에 신라군이 역공으로 나왔다. 이 공격으로 고구려군 만여 명이 살해되고 장수 한 명이 생포되었다.

신라군의 임무는 성공리에 끝났다. 살아 남은 병사들은 강언덕을 붙잡고 울었을 게 틀림없다. 기적의 생환이었다. 김유신 개인적으로도 최후의 전역이며 가장 위험했던 임무를 성공으로 마감했다(고구려에서 돌아온 후 김유신은 다시 백제부흥군 진압에 참여하기는 하지만 얼마 후 중풍에 걸려 더 이상 군사작전에는 참가할 수 없게 되었다).

동족의 나라를 침공한 이민족 군대를 지원했다는 사실 때문에 이 행군은 별로 좋은 평가를 받지 못한다. 그러나 순수하게 군사적 측면에서 보면 이 작전은 굉장히 높은 평가를 받을 만하다. 이것은 신라의 성공이 단지 외세와 행운에만 의지한 것이 아니었음을 보여주는 증거이기도 하다. 신라군은 고구려·백제에 비해 물자와 병력수에서는 달렸을지 몰라도 군의 조직·훈련·전술운영 능력에서 다른 어느 군대와 견주어 부족함이 없다는 사실을 증명해 냈다. 삼국 간의 오랜 전쟁은 전력의 상승평준화를 이루어 냈던 것이다.

백강의 불꽃

백제부흥군에게 662년에는 전 해처럼 좋은 소식만 들려오지 않았다. 풍이 일본에서 돌아왔지만 부흥군의 연합전선은 별로 진전이 없었다. 죽음의 땅으로 떠난 줄 알았던 신라군은 살아 돌아와 주력이 다시 합류했다. 당군이 평양에서 철수하고 한강은 여전히 무방비 상태였는데, 힘과 패기가 예전같지 않은 고구려는 남부전선을 외면했다. 사비의 유인원은 증원군을 청했고, 고구려원정이 종료되었으므로 여유가 생긴 당은 증원군을 파견했다(병력은 7천이라는 기록도 있고 40만이란 기록도 있는데, 40만은 과장이고 주력 7천에 부가병력이 있었던 게 아닌가 싶다).

7월에 유인원은 힘을 내서 사비 주변의 복신군을 공격, 신라와의 보급로를 뚫었다. 복신은 이 패배로 위상과 전력이 흔들렸고, 풍은 추종자를 넓혀 갔다. 불안해진 복신은 선수를 쳐서 풍을 살해하려다가 음모가 누설되어 체포되었다. 힘의 균형이 무너지자 사람들은 풍에게 붙었다. 복신은 그들에게 침을 뱉으며 "썩은 개, 미친 놈"이라고 욕을 하곤 처형당했다. 풍은 그의 목을 잘라 소금에 절였다.

백제부흥군의 내분은 그들 속에 심어 놓았던 첩자들에 의해 신라와 사비의 유인원에게 곧바로 전달되었다. 663년 주력군의 생환으로 힘을 회복하고 임진강·한강 유역의 방어도 걱정 없게 된 신라는 전군을 동원하여 백제 평정에 나섰다. 그들은 바로 주류성으로 진군하지 않고, 거창·남원 등지부터 시작하여 외곽지역을 하나씩 점령해 나갔다. 마지막에 신라군과 당의 주둔군, 원군이 합세하여 주류성을 공격했다.

부흥군측도 결전을 각오하고, 병력을 집중하고 일본에 원병을 청했다. 그러나 주류성과 복신측이었던 임존성의 호흡도 잘 맞지 않았다. 풍은 일본군을 다 이끌고 금강 하구로 내려가 지원군과 합세하려고 했다. 일본군은 새로 오는 병력이 만 명이 넘고 먼저 도착한 병력도 3만에 가까웠다. 당군도 이를 알고 백강 하구에 진을 구축했다. 그들은 예전 백제군의 실수를 알고 있었으므로 일본군이 상륙하기 전에 해상에서 격퇴하려고 했다.

이 때 풍과 일본의 장수들은 원군의 도착을 기다리지 않고 먼저 당군을 공격하는 이상한 작전을 폈다. 8월 27일 해전에서 일본군은 패했으나 다음 날 다시 총공격을 했다. 28일, 한국·중국·일본의 군대가 해상과 육지에서 한꺼번에 충돌하는 보기 드문 전투가 벌어졌다.

당군은 진을 베풀고 기다렸고, 왜군은 속전속결의 정면승부를 걸었는지 대오도 제대로 정렬하지 않은 채 당군의 가운데로 쳐들어갔다. 당은 좌우의 군대를 전진시켜 삼면에서 왜군을 공격했다. 완전히 포위되었지만 왜군은 배를 돌려 측면공격을 방어할 수도 후퇴할 수도 없었다. 풍향 때문에 전진만 가능할 뿐 배를 돌릴 수가 없었기 때문이다.

제2차 세계대전 때 돌아올 연료를 싣지 않고 떠났다던 가미가제 특공대처럼 필사의 각오로 오직 돌격만 가능하도록 일부러 그랬던 것인지도 모르나 무모한 작전은 비극으로 끝났다. 일본군은 대패하여 배 400척이 불타 가라앉았다. 당군은 풍이 찼던 보검까지 노획했는데, 정작 풍은 구사일생으로 달아났다. 신라측 기록에는 그 후 종적을 알 수 없고 단지 고구려로 달아났다는 소문이 있다고 했고, 『일본서기』에는 고구려로 달아났다고 했다. 고구려로 달아난 것은 사실인 듯한데, 제대로 망명했으면 종적이 묘연할 리가 없다. 망명길에 사망했거나 불행한 최후를 마쳤을 것이다. 이 패전으로 부흥군은 항복했고, 얼마 후 임존성도 떨어졌다. 임존성의 흑치상지는 항복하여 당의 장군이 되었는데, 나중에 모함을 받아 억울하게 처형당했다.

665년 8월 문무왕과 유인궤는 공주 취리산에서 만나 백제 평정을 기념하는 제사를 지내고 양국 간에 맹약을 맺었다. 이 때의 맹세문은 철판에 금을 입혀 새겨서 신라 종묘에 간직해 두었다고 한다. 이로써 한강 이남의 패권은 신라에게로 갔다. 이젠 되돌릴 수 없었다.

4. 100년 동안의 평화

백제를 멸망시킨 해에 당은 모처럼 크게 힘을 써 고구려를 공격했으나 고구려원정은 또 실패로 끝났다. 이후 당은 작은 침공도 포기한 채

침묵을 지켰고, 고구려도 힘을 낭비하지 않고 잔뜩 웅크렸다. 무언가 국면이 바뀌어 가고 있었는데, 소강 상태는 666년 연개소문이 사망함으로써 깨어졌다. 그가 죽자마자 세 아들 간에 권력다툼이 발생했기 때문이다. 꼭 세 아들의 잘못이 아니라 세 아들 밑에 줄을 대고 있던 세력들도 화해 불가능한 상태였다.

더욱이 이 때 남생은 겨우 33세, 막내 남산은 28세였다. 둘째 남건은 대략 30세쯤이었을 것이다. 연개소문의 지위는 남생이 계승했지만, 그의 집권은 1년도 가지 못했다. 그가 지방을 순찰하러 간 사이에 두 동생

국립부여박물관의 유인원 기공비.
심하게 훼손되어서 알아보기 힘들다.

이 쿠데타를 일으켰던 것이다. 남생은 국내성으로 도망한 후 아들 헌성을 당에 보내 귀순을 요청했다.

이것은 형제간의 분열이 아니라 고구려 지배층의 분열이었다. 남생이 당에 망명할 때 국내성 이하 6개 성, 10만 호가 그의 세력권 아래 있었고, 목저성 등 부여쪽 3개성이 그의 편에 붙었다.

당은 남생을 요동도독 겸 현도군공으로 임명하여 고구려 침공의 전위에 내세웠다. 고구려가 망해도 남생과 그를 따르는 사람들의 지위와 권력은 보장해 주겠다는 신호였다.

당의 원정은 666년 12월에 시작되었다. 당은 이번에는 정말 끝장을 내겠다고 생각했는지 고구려원정에 한이 남아 있는 이세적을 사령관으로 임명했다. 이 때 그의 나이는 거의 80이 다 되었다. 고구려는 내분도

내분이지만 오랜 전쟁으로 요동방어선이 구멍투성이었다. 게다가 2선 방어선의 중심인 국내성과 그 주변이 남생의 휘하에서 당에 항복했으므로 요동 - 백암 - 안시성으로 이어지는 일선 방어선과 중앙통로가 제 구실을 못할 것은 뻔한 일이었다. 일선 방어망 중에서 유일하게 남은 곳은 북쪽의 거점 신성이었으나 그 곳도 이미 고립되어 있었다.

667년 9월 이세적은 요하를 건너자마자 계필하력을 보내 북쪽의 신성을 쳤다. 요동성과 함께 이 방어선의 양 축을 형성하는 신성은 침공 때마다 공격을 받았으나 그간의 전쟁에서 한 번도 함락된 적이 없다. 그러나 이번에는 성안 사람들이 반란을 일으켜 성주를 묶고 항복하였다. 신성이 떨어지자 주변의 16성이 쉽게 무너졌다. 요동방어망의 북쪽 구역이 이로써 함몰되었다.

이후의 전쟁은 다 비슷하게 진행되었다. 668년 2월에 원래 고구려와 틈이 벌어져 있던 부여지역(현재의 농안 일대)은 단체로 항복했다.『당서』에서는 설인귀가 단지 3천 병력으로 이 지역을 진압했다고 서술했으나 설인귀는 용맹하되 무모한 인물은 아니었다. 그는 이미 부여의 내부 사정을 알았던 것이다. 부여성에 주둔한 고구려군 - 광개토왕의 정복 이후로 그들은 대대로 중앙정부에서 파견한 이 지역의 진압군과 같은 존재였다 - 이 격파당하자 부여지역의 40여 성이 다 항복하였다. 이로써 고구려의 북쪽지역은 다 당의 손으로 들어갔다.

언제부터인가 고구려군의 주 방어선은 압록강으로 바뀌었다. 요동에서도 전투가 계속되었으나 전처럼 요소 요소에서 방어망이 작동하는 수비가 아니라 여기저기서 벌어지는 난전이 되어 버렸다.

북쪽을 평정한 후 당군은 압록강에 집결해서 남으로 내려왔다. 요동의 몇몇 성은 아직 버티고 있었으나 전처럼 당의 보급로를 끊거나 후미를 위협하지는 못했다. 남쪽에서는 백제 땅에 주둔중인 유인궤군과 신라군이 북상했다.

계필하력이 선봉에 선 당군은 8월 말이나 9월 초쯤 평양성을 포위했다. 평양은 한 달 정도를 버텼으나, 9월 21일이 되자 북상해 온 신라군까지 당군에 합세했다. 마침내 평양에서마저 내분이 일어났다. 먼저 보장왕이 남산과 함께 항복해 왔다. 남건은 홀로 끝까지 저항했으나 남건의 부하로 군사 일을 총괄하던 승려 신성(信誠)이 항복하기로 하고 당군과 내통하여 몰래 성문을 열었다. 이 틈에 들어간 당군의 선발대가 성문에 기를 세우고 성 안에 불을 질렀다. 뒤이어 당군과 신라군이 쏟아져 들어갔다.

『삼국사기』 고구려전에는 성이 간단하게 함락된 것처럼 적었으나 나중에 신라에서 전공자를 포상한 내용을 보면 북문과 남문 전투, 성 안의 군영, 남교(남쪽다리) 전투, 소성(小城 : 내성이나 북쪽에 둔 요새인 북성인 듯하다) 전투 등이 있었다. 신라군이 이 정도였으니 병력이 훨씬 많았던 당군은 더욱 많은 전투를 벌였을 것이다. 이는 최후의 순간까지 고구려의 전사들이 항거를 계속해서 평양성내 전역에서 치열한 시가전이 벌어졌음을 알려 준다. 최후의 순간에 남건은 자살을 시도했으나 죽지 못하고 생포되었다.

의자왕 일행과 마찬가지로 고구려 지도부도 당으로 끌려갔다. 이들을 기다리고 있는 운명도 의자왕 일행과 비슷했다. 보장왕은 실권이 없었고 대당전쟁을 주도한 인물은 연개소문 일가였다고 하여 유배를 면하고 사면을 받았다. 677년에 당은 요동지방에서 발발한 고구려부흥운동을 제압하기 위해 보장왕을 요동도독 조선군왕으로 임명해 이 곳에 파견했다.

그러나 보장왕은 고구려 유민을 규합하고 말갈과 내통하여 고구려 부흥을 꾀하다가 이것이 누설되어 681년 사천성 공협(邛陜) 지방으로 유배되었는데, 다음 해에 사망했다. 당은 그를 장안으로 운구해 와 이정·이세적군에게 멸망당한 돌궐의 왕 힐리가한(詰利可汗)의 무덤 옆

천남생 묘지 탁본.

에 장사했다. 의자왕의 묘역과 마찬가지로 이곳도 교훈의 의미가 있는데, 이 묘역은 투항했거나 혹은 정복당한 외국 군장들의 묘역이었다.

끝까지 항거한 남건은 지금의 사천성 장수현에 유배되었다. 남생은 당에 협력한 공으로 우위대장군에 임명되어 식읍 3천 호를 받았다. 나중에 남생은 보장왕과 비슷한 이유로 요동에 설치한 안동도호부의 장이 되어 그 곳에서 재직하다가 679년 병으로 안동도호부 관사에서 사망하여 낙양 북망산에 묻혔다. 그 때 나이 46세였다. 그의 아들과 손자도 대대로 당의 귀족이 되어 부유한 삶을 살았다.

막내 남산도 요양군의 개국공이 되고 당에서 상호군이란 관직을 받아 지내다가 701년에 63세로 사망했다.

공식적으로 고구려는 668년에 망했다. 그러나 전쟁이 끝난 것은 아니었다. 아직 고구려의 저항세력이 남아 있었고, 백제지역과 임진강·대동강 유역의 지배권을 두고 신라와 당 사이에 분쟁이 발생하여 이후 10년 동안 양국 간에 치열한 전투가 벌어진다.

하지만 대세는 삼국시대의 종말을 알리고 있었다. 당은 약한 신라를 우습게 보았지만, 신라는 영토를 확장하고 고구려와 백제의 유민을 흡수함으로써 신라군의 약점이었던 물자와 병력의 부족을 만회했다. 오랜 전쟁 덕에 그 외의 부분에서는 신라도 베테랑이 되어 있었다. 신라 군은 백제에 주둔했던 유인궤와 당의 영웅 설인귀의 군대를 혈전 끝에 격퇴하여 어쩌면 평양지역의 총독이 되기를 원했던 설인귀의 마지막 꿈을 좌절시켰다.

동이의 땅을 완전히 차지하려면 또다시 엄청난 대전을 치러야 한다는 사실을 깨달은 당은 신라와 곧 화해하였다. 원래 중국은 이 땅을 직접 지배할 의도는 없었다. 그들의 목적은 고구려의 해체였고, 그 반세기에 걸친 숙원은 이미 해결되었다. 고구려는 사라졌고, 동이의 땅은 다시 분할되었다. 맥족의 국가는 남아 있었지만, 좁은 반도에 고립된 그들은 대륙 부족들이 지닌 폭발적인 결집력을 발휘하진 못할 것이다.

신라는 두 배의 기쁨은 누렸다. 그러나 그 기쁨은 소수의 진골과 가야왕족의 기쁨이 되었다. 그들은 곧 승리의 교훈을 잊어 버렸다. 늘어난 땅과 이권을 두고 그들은 더욱 편협해졌고, 그 모든 것을 자신들끼리만 나누려고 하였다.

하지만 순박한 백성들은 평화가 온 것만으로도 만족했을 것이다. 200년에 걸친 지독한 갈등의 최대 희생자는 백성들이었다. 전쟁은 너무 길었다. 애국심, 탐욕, 동료애, 복수, 어떤 말로도 더 이상 이 긴 전란을 그들에게 납득시킬 수 없었다. 전란은 종식되었다. 병사들은 땅으로 돌아왔고, 들판에 방치된 주검들은 치워지기 시작했다. 마을의 지도자들은 병사 징발과 군수품 조달 대신 개간과 경작지 분배안을 놓고 머리를 싸매기 시작했다. 오랜 전란에 대한 보상이었을까? 지친 백성들을 위하여 100년 동안의 평화가 그들에게 주어졌다.

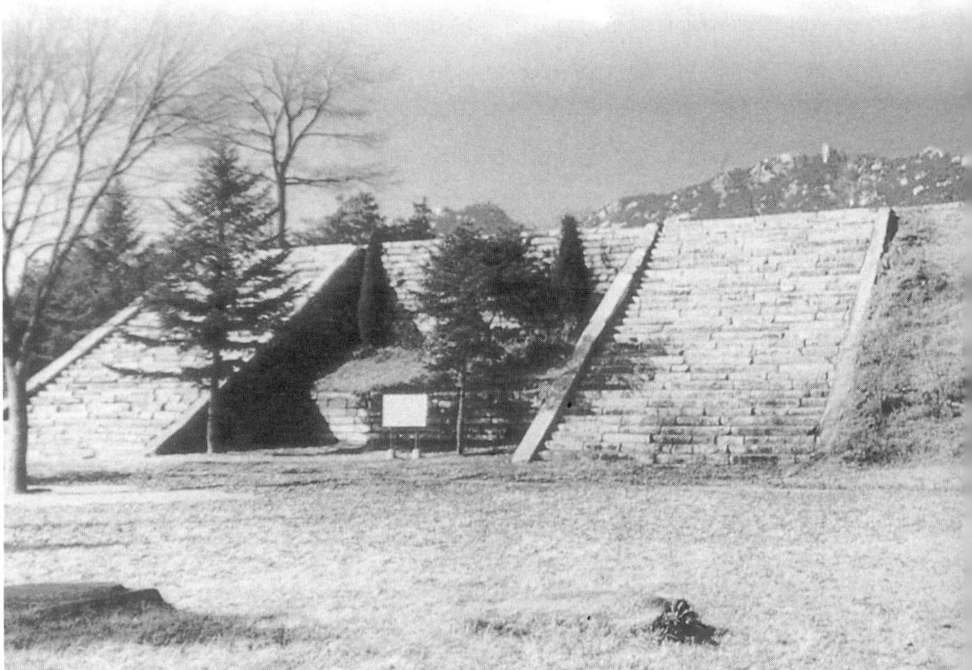

V. 갱, 군인, 그리고 토호

1. 부석사의 칼자국

선종(善宗)이라는 떠돌이 중이 있었다. 스스로 영월 세달사에서 법명을 받았다고 소개하곤 했지만, 제대로 수행한 적도 없고, 선종이란 법

개성 만월대 터. 뒤쪽에 보이는 산이 송악산인데, 이 산에 왕건이 발어참성을 쌓았다고 추정한다.

명도 자신이 붙인 것이었다. 절에서도 도를 닦기보다는 힘쓰는 일로 먹고 살았다. 큰 절에는 언제나 자위조직이 있다. 중국의 소림사가 동양무술의 본산으로 유명하지만, 시대가 올라갈수록 사원의 군사력은 만만치 않았다. 크고 유명한 사원은 넓은 토지와 백성을 거느린 하나의 봉건영주였다. 삼국시대에는 새로운 토지를 개척하거나 군현을 설립할 때, 어느 지역에 치안을 유지하고 국가권력을 투입하려고 할 때, 관리와 군대를 파견하는 대신 그 지역에 사원을 설립하고 사원의 협조를 받기도 했다.

우리가 알고 있는 신라사에서는 화랑도에 편중된 설명 때문에 불교계의 협력과 군사력이 간과되어 있다. 정계에서는 화랑도 출신들의 비중이 컸는지 몰라도 군사력과 사회세력으로서 불교의 역할은 결코 화랑도보다 못하지 않았다. 김춘추가 당에 들어갈 때도 화랑도와 불교계 대표를 3인씩 공정하게 뽑았다. 고구려 멸망 당시 남건의 군사책임자는 승려였고, 처음 백제부흥군의 리더도 왕족인 복신과 승려 도침이었다.

사원은 특히 훌륭한 무사와 장인의 공급원이었다. 풍부한 경제력과 특유의 종교적 수련을 바탕으로 그들은 우수한 장인과 무사를 생산해 냈다. 무승(武僧)들은 전시가 되면 군대에 동원되었고, 평소에는 사원을 경비할 뿐만 아니라 지방의 치안을 유지하는 데도 아주 큰 역할을 했다. 당연히 사원에는 도를 닦고 수행을 지도하는 조직만이 아니라 무술을 가르치고 이들을 관리하는 조직도 있었다.

선종은 어려서 집을 나가 세달사로 들어갔다. 가출한 이유는 본인의 불량끼와 가난 때문이었던 듯하다. 그는 그 곳에서 자라면서 무술을 배웠고, 매사에 의욕적이었던 그는 겸하여 불법도 제법 익혔다.

청년이 된 그는 절을 떠나 승려 행세를 하면서 여기저기 떠돌아다녔다. 이 때가 삼국통일 후 벌써 200년이 지난 9세기. 혼란해진 세상을 떠돌던 선종은 자신이 장수의 재능과 실력을 지녔으며, 지금 세상이 그 재능을 발휘할 수 있는 때라는 사실을 깨달았다.

당시 신라의 정세를 보면, 군현의 절반이 중앙정부의 통제에서 벗어난 상태였다. 그 군현들이 다 반란세력은 아니었지만, 국가가 통제력을 잃자 마을들은 자위조직을 강화했고, 마을과 지역의 지도자들은 능력껏 지방을 꾸려 나가야 했다. 도적과 무장조직, 반란군이 함께 늘었고, 갈수록 서로를 구분하기가 힘들어졌다. 그러나 시간이 갈수록 이런 집단들 간에도 힘의 우위가 점차 분명해졌다. 서기 891년(진성여왕 5) 선종은 야심을 감추고 그 중의 한 집단에 가입했다. 죽주(竹州 : 죽산)를 장악하고 있던 기훤(箕萱)의 세력이었다.

신라가 멸망한 이유

신라는 통일 후에도 진골귀족 중심의 체제를 유지했다. 관이든 군이든 부서장과 지휘관은 진골만이 맡을 수 있었다. 또한 진골귀족들은 식읍이라고 하여 개인의 영지나 다름없는 땅을 전국 각지에 보유했다. 주(州)와 군현이 생기고 지방관이 파견되었지만 그것도 실질적으로는 진골귀족이 지배했고, 군현의 하급관리도 사적인 인맥과 추천에 의해 임명되었던 것으로 보인다.

이처럼 진골귀족이 전국의 땅을 분점하고 자신의 사적인 인맥으로 지배하면서 진골의 수가 증가하고 분파들의 세력도 확대되었다. 이에 진골귀족 간에 세력다툼이 발생하기 시작했다. 그 효시가 768년(혜공왕 4년)에 일어난 일길찬 대공(大恭)과 아찬 대렴(大廉)의 난이다. 전국에 산재한 96각간이 서로 편을 나누어 싸웠다고 하여 일명 96각간(角干)의 난이라고도 불리는 이 난은 신라의 통치체제가 한계에 달했음을 암시하는 사건이었다. 이후 신라가 멸망할 때까지 왕이 바뀔 때마다 내분과 내란이 그치지 않았다. 이 과정에서 두 가지 현상이 발생했다. 진골귀족들은 전국의 영토를 사점하고, 그 내부는 사적인 인맥이나 인간관계를 통해 지배를 하고 있었다. 그렇기 때문에 한 귀족이 제거되면 그가 다스리던 지역의 통치체제는 당장 혼란에 빠진다. 신라는 진골 위주의 체제여서 국가의 공적 질서를 유지하는 관료군을 체계적으로 양성해 놓지 못했고, 따라서 이런 지역에 관료를 파견하여 국가의 지배체제를 재건할 수가 없었다. 결국 다시 진골귀족이 이 지역을 장악해야 했으므로 진골귀족 간에는 내분이 그칠 수가 없었다. 이 과정이 반복되면서 지역에 대한 국가의 지배력은 날이 갈수록 약화되었다.

이처럼 지배체제가 와해되면서 국가의 관리능력도 함께 저하하여 불법과 폭정이 증가하고 민중은 불만이 쌓이고, 반란이 일어났다. 세상은 더 어지러워지고 치안이 불안해지면서 지방세력이 성장하는 동시에 각지에 할거하는 세력과 도적 또한 증가하여 사회혼란을 가중시키는 악순환이 발생했다.

결국 9세기가 되면 군현의 절반이 통제 밖에 놓이게 되고, 견훤과 궁예가 활약하는 진성여왕 때에는 전국이 혼란과 반란 상태로 돌입하게 된다. 예전에는 진성여왕의 타락하고 문란한 생활이 통치체제의 이완을 가져와 전국적인 반란이 발생했다고 설명하는 경우도 있었으나 신라의 통치체제는 그 이전부터 붕괴되어 왔던 것이다.

기훤의 기지가 어디였는지는 모른다. 그러나 죽주에 있었다면 죽주산성일 가능성이 높다. 죽주산성은 지형이 특별히 가파르지도 않고 크지도 않은 둥근 형태의 작고 아담한 산성이다. 그렇다고 방어력이 형편 없지는 않다. 고려시대 몽골이 이 땅을 유린할 때 죽주인들은 이 산성에서 몽골군을 격퇴했다. 산성에 오르면 죽산에서 음성으로 이어지는 넓은 평야와 그 일대가 한눈에 들어온다. 지금은 중부고속도로가 이 근처로 지나가는데, 위로는 이천·하남으로 통하고 아래로는 진천·청주로 이어지는 이 길은 중부와 남부를 이어주는 매우 중요한 교통로였다. 오늘날은 대전–천안으로 이어지는 경부선과 경부고속도로의 물동량이 훨씬 많지만, 경주가 국토의 중심이었던 신라시대에는 이 길이 한성으로 가는 제일 가깝고 좋은 길이었다.

넓은 평야와 교통로. 당연히 이 곳은 수입이 대단히 좋은 길목이었다. 그래서인지 기훤은 이 곳에서 벗어나려 하지 않았다. 그러나 선종은 이 지역이 맘에 들지 않았다. 수입 올리고 털어먹기는 좋지만, 죽주는 주변이 너무 개방되어 있어 힘과 세력을 키우기에는 적절하지 않았다. 이것이 혁명가와 마적 두목과의 차이다. 선종은 기훤과 틀어졌다. 『삼국사기』에는 기훤이 선종을 업신여겨 예우하지 않았고, 선종은 우울하여 마음이 안정되지 않았다고 했다. 선종이 기훤의 휘하로 들어갈 때 말단 졸개로 들어간 것은 아닌 듯하다. 그는 힘과 통솔력이 있었고, 이런 능력은 감출 수도 감출 필요도 없는 것이다. 그러므로 기훤이 그를 예우하지 않았다는 것은 그를 견제하여 높은 지위를 주지 않았거나, 그의 책략을 채용하지 않았다는 뜻일 것이다. 그러나 진상이 무엇이든 이 갈등의 근원은 이상의 차이였다. 삶의 목표와 사는 방식이 다르면 사람을 평가하는 기준도 달라지는 법이다.

선종은 기훤의 부하 장수 몇 명을 포섭하여 다음 해에 원주에 있던 양길(梁吉)에게 귀순했다. 최소한 기훤보다는 뜻이 컸던 양길은 선종의 가치를 알아보고 부하를 떼 주었다. 선종은 자신의 능력을 발휘했고, 그의 능력을 신임한 양길은 중요한 임무를 맡겼다. 자신은 충청도 지역으로 남하하면서 선종을 자신의 왼쪽 날개로 삼아 원주의 동남지역을 담당하게 하였다.

선종의 병력은 600명이었다고도 하고 3천 500명이었다고도 한다. 처음의 주력은 600이었고, 나중에 강릉에 입성해서 3천 500명이 되었다고도 한다. 그러나 어느 쪽이든 강원도를 평정하는 병력으로서는 수가 너무 적다. 600이라면 특히 그렇다. 그러므로 이들의 목적은 성의 점령과 직접지배가 아니라 약탈과 수금이었을 가능성이 높다. 조직폭력배의 시장 한 바퀴 돌기나 세력권 넓히기 같은 것이다. 그들은 아직 지방에 상주병력을 두거나 지방관과 통치조직을 설치할 여력이 없었다. 우르르 떼거리로 몰려가 한 번 얻어먹고, 매년 내야 할 상납금액과 수금방식을 정하는 정도였다. 그 지역에 이미 어떤 세력이 존재했다면 그들을 하부조직으로 편입하고, 다시 '수입의 몇 프로를 내라'는 식으로 지분을 나누었을 수도 있다.

어떻든 동으로 간 선종의 위력시위는 꽤 큰 성공을 거두었다. 사실 처음에 양길이 선종에게 맡긴 임무는 '4번가와 5번가를 맡아라' 는 식으로 한쪽 구역을 맡긴 데 불과했다. 처음에 양길이 선종에게 제공한 근거지는 치악산 석남사(石南寺)였다. 이곳은 현재의 신림리 근처로 원주에서 제천으로 가는 길목이다.

그는 석남사를 거점으로 하여 주변 고을을 돌아다녔다. 그래도 그는 구역을 점차 확대하여 영월, 평창, 울진 지역으로 세력권을 넓혀 갔다. 이 무렵에 영월에 있던 흥녕사가 불타고, 이 절에 거주하던 고승 징효대사가 상주로 피난했다는 기록이 있다. 흥녕사를 불태운 집단이 선종의 부하들이었다면, 그리고 그것이 선종의 승인을 받은 일이었다면 승려 출신인 선종이 흥녕사를 태웠다는 사실은 매우 흥미있는 사건이다. 선종의 출신지인 세달사는 교종인 화엄종 계통이고, 흥녕사는 선종 사원이기 때문이라는 해석도 있으나 정상적인 상태라면 교종과 선종의 관계는 그 정도로 적대적이지는 않다.

그가 정통 승려였거나 혹은 미륵세상을 주장하는 이단적이고 개혁적인 승려였다고 해도 불교와 그 가치에 대한 기본적인 경외감을 지닌 인물이었다면, 사원을 약탈은 해도, 불태울 생각은 하지 못할 것이다. 어쩌면 그가 자신을 미륵불이라고 부르며 세상을 구원할 종교인 행세를 한 것은 오히려 그가 권력을 장악한 나중의 일일 수도 있다. 이때의 그는 한 손에 검을, 한 손에 경전을 들고 미륵세상을 전파하는 열렬한 구도자가 아니라 그냥 도둑떼의 두목이었을 가능성이 높다.

어쨌든 2년 후인 진성왕 8년 10월에 선종은 신라의 북쪽 거점인 강릉에까지 들어갔다. 옛날 만 명 단위로 헤아리던 고구려의 정규군도 함락하지 못한 도시가 강릉이다. 한때는 신라왕족의 직할령인 '경(京)' 이기도 했었다. 그 강릉이 600명에 불과한 마피아 집단을 물리칠 힘이 없었다.

강릉에서 그는 3천 500명의 병력을 모으고, 이들을 250명 단위로 나누

어 각 방향으로 운영했다. 중간보스들을 만든 셈이다. 공적 질서가 붕괴
되고 사방에서 크고 작은 마피아와 도둑떼가 출몰하는 가운데, 새로 등
장한 선종파는 신뢰를 얻기 시작했다. 우선 그들은 강했고, 지도자는 부
하들과 함께 먹고 자고 뒹굴었고, 뺏은 재물은 공정하게 나누어 가졌다.
부하들은 그를 존경하고 의지했으며, 조직에는 규칙과 질서가 살아 있
었다.

추종세력을 넓힌 그는 마침내 장군으로 추대되었다. 이 집단이 이젠
정치적 힘을 가지기 시작했다는 의미이다. 슬슬 자신의 꿈을 현실화하
기 시작한 그는 여기서 한 단계 도약하기 위해서는 보다 확실하고 안전
한 근거지가 필요하다고 생각했다. 다음 해에 그는 눈을 강원도 내륙으
로 돌렸다. 각 지역을 선점한 혹은 아직 신라에 충성을 바치는 지방세
력들을 차례로 격파한 그는 마침내 인제·화천·김화·금성·철원 지
역, 오늘날의 철의 삼각지를 평정하고 이 곳을 자신의 중심지로 삼았다.

이 단계에 이르자 예성강 북쪽지역의 군소 마피아와 보호자를 찾던
지방세력들이 자진해서 그에게 귀부하기 시작했다. 이 때부터 그는 스
스로 왕을 자처하며 관직을 설치하고, 나라 이름을 고려라고 부르기 시
작했다. 한편 이 즈음해서 그의 세력에 들어온 사람 중에 송악군(개성)
의 호족이던 왕륭(王隆)도 끼여 있었다.

왕륭의 가담은 선종에겐 큰 힘이 되었다. 아직 그의 세력이 황해도 서
부지역으로는 뻗지 못하고 있었기 때문이다. 다시 말하면 아직 그의 세
력권은 대부분 강원 산간과 분지 지역이었고, 평야지대로는 진출하지
못하고 있었다. 이럴 때 그의 세력권에서 좀 거리가 있는 송악의 호족
이 가담해 온 것이다.

왕륭 집안의 가계전승은 상당히 신비화되어 있기는 하지만 대대로
해상무역에 종사해서 상당한 부를 쌓은 호족집안이었음을 알려 준다.

송악은 신라에서 대당무역이 제일 활발한 지역의 하나였다. 그 가문은 선단을 보유했고, 당연히 선단을 보호하기 위한 무사와 적당한 병사들도 거느렸을 것이다.

고려시대의 역사기록에는 왕릉이 송악의 지배자였으며, 그가 선종에게 귀순하자 송악이 선종의 영토가 된 것처럼 묘사했다. 그러나 그 부분은 아무래도 좀 과장인 듯하다. 여느 군현처럼 송악에도 여러 명의 실력자와 유력한 가문들이 있었음에 틀림없다. 사실 왕릉의 발빠른 귀부는 좀 의문이다. 선종이 철원을 함락하면서 가능성을 보여주었다고는 해도 아직 황해도 지역을 위협하지는 못하고 있었으며, 마피아의 모습도 벗지 못해서 그의 측근도 대개 그와 비슷한 출신의 인물들로 채워져 있었다. 이런 때에 사회지도층에 속하는 왕릉이 자진해서 그의 세력으로 들어왔다.

그렇다면 당시 왕릉은 송악의 지배자가 아니라 오히려 송악의 권력투쟁에서 막상막하의 경쟁을 벌이고 있었거나 심하면 패하거나 위기에 처했던 것일 수도 있다. 그는 선종의 휘하로 들어간 후 선종을 송악으로 끌어들여 수도로 삼게 하고, 송악에 성을 쌓았다. 이 때 20세밖에 안 된 자신의 젊은 아들 왕건을 축성 책임자로 임명하도록 설득했다.

"세조[왕륭]가 [궁예를] 설득하기를 '대왕께서 만약 조선 숙신 변한의 땅을 지배하는 왕이 되시고자 하면 먼저 송악에 성을 쌓고 나의 장자를 성주로 삼는 것이 가장 좋을 것입니다'라고 하니 궁예가 그 말을 따라 태조[왕건]로 하여금 발어참성을 쌓게 하고 인하여 성주를 삼으니 이 때 태조의 나이 이십 세였다." (『고려사』 세가)

왕건이 쌓았다는 발어참성의 위치는 확실하지 않지만 고려의 왕궁이 있던 만월대 뒤쪽 산성으로 보는 견해가 있다. 고려 왕궁은 곧 왕건의 집터에 쌓은 궁이므로 발어참성을 쌓고 왕건이 성주가 되었다는 것은 왕씨가 선종의 군사력을 빌려 집 부근을 요새화하고 병력을 배치했다는 말이 된다. 결국 송악을 장악할 수 있는 안전한 거점과 무력을 확보했다는 이야기다. 이는 그가 선종의 힘을 이용하여 송악의 권력을 장악해 나간 사실을 간접적으로 보여준다.

그렇지 않다면 그는 대단한 야심가였을 것이다. 송악의 세력만으로는 야망을 이룰 수 없다고 생각한 그가 자진해서 선종의 세력에 귀의했을 가능성이 있다. 선종은 귀의한 왕륭을 곧 금성태수로 임명했다. 그러나 불행히도 왕륭은 다음 해에 사망해 버렸다. 하지만 그를 계승한 21세밖에 안 된 젊은 아들은 야망도 있고 능력도 있었다. 그가 지휘하는 왕씨가의 도움을 받아 선종은 철의 삼각지를 벗어나 연천·장단·풍덕을 장악했다. 그리곤 아예 송악을 도읍으로 정하고서 이 곳을 발판으로 한강 하류와 김포평야 일대까지 손에 넣었다.

언제부터인가 선종은 자신의 본명은 궁예(弓裔)이며 신라왕족의 후예라고 소개하기 시작했다. 다만 신라왕들의 연령을 잘 몰랐으므로 자기 부친이 47대왕 헌안왕이라고도 했다가 다음 왕인 경문왕이라고도 했다. 신라의 왕자가 왜 애꾸눈의 떠돌이 중이 되어야 했는가라는 물음에 대해서도 서민들의 동정을 자아내기 충분한 그럴 듯한 사연을 들려주었다.

"나[원문에는 '그'로 되어 있으나 여기서는 '나'로 표현했다 : 인용자]는 외가에서 태어났다. 내가 출생한 날(5월 5일) 지붕 위에 긴 무지개와 같은 흰 빛이 하늘에까지 닿았다. 일관이 아뢰기를 '이 아이가 5자가 겹친 날(5월 5일)에 태어났으며 나면서부터 이가 있습니다. 또 광염이 이상하였으니 장래 국가에 이롭지 못할 듯합니다. 기르지 마옵소서' 하였다. 이에 왕이 사람을 보내 그 집에 가서 죽이라고 했다. 그는 아기를 빼앗아 누각에서 마루 아래로 던졌는데, 마침 여종이 몰래 받다가 잘못하여 손으로 눈을 찔러 한 눈이 멀게 되었다. [여종이] 멀리 도망해 숨어서는 고생스럽게 길렀다. 10여 세쯤 되었을 때 내가 나가 놀기를 좋아하므로 여종이 말하기를 '네가 태어나서 나라의 버림을 받은 것을 내가 차마 보지 못하여 남 모르게 길러 오늘에 이르렀는데, 너의 미친 행동이 이러하니 반드시 남들이 알게 될 것이다. 그렇게 되면 나와 너는 다 죽음을 면치 못할 것이니 어찌하여야 할까?' 하였다. 나는 울며 말하기를 '만일 그렇다면 내가 멀리 가서 어머니의 근심이 되지 않게 하겠소' 하고는 세달사로 가서 머리를 깎고 중이 되었다."

그가 신라의 왕자였다는 고백은 사실일 수도 있다. 신라 후기에는 왕이 바뀔 때마다 다툼이 발생했고, 그 와중에 희생된 왕족도 많았다. 그러나 이 말의 진위 여부는 당시 사람도 확인하기 곤란했을 것이다. 『삼국지』의 주인공 유비가 돗자리 장수 출신인 것은 세상이 다 알았지만, 그 자신은 한(漢) 왕실의 후예라고 주장했다. 오늘날에 그 말의 진위를 가리기는 불가능하다. 그럼에도 불구하고 『삼국지』의 팬들은 굳이 그것을 인정하는 편과 부정하는 사람, 그리고 증거는 희박하지만 본인 자신은 그것을 굳게 믿었던 것 같다고 애매모호한 타협책을 제시하는 세 종류의 유형으로 나뉘어 있다. 이런 경우를 두고 진실의 영역이 아니라 믿음과 선택의 영역으로 들어가 버렸다고 말한다. 궁예의 경우도 이와 비슷하다.

　설사 그가 신라의 왕자였다고 해도 위의 이야기는 픽션이다. 그리고 그 창시자는 궁예 자신일 가능성이 높다. 궁예가 왕이 된 후에 자신의 권위를 높이기 위해 누군가에게 부탁해서 지어낸 이야기라고 보기에는 이야기가 너무 엉성하기 때문이다. 혹 여기저기서 베낀 이야기일 수도 있지만 하여간 이 이야기는 궁예의 지적 능력에 대해 충분히 의구심을 품게 만드는 작품이다. 산골 모닥불가에서 이 이야기를 듣던 순박한 졸개들은 감동을 받았을지도 모르나 세상 돌아가는 것을 아는 사람들이 들으면 이야기는 허점투성이다.

　첫 부분에서 그는 자신이 신라를 멸망시킬 위험한 운명을 지닌 선택받은 인물임을 밝힌다. 여기까지야 동양에서는 고전에 속하는 포맷이다. 새왕조의 왕, 역성혁명의 주역은 반드시 하늘이 점지하는 인물이어야 하기 때문이다.

　다음은 왕자로 태어나 애꾸눈 떠돌이 중이 된 사연을 설명하는 차례다. 여기서 좀더 그럴 듯한 설명을 하지 못하고, 애를 마루 위에서 던진 것을 여종이 받아 도망쳤다고 했다. 우리 나라는 높은 건물이 없다. 고려 말기에 권세를 휘두른 신돈이 거대한 중국식 저택을 지어서 관광명소가 되었는데, 그게 겨우 2층이었다. 거기서 던진 아기가 땅에 떨어졌는지 받았는지 알지 못한다는 것은 말이 안 된다. 눈이 찔려 피흘리며 우는 아이를 안고 여종이 들키지도 않고, 추격자를 따돌리고 도망쳤다는 것도 믿을 수 없다.

　왜 좀더 그럴 듯한 이야기를 꾸며 내지 못했을까? 그것은 이 부분에서 이야기의 초점이 자기가 애꾸눈이 된 사연으로 바뀌었기 때문이다. 본래의 목적을 생각하면 그것은 전혀 들어가지 않아도 되는 이야기인데, 그는 이 참에 자신의 콤플렉스였던 애꾸눈을 미화하려는 욕망을 참을 수가 없었던 것이다.

　뒷부분의 가출 장면도 엉성하다. 그가 불량소년이 되는 것과 신분이 탄로나는 것과는 전혀 상관관계가 없다. 어쩌면 이 부분은 자신의 가출 장면을 그대로 옮겨 놓은 것일 가능성도 있다. 평생 써먹을 거짓말 내지는 아주 그럴 듯한 거짓말을 하려면 처음부터 끝까지 거짓을 지어내는 것은 위험하다. 그래서 허풍꾼들은 실제 있는 이야기에 적당히 살을 붙여 꾸미는 방법을 자주 사용한다.

　만약 이 부분이 사실에 기초한 것이라면, 이 장면에서 어머니의 원래 대사는 "너 때문에 나와 우리 식구가 다 큰일나게 생겼다" 내지는 "너 때문에 우리 집안이 다 망하게 생겼다"였을 가능성이 높다. 그는 어린 나이에 벌써 상당한 불량소년이었거나 범죄 서클에 들어갔던 모양이다. 이 때 그는 무슨 큰 사건을 저질렀고, 모친이 이런 말을 하자 그는 "그럼 내가 없어지면 될 것 아니냐?"라고 말하고는 집을 나왔다. 가출은 했으나 의지할 곳이 없었던 소년은 절로 들어갔다.

　이 이야기는 전형적인 술자리에서의 허풍 구조를 가지고 있다. 자기의 허풍에 사실감을 더하려면 "이게 그 때 입은 상처다", "그래서 내 목소리가 이렇게 되었다"라고 하는 식으로 적당한 증거를 제시하는 게 효과적이다. 애꾸눈도 이런 분위기에서는 자신의 출생 비화를 증명하는 증거 아닌 증거 역할을 해 주었을 것이다. 어쩌면 이 이야기는 아직 장군 소리도 듣지 못하던 시절에 산골 모닥불가에서 자신의 애꾸눈을 미화하기 위하여 지어낸 이야기일 수도 있다. 그러나 그런 점을 고려해 주더라도 이야기가 매끄럽지 않은 것은 사실이다. 이것은 그가 순발력과 배포는 있지만 논리적인 두뇌와 어떤 일을 수행할 때 개인적인 감정과 욕망을 조절·억제하는 능력이 부족한 인물임을 보여준다.

　더욱 주목할 사실은 이 이야기가 이런 엉성한 상태로 세상에 회자되었다는 사실이다. 그가 처음 이 이야기를 꺼낸 날도 뭔가 내용이 이상

궁예가 장악한 지역.

하다고 느낀 사람도 있었을 것이다. 그러나 괜히 그것을 들먹였다가 성
난 궁예에게 한참 두들겨 맞았을지도 모른다. 그리고 이런 오류가 수정
되지 않고 세상에 떠돈 것으로 보아 이 상태는 그가 왕이 된 후에도 지
속되었던 것 같다.

궁예의 인격에 조금 불안한 면이 있었지만, 그것이 그가 세력을 넓히
고 조직을 확장하는 데는 별 장애가 되지 않았다. 옛날의 무장들에게서
지적이고 세련된 모습을 기대하기는 힘들다. 그들은 대개 거칠고, 위압
적이고, 술버릇이 고약했다. 통치자의 교양을 그토록 강조했던 조선시
대에도 무장 중에는 글을 읽지 못하고 거친 사람들이 많았다.

궁예는 승승장구했다. 김포 · 양천을 점령한 후 마침내 그는 옛 상전
이던 양길과 대립하게 되었다. 양길은 이 때 원주에서 충주까지, 그러니
까 지금의 중앙고속도로를 축으로 원주 · 제천 · 충주 일대의 30개 군을
지배하고 있었다. 김포와 충주는 멀리 떨어져 있는 듯하지만 이 시대의
고속도로였던 남한강 수로로 연결해 보면 두 사람이 각기 그 시발점과
종착역에서 마주 서 있음을 알 수 있다. 일전을 피할 수 없었다.

궁예의 실력을 잘 알던 양길은 신중하게 군대를 모았다. 그러나 너무 신중했다. 양길이 우물거리는 동안 궁예는 선제공격을 가해 양길을 역사에서 지워 버렸다. 다음 해인 900년에는 왕건을 기병대장으로 삼아 충북 일대를 완전히 석권했다. 궁예가 자신을 왕이라고 부르기 시작하고 자신의 나라를 고구려의 후신으로 자처하기 시작한 것이 이 때부터라는 기록도 있다. 그러나 본격적으로 국가체제를 갖추기 시작한 것은 902년(신라 효공왕 8년)부터였다. 새 나라의 이름은 마진(摩震)이었다. 이것은 불교용어에서 따온 것으로 중국, 동양을 의미한다.

나라를 세우려면 수도를 확정지어야 한다. 이 때까지 송악을 수도로 했다고 하지만 실상은 수도라기보다는 전진기지에 가까웠다. 궁예는 아직 궁성도 없었다. 이 시점에서 그는 송악을 포기하고 다시 철원으로 들어갔다. 그리고 이 곳에 거대한 궁궐을 건설했다. 이 궁궐의 터가 지금의 비무장지대 안에 남아 있다. 구철원의 홍원리, 월정리 지역에 있는 궁예의 궐터는 몇 해 전에 한 번 조사가 되었는데, 그 둘레가 무려 11km에 달했다. 세종실록 지리지에는 외성이 약 7km, 궁궐 주변을 감싸는 내성이 900m 정도라고 했다. 기록과 실제 조사와의 차이를 고려하면 내성도 둘레가 1km 정도는 되었을 것 같다. 그러니 궁예의 궁궐은 가로, 세로 각 250m 정도의 담으로 둘러싸인 건물군을 상상하면 되겠다.

철원으로 도읍을 정한 후 그의 세력은 더 커졌다. 남으로는 견훤의 부친 아자개가 통치하던 상주가 항복했고, 북으로는 평양의 성주 검용과 평안남도 강서군 일대의 붉은 옷 혹은 노란 옷을 입고 다니던 도적떼였던 명귀가 그에게 복속했다.

궁예는 서쪽으로는 한강 – 남한강 라인을 따라, 남으로는 소백산맥을 경계로 하여 그 이북지역을 다 지배하게 되었다. 그는 명실상부한 국왕이 되었고, 신라는 300년 만에 다시 소백산맥 안쪽의 작은 나라로 고립되었다. 이를 기념하기 위해서일까? 어느 날 궁예가 부석사를 방문했

경북 영풍의 부석사.

다. 소백산맥 자락인 현재의 풍기에 위치한 부석사는 신라가 통일을 이루던 667년에 의상대사가 창건한 절로, 신라왕실과 인연이 깊은 절이다. 그 관계를 암시하듯 부석사 대웅전의 불상은 동쪽, 즉 서라벌을 향하고 있다. 당시에는 그 관계가 보다 명시적이어서 벽에 신라 국왕의 초상까지 그려 놓았다. 절을 둘러보던 궁예는 벽에 그려진 신라 국왕의 초상을 보더니 다짜고짜 검을 뽑아 내려쳤다. 그 칼자국은 고려 때까지도 그대로 남아 있었다고 한다.

2. 후삼국의 시작

후백제

중부 이북지방을 장악한 궁예의 세력은 그와 비슷하게 호남·충남을 석권하고 있던 견훤(甄萱 : 견훤은 인명으로 읽을 때는 진훤으로 읽어야 한다는 견해가 있다. 그러나 아직 관행적으로나 일반적으로는 견훤으로 알려져 있으므로 이 글에서는 그냥 견훤으로 부른다)의 세력과 부딪히게 되었다.

근소한 차이기는 하지만 사실은 견훤이 궁예의 선배였다. 견훤이 광주・전주 일원을 장악하고 독립을 선언한 때는 궁예가 아직 비적떼 수준을 벗어나지 못하던 892년이었다. 자신을 왕으로 선포하고 나라를 건국한 시기도 한 발 앞선 900년이었다. 수도는 완산주(전주), 나라 이름은 후백제라고 하였다.

백제의 부활을 자처했지만 정작 견훤 자신은 백제인이 아닌 신라인이었다. 그의 고향은 현재의 상주 가은면이다. 부친 아자개는 이 곳의 향리 내지는 농민이었는데, 출신은 어떻든 능력 있는 무사였던 것 같다. 신라 말의 혼란기에 그는 무력으로 출세했다. 도둑 두목이나 정규군 장교가 된 것 같지는 않으므로 아마도 상주에서 자체적으로 조직한 자위대의 지휘관이 되었을 것이다. 적어도 상주에서는 능력을 인정받은 그는 장군으로 불리며 상주 읍내에서 거주하는 상주의 실력자가 되었다.

889년(진성여왕 3년)에 상주에서 원종(元宗)과 애노(哀奴)의 난이라는 유명한 농민반란이 발생한다. 상주는 경주와 가깝기 때문에 신라는 정규군을 출동시켰으나 서라벌군은 겁이 나서 제대로 싸우지도 않았고, 상주의 지배층과 부농층이 주도한 향병의 활약으로 진압되었다.

원종과 애노의 삶은 짧았으나 그들의 봉기는 신라가 국토에 대한 통제력을 상실하고 무정부 상태가 시작되었음을 알리는 상징적인 사건이 되었다. 아자개가 자기 세력을 넓히고 장군으로까지 불리게 된 것은 혹 이 사건과 관련이 있을 가능성도 있다.

아자개의 아들 견훤은 원종과 애노의 난이 발생하기 훨씬 전에 신라군에 입대했다. 난이 발생했을 때는 남해안 어디에서 복무중이었다. 부친의 모든 것을 물려받았는지 견훤은 기골이 장대하고 싸움에 능한 용사였다. 당시는 치안이 어지러워 해적이 많았다. 신라의 해적이 일본 해안에까지 횡행하여 일본이 연안경비를 강화했다고 할 정도였다. 물론 왜구에다 중국 해적까지도 출몰했다. 당나라는 중국의 한족왕조 중에서는 가장 개방적인 나라였기 때문에 동아시아의 해상무역이 활발했고, 그에 곁들여 상인·자위조직·용병·해적이 차례로 증가했다.

견훤은 크고 작은 싸움에서 용맹을 떨쳐 비장으로 승진했다. 아마도 그는 고향에서 일어난 반란 소식을 들었을 것이다. 그리고 서라벌에서 파견한 진압군은 감히 싸우지도 못했고 그 죄로 지휘관이 참수되었다는 얘기와 상세한 전황도 들었을 것이다. 중앙군의 허약함과 세상 돌아가는 상황을 파악한 견훤은 원종·애노의 난이 발생한 지 2년이 지난 891년에 반란의 깃발을 들었다. 군영을 떠나 남해안 일대를 쓸고 다닌 지 한두 달 만에 그의 세력은 5천 명으로 불어났다. 초기에 조직폭력배 비슷하게 세력을 넓히던 궁예에 비하면 훨씬 화끈하고 반란다웠다.

당시의 상황으로 보아 5천 명이면 어디든 도시 하나는 떨어뜨릴 수 있는 병력이었다. 견훤은 공격대상을 완산과 무진주, 즉 지금의 전주와 광주로 정하고 이 곳으로 진입했다. 처음에는 왕이라고 하지는 않고 스스로 '신라서면도통지휘병마제치지절도독전무공등주군사행전주자사겸어사중승상주국한남군개국공'이란 어마어마하게 긴 직함을 붙였다. 이 뜻을 설명하려면 더 길어지는데, 간략히 말하면 전주·광주를 중심으로 신라의 서쪽면에서 군사·민사·사법·감찰 업무를 한 손에 다 장악한 높은 분이라는 뜻이다. 그러면서도 마지막에 '개국공'이란 의미심장한 명칭을 넣는 유머를 보여준다. '개국공'이란 원래 나라를 세운 공신이란 뜻이지만, 여기서는 '곧 나라를 세울 분'이라고 새겨들어야 할 듯하다.

그가 전주와 광주를 택한 것은 이 곳이 곡창지역이며, 나라 이름인 후백제에서도 알 수 있듯이 옛날 백제의 영토로서 신라에 대한 원한이 깊은 지역이란 점을 고려한 것 같다. 혹 자신은 평양이나 한성이 더 마음에 들었다고 해도 그가 봉기한 곳이 남해안이었으므로 그 상태에서 평양이나 한성까지 뚫고 나가기는 어려웠을 것이다.

그러다가 900년에 정식으로 나라 이름을 후백제라고 하고 국가기구를 본뜬 관부를 설치하여 국가의 면모를 갖추었다. 이렇게 해서 900년 무렵부터 한반도는 다시 신라·후백제·태봉(궁예의 나라는 여러 번 이름을 바꾸지만 이제부터는 편의상 태봉이라고 부르겠다)의 3국이 마주하게 되었다. 이 시대를 역사에서는 후삼국시대라고 한다.

서로 국경을 마주하게 되었지만, 초기에 궁예와 견훤의 관계는 매우 조심스러웠다. 그들은 상대방이 결국은 최대의 적이 될 것이라고 예상은 했겠지만, 섣부른 충돌은 피하려고 했다. 당시 궁예는 양길과의 결전이 급했고, 양길을 제거한 후에는 충북 일원을 평정하여 한강 수로를 완전히 확보하는 것이 급했다.

견훤은 궁예와 양길이 버티고 있는 북쪽보다는 신라 쪽으로 먼저 진출하려고 했다. 후백제를 건국한 다음 해인 901년에 그는 당장 대야성으로 쳐들어갔다. 그러나 너무 성급했다. 아직 견훤의 힘으로는 유서 깊은 이 요새를 함락시킬 수가 없었다. 이 무렵에 양국 간의 관계와 운명을 결정하는 중요한 사건이 발생한다. 금성(錦城), 즉 지금의 나주가 견훤에게 등을 돌리고 궁예에게 투항한 것이다. 가뜩이나 대야성 공략에 실패해 화가 났던 견훤은 군대를 돌려 금성으로 쳐들어갔다. 그러나 금성도 함락시키지는 못하고 주변 읍들만 약탈하고 돌아갔다. 금성의 유지들은 궁예에게 원조를 호소했다. 건국 1년도 되지 않아서 양국 간의 관계는 냉각되고 견훤의 전략에 차질이 생겼다.

나주의 반란은 반란이라기보다는 거부였다. 나주는 새삼스럽게 반란을 일으킨 게 아니라 견훤이 후백제를 건국하던 애초부터 견훤의 세력에 복속하기를 거부했던 것 같다. 그리고 나주읍 하나가 반기를 든 게 아니라 나주를 중심으로 그 이남의 세력들이 갑작스레 출현한 경상도 장군의 지휘를 거부한 것이라고 생각된다. 그 이유는 전혀 기록에 나와 있지 않다. 다만 이후의 사태를 보면 견훤에 대한 나주세력의 거부감은 아주 대단하고 끈질겼다. 어쩌면 견훤의 무진주 정벌로 권력에서 밀려난 이 지역 토호들의 집단적인 반발이었을 수도 있다.

나주의 저항은 견훤에겐 불운 정도가 아니라 재앙이었다. 견훤의 최대 거점은 전주와 광주였다. 그가 처음 5천 명을 이끌고 독립의 깃발을 올린 도시도 전주가 아닌 광주였다. 그런 광주에서 도로상으로도 30여km 정도 밖에 되지 않는 나주가 반견훤 세력의 본거지가 된 것이다. 나주를 점령하지 못하는 이상 견훤은 전남의 남서지역을 장악할 수가 없었다. 그 정도를 가지고 재앙이라고까지 하느냐고 반문할 수도 있으나 나주의 진짜 중요성은 영산포, 즉 영산강 수로에 있다. 남해안에서 목포를 경유하여 내륙으로 들어오는 수로의 종착지이자 제일 중요한 포구가 나주의 영산포였다. 나주를 장악하지 못함으로 해서 견훤은 영산강 수로를 상실했다. 이 수로가 살아 있었다면 견훤은 영산강을 이용해서 비옥한 평야지대인 전남 서남부의 병력과 물자를 신속하게 광주로 집결시킬 수 있었을 것이고, 전주와 마찬가지로 광주를 자신의 최대 거점으로 육성할 수 있었을 것이다.

또한 영산강 수로를 상실함으로 해서 견훤은 진도와 목포 앞바다 신안군 일대의 섬들과 그 섬들을 무대로 활동하는 해적과 상인층 – 때로 양자는 구분이 곤란하지만 –, 능숙한 선원과 바다의 싸움꾼들을 확보하지 못하게 되었다. 목포 앞바다의 도서지역인 신안군은 송·원대 도자기를 싣고 일본으로 가다 침몰한 배가 발견되어 화제가 된 적도 있지만, 이 곳을 지나 흑산도 – 홍도로 이어지는 뱃길은 중국으로 가는 최대의 무역로다. 한국만이 아니라 일본의 무역선들도 이 항로를 많이 이용했다. 그러니 당연히 해적들도 집중되었을 것이다. 나중에 살펴보겠지만 나주로 대표되는 반견훤 세력에는 해적과 이 일대 도서지방의 유력자들이 꽤 가담한 흔적이 있다.

이 손실도 작은 것은 아니지만 재앙이라고 부르기에는 아직 지나친 감이 있다. 나주가 견훤에게 입힌 최대의 타격은 영산강과 목포 앞바다를 차단함으로써 서해에서 남해로 이어지는 바닷길을 끊어버린 것이다. 목포에서 한려수도를 지나 거제도까지 이르는 바닷길은 우리 나라 연안에서 가장 안전한 해상교통로다.

더욱이 삼국통일 이후 항해술에 상당한 진보가 있었는지 해상교통로의 이용이 대단히 활발해졌다. 정확히 어떤 기술상의 변화가 있었는지는 알 수 없으나 해상교통량이나 수군의 비중이 부쩍 증가한 것이 눈에 띈다. 후삼국이 정립하기 겨우 70여 년 전인 828년에 장보고는 완도의 청해진을 근거로 당과 일본까지 이어주는 해상왕국을 건설했다. 그것이 가능했던 배경에는 어떤 기술적·사회적 변화가 깔려 있었음에 틀림없다. 장보고가 살해된 해가 846년이었으니 아직 소년 시절에 장보고의 배를 탔었노라고 말하는 늙은 선원을 만날 수 있는 시기였다.

그런 때에 견훤은 전주와 광주, 전남 내륙에서 모집한 병사와 군량을 바닷길을 통해 남해 연안으로 내려 보낼 수 없게 되었다. 대야성 공략에 실패하자 견훤은 대뜸 나주로 진군하여 주변 지역을 약탈했다. 이것이 그냥 우연이었을까? 바닷길만 이용할 수 있었더라면 쉽게 신라 영토로 진입했을 거라는 아쉬움에 새삼스레 나주에 대한 분노가 솟구쳤기 때문은 아닐까?

나주 공방전

궁예가 철의 삼각지를 벗어나 황해, 경기 나아가 충북 일대를 장악하는 데 가장 큰 도움을 준 사람이 바로 송악의 왕릉 일가였다. 그리고 이 정복과정에서 그들은 송악 일대를 장악하고, 궁예 휘하의 무장집단 중에서 최대의 세력가로 성장했다. 그렇기 때문에 궁예에게 왕씨가는 최고의 도우미면서 제일의 경계 대상이기도 했다. 그들이 숙청의 대상이냐 신뢰의 대상이냐를 결정하는 것은 왕씨가의 이용가치에 달려 있었다.

이 때 생각지도 않게 나주에서 궁예에게 도움을 청해 왔다. 궁예에게나 왕건에게나 이것은 복음이었다. 나주가 궁예에게 도움을 요청해 왔을 때 궁예는 난감해하면서도 나주의 이반이 견훤에게 얼마나 치명적인 타격인가를 금새 깨달았을 것이다. 그러나 나주는 너무 멀고, 궁예의 영토와는 완전히 단절되어 있었다. 그들을 돕기가 쉽지 않았지만, 그들의 요청을 무시하기에는 나주의 가치가 너무나 아까웠다. 이미 신라는 그들의 고토로 돌아가 소백산맥의 관문을 지키기에 급급했다. 그들은 상대가 아니었다. 조만간 결전을 벌여야 할 상대는 누가 보아도 견훤이었는데, 나주는 그야말로 견훤의 등에 박힌 비수였다. 상대가 그것을 뽑도록 내버려 둘 수가 없었다.

왕건에게 나주 사태는 저 의심많은 보스에게 자신의 새로운 가치를 상기시켜 주는 사건이었다. 태봉군이 나주로 갈 수 있는 방법은 바닷길 뿐이었다. 그러나 궁예의 직계부하들은 강원 산간지역의 도둑 출신들이다. 배를 다루는 것은 특수한 기술이다. 게다가 배를 만들고 배를 부릴 줄 아는 사람들은 상대적으로 드물고, 큰 배를 다루고 멀리 항해할 수 있는 사람은 더욱 드물다. 궁예와 그의 부하들에게는 그쪽으로는 인맥이 없었다.

그러나 왕씨 일가는 해상무역가 집안이었다. 그렇지 않았다고 해도 송악은 예성강 하구에 자리잡은 도시다. 이런 저런 인맥을 통하면 우수한 선박기술자와 선원들을 고용할 수 있었다. 어떻든 왕건이 거느린 해군은 후삼국 시대에 가장 강력한 해군이었다.

903년 왕건은 수군을 이끌고 영산강을 거슬러 올라가 나주로 진입했다. 나주라는 지명도 이때 생겼다.『고려사』에서는 왕건이 금성과 주변 10군을 점령하고, 이 곳의 지명을 금성에서 나주로 바꾸었다고 했다. 하지만 점령했다는 것은 과장이다. 그는 이 곳을 방문하고 무력시위를 한 것에 불과했다. 아마도 나주와 주변 10여 군 정도가 반견훤 세력의 근거지였던 모양이다. 왕건은 나주에 오래 머무르지 않았지만 이 원정으로 태봉군이 나주의 반군을 직접 지원할 수 있다는 사실을 증명해 주었다.

정말로 열을 받았을 견훤은 신라침공을 잠시 멈추고 영산강을 되찾기 위한 대대적인 작전에 돌입했다. 왕건의 해군을 격파하기 위해 견훤도 병력을 모으고, 대규모로 전함을 건조했다. 우수한 선원도 필요했으므로 도서지방의 해적도 포섭했다. 아울러 이것을 적당히 홍보하여 반란군의 분열을 꾀했다. 이것은 꽤 효과가 있었던 듯하다.

견훤이 대공세를 준비중이라는 정보는 당연히 궁예에게도 들어갔고, 궁예도 꽤 근심을 했다고 한다. 궁예는 왕건의 세력 확장에 부담을 느끼기 시작했지만, 그에게는 나주세력의 존재가 너무나 귀중했다. 수군은 전문성과 희소가치가 높은 병종이다. 결국 그는 다시 한 번 왕건의 필요성을 인정하지 않을 수 없었다. 궁예는 왕건을 해군대장군으로 임명하고, 예성강, 임진강, 한강, 세 강의 입구가 되는 정주(貞州: 경기도 개풍군 풍덕)에서 전함을 건조하게 했다.『고려사』는 당시의 상황을 이렇게 전한다.

"태조는 궁예가 날로 교만하고 잔학하여 감을 보고 다시 외방의 일에 뜻을 두게 되었다. 마침 궁예가 나주의 일을 근심하다가 드디어 태조를 보내 진압하도록 하고 벼슬을 올려 한찬 해군대장군을 삼았다. 태조가 정성을 다하여 군사를 위무하고 위엄과 은혜를 아울러 베푸니 사졸들이 존경하고 애모하여 다 용맹을 드날릴 생각을 하게 되어 적군조차도 두려워하였다."

왕건이 궁예의 잔학함을 피하기 위해 외방의 일에 뜻을 두었다는 말은 두 사람 간의 긴장관계가 높아져 갔다는 사실을 시인하는 것이다. 그러나 궁예는 나주 때문에 왕건에게 권력을 부여하지 않을 수 없었다. 왕건은 전함을 건조하고 군사를 모았다. 아직 국가체제가 정비되지 않은 상태였으므로 이렇게 모은 물자와 인물은 오늘날처럼 전쟁이 끝나면 자기 자리로 돌아가는 것이 아니라 다 왕건의 차지가 된다. 나주 덕분에 왕건은 궁예로부터 의심과 견제를 받을 필요 없이 합법적으로 자신의 세력까지 확대할 수 있었다.

909년 견훤은 새로 건조한 함대를 목포로 진주시켜 영산강 하구를 차단했고, 왕건은 고립된 나주를 구원하기 위하여 출진했다. 이 순서는 반대일 수도 있다.

왕건의 병력은 2천 500명. 견훤측은 알 수 없으나 당시 견훤이 인솔하는 병력이 언제나 3천에서 3천 500명 정도였으므로 이 때도 예외가 아니었을 것이다. 왕건은 영산강 하구로 바로 진입하지 않고 먼저 진도와 영산강 하구의 고이도를 함락했다. 여기서 어떤 세력의 협력을 끌어내어 세를 보강했을 가능성도 있다. 이어 왕건과 견훤의 군대가 영산강 하구에서 격돌했다.

"나주의 포구에 이르자 견훤이 친히 군사를 인솔하고 전함을 배열하니 목포로부터 덕진포에 이르기까지 전후가 서로 잇대어서 수륙 양면에 종횡하여 병세가 자못 성한지라 제장이 이를 근심하거늘 태조가 말하기를, '근심할 것 없다. 싸움에 이기는 것은 화합하는 데 있는 것이요 수가 많은 데 있는 것이 아니다'라고 하였다. 이에 진군하여 급히 공격하니 적선이 얼마간 퇴거하거늘 바람을 타서 불을 지르니 불에 타고 물에 빠져 죽는 자가 태반이었다. 오백여 급을 참호하니 견훤이 조그마한 배를 타고 도망쳐 버렸다."

"처음에 나주 관내의 여러 고을이 우리 편과 서로 막혀 있고 적병이 차단하였으므로 서로 응원할 수가 없어 자못 걱정하고 의심을 품더니

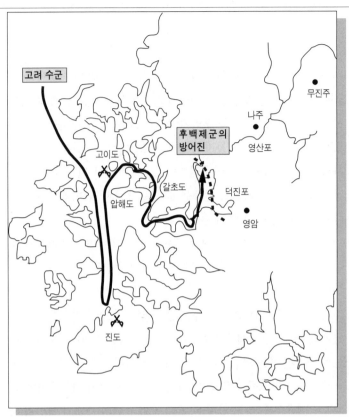

왕건의 영산강 해전.

이에 이르러 견훤의 정예한 군졸을 꺾으니 여러 사람의 마음이 다 안정되었다. 이에 삼한의 땅을 궁예가 태반이나 차지하게 되었다." (『고려사』 세가)

옛날 사서의 전쟁이야기에는 몇 가지 공식이 있다. 주인공은 언제나 약하거나 불리하고 적은 강하다. 주인공은 마지못해 전쟁이나 공격에 참여하고, 그 군대는 털끝만치도 민폐를 끼치지 않아 백성들의 칭송을 받는다. 이렇게 해서 주인공은 능력과 인덕을 인정받는다. 예나 지금이나 지도자의 자격 요건은 능력과 덕이다. 그러다 보니 역사책은 승자에겐 늘 이 두 가지 메달을 달아 주고, 패자는 무능력자 내지는 악인이 된다.

그러나 이 전투기록을 다시 한 번 살펴보자. 먼저 견훤의 함대가 목포와 덕진포까지 늘어서 있었다고 했다. 목포는 현재는 바닷가에 있지만 옛날에는 배들이 약해서 포구가 지금처럼 해안에 있지 않고 강 안쪽에 있었다. 그러므로 위 기록에서 말하는 목포는 지금의 영산포 부근이었을 것이다. 덕진포는 영산포 아래 쪽에 있는 영암군 지역의 강가이다. 다시 말하면 견훤의 함대는 그 수가 꽤 되었음에도 불구하고 영산강 안쪽에서 죽치고 있었다는 얘기다.

그러는 동안 남하해 온 왕건의 함대는 먼저 진도와 고이도를 공략했다. 영산강 하구에는 섬이 많은데, 지도를 자세히 보면 현재의 목포는 일종의 삼각지로서 목포 앞바다에서 물길이 Y자를 옆으로 세워놓은 듯이 두 갈래로 갈라진다. 고이도와 진도는 각각 그 길의 양쪽 끝에 있다. 왕건은 이 두 섬을 먼저 점령함으로써 영산강으로 진입하는 두 회랑의 입구를 장악하고, 그들이 강으로 진입했을 때 배후를 공격당할 위험을 끊었다.

그동안 견훤의 함대는 영산강 안쪽에서 꼼짝하지도 않았다. 그 뿐 아니다. 견훤은 함대를 집결시키지 않고 영산포에서 덕진포까지 장사진을 치고 강 양쪽에 육군까지 배치하여 협공하게 했다. 이것은 왕건 함대에 대한 공격을 포기하고 처음부터 수비전술로 나왔다는 사실을 알려준다.

견훤군의 작전은 수는 많지만 실력에는 자신이 없는 군대의 전형적인 행위이다. 그들이 보다 공격적이었다면 함대를 밀집대형으로 집결시키거나, 함대를 둘로 나누어 영산강으로 진입한 왕건의 함대를 앞, 뒤에서 포위했을 것이다. 그리고 그들의 수가 많았던 만큼 영산강 안쪽보다는 좀 더 넓은 곳을 싸움터로 택했을 것이다. 고이도는 워낙 작은 섬이라 그곳의 백제군은 그저 경비초소 정도에 불과했을 수도 있지만, 진도만 해도 큰 섬이다. 견훤이 자신감이 있었다면 왕건이 진도를 공격할 때, 그 배후를 칠 수도 있었을 것이다.

　물론 왕건의 입장에서는 무조건 이 곳을 돌파하여 나주로 진입해야 한다는 약점이 있다. 전쟁은 스포츠가 아니다. 싸울 때는 자신이 강하든 약하든 적의 약점을 잡아 자신에게 최대한 유리한 지점에서 유리한 방법으로 싸워야 한다. 견훤군은 왕건의 이 약점을 노리고 영산강 안쪽을 싸움터로 택했을 가능성도 있다. 왕건이 이 방어망을 통과하지 못한다면 나주는 저항을 포기할 것이 자명하기 때문이다.

　혹은 후백제군이 왕건을 영산강 안쪽으로 끌어들인 후 진도의 병력을 출동시켜 왕건을 앞, 뒤로 포위하려는 작전이었는데, 왕건이 이를 눈치채고 먼저 진도를 공략하여 이 계획을 무산시켰을 가능성도 있기는 하다. 북쪽에서 내려왔을 왕건군이 먼저 남쪽의 진도를 치고, 북쪽의 고이도를 친 후 다시 남하하여 영산강으로 진입한 것이 조금 이상하기 때문이다.

　그러나 설사 그런 사연이 있었다고 해도 후백제군의 대응은 너무 수동적이다. 어떤 세부계획이 있었든 간에 그들의 작전이 처음부터 수비 중심이었던 것만은 분명하다.

　후백제군의 태도를 보면 16세기 영국 해군(반은 해적이었지만)과 스페인 해군의 전투가 연상된다. 육전에서는 유럽 최강이었지만 바다에서는 힘을 쓰지 못했던 스페인 해군은 해상에서는 감히 영국군과 대적하지 못하고 가능하면 항구나 육지에 바짝 붙어 수비대형을 취하면서 육군의 도움을 받아 그들을 먼 바다로 쫓아 내려고만 했다. 후백제군이 병력의 우세에도 불구하고, 왕건군을 공격하지 못하고, 강에서도 밀집대형을 포기하고 장사진을 친 이유는 강변에 포진한 육군의 도움이 절실했기 때문이었다.

　견훤의 수군은 왕건의 군대처럼 체계적으로 조직되고 오랫동안 손발을 맞춘 부대가 아니라 여기저기서 집단과 선원을 끌어모아 구성한 부대일 가능성이 높다. 이런 부대는 전술적인 대응력이 떨어지고 느리다. 반면 왕건군은 수는 적어도 전투력은 높았던 것 같다.

"싸움에 이기는 것은 화합하는 데 있는 것이요 수가 많은 데 있는 것이 아니다"라는 왕건의 말도 새겨볼 만하다. 이 말은 추상적인 격언이 아니라 당시 상황에 대한 왕건의 진단이라고 보아야 하지 않을까?

이런 형태의 두 부대가 만났을 때 사용하는 전형적인 전술이 있다. 수는 많지만 개별적인 전투력은 떨어지는 부대는 수비대형을 굳히고, 적이 공격하면 정면대결을 피하고, 후퇴하여 진 안으로 끌어들인 후 포위하여 협격한다. 그것을 아는 적은 감히 진 안으로 들어오지 못할 것이다. 그러면 방어전은 성공이다. 혹 무모하게 들어온다면 포위하여 적을 잘게 쪼개고, 이를 다시 포위하여 섬멸한다.

반면 왕건군과 같은 경우는 밀집하여 적의 방어선을 뚫고, 적의 중심부로 돌진한다. 이 경우 가능한 한 신속하게 움직여서 적의 대형을 혼란에 빠뜨려야 한다. 그것이 성공하면 적은 혼란에 빠질 것이고, 성공하지 못하면 역으로 포위될 것이다.

왕건이 급히 공격했다는 기록은 그들이 이 전술을 사용했음을 암시한다. 사실 강이 좁기 때문에 견훤군이 왕건의 수군을 포위하기는 쉽지 않았다. 대신 그들은 육군의 지원에 큰 기대를 했던 것 같다. 포위하지는 못해도 강 연안에 붙어 육군의 사격권 내로 들어서면 왕건군은 더 이상 진격하지는 못할 것이다.

예상대로 최초의 대전에서 견훤의 함대는 왕건군의 공격을 맞받지 않고 후퇴했다. 육군의 보호막 속으로 들어갔거나 포위를 위해 한 부대가 뒤로 빠졌을 것이다. 그러나 여기서 왕건은 과감한 돌격과 절묘한 화공으로 견훤 수군의 움직임을 무력화시켰다. 이 부분이 이날 전투의 백미요 제일 중요한 부분인데, 늘 그렇듯 이 사료의 상황설명은 중요한 부분을 놓치고 있다.

아무튼 견훤이 조각배를 타고 도망쳤다는 기술로 보아 그들이 견훤군의 중심부로 돌격한 것은 분명하다. 후백제 수군은 돌격하는 고려군을 저지하지도, 포위하지도 못하고, 반대로 동강나 버렸으며, 후백제군이 진형을 정돈하고 배후를 공격해 오기 전에 고려군은 후백제 함대의 중군을 불태우고, 붕괴시켜 버렸다.

이 일전으로 바다는 왕건의 영역임이 다시 한 번 증명되었다. 백제의 수군을 무찌른 왕건은 위풍당당하게 강을 거슬러 올라가 영산포로 들어갔고, 나주민은 그들의 영웅에게 열광했다. 이어 왕건은 첩자를 광주 근처에 상륙시켜 지난 해전에서 패배한 견훤파 해적들이 다시 결집하려는 계획을 탐지했다. 그들의 두목으로 별명이 수달인 능창이 고이도 바로 옆에 있는 갈초도에 있다는 사실까지 탐지한 그는 10여 명의 해병 특공대를 갈초도에 침투시켜 능창을 체포, 처형했다. 이로써 왕건은 이 지역의 제해권을 완전히 장악했다.

해전에서는 가망이 없음을 깨달은 견훤은 다음 해에 다시 3천의 병력으로 나주성을 포위했다. 하지만 왕건을 신뢰한 나주민은 10여 일 이상 굳건하게 성을 지켰다. 그들의 기대대로 왕건은 정주에서 전함 70척에 2천의 병력을 싣고 나주로 들어갔고, 견훤은 포위를 풀고 다시 후퇴해야만 했다.

2차에 걸친 나주 공방전은 견훤에겐 치명적인 상처를 남기고 끝났다. 이후 견훤은 다시는 나주를 공격할 엄두를 내지 못했다. 흔히 후삼국 초기에는 후백제가 가장 강성했다고들 말하지만, 이는 후백제가 전남의 1/3이 잘려나간 불구의 몸으로 경쟁에 뛰어들었다는 사실을 간과한 설명이다. 초기 후백제의 우위는 견훤의 뛰어난 군사적 능력과 그의 강력한 정예병 덕분이었다. 그러나 총체적이고 장기적인 안목에서 보면 견훤은 결코 유리하지 않았다.

반면 왕건은 바다와 함께 전남 서남부라는 새로운 영지를 얻었다. 나중에 이 지역에 있는 자신의 영토가 40여 현이라고 말하기도 했다. 나주가 태봉에 복속했다지만, 실제적으로는 왕건에게 복속한 것이나 다름없다. 왕건은 이 지역에서 상당한 병력과 물자, 그리고 무사를 모았을 것이다. 그는 이 곳 나주의 토호 오씨의 딸과 결혼하는 것도 잊지 않았는데, 그녀의 아들이 나중에 왕건의 후계자인 혜종이 되었다.

또한 나주는 궁예의 왕국 안에서 그의 정치적 지위를 보장해 주는 확고한 안전판이었다. 궁예가 전략적 계산이 빠른 인물이었다면 이 사태는 꽤나 복합적이었을 것이다. 왕건의 성장이 마음에 걸리지만, 나주는 후백제의 한쪽 발목을 단단히 죄는 올무요 덫이었다. 이 곳에서 생산되는 곡물을 중부의 궁예 영토로 수송하고, 이 지역을 자신의 지지세력으로 붙잡아 두는 것은 오직 왕건의 수군에 달려 있었다. 그러니 왕건의 세력이 아무리 마음에 걸려도 궁예로서는 그를 제거할 수도, 약화시킬 수도 없었다. 어느 것이든 자신의 무덤을 파는 행위였기 때문이다.

3. 미륵불의 현신

912년 궁예와 견훤의 군대는 지금 경부고속도로와 호남고속도로가 만나는 회덕 부근에서 한 차례 격돌했으나 승부를 가리지 못했다. 이후 삼국의 싸움은 잠시 소강 상태를 보인다. 하지만 그 평화는 폭풍 전야의 고요였다. 궁예와 견훤은 다같이 힘을 비축하기 위한 내부 정지작업에 들어갔다.

그런데 지금까지 후삼국 부분을 읽는 동안 무언가 이상하다는 생각이 든 독자분들도 계실 것이다. 옛날 백제의 영토를 차지했다는 견훤이 특별히 험한 지형도 아니고 평야 한복판에 있는 나주성 하나를 점령하지 못해 쩔쩔 매고 있다. 게다가 양측이 총력전에 동원한 군대도 불과 이삼천 명을 넘지 못한다.

　그 이유는 후삼국이라고 하는 나라들이 그 속을 들여다 보면 국가라고 하기에는 쑥스러울 정도의 조직체였기 때문이다. 엄밀하게 말하면 신라 말에 시작된 무정부 상태의 연속이었다. 신라도 형편없어졌지만, 신생국인 태봉이나 후백제도 국가라기보다는 거대한 신디케이트에 가까웠다.

　그들은 지방을 지배할 조직도 없고, 예전처럼 지방에 주둔시킨 군대도 없었다. 각 지방은 그 지역의 유력자와 자위조직에 의해 운영되고 있었다. 이런 상태에서는 군현 주민을 대규모로 동원한다거나 조직적으로 세금이나 군사를 징발하기가 쉽지 않다. 태봉이든, 후백제든 그들로부터 약간의 세금 내지는 상납금을 받아내는 수준에 불과했던 것이다.

　그렇다면 이들의 군대는 어떻게 구성되었을까? 전처럼 지방행정망을 이용한 조직적인 징병은 힘들었으므로, 투항한 도적떼나 사적으로 모집한 병사들, 그들과 마찬가지로 모험과 야망을 가지고 자발적으로 참여하는 토호세력 등이 주 구성원이었을 것이다. 물론 토호세력의 군대도 마찬가지여서 친지·무사·도적·예속민·용병 등이 주 전력을 이루었을 가능성이 높다. 군현에 할당을 내려 징집한 병력도 없지는 않았겠지만, 이 힘에는 한계가 있었다.

　왕건 집안같이 어느 군현의 유력자가 복속했다고 해도 그 군현이 완전하게 자기 지배로 들어오는 것은 아니었다. 하나의 군현은 한 가문에 의해 장악되는 게 아니라 대개는 여러 토호 가문의 협력에 의해 운영되었다. 어떤 면으로 보면 완전한 지방자치의 시대였다. 전국이 혼란해지자 그들은 나름대로 자위대도 만들고 통치기구나 협의체를 구성해서 군현을 운영했다. 군현에 따라 상황은 천차만별이었겠지만 크게 보면 군현의 상부기구는 유력한 토호 중에 통치력도 있고 정치력이 있는 사람이 고위직을 맡고, 특별히 군사에 자질이 있는 사람이 장군이 되는 식으로 그들은 지위를 나누어 가졌다. 상주의 장군으로 출세한 견훤의 아버지 아자개나 궁예의 오른팔이 된 송악의 왕륭도 상주나 송악의 지배자가 아니라 이런 정도의 실력자였다고 추측된다.

집단지배체제였기 때문에 그 중 누군가가 어느 한 세력의 휘하로 들어가 출세했다고 해도 그 군현의 지배권이 과거의 부족장이나 대귀족의 식읍처럼 일괄로 그의 수중에 장악되지는 않았다. 그런 출세욕 내지는 진취적 기상이 부족한 대부분의 토호들은 적당히 강한 쪽에 상납을 하면서 눈치를 보았다. 후삼국은 거의 내내 이런 상태였다. 그러므로 어느 군현이 누구에게 복속했다거나 누가 누구 편에 섰다고 하는 경우라도 상당수는 동맹도 아니고, 옛날의 주종관계보다도 훨씬 못한 상납과 협력을 약속하는 관계가 대부분이었다고 생각된다.

이런 상태였으므로 특정 지역의 지도자와 협력관계를 개설하고, 그들로 부터 지원을 받아내거나, 휘하로 들어온 군사집단과 충성과 우호관계를 돈독히 하려면 인질 교환밖에 없었다. 그 중에서도 가장 확실하고 안전한 방법이 혼인이었다. 궁예의 혼인관계는 잘 알려지지 않았지만, 견훤은 처와 첩이 많았고, 왕건의 혼인은 통일 후에도 이어져 부인이 29명에 달했다.

이 정도도 상당한 시간이 지난 후의 상태였다. 그러니 초기에 서로 괜한 충돌을 반복하다간 설사 상대를 꺾고 승리한다고 해도 사적으로 모아 거느리고 있는 자신들의 무력기반이 소진되어 버릴 우려가 있었다. 그리고 그렇게 초라한 상태가 되면 한반도의 나머지 영토를 점령하기는커녕 누군가의 쿠데타나 신흥세력에게 당하고 말 것이다.

912년을 전기로 양측이 약속이나 한 듯 휴전 상태에 돌입한 이유는 이 때문이었다. 그래도 견훤은 참지 못하고 궁예측이 조용한 틈을 타 915년에 다시 한 번 대야성을 공격했는데, 이번에도 성공하지 못했다. 전략과 행동방식을 보면 확실히 견훤은 저돌적이거나 성급한 성격의 소유자였던 것 같다.

견훤은 초조했다. 처음 봉기하여 전격적으로 광주와 전주를 점령할 때는 당장이라도 신라를 쳐부술 기세였는데, 나주가 발목을 잡았고, 대야성과 나주 공략을 두고 갈팡질팡했다. 전략에 혼선이 빚어진 것이다. 그 결과 15년이란 세월이 지나도록 어느 하나도 점령하지 못했다.

반면 궁예는 전쟁을 멈추고 내부 정비에 힘을 쏟았다. 궁예는 모든 정복전을 단기간에 마쳤고, 전략의 혼선도 없었다. 영토도 넓었고, 한강·예성강·임진강 수로를 안전하게 확보했다. 이렇게 보면 초기 상황은 궁예 쪽에 높은 점수를 줘야 할 것 같다. 그러나 바로 이 내치가 문제였다.

태봉의 관제나 정부조직은 이름은 좀 달랐지만 대개 신라의 제도를 본뜬 것이었다. 그 정부를 채우는 사람들은 진골 세상이던 신라와는 달랐겠지만, 그렇다고 어떤 사람들을 어떻게 관리로 등용했는지는 알 수 없다. 신분제 사회에서 나라가 안정이 되려면 정부를 구성하는 관리들이 동질성이 있어야 한다. 그러나 궁예정권의 관리들은 종류가 다양했다. 국가의 모습을 갖추자 지방 명망가에 유학자도 등용했지만, 궁예의 심복과 그의 휘하로 들어온 도둑 비슷한 집단들, 승려와 같은 다양하고 이질적인 집단들이 그의 정부를 채웠다.

신분적·이념적 동질성도 없고, 제각각 자기 패거리를 거느려서 서로 화합하지 못하고 패거리 의식은 강한 이들을 어떻게 다루어야 할까? 자신이 다스리는 사회가 마피아 사회의 범주를 넘어서자 궁예는 혼돈스러워 지기 시작한 것 같다. 곤혹스러워진 그는 옆으로 새기 시작했다.

911년 궁예는 나라 이름을 태봉으로, 연호를 수덕만세로 고쳤다. 이 무렵부터 궁예는 자신이 미륵불이라고 자칭하기 시작했다. 머리에는 보살이 쓰는 금색관을 쓰고, 몸에는 승복을 걸쳤다. 두 아들에겐 청광보살·신광보살이란 이름을 붙였다. 밖에 행차할 때는 말갈기와 꼬리를 채색 비단으로 장식한 백마를 탔다. 행렬의 앞에는 어린 소년·소녀가 양산과 꽃과 향로를 받들고 걸어가고, 200명의 비구니가 불가를 부르며 뒤를 따랐다.

미륵불 복장만 한 것이 아니라 새로운 교리도 폈다. 그는 자신이 중심이 된 새로운 교리를 20권의 책으로 저술했다. 옛날 책 20권은 요즘식으로 하면 두 권이 못 되는 분량이지만, 대중을 상대로 하는 신흥종교의 교리가 복잡·미묘할 필요는 없으므로 그 정도면 충분할 것이다. 그는 단상

관을 쓰고 연화를 든 미륵불. 궁예도 이런 모습으로 군중 앞에 나타났을 것이다.

에 가부좌를 하고 앉아 이 교설을 강론하기도 했다.

그 내용은 전하지 않는다. 궁예가 미륵불을 자칭했다는 사실에서 그가 혁명적 혹은 민중적 지도자였다는 추측을 하기도 한다. 원래 미륵불이란 다음대에 부처가 되기로 정해져 있는 존재를 말한다. 현세를 살고 있는 미륵은 엄밀하게는 아직 부처가 아니고 수행중인 보살이다. 그렇기 때문에 우리 눈엔 인간으로 보이는 한 사람이 "내가 미륵불이다"라고 말하는 게 가능해진다.

미륵이 내세에 부처가 될 몸이기 때문에 미륵신앙은 현실의 모든 고통을 참고 신앙생활에 정진함으로써 내세의 행복을 바라는 지극히 내

세지향적인 신앙체계를 가져오기도 하고, 반대로 지극히 현실적인 종교가 되기도 한다. 다음 세대에 부처가 될 사람이 현실 세계에 존재하는 이유는 현재의 세상을 정토세계로 건설하기 위해서라고 말할 수도 있기 때문이다. 이것을 미륵하생신앙이라고 한다.

그러나 미륵신앙은 여기까지다. 미륵하생신앙은 혁명적이다고 말하는 것은 큰 잘못이다. 미륵하생신앙이라고 해도 그들이 사바세계에서 실현하려는 정토세계의 구체적인 모습은 계층과 사람에 따라 다르다. 미륵불과 함께 만들고 싶은 세상이란 어떤 사람에겐 커다란 호수에 연꽃을 심고-참고로 연꽃은 정토세계의 상징이다-, 지붕과 난간과 벽을 금으로 덮은 팔층 누각을 짓고 부와 권력을 만끽하는 세상이고, 누구에겐 민중이 주인이 되는 이상세계다.

민중이 주인이 되는 사회라고 해도 구체적인 모습을 이야기하라면 사람마다 달라진다. 새로운 체제를 요구하는 사람도 있겠지만, 어떤 사람은 단지 훌륭한 지도자가 서서 정치를 잘 해주기만을 바랄 수도 있다.

'백성이 나라의 근본'이란 말은 고대 유학에서부터 절대불변의 원리였다. 하지만 그 말을 민중이 권력을 장악해야 한다는 뜻으로 해석하는 사람도 있고, 백성이 없으면 농사짓고 부려먹을 사람이 없어 지배층이 배고프고 곤궁해진다는 뜻으로 이해하는 사람도 있는 것이다.

그러므로 궁예가 새로운 미륵종교를 설파했다는 사실만으로는 아무것도 확신할 수 없다. 그가 백성들에게 저항의 논리를 설파했을 수도 있지만, 그의 강연과 책이 미륵의 세상이 시작될 때에 발생하는 온갖 신비로운 징조와, 자기가 미륵이라는 징조, 미륵을 어떻게 섬기고 받들어야 하는가에 관한 궤변으로 가득 찼을 가능성도 있다. 물론 이 둘이 함께 섞여 있을 수도 있다.

궁예의 진실이 어느 쪽이든 궁예의 시도는 심각한 저항에 부딪혔다. 궁예의 문제는 내부의 여러 집단을 포용하고 그들 간의 갈등을 조절할 능력이 달린다는 것이었다. 지적 능력이 부족하니 힘에 의존할 수밖에 없다. 그는 불교를 이용하여 신적 권위까지 내세우며 내리누르기 시작했다. 이 과정에서 여러 사람들이 죽고 다쳤다. 사람들의 반발이 심해질수록 궁예는 거칠어졌다. 915년 그는 부인 강씨와 두 아들 청광보살, 신광보살을 살해하기까지 한다.

"부인 강씨가 왕이 법에 없는 행동을 많이 행하므로 안색을 바르게 하고 간하니 왕이 미워하여 네가 다른 사람과 간통을 하니 무슨 일이냐 하였다. 강씨가 '어찌 그런 일이 있으리오'라고 하자 '내가 신통력으로 보아 다 안다'고 대답하였다."

강씨에 대해서는 알려진 바가 없다. 그러나 당시의 상황으로 보면 궁예도 유력한 지방세력가의 여인과 결혼했을 가능성이 높다. 『삼국사기』는 의도적으로 여인들의 역할을 낮추지만, 『화랑세기』를 보면 진흥왕 때의 사도태후나 미실궁주는 뒤에서 왕을 조종하고 교사한 정도가 아니라, 도당에서 서류를 검토하고 결재를 할 만큼 권한이 컸다. 이 때는 미실궁주의 시대로부터 몇 백 년이 흘렀지만, 여인들의 힘과 활동력은 작지 않았을 것이다. 강씨의 간언은 간언이 아니라 상당히 강한 경고 내지는 주장이었을 수도 있고, 그것은 처가집 이하 호족층의 견해를 대변했을 것이다. 궁예가 간통 어쩌고 한 것도 강씨의 주장이 다른 누구의 주장과 같다는 의미는 아니었을까? 궁예의 속마음은 남편을 도와주지 않고 반대세력들과 의견을 같이하니 간통과 다름없다는 뜻이었을 수도 있다.

숙청은 점점 더 심해졌다. 그의 교리를 비웃는 승려들도 살해했다. 그 중에는 불교계에서 명망이 높은 고승들도 있었다. 궁예가 혁명적 메시지를 전했든 선동적 정치가였든 간에 그는 국가구조와 정치의 세계를 이해하지 못했음이 분명하다.

궁예는 종교인으로도 살아 보고, 밑바닥 생활과 주먹세계와 도적집단을 골고루 거친 사람이다. 그러나 국가를 운영하려면 그 세계에서 쌓아 온 인맥과 방식만으로는 한계에 부딪힌다. 그런데 그가 새로 만나는 세계의 사람들은 자신과 다르고, 정치적 관계라는 것은 낯설기만 하다. 부하를 믿고 등용하고 판단하는 방법에도 예전의 방법은 통하지 않는다.

변화가 필요한 것은 알지만, 변화를 이해하거나 따라잡을 수가 없다. 인간관계가 불편해지고 조직운영에 자신이 없어지면 인간은 불안해진다. 그리고 내면의 불안감이 커지면 인간은 공격적이 되고, 그 불안감을 씻기 위하여 자신의 카리스마를 극단적으로 높이려 하거나 지독하게 권위적이 되는 경우가 있다. 궁예가 미륵불을 자처하고 부인과 아들을 포함하여 자신의 반대파들을 무모하게 살해하기 시작한 저변에는 이런 불안감과 초조감이 잠재해 있었을 가능성이 높다.

물론 궁예에 관한 사료가 악의적으로 왜곡되었을 수도 있다. 그 점은 충분히 고려해야 하지만 그렇다고 하더라도 궁예가 변신에 실패했다는 사실은 인정해야 한다. 이에 관한 움직일 수 없는 증거가 하나 있다. 궁예는 철원을 도읍으로 낙점했다. 처음 그가 왕릉과 협조하여 남진을 시작할 때 송악으로 도읍을 옮겼었다. 그러다가 어느 정도 자기 영토가 확대되자 다시 철원으로 옮겨왔다.

송악을 버린 이유가 그 곳이 왕건의 근거지였기 때문이라고 말할 수도 있다. 그 지적이 맞다고 해도 송악의 대안으로 철원을 택한 결정을 변호할 수는 없다. 철원에 도읍을 했다는 것은 철원·평강·김화를 축으로 하는 철의 삼각지를 자신의 근거지로 삼았다는 이야기다. 철원도 나름의 장점은 있다. 철의 삼각지 하면 험한 산간지형을 연상할 분도 있겠으나 그렇지는 않다. 철원은 험한 산에 둘러싸였으면서도 좋은 평야지대를 보유하고 있다. 토질도 좋아서 철원평야는 우리 나라에서는 드문 충적평야 지대다. 좋게 말하면 비옥한 평야를 보유한 요새지역이라고 할 수 있다.

그러나 평야가 좋다고는 해도 수도가 되기에는 규모가 작다. 결정적인 단점은 큰 강이 없어 해상교통로가 끊어지고, 육로도 불편하다는 점이다. 옛날에도 교통의 불편은 심각한 문제를 야기했다. 수도란 많은 사람이 오고가고 거주해야 하는 곳이다. 관료와 가족들, 그들의 노비가 살아야 하고, 군대가 주둔해야 한다. 이런 저런 이유로 유동인구도 많다. 타지에서 온 관료와 징집된 군인들이 살아가려면 식량을 고향에서 날라오든가 사 먹어야 한다. 그런데 교통이 불편하고 평야가 부족하니 곡물값이 당장 뛰어오른다.

물가가 오르니 가는 포 한 필로 살 수 있는 쌀이 5되에 불과했다.『삼국유사』에서는 태종 무열왕 때 경주의 물가가 포목 한 필에 벼 30~50석이었다고 했는데, 이건 거의 신화적인 수치라 비교할 대상이 못된다. 조선시대의 경우는 20되에서 40되였다. 조선시대에 쌀의 생산력이 높아져 쌀값이 떨어졌다고 해도 포 생산량도 늘었을 것이고, 아무리 생산력이 높아져도 두 배 이상 늘지는 않았을 것이다. 설사 생산량이 두 배로 늘었다고 가정하고 비교해도 철원의 물가는 정상 물가의 2~4배가 된다. 인플레 시대에 살고 있는 우리에겐 별로 충격적인 수치가 아닐지 모르지만, 인구의 80% 이상이 1년치 식량을 확보하기 힘들던 시대다. 쌀값이 두 배가 되면 당장 식사량을 반으로 줄여야 한다.

궁예 자신을 위시하여 철원 주변에 땅을 가진 소수 특권층에겐 이런 사태는 큰 득이 된다. 쌀값이 뛰면 당장 수입이 증가하기 때문이다. 하지만 지배층과 관료 중에서도 그런 재미를 볼 수 있는 집단이 너무 소수라는 게 문제다. 그 뿐인가, 세상의 모든 불안 중에서 가장 무서운 것이 식량불안이다. 시위대의 화염병 때문에 망한 나라는 없지만, 서민의 밥그릇을 위협하고 성한 정권은 없다.

결론적으로 철원은 지방 세력가가 웅거하기에는 아주 괜찮은 지역이지만, 수도가 될 곳은 못 된다. 이런 문제를 생각하지 못하고 궁예는 철원을 택했다. 송악이 밖을 향하여 열린 지역이라면 철원의 삼각지는 폐쇄적이고 자급적인 구조를 지닌 지역이었다. 입으로는 미륵세상을 부르짖었지만, 이것이 그가 여전히 도적두목식 사고방식을 버리지 못했다는 결정적인 증거가 아닐까.

또 이런 이야기도 있다.

"하루는 궁예가 급히 왕건을 불렀다. 왕건이 궁 안으로 들어가니 궁예가 마침 처형한 사람들에게서 몰수한 금은보석과 그릇, 기타 기구를 점검하고 있다가 눈을 부릅뜨고 태조를 노려 보며 말하기를 '경이 어제 밤 여러 사람을 모아 놓고 반역을 모의함은 무엇 때문이냐'고 하였다. 왕건은 태연자약하게 웃으며 '어찌 그런 일이 있었겠습니까'라고 하였다. 그러자 궁예는 다시 '경은 나를 속이지 말라. 나는 관심법을 쓸 줄 아니 내가 지금 어제 있었던 일을 그대로 말하리라'하고는 눈을 감고, 뒷짐을 지고 한참 동안 하늘을 우러러보고 있었다.

이 때에 최응이 곁에 있다가 일부러 붓을 뜰에 떨어뜨린 후 붓을 줍고는 왕건의 곁을 지나면서 귓속말로 '불복하면 위태롭습니다'라고 하였다. 왕건은 즉시 깨닫고 '신이 진실로 반역을 꾀하였사오니 그 죄는 죽어 마땅하나이다'라고 하였다. 궁예가 크게 웃더니 '경은 가히 정직하다 하겠다'하고, 금은으로 장식한 안장과 고삐를 내려주었다."(『고려사』 세가)

이 이야기에 따르면 왕건은 최응의 도움으로 거의 죽음을 모면한 것처럼 되어 있다. 최응은 황주의 토호집안 출신으로 유학을 공부하고, 문장과 사무, 행정능력도 뛰어난 전형적인 문관이었다. 당연히 궁예의 미륵세계나 그의 통치방식에 호감을 가졌을 리 없는 인물이다. 그의 모친이 임신했을 때 궁예가 점을 쳐 보고 만약 남자아이를 낳으면 나라에 이롭지 못하게 될 것이라고 말했다는 비사가 전한다. 곧이곧대로 믿기는 어렵지만 이 이야기는 그가 태어나기 전부터 그의 집안이 궁예와 긴장관계에 있었다는 사실을 보여준다. 그렇더라도 궁예는 자신의 정권에 이런 인물들을 등용하지 않을 수 없었던 것인데, 그들의 마음은 자신들과 출신이 비슷하고 자신들의 세계와 이념을 이해하는 왕건에게로 기울고 있었던 것이다.

그런데 만약 최응의 도움이 없었고, 왕건이 강하게 부정했더라면 궁예는 왕건을 제거했을까? 궁예는 정말 왕건을 처형할 정도로 자신의 초능력을 과신하는 정신병자였을까?

그건 아니다. 사이비 종교에 관한 책이나 고발프로를 보면 유사한 장면을 곧잘 볼 수 있다. 교주들은 보통 이런 방법으로 자신의 권위를 강조하거나 아랫사람의 충성심과 자신에 대한 믿음의 정도를 시험한다.

이 다음 이야기를 읽어 보면 이 날 궁예가 왕건을 부른 목적은 해군력 강화계획에 따라 왕건에게 대규모 선박 제조사업을 맡기기 위해서였다. 해군 강화계획을 건의한 사람은 다름 아닌 왕건이었고 그 명분은 나주였다. 궁예는 그 건의를 받아들인다. 그러나 이 때까지 수군은 왕건의 사설함대나 다름이 없었다. 여기에 국력을 기울여 함대를 증강시켜 주면 국가가 왕건의 세력을 키워 주는 결과가 된다. 그래서 궁예는 함대 증설사업과 함께 자신의 장수 세 명을 왕건의 함대로 파견한다.

이 말을 하기 위해 왕건을 불러 놓고 궁예는 이런 쇼를 했다. 한마디로 부하에게 대권을 맡기기에 앞서 한번 길들이기를 한 것이다. 그러므로 이 이야기를 읽고 궁예를 미치광이 취급을 해서는 안된다. 하지만 그렇다고 궁예에게 아무 문제가 없었다는 뜻은 아니다. 궁예의 진정한 문제는 고작 산 하나를 차지하고 도적떼나 광신도 집단에게나 써먹을 수법으로 나라를 다스리거나, 왕건 같은 인물을 다루려 했다는 사실이다. 그리고 이를 구별하지 못했다면 우리는 궁예에게 제대로 된 점수를 줄 수가 없다.

혹은 궁예도 그 정도까지는 깨닫고 있었을 가능성도 있다. 그럼에도 불구하고 이날 왕건에게 이런 행동을 한 것은 괜히 사람들 앞에서 뻣뻣하게 굴지 말고, 자신의 교주적인 권위를 인정하라는 암시였을지도 모른다. 그러나 그렇다고 해도 수준이 떨어진다는 비난은 면할 수 없다.

왕건이 알현할 때 궁예는 압류한 재물을 점검하고 있었다는 장면도 생각해 볼 여지가 있다. 이 이야기가 사실이라면 이것도 그가 도적두목의 수준을 버리지 못하고 있었다는 증거가 된다. 이미 국가를 세우고 관료조직까지 만들었다면 그런 재물은 사법기관을 통해 국고로 들어가는 게 정상이다. 국왕쯤 되었으면 얼마든지 다른 방식으로 더 광범위하게 축재를 할 수 있다. 자신이 다스려야 하는 세상과 다스림의 대상이 바뀌어 있었지만 궁예는 그것을 깨닫지 못하고 있었다.

4. 왕건 대 견훤

철원의 쿠데타

918년 6월 왕건은 홍유(洪儒), 배현경(裵玄慶), 신숭겸(申崇謙), 복지겸(卜知謙) 등의 협력을 받아 쿠데타를 일으켜서 왕궁을 점거했다. 『고려사』에는 왕건이 거사했다고 하자 백성들이 호응하여 자진해서 궁성에 몰려든 사람이 만여 명이 넘었다고 했다. 이 기사는 그대로 믿기도 그렇고 그렇다고 믿지 않을 수도 없는 곤란한 기록이다. 민심을 얻어 즉위했다는 사실을 강조하기 위해 성공한 반정은 늘 이런 식으로 기록한다. 하지만 그런 일이 없으란 법도 없다. 이 기록이 사실이라면 그날 왕궁 앞에서 환호한 사람들의 대부분은 철원의 높은 물가와 식량부족, 부족한 물자로 고통받던 백성들과 상경한 관리와 군인들이었을 것이다.

그렇지만 궁예가 체포되지 않고 도주에 성공한 것으로 보면, 기록처럼 궁예를 위해 싸운 병사가 한 명도 없었다고 말하기는 힘들 것 같다. 어쨌든 왕건은 쿠데타에 성공했지만, 궁예는 변장을 하고 산 속으로 도망했다.

그는 산을 타고 평강 그러니까 서북쪽으로 달아났다. 방향으로 보아 황해도 북부나 평안도 지역을 목표로 했던 것 같다. 지방에는 아직 궁예를 추종하는 부하들이 있었다. 그들에게로 달아나 자신의 왕국을 탈환하거나 아니면 여생이라도 보존하려고 했을 것이다.

궁예를 놓쳤다는 보고를 받은 왕건은 아찔했을 것이다. 궁예는 젊은 시절에 떠돌이 생활을 했다. 산 속의 생활과 도주라면 누구보다도 뛰어난 인물이었다. 그러한 그도 이번에는 산 속에서 이틀을 버티지 못했다. 그가 죽주에서 기훤의 무리에 가입한 때가 벌써 28년 전, 왕 노릇을 시작한지도 근 20년이 되었다. 그의 나이는 50대쯤이었겠지만 젊은 시절의 야성과 체력은 고갈되어 있었다.

이틀을 산에서 보낸 그는 굶주린 배를 채우기 위해 산에서 내려와 보리 이삭을 끊어 먹다가 평강에서 사람들에게 들켜 살해되었다. 그의 무덤은 조선 후기까지도 평강 국사봉 아래에 보존되어 있었다고 한다. 지금은 자취나 찾을 수 있는지 모르겠다.

왕건을 옹립한 장군들은 모두가 마군 지휘관이었다. 마군 중의 한 부대가 쿠데타의 주역이 된 것이다. 당시 태봉군의 군사편제는 알 수가 없지만, 나중의 경우를 보면 궁예군은 크게 마군과 보군으로 구성되었는데, 규모는 서로 반반이었다. 마군이 순수한 기병부대였는지, 기병과 보병으로 구성된 특수한 부대였는지는 알 수 없다. 그리고 홍유 등이 전체 마군을 통솔하는 사령부의 지휘관이었는지 마군 중에서 한 부대의 장수였는지도 정확하지 않다. 그러나 보군보다는 마군이 전력도 세고 격도 높았던 것 같다. 그 지휘부 혹은 몇 개의 마군 부대가 연합하여 쿠데타를 일으킨 것이다.

이들과 왕건의 관계도 불확실하다. 그들은 대개가 일반 병사에서부터 출발하여 궁예군의 장수로 성장한 사람들이다. 출신 배경으로 보면 궁예와 훨씬 가까웠을 인물들인데, 그들이 궁예에게서 등을 돌렸다. 어쩌면 궁예가 자행한 일련의 숙청작업에서 그들의 세력이 밀려나고 있었던 때문인지도 모르겠다.

이들과 왕건과의 관계에 대해서는 전혀 언급이 없다. 왕건과 특별한 관계를 가진 인물들이었다면 언급이 없을 리 없다. 이것은 왕건이 태봉에서 최고의 장수이기는 해도 궁예군 전체에서는 아직 미약한 존재였다는 것을 암시한다. 단독으로는 쿠데타를 일으킬 힘이 부족했던 것이다. 궁예가 왕건을 경계하면서도 그에게 방심했던 것도 이런 사정 때문이었을 것이다.

왕건은 무혈쿠데타를 성공시켰고, 이후에도 모든 사람을 덕으로 포용했다고 알려져 있다. 하지만 그의 실체는 너무 미화되었다. 실제로는 궁예의 부하들에 대한 숙청작업이 단행되었다. 그들은 오랫동안 궁예와 함께 강원도 산간지역을 누비던 동료들이다. 의리와 충성이 남달랐을 집단이다. 그 중에는 궁예와 같은 승려 출신도 있고, '도끼'라는 이름이 말해 주듯 깡패, 전과자 출신도 있었다. 이들은 대개 궁예가 젊어서부터 거느리던 사람들로 거의가 군지휘관으로 종사하고 있었다. 당연히 그들이 거느린 무사와 병력도 만만치 않았을 것이다. 궁예세력의 숙청은 고려의 군사력에 큰 타격이었고, 어떤 이는 후백제로 투항하거나 반란을 일으키기도 했다. 그 후유증은 작지 않았다.

그래서 집권 초기에 왕건은 무척 고생을 했다. 우선 반란이 끊이지 않았다. 궁예 주변의 무리들이 엉망인 인물들이 많다 보니 개중에는 정말 단순하게 그냥 왕건 한 사람만 제거하면 쿠데타가 성공한다고 생각하는 사람도 있었다. 이런 대책없는 반란은 오히려 막기가 힘들었다. 도무지 상식으로는 예측할 수가 없기 때문이다.

고려왕궁 복원모형. 가운데 높은 건물이 회경전, 그 앞의 작은 문이 창합문, 정면의 큰 문이 신봉문이다. 신봉문과 창합문 사이의 공간이 구정이다. 환선길 일행은 이곳에서 전투 끝에 살해되었다.

그 대표적인 사람이 환선길이다. 왕건을 옹립했던 마군 지휘관의 한 사람이었던 그는 거사날의 공으로 왕궁의 경호책임자가 되었는데, 어느 날 50여 명의 부하를 이끌고 회의중이던 왕건을 덮쳤다. 꼼짝없이 당할 판이었는데, 왕건은 태연자약하게 서서 환선길을 나무랐다. 설교의 요지는 왕은 하늘의 뜻을 받아 되는 몸이다. 이미 천명이 정해졌는데, 네가 어찌 바꿀 수 있느냐는 말이었다고 한다.

정말 그렇게 어려운 말을 했는지는 모르겠는데, 환선길은 왕건이 태연자약한 것을 보고 방에 매복시켜 놓은 병력이 있는가 의심해서 왕건을 공격하지 못하고 달아났다고 한다.

송악산 기슭에 있는 고려의 왕궁은 왕건의 집터에 세운 건물이다. 산을 깎아 계단식으로 터를 다지고 건물을 세웠기 때문에 다른 궁들과 같이 넓은 사각형이 아니고 건물들이 좁고 길쭉하게, 그리고 층층이 배열되어 있다. 당시에는 아직 왕궁을 건축하지는 못했지만 중심부의 구조나 건물 배치는 비슷했을 것이다. 궁의 중심인 회경전은 15m 이상 되는 단 위에 건축되어 있고, 그 뒤의 건물군들은 더욱 좁고 높은 곳에 있다.

환선길 일행이 궁을 빠져나오기 위해서는 죽어라고 계단과 비탈을 내리 달려야 했다. 회경전 계단을 내려와 창합문을 지나면 터가 넓어지면서 넓은 운동장이 나오고 중문 정도에 해당하는 신봉문이 있다. 여기서는 격구도 하고, 군사사열도 했다. 환선길은 이곳에서 경비병들에게 포위당했고, 그들에게 잡혀 살해되었다.

이후에도 마군대장군으로 궁예가 신임하던 용사였던 이흔암, 순군리 임춘길이 차례로 반란을 일으켰고, 청주가 단체로 반란을 일으켰다. 강릉의 토호 김순식은 왕건에게 복속하는 것을 거부했다. 마침 그의 부친이 승려가 되어 왕건진영에 있었기 때문에 그를 통해 겨우 복속시키기는 했지만, 그 후로도 김순식은 꽤 오랜 시간을 방관자로 지냈다.

왕건을 특히 괴롭힌 곳은 후백제와의 접경지역이며 전략요충이었던 지금의 공주와 홍성 주변지역이다. 이 곳이 단체로 고려에 배반하여 백제로 넘어갔다. 이 쪽은 접경지역이라 양쪽의 힘의 우위에 예민한 데다가 장군들도 궁예가 신경을 써서 배치한 심복이며 능력 있는 자들이었기 때문에 궁예에 대한 충성심이나 자신의 능력에 대한 자부심이 남달랐던 것 같다. 반란을 일으켰던 이흔암도 이 곳에 주둔했었고, 홍성을 지키던 경준(競俊)도 능력 있는 용사였다.

왕건에게 다행이라면 그들이 아무래도 종합적인 사고능력과 판단력이 부족했던지 제각기 제멋대로 반란을 일으키다가 각개격파당했다는 사실이다.

아무튼 왕건으로서는 궁예와 그의 부하가 빠져나간 자리와 병력을 만회하고 정국을 안정시키려면 눈치만 보며 소극적인 협력으로 일관하고 있는 지방세력들의 도움을 받을 수밖에 없었다. 왕건은 자신과 함께 통일전쟁에 참여할 지방세력들을 적극적으로 모색하고 포섭하기 시작했다. 아직 관제도 정비되지 않고 특별한 반대급부를 줄 수도 없는 상황이었으므로 그는 결혼으로 동맹을 맺었다. 덕분에 그는 29명이나 되는 부인을 거느렸다.

이 방법은 효과가 느리다는 단점은 있지만, 궁예의 한계였던 친위세력이나 동료집단 위주의 인물 구성방식을 넘어 협력자의 대상과 참여 범주를 확장시켜 주었다. 견훤도 비슷한 시도를 했지만 이 부분에서는 왕건의 능력이 한 수 위였던 것 같다.

조물성 전투

한편 왕건의 쿠데타와 고려의 분열은 후백제에게 기회가 되었다. 견훤은 그 동안 성급하게 힘을 낭비하긴 했지만 그래도 진전이 있었다. 고려 건국 2년 후인 920년에 견훤은 1만의 병사를 모을 수 있었다. 지금껏 3천 명 정도밖에 동원하지 못하던 것에 비하면 상당한 병력이었다. 견훤의 다급한 공격목표는 나주와 대야성이었다. 둘 중에서 견훤은 대야성을 선택했다.

글쎄 정황으로 보면 견훤은 역시 나주 이남을 평정하는 것이 순서가 아니었을까 싶다. 물론 나주 공격은 곧 고려와의 전쟁을 뜻하며, 견훤은 이미 두 번이나 나주 공격에 실패한 전력이 있다. 병법에도 약한 적을 먼저 치라는 말이 있다. 그러니 신라의 영토를 먼저 뺏고, 힘을 축적하여 나주를 치고, 고려와 마지막 대결을 한다는 것도 그럴듯한 계획이다. 그러나 후백제가 신라를 공격하면 과연 고려는 보고만 있을까? 어디를 공격하든 고려와의 일전을 피할 수는 없다.

여러 증거로 보아도 견훤의 신라에 대한 태도는 매우 공세적이며, 신라 점령, 특히 서라벌 함락에 대한 집착이 강하다. 그의 이러한 태도를 옛날 백제의 원한 때문으로 생각하는 분들이 많다. 견훤 자신도 후백제를 건국하면서 지난 일을 들추었다. 그러나 견훤은 상주 사람이다. 그 원한은 자신에게는 해당되지 않는다.

상주 촌뜨기 청년이던 견훤은 처음 군에 투신하여 서라벌에서 복무했다. 당시 세상은 혼란스러웠지만 서라벌은 기와집이 아닌 집이 없고, 그 중에는 금입택이라고 하여 기둥과 서까래를 금으로 물들인 금빛 찬란한 저택도 있었다. 대기를 청정하게 유지하기 위해 경주의 가옥에서는 밥을 지을 때도 나무가 아닌 숯을 썼으며, 노래하고 춤추는 소리가 거리에서 끊이지 않았다. 견훤에게 그 모습은 환상적이지만 분노의 대상이기도 했고, 시기심과 선망을 동시에 불러일으켰을 것이다. 이런 젊은 날의 경험이 견훤으로 하여금 경주 함락에 집착하게 만들었는지도 모른다.

그러나 승리자가 되려면 개인의 욕망과 원한을 극복해야 한다. 견훤의 성급한 신라공격은 고려와 신라의 협력을 촉발했다.

하지만 그것은 조금 나중의 일이다. 초전에서 견훤은 기쁨을 맛보았다. 그동안 견훤의 침략을 두 번이나 격퇴했던 대야성도 이번에는 떨어졌다. 이로써 견훤의 군대가 소백산맥 안쪽으로 진입했다. 견훤은 곧바로 진군하여 대야성 바로 옆의 창녕을 떨어뜨리고, 약간 남하하여 진례성(경남 김해)으로 향했다.

청도, 경산을 지나 바로 경주로 진입하지 않고, 경남, 김해 지역으로 남하한 것은 북쪽에서 내려올 고려의 구원군을 의식했기 때문이라고 생각된다. 고려와의 국경에서 떨어진 남쪽으로 해서 서서히 북상하여 서라벌을 뺏고, 고려와 신라의 경계인 소백산맥과 한강 상류지역까지 밀고 올라가자는 전략이 아니었던가 싶다. 그렇게 하면 그는 옛날 백제와 신라의 영토를 다 차지하고, 과거 신라를 수백년 동안 지켜 주었던 소백산 방어선에서 고려와의 마지막 싸움을 전개할 수 있게 될 것이다.

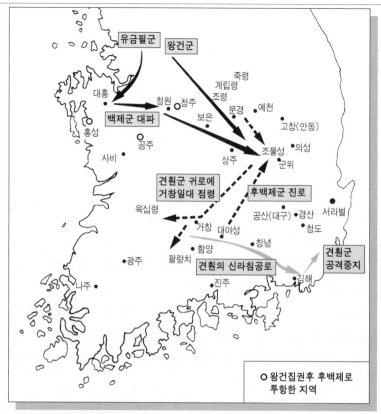

견훤의 신라침공 및 왕건과의 조물성 전투.

　그런데 견훤의 이 진격에는 약간의 의문이 있다. 호남과 영남은 소백
산맥과 남단의 거대한 지리산으로 막혀 있다. 지리산 윗자락에서 영남
으로 들어오는 두 개의 통로가 육십령과 팔량치이다. 이 곳을 지나면 거
창과 함양이 나오고 그 다음에 나오는 곳이 대야성이다. 대야성을 지나
면 바로 고령, 경산, 영천, 경주로 이어지는 직선통로가 열린다. 신라와
백제의 싸움에서 대야성이 그토록 중요했던 것은 이 때문이다.
　견훤이 대야성을 점령하기는 했지만 거창, 함양 일대는 여전히 평정
하지 못한 상태였다. 신중한 전략가라면 먼저 이쪽을 점령하여 호남에
서 영남으로 진출하는 안전한 교두보를 확보하려고 했을 것이다. 그러
나 견훤은 이를 무시하고 대뜸 앞으로 진군했다. 그의 진격은 빠르고 강

럴해서 순식간에 부산까지 진출했고, 부산 앞바다 절영도에서 기르던 명마를 나포하여 왕건에게 우호의 선물로 보내기까지 했다.

그러나 진격이 빠르다는 것은 격파와 약탈은 있었지만, 점령과 통치는 없었다는 말이 된다. "수많은 군현을 언제 하나하나 점령하느냐. 우선 요충을 점령하면서 앞으로 나가 경계를 확보하면 고립된 지역들은 저절로 투항할 것이다." 견훤은 이렇게 말했을런지도 모른다. 이것이 전격작전의 매력이다.

하지만 조금 돌이켜 생각해 보자. 전격작전은 정말로 사생결단을 하는 적대적인 세력이나 침략군, 점령군을 내몰 때는 유용한 방법이다. 그러나 이 때 군현 중에서 견훤의 군대에 정면으로 도전하며 저항하는 군현이 몇 개나 되었을까? 대부분은 산성으로 도주해 버리거나 항복했을 것이다. 그러므로 이 때의 점령은 군사적 탈환이라기보다는 세력 넓히기라는 개념에 더욱 가깝다. 완전하게 자기 영역에 집어 넣고 자신의 협력자로 만드는 게 중요했다.

그러나 견훤은 이를 무시하고 앞으로 돌격했다. 여기에는 정치와 통치가 빠져 있다. 게다가 전격작전은 필연적으로 약탈을 수반한다. 이것이 견훤의 중대한 약점이다. 그는 정복과 통치를 혼동하고 있었다. 수십 년 동안 그가 인솔하는 병력수가 도통 늘어나지 않는 사실은 생각하고 또 생각해 볼 문제다.

견훤의 군대가 경남 일대를 유린하자 고려도 이 상황을 그냥 보고 있지만은 않았다. 신라도 고려에 구원을 요청했다. 고려군은 남하하고 백제군은 다시 북상했다. 이 덕분에 경주는 구원을 받았고, 잠시 백제의 점령지로 들어갔던 경남 일대도 견훤의 영향력에서 벗어났던 것 같다.

924년 7월 견훤의 아들 양검(良劍)과 수미강(須彌康 : 견훤의 네째아들 금강)이 대야성과 문경 등지의 현지병을 징발하여 조물성으로 진군했다. 조물성의 위치는 아직 분명하지 않다. 그러나 정황증거로 보아 소백산맥 남단의 문경, 김천, 상주, 의성을 잇는 선 안의 어느 지역이었던 것 같다.

고려는 애선과 왕충을 보내 구원하였는데, 고려 구원병은 대패하여 애선이 전사했다. 그러나 조물성민들이 결사적으로 저항해서 성은 함락을 면했다.

다음 해 10월에 벌어진 2차 조물성 전투에는 왕건과 견훤이 직접 참전했다. 후삼국시대의 두 라이벌의 첫 번째 맞대결이었다. 견훤의 병력은 3천, 왕건군은 기록이 없다. 병력은 왕건군이 좀더 우위였을 수도 있다. 그러나 이 때의 견훤군이 대단한 정예병이었다는 언급이 있는 것으로 보아 이 3천 병력은 지난번같은 현지 징집병이 아닌 견훤의 정예군이었을 것이다.

왕건의 부대도 정예부대였다고 하지만 견훤의 부대는 그가 봉기하기 전 남해안에서의 해적소탕전에서부터 실전으로 다져 온 부대였다. 세월은 많이 흘렀지만 장교와 하사관 중엔 역전의 노장들이 여전히 복무하고 있었을 것이다. 사병들은 교체되었어도 전통있는 부대였던 만큼 비슷한 수준의 병사들을 계속 충당했을 것이다.

최초의 대결에서 왕건은 부대를 상·중·하 삼군으로 나누어 제궁(帝弓)·왕충(王忠)·박수경에게 맡겼다. 이 전투에서 상군과 중군은 패하고, 박수경만이 승리를 거두었다. 점수로는 2대1이지만, 군을 삼군으로 나누어 싸우는 것은 전형적인 포진으로 어느 한쪽이 먼저 상대의 중군을 공략하느냐가 승부의 관건이었던 것을 고려하면 왕건군의 완패였다.

매운 맛을 본 왕건은 수세로 전환하여 지구전으로 나갔다. 그 사이에 유금필(庾黔弼)이 북방 여진족으로 구성된 기병대를 끌고 왕건진영에 합류했다. 왕건군 중에서 최강의 부대를 이끌었던 유금필은 황해도 평산 사람이다. 후삼국 쟁패전에서 왕건이 유리했던 것은 사방이 바다와 강적들로 막혀 있던 견훤에 비해, 그들에겐 평안도 지역이 무주공산으로 열려 있었다는 사실이다. 이 지역에는 특별한 지배세력이 없고 한족과 여진족이 혼거하고 있었다. 그러나 여진족은 매우 작고 잡다한 부족으로 분열되어 있었다. 왕건은 평양을 거점으로 이 지역을 개발했다. 그러다 보니 여진족과 알력이 생겼다. 로마가 갈리아 지방을 평정하기 위해 카이사르를 파견했듯이 왕건은 유금필을 파견했다.

아무래도 카이사르의 갈리아 원정에 비해서는 규모가 작으므로 유금필은 카이사르와 같은 오랜 원정까지는 필요없었다. 그는 300명의 여진 추장들을 초청하여 파티를 열고는 술에 취한 그들을 묶어 위협하고, 또 그들을 인질로 하여 주변 여진족의 항복을 얻어냈다. 좀 치사했지만 이 방법으로 그는 북방을 평정했으며, 카이사르가 갈리아 군단과 게르만 기병대를 데리고 돌아왔듯이 말갈 기병대를 주축으로 한 최강의 군단을 데리고 귀환했다.

그는 왕건과 견훤이 서로 경상도로 향하는 동안 충청도로 남하하여 연산(충북 청원)과 임존성(대흥군)을 평정했다. 연산 전투에서는 백제 장군 길환이 전사했고, 임존성에서는 백제군 사상자가 3천 명이었다. 이 전투는 나중에 왕건이 자랑할 정도로 큰 전과였다.

유금필 부대가 왕건진영에 합류한 후에도 왕건은 견훤에게 이길 자신이 없었다. 반면에 견훤은 증강된 왕건군의 병력이 껄끄러웠다. 싸워 이긴다고 해도 압승을 거둘 자신이 없고, 자신의 손실이 크면 그것도 부담이었다. 그래서 양쪽은 인질을 교환하고 화친을 맺었다. 그러나 이 화친은 내용적으로 보면 견훤이 조물성에서 왕건을 곱게 돌려보내겠다는 의미에 불과했다. 1·2차 조물성 전투로 소백산 경계에서 고려군의 기세는 완전히 수그러들었다.

반면 견훤은 후백제로 되돌아 가는 길에 비로소 거창 일대를 공략해서 20여 성을 빼앗았다. 그가 이 원정에서 행한 일 중에선 이것이 가장 가치있는 일이었다. 소득은 컸지만 이번에도 힘을 낭비했다는 비난은 면하기가 어려울 듯하다.

장군 멍군

양측이 인질까지 교환함으로써 전쟁은 잠시 소강상태로 접어들었다. 그러나 이 평화는 오래가지 않았다. 휴전 1년 만에 인질로 간 견훤의 외조카 신호가 고려에서 갑자기 죽었다. 견훤은 고려에서 살해한 것이라고 하여 역시 자신이 인질로 잡고 있던 왕건의 당제 왕신을 죽이고 전면전을 선포했다. 그러나 이 사건이 아니더라도 전쟁은 다시 벌어질 판이었고, 고려도 전쟁을 준비하고 있었다. 조물성 전투로 견훤은 신라로 들어가는 대야성 길을 확보했고 문경 일대를 장악함으로써 소백산맥에서 고려를 저지하고 남으로는 신라를 압박할 수 있게 되었다. 고려는 이 상태를 용인할 수 없었다.

927년(태조 10년) 왕건이 먼저 공세로 나가 소백산맥으로 들어가는 관문인 문경을 빼앗았다. 그러나 그들의 최대 목표는 경상 서부 지역을 탈환하여 신라에 대한 견훤의 위협을 제거하는 것이었다.

이 임무를 위해 왕건은 비장의 해군함대를 동원했다. 남해안까지 내려온 왕건의 수군은 남해군에 상륙하여 남해군과 진주를 빼앗았다. 계속 북상한 고려군은 7월에 장군 김락이 대야성을 점령하고, 백제 장군 추허조를 사로잡는 개가를 올렸다. 이로써 거창, 대야성 길을 통한 후백제의 신라침공로가 다시 차단되었고, 고려군이 문경을 점령함으로써 조령을 넘어 소백산맥 안쪽 지역에 교두보를 확보했다. 신라로 들어가는 북쪽길과 서쪽길을 고려가 빼앗은 것이다.

견훤을 놀라게 한 또 하나의 사건은 고려와 신라의 동맹이었다. 그 해 4월에 왕건은 자신의 쿠데타 후 빼앗겼던 웅진(공주) 탈환작전을 폈는데, 여기에 신라가 원병을 보내 연합작전을 폈던 것이다.

924, 925년에 견훤이 신라 영토로 진공했을 때 문경이 후백제로 귀순했었다. 그 외에도 소백산맥 남단 지역에서 후백제 편으로 돌아선 군현이 제법 되었을 것이다. 그러나 이 때의 사태는 그들이 다시 신라나 고려로 붙거나 최소한 후백제에게 등을 돌리게 했을 것이다. 혹 충성스럽고 고집스럽게 후백제를 지지하는 세력이 있었다고 해도 대야성과 문경이 동시에 점령됨으로써 그들은 고려와 신라의 포위망 속에 갇혀 버렸다.

고려로서는 상당히 준비를 한 야심적인 작전이었다. 후삼국이 성립한 이래 이처럼 광범위하고, 체계적이며 입체적으로 이루어진 군사행동은 없었다.

견훤의 참모와 모사들은 고민에 빠졌을 것이다. 이럴 수도 저럴 수도 없는 상황이었다. 고려군이 북쪽과 남쪽의 요충을 모두 장악하는 바람에 후백제군은 어디로 진출하든지 고려군에게 협공을 당하게 되었다. 그렇다고 두 쪽을 동시에 공략하기에는 견훤군은 병력이 달렸다. 대야성만 해도 백제군이 전력을 기울여 몇 번의 공격 끝에 빼앗은 곳이다. 그런 곳을 신라군보다 훨씬 강한 고려군이 지키고 있다. 게다가 신라군마저 고려에 협력하고 있다. 눈치만 보고 있는 경북, 경남의 토호들도 고려나 신라쪽으로 붙을 확률이 높다. 병력, 전황, 포진, 모든 면에서 후백제군의 열세였다. 고려는 멋지게 '장군'을 불렀다.

9월에 견훤군이 신라로 치고 들어왔다. 상황도상으로 보면 기다리고 있던 고려군의 포석 안으로 뛰어 들어온 셈이었다. 그러나 상황은 엉뚱하게 전개되었다. 견훤군은 그물에 갇힌 고기가 아니라 마당으로 뛰어든 호랑이였다.

견훤의 작전은 간단했다. 후삼국 최강을 자랑하는 자신의 정예부대를 이끌고 앞으로 나가며 부수는 것이었다. 단호하며, 명쾌하고, 신속하게 말이다. 보급과 병참 문제를 아예 무시하고 무모하게 나간 정도는 아

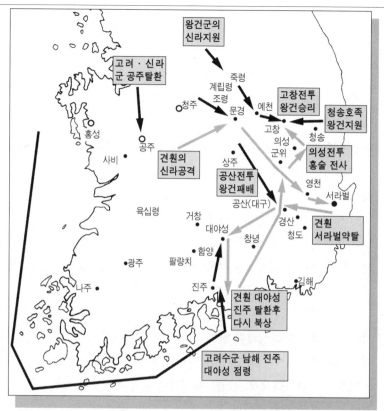

왕건군의
신라지원

고려·신라
군 공주탈환

죽령
계립령
조령
문경
청주

고창전투
왕건승리

예천
고창
의성
군위

청송호족
왕건지원

청송

의성전투
홍술 전사

견훤의
신라공격

홍성

공주

사비

상주

공산전투
왕건패배

육십령

거창

대야성

공산(대구)

경산

청도

영천

서라벌

견훤
서라벌약탈

광주

팔랑치

함양

창녕

진주

김해

견훤 대야성
진주 탈환후
다시 북상

나주

고려수군 남해 진주
대야성 점령

공산성 · 고창 전투.

니겠지만, 하여간에 이 작전의 핵심은 그러했다.

어느 길로 진입했는지는 알 수 없으나 견훤은 대야성의 고려군은 안
중에 없다는 듯 단숨에 소백산맥을 넘더니 문경을 탈환하고, 곧바로 남
하해서 영천을 점령했다. 지도를 보면 알겠지만 영천과 경주는 하루길
밖에 되지 않는다. 견훤은 남북으로 쳐 둔 고려의 덫을 완전히 무시하
고는 그대로 신라의 심장부를 찌른 것이다. 견훤의 명군이었다.

견훤군이 문경을 탈환하고 다시 180도 회전하여 영천에 이르렀을 때
야 신라에서 고려에 구원을 청했을 정도로 견훤의 진군은 빠르고 전격
적이었다. 놀란 고려는 시중 공훤에게 1만의 병력을 주어 서둘러 파견
했고, 왕건 자신도 5천의 병력을 이끌고 남하했다.

견훤은 이미 영천을 점령한 상황이었다. 고려군이 아무리 빠르게 남하해도 견훤의 경주 진격을 저지할 수는 없었다. 그러나 일단 고려군이 남진을 개시한 이상, 견훤이 이를 무시하고 서라벌로 진군하다가는 고려군에게 배후를 찔릴 위험이 있었다. 또 고려의 전력이 만만치 않은 이상 견훤으로서는 자신에게 유리한 지역에서 적을 맞아 싸울 필요가 있었다.

이 시점에서 견훤에게 가장 유리한 장소는 단연 보은의 삼년산성과 같은 소백산 기슭의 요새지역이었다. 소백산 방어선의 위력은 이미 역사적으로 검증되었다. 옛날 신라는 절대 약체였음에도 불구하고 이 방어선에서 고구려와 백제의 양면공격을 맞받아 냈었다.

그런데 그러기 위해서는 견훤은 서라벌 공략을 포기하고 다시 문경이나 보은쪽으로 북상해야 한다. 견훤으로서는 아쉽지만 그것이 상식적인 태도였다. 고려나 신라 모두 이렇게 예상을 했던 것 같다.

견훤이 소백산맥에서 고려를 저지하면 고려는 고전을 하겠지만, 서라벌은 구원을 받을 것이다. 그리고 고려군에게는 아직 대야성으로 투입한 김락의 부대가 있다. 그들이 북상하면 남쪽에서 견훤의 배후를 칠 수 있을 것이다. 양쪽에서 압박을 받은 견훤군은 소백산맥에서 물러나야 할 것이다. 잘하면 신라군까지 동원하여 삼면에서 견훤을 공격할 수 있다. 그렇게 되면 견훤은 전선과 상황을 무시하고 무모하게 내륙으로 뛰어든 대가를 단단히 치러야 할 것이다.

그런데 여기서 이상한 사건이 발생한다. 견훤은 고려군의 양면공격, 혹은 배후공격은 안중에도 없다는 듯이 그대로 경주로 진입했다. 더 이상한 건 신라의 태도였다. 견훤이 경주로 진입할 때 신라의 경애왕은 남산 기슭의 포석정에서 왕비와 후궁을 거느리고, 한창 잔치를 벌이고 있었다. 견훤군은 거의 저항도 받지 않고 경주로 진입하여 단숨에 포석정으로 쳐들어왔고, 경애왕은 궁으로 돌아갈 틈도 없이 남쪽 별장으로 숨

었다. 후궁과 시종, 시녀들은 미처 대피할 틈도 없어서 쳐들어온 후백제
군에게 무참하게 유린당했다.

조금 후에 경애왕도 후백제군에게 체포되었다. 견훤은 군사들이 보
는 앞에서 왕을 한껏 괴롭히다가 강제로 자살하게 했다. 그 날 밤 견훤
은 왕비와 동침했으며, 왕의 후궁들은 모두 부하들에게 나누어 주고, 경
주를 약탈했다. 다음 날 그는 왕의 친척 김부를 다음 왕으로 세우고 신
라왕실의 보물과 기술자, 자녀를 납치하여 돌아갔다.

이 사건 때문에 경애왕은 우리 역사에서 가장 무능하고 우매한 왕이
되었다. 그러나 세상에 아무리 어리석고 놀기를 좋아한다고 해도 적이
쳐들어온다는데 놀고 있을 사람이 어디에 있겠는가? 더욱이 고려군이
견훤의 배후로 진군해 오는 중이었으므로 서라벌이 조금만 농성을 해
도 견훤은 배후를 찔릴 판이었다. 그런데 서라벌은 거의 무방비 상태로
견훤의 기습을 허용했다. 아무래도 이 사건의 기록에는 무언가가 빠져
있다.

『화랑세기』에 의하면 포석정은 단지 연회장소가 아니라, 조선시대의
종묘에 해당하는 사당 포석사가 있었던 곳이라고 한다. 제사만이 아니
라 왕실의 경조사도 이 곳에서 거행했던 모양으로, 신라 역사상 세기의
로맨스였던 김춘추와 문희의 결혼식이 열린 곳이기도 하다. 때문에 경
애왕이 포석정에 간 것은 놀기 위해서가 아니라 국난을 당해 제사를 지
내기 위해서라고 보는 견해도 있다.

그렇다고 하더라도 서라벌이 아무런 저항 없이 함락되고, 경애왕 일
행이 미처 피할 틈도 없이 후백제군이 남산까지 난입했다는 사실에 대
한 설명은 되지 못한다. 어쩌면 견훤이 계략을 써서 후퇴한 척하거나 북
방의 고려와 일전을 벌이는 척하고는 기습공격을 가한 것일 수도 있다.
경애왕은 적이 물러간 줄 알고 이 기쁨을 종묘사직에 고하고 겸하여 잔
치를 벌이다가 당한 것이 아닐까.

이런 계략을 사용했다고 해도 견훤군의 작전은 신속한 기동력이 없이는 불가능한 일이었다. 조물성 전투 때 고려군이 후백제군의 재빠른 기동을 보고 감탄해 마지 않았다는 기록도 있지만 하여간 견훤의 부대는 지휘관의 스타일대로 빠르고 신속했다.

고려군이 미처 내려오기도 전에 서라벌의 점령과 약탈을 끝낸 견훤은 남하해 오는 고려군을 맞기 위해 다시 대구쪽으로 북상했다.

두 부대는 지금의 대구 지역인 공산성에서 조우했다. 왕건의 병력은 5천 명, 이 때 대야성을 함락했던 김락도 왕건진영에 있었던 것으로 보아 대야성에서 출발한 병력도 합류했던 것 같다.

견훤의 병력은 기록에 없으나 그의 군대는 늘 3천에서 5천 명 정도였으니 이 때도 그쯤 되었을 것이다. 병력상으로는 어느 쪽도 우위라고 할 수 없는 빡빡한 승부였다.

왕건과 견훤이 직접 격돌한 이 역사적인 전투는 왕건의 대패로 끝났다. 왕건은 단기로 달아나 겨우 목숨을 건졌지만, 왕건을 추대한 네 장군 중의 한 사람인 신숭겸이 전사했다. 전설에는 왕건이 포위되어 거의 죽을 위험에 처했는데, 신숭겸이 왕건의 옷을 입고 대신 죽음으로써 왕건이 겨우 살아났다고 한다. 대야성을 함락했던 김락마저도 미리사(美利寺) 앞에서 전사했다.

왕건이 살해될 뻔한 위험한 전투였지만 고려측에도 소득은 있었다. 후백제군을 서라벌에서 내몬 것이다. 서라벌을 점령하고 신라왕까지 살해하고서도 견훤은 서라벌과 인근 지역을 차지하지 못하고 신라의 왕통도 끊지 못한 채 다시 후퇴해야 했다. 그것은 고려와의 전투가 부담스러웠고, 승리는 했지만 자신도 피해가 커서 경주 일원까지 지배할 병력이 부족했기 때문이라고 생각된다. 그는 합천에서 경주에 이르는 지역을 아직 안전하게 확보하지 못했고, 병력은 고려군과 싸우기 전에도 겨우 5천, 많아야 1만이 되지 않았을 것이다. 그러니 이 병력으로는 경주에 주둔하면서 주변 지역을 평정하기는 어려웠다. 오히려 호남지역과 끊어져 고립될 우려마저 있었다. 이것이 그가 서라벌을 약탈하고 철군해 버린 이유일 것이다.

전투에서 이긴다고 전쟁에서 이기는 것은 아니다는 진리는 전쟁사에서의 오랜 교훈이다. 서양의 고사성어 중에 '피로스의 승리'라는 말이 있다. 이기기는 했지만 별 소득이 없는 승리를 일컫는 말이다. 이 전투는 마케도니아 왕으로 로마를 침공했던 피로스와 로마군과의 전투에서 유래했지만, 피로스가 이런 오명을 남기게 된 진짜 이유는 그가 평생동안 전투에서는 거의 져 본 적이 없지만 전쟁에서는 한 번도 이겨보지 못했기 때문이다. 싸움만 잘했을 뿐 정치적 감각과 사고력이 떨어졌기 때문이다.

견훤도 비슷한 경우였다고 생각된다. 신속한 행동과 각개격파, 2대 1의 싸움을 단박에 역전시켜 버린 능력은 놀랍지만, 아쉽게도 그는 전략적인 사고가 부족했다. 그토록 서라벌 함락을 원했지만 그의 생각은 격파와 점령까지이고 그 다음에 대한 생각이 없었다. 승리는 했지만 신라를 얻지도 소백산맥 남단을 얻지도 못했다. 당시 후백제군의 병력이나 정치적 상황으로 볼 때 이 정복사업을 완료하려면 몇 년은 소요될 판이었다. 그러한 때에 그는 서라벌을 짓밟고 왕을 갈아치웠지만 그렇다고 특별히 친백제적인 집단을 양성해 놓지도 못했다. 오히려 그의 약탈은 견훤에 대한 신라측 인사들의 반감을 조장하고, 신라와 고려와의 관계만 진전시켜 주었다.

그러나 그것은 조금 후의 일이고 당장은 후백제군의 승승장구였다. 공산성의 승전 이후 후백제군은 성주, 대야성, 진주를 차례로 공격하여 탈환했다.

역전에 역전, 그리고 최후의 전투

고려는 거듭된 패배로 고통을 받았다. 대야성과 진주를 점령한 후 견훤군은 다시 경북지역으로 북상하여 양산, 예천, 군위를 함락했다. 이 곳을 지키던 고려의 장군들이 전사 또는 항복했다. 견훤군의 목표는 분명했다. 남에서 북으로 북상하면서 소백산맥 남단의 군현들을 차례로 정복하여 소백산 방어선을 완전하게 확보하는 것이었다. 아마도 그의 최종 목표는 소백산맥과 태백산맥이 갈라지는 영주·봉화 지역까지였을 것이다.

929년에 견훤은 의성을 함락시키고, 지금의 하회마을이 있는 안동의 풍산을 탈취하고, 12월에는 고창성(안동)을 포위했다. 의성전투에서는 이 지역의 토호이며 왕건이 자신의 한쪽 팔이라고까지 말한 홍술이 전사했다. 아마도 그는 이 지역에서 꽤 강력하고 명망있는 토호로서 친왕건 세력의 리더였던 것 같다. 그런 인물이 전사했으니 이 지역의 왕건군이 궤멸해 버린 것과 마찬가지였다.

견훤은 이제 목표지점에 거의 도달했고, 경북과 강원 남부의 호족들은 동요하기 시작했다. 공산성 패배의 후유증이 가시지 않았지만 왕건은 사태를 방관할 수 없었다.

930년 정월 비장한 각오로 다시 남하한 고려군과 후백제군은 병산에서 만났다. 출동은 했지만 고려군은 예전의 패배 때문에 정면대결을 꺼렸다. 고창 북방의 예안까지 왔을 때 고려군 지휘부에서는 후백제군과 정면대결하지 말고, 후퇴하여 죽령을 막고 지구전으로 가자는 의견이 우세했다. 그것은 견훤의 신라점령을 용인하자는 말과 다름이 없었다. 이 때 유금필이 결전을 주장했다. 그것은 자신이 선봉이 되어 싸우겠다는 뜻이기도 했던 것 같다. 왕건은 그를 믿고 앞으로 전진했다.

병산은 현재의 안동 하회마을 뒤쪽에 있다. 안동에서 하회마을로 가자면 풍산 벌판을 지나가게 된다. 풍산에서 하회로 들어가는 길목에 갈림길이 하나 있다. 직행하면 하회마을이고, 작은 산을 끼고 왼쪽 길로 돌아가면 병산이 나온다. 병산은 도산서원과 함께 영남을 대표하는 병산서원으로 이름높은 곳이다. 하회에서 병산으로 가는 길도 있는데, 하회마을 앞에 있는 경작지를 살펴보면 경작지가 언덕으로 층층이 이어지고 있다. 그 언덕으로 올라가면 고개와 계곡이 나온다. 그 고개를 넘어가면 병산인데, 고려군이 주둔한 산이 바로 이 곳이라고 생각된다. 백제군은 750m쯤 떨어진 석산(石山)에 진을 쳤다. 전투가 벌어진 위치가 정확히 어디쯤인지는 알 수 없으나 양 군은 각기 벌판으로 내려와 평원에서 대결한 것 같다.

신라 지역의 패권을 두고 벌어진 이 최후의 전투는 저녁 늦게까지 하루 종일 계속되었고, 벌판은 피로 물들었다. 양측의 병력은 알 수 없으나 각기 1만이 넘었던 것은 분명하다. 지금까지 벌어진 전투 중 가장 규모도 크고 치열한 전투였다. 이 날의 최고 공로자는 역시 유금필이었다. 그의 기병대는 저돌적으로 돌진하여 후백제군을 깨뜨렸다. 마침내 견훤군이 물러섰다. 후백제군의 전사자는 무려 8천에 시랑 김악(金渥)이 사로잡혔다. 견훤은 풍산읍으로 후퇴하여 그 지역을 약탈하고는 전주로 철군했다.

고창전투는 고려와 후백제의 운명을 바꾼 전투였다. 고려군이 승리하자 주변의 영천·하양·안동·청송 등 30여 군이 일제히 고려에 투항했고, 다음 해에는 강릉에서 동해연안을 따라 내려오는 110여 개 군이 고려에 붙었다. 전세는 완전히 역전되었다.

전투기록이 워낙 소략해서 이 중요한 전투의 양상은 전혀 알 수 없다. 그러나 견훤의 정치력과 장기적인 전략운영 능력이 떨어졌던 점이 궁극적인 패인이었다고 할 수 있을 것 같다. 공산성의 승리 이후 견훤은 근 2년 동안 계속 신라 땅에 원정을 했다. 승리는 했지만 견훤군이 입은 피해도 컸을 것이다. 견훤군의 주력은 고려측에서도 감탄할 정도로 아주 강했지만 계속되는 전투로 전력은 소모되고 있었다.

반면 고려는 견훤의 공세에 충북과 경북 지역의 군현을 빼앗기고, 홍술이 전사하는 손실을 보았지만 홍술군은 경북 지역의 친왕건 세력들에게서 징발한 병력이었을 것이다. 왕건과 유금필, 홍유 등 고려의 주력부대는 전쟁터에서 멀리 떨어져 2년이란 회복기를 보냈다. 거기에 발해가 멸망하면서 발해의 유민들이 대거 고려로 유입되었다. 그 중에는 발해의 왕족과 고위층들도 많았다. 아마 쓸 만한 무사와 군인들도 꽤 따라왔을 것이다. 위기의 순간에 고려에게 떨어진 복이었다.

견훤에겐 그런 운이 따라주지 않았을 뿐 아니라 자신이 큰 실수를 저질렀다. 927년에 행한 서라벌 약탈은 정말로 근시안적인 행동이었다. 그 사건은 신라의 운명이 다했다는 사실을 만천하에 알려 주었다. 그 동안 신라에 대한 의리를 지키거나 그들의 힘을 두려워하던 군현들이 이제 신라를 포기하고 고려와 후백제를 두고 저울질을 하기 시작했다. 고창 전투가 끝나자마자 140여 개 군현이 왕건에게 투항했다는 사실이 이에 대한 증거다. 이 군현들은 모두 통일전쟁 이전부터 신라의 영토였던 곳들로 신라 중의 신라라고 할 수 있는 곳들이다.

이렇게 견훤은 신라인의 마음을 허물었다. 그러나 진짜 문제는 그 다음이었다. 그 다음을 생각하지 않은 견훤의 대책 없는 약탈은 허물어진 마음이 고려로 향하게 만들었다. 서라벌 약탈은 견훤에 대한 악명과 두려움을 높여 놓았다. 그 결과 고창 주민들은 성을 포위한 견훤군에게 끝까지 저항했고, 고려군이 진출하자 청송의 호족들은 즉시 왕건의 편에 서서 견훤군과 싸웠다. 이들의 지원이 왕건이 고창에서 승리할 수 있었던 중요한 요인의 하나였을 것이다. 견훤은 신라의 군현들이 서라벌을 포기하고 고려로 돌아서게 해준 셈이 되어 버렸다. 고려의 기록들은 이를 왕건의 인덕과 덕치의 소산으로 극구 칭찬했지만, 신라인들은 견훤에 대한 두려움과 복수의 감정 때문에라도 왕건 편에 붙었을 것이다. 930년 견훤의 고창전투 패배는 누적된 피로와 전략 미스의 결과였다.

고창에서 승리하고, 경주 북방의 군현에 대해 모조리 복속을 약속받은 왕건은 의기양양하게 서라벌로 진군했다. 사서에서는 이 때 왕건이 신라왕에게 면담을 요청하고, 그야말로 점잖게 50여 기의 부하만 거느리고 서라벌을 방문한 것처럼 적었다. 그리고 왕건은 서라벌에서 지극한 환대를 받고 수십 일을 머물렀다고 한다. 그러나 이것은 분명한 무력시위였다.

『고려사』에는 이 역사적인 정상회담의 목적과 회담 내용에 대해서는 언급이 없지만, 이 때 왕건은 경순왕에게 분명한 언질과 약속을 준 것 같다. 정상회담에서 오고간 밀약이 무엇인지는 알 수 없으나 그 후에 벌어진 사태를 보면 대략 짐작은 할 수 있다. 한 마디로 나라는 없어져도 경순왕 일가의 지위와 권력은 보존시켜 주겠다는 약속이었을 것이다.

하지만 경순왕도 쉽게 태도를 결정하지는 못했다. 게다가 싸움은 아직 끝나지 않았다. 고창전투로 후백제의 열세가 확연해진 듯했지만, 군사면에서 견훤의 재능은 확실히 탁월했다. 932년 9월에 후백제의 함대가 고려 수군의 본거지였던 예성강까지 들어와 3일 동안 연안·백천·풍덕을 유린하고 고려 선박 100척을 불살랐다. 이것은 정말로 대담하고 극적이며, 아무도 예상치 못한 반격이었다. 태평양전쟁 때 일본군의 진주만 기습에 비교한다면 지나치다는 느낌이 들긴 하지만, 이 소식을 들은 왕건의 놀라움은 그 날의 루즈벨트 못지않았을 것이다.

고려와의 전쟁에서 후백제가 고전한 결정적인 요인이 고려의 수군이었다. 수군과 수군의 지원을 받는 전남 남부의 세력 때문에 후백제는 늘 포위상태였다. 이 전쟁의 격전지와 전략요충지는 합천, 진주, 목포와 나주, 청주, 보은, 문경, 웅진(공주)였다. 지도상에 이 지점을 찍어 보면 후백제의 동서남북 사방으로 분포해 있음을 알 수 있다. 포위되었다는 것은 그만큼 방어선이 넓고 경계가 분산된다는 것을 의미한다. 게다가

서해상을 오르내리는 그놈의 함대는 언제 어디로 상륙할지 알 수 없었다.

건국한 지 20년이 지나도록 후백제군의 병력이 늘어날 줄 모르는 이유도 이처럼 그들이 늘 사주경계 상태였기 때문일 가능성이 높다. 그럼에도 불구하고 지금껏 후백제의 수군은 감히 고려군에 도전해 보지를 못했으며, 고려의 수군은 나주에서 곡식을 싣고 후백제 연안을 유유히 지나다녔다.

이런 때에 견훤이 자신의 함대를 과감하게 북상시켜 예성강을 기습했다. 기습함대의 지휘관은 일길찬 상귀(相貴)였다. 그들이 고려의 초계선과 경계망을 어떻게 따돌리고 그 곳까지 진출했는지는 알 수 없지만, 만약 이 시대의 전쟁에 대해 자세한 기록이 남아 있어 '제2차 세계대전'과 같은 다큐프로를 제작한다면 분명히 한 편의 명장면이었을 것이다. 이 공격으로 고려의 수군은 잠시 마비 상태에 빠졌던 것 같다. 다음 달에 후백제의 수군은 대우도를 공략하고, 고려의 구원병까지 격퇴했다.

이 일격으로 고려가 받은 타격은 대단했던 것 같다. 신라에게 항복을 교섭할 정도로 다 된 전쟁이라고 생각하던 고려는 숨을 죽였고, 다급해진 왕건은 마침 백령도로 귀양을 보냈던 유금필을 석방하여 복직시켰다. 다음 해에는 견훤이 아예 역습으로 나와 신라국경을 침범해 들어오기까지 했으나 긴급하게 파견한 유금필의 결사적인 활약으로 겨우 그들을 몰아냈다. 이후 3년 동안 양국의 전쟁은 소강 상태에 빠졌다. 다시 힘 고르기가 시작된 것이다. 당연히 신라도 태도를 유보했다.

다시 시작된 긴장 상태는 엉뚱한 사건들로 뒤흔들렸다. 934년 7월에 발해태자 대광현이 수만의 유민을 이끌고 고려로 투항했다. 거란에게 멸망당한 후 발해의 유민이 고려로 투항하기 시작한 것은 이 때가 처음은 아니지만 대광현 일행은 지금까지 겨우 수십 명, 수백 명씩 오던 것과는 수준이 달랐다. 왕건은 그들을 백주로 보내 예성강 하구의 방어력을 강화했다. 왕건과 견훤이 인솔하던 병력이 5천 내지 1만 명에 불과하던 시기에 이들의 귀화는 커다란 힘이었다.

이 덕분이었을까? 두 달 후인 9월에 왕건은 그간의 침묵을 깨고 홍성으로 치고 나왔다. 홍성과 공주 지역은 후백제와의 접경지역이자 전략 요충로서 이전에 궁예가 자신의 용사들을 배치해 놓았던 곳이다. 왕건의 쿠데타 후 공주와 홍성을 포함한 10여 군현이 후백제로 투항했다. 왕건은 이 곳을 탈환했지만 또 빼앗겼고, 이런 사정으로 이 지역의 인심은 늘 유동적이었다.

9월의 공세에서 왕건은 승리하여 홍성에 입성했다. 늘 저돌적이었던 견훤은 사태의 심각성을 깨닫고 바로 정예군사 5천 명에게 경장갑을 착용시키고 빠르게 응전해 왔다. 조물성에서의 악몽이 되살아났는지 고려군은 결전을 피했다. 기록에는 점잖게 여기서 결전을 벌이면 승부를 예측할 수 없고 병사들이 희생이 클 것을 우려하여 강화를 맺으려고 했다고 한다. 그러나 유금필이 이미 전투는 피할 수 없다고 강경론을 폈다.

견훤의 신속한 기동과 결연한 의지는 충분히 고려군을 놀라게 했지만, 막상 자신도 그 위력에 방심했던 것 같다. 아니면 고려가 정말로 겉으로는 화친을 제의하여 견훤을 방심하게 만들었던 것인지도 모른다. 하여간 견훤이 홍성에 접근했으나 미처 진을 치기 전에 유금필이 정예 기병대 수천명을 이끌고 돌진했다.

유금필의 기병은 대승리를 거두었다. 후백제군 3천 명이 전사하고, 견훤의 용장 상달·최필이 사로잡혔다. 견훤의 측근인 술사 종훈과 의원 훈겸까지 사로잡힌 것으로 보아 견훤의 최측근 부대까지 심한 타격을 입었던 것 같다. 이 승리로 공주를 포함한 이 지역 30여 성이 마침내 왕건에게 항복했다. 바둑으로 치면 왕건은 좌측에 이어 우측 가운데의

견훤이 감금되었던 금산사 대웅전.

대마마저 잡은 것이다.

　패전은 장군의 명예와 지도력에 손상을 입힌다. 그러나 이 때의 패전은 그 정도가 아니었다. 측근과 부하를 상실한 견훤은 물리적으로 상당한 힘의 손상을 입었던 것 같다. 그 결과는 잔인했다. 반년쯤 지난 935년 3월에 후백제에서 쿠데타가 발생하여 견훤은 왕좌에서 쫓겨났다. 주동자는 그의 아들들이었다.

　견훤도 부인과 자식이 꽤 많았지만 그 중에서도 적자로서 큰 활약을 한 아들은 신검·양검·용검 3형제였다. 이들은 일찍부터 후백제군의 장수로 전쟁터를 뛰어다니며 많은 공을 세웠다. 그런데 견훤이 말년에 젊은 부인에게 빠졌던지 갑자기 나이 어린 금강을 후계자로 세웠다. 여기에 반발한 신검 형제는 쿠데타를 일으켜 견훤을 축출하고, 신검이 새 왕으로 즉위했다. 금강은 살해되었고, 견훤은 금산사에 유폐되었다.

　홍성에서의 패배가 없었다면 이 쿠데타는 불가능했을지도 모른다. 어쩌면 갑작스런 금강의 대두마저도 그 패배의 후유증이었을 가능성도 있다. 견훤의 혼인관계는 전혀 알려져 있지 않아서, 신검 형제의 모친과 금강의 모친이 누구인지도 모른다. 그러나 혹 금강의 모친이 이 지역 세력가의 딸이었다면, 견훤이 갑자기 신검 형제를 배척하고 금강을 후계자로 삼으려고 한 것은 그들의 지원이 절실했기 때문은 아니었을까?

금산사에 가면 그 곳 대웅전 마루 밑, 즉 지하실에 견훤이 감금되었었다는 전설이 전한다. 하지만 견훤은 혼자 감금된 것이 아니고, 막내 능예와 딸 애복, 애첩 고비와 함께 이 곳으로 왔다. 그러므로 마루 밑은 과장이고 금산사 경내에 거주했을 것이다.

그러나 후백제의 지도부와 군지휘관의 상당수는 오래 전부터 견훤과 생사고락을 같이해 온 인물들이었다. 다른 면은 모르겠으나 군지휘관으로서 견훤은 쾌도난마(快刀亂麻)형이었다. 한쪽으로 개성이 강하면 적도 많아지지만, 그만큼 응분의 카리스마도 따라온다. 아마도 견훤은 장교나 고참무사들로부터 상당한 추앙을 받았을 것이다. 젊은 왕 신검으로서는 그들의 오랜 의리와 충성심까지 통제할 수는 없었다.

3개월 후인 6월 견훤은 가족과 아이들을 거느리고 금산사를 탈출했다. 『삼국유사』에 의하면 견훤을 지키기 위해 신검은 30명의 무사를 배치해 두었는데, 견훤측에서 술을 빚어 그들을 취하게 한 후 달아났다고 한다. 그러나 그 이야기는 이 탈주극의 일부분일 뿐이다. 금산사는 대찰이라 승려도 많았다. 경비원 30명이 모두 취해 쓰러졌다고 해도 견훤이 벌은 시간은 겨우 하루 정도에 불과하다. 60대 중반의 노인과 아녀자가 자신들의 힘만으로 얼마나 달아날 수 있었겠는가? 이 정도 탈주극이면 꽤 많은 사람의 도움을 받았던 것이 분명하다.

금산사를 탈출한 견훤은 나주로 달아나 고려로 투항했다. 평생 눈에 가시 같던 나주가 이 때는 구원처가 되어 준 셈이다. 금산사는 김제시 모악산에 있다. 이 곳의 위치는 후백제 땅의 거의 한복판이지만, 굳이 따지면 북쪽 국경이 나주보다는 조금 가깝다. 그래도 견훤이 나주로 달아난 것은 추격군의 의표를 찌르고, 아무래도 북쪽 국경에는 군대가 밀집되어 있었기 때문일 것이다.

견훤이 나주로 투항해 들어왔다는 소식을 들은 고려조정의 흥분은 가히 짐작할 수 있다. 왕건은 당장 군함 40여 척으로 구성된 함대를 파견하여 견훤을 호송해 오게 했다. 인솔 책임자는 장군 유금필과 대우도 해전에서 고려의 구원군을 지휘했던 왕건의 사촌 만세(萬歲)였다. 육군과 수군에서 최고의 장수를 파견한 것이다.

왕건은 귀순한 견훤을 극진히 대접했다. 왕건은 견훤이 자신보다 나이가 많으므로 상부(尙父)라고 불렀는데, '상부' 란 아버지와 같은 존재라는 뜻이다. 견훤이 연장자라고 해도 10세 연장이었으므로 아버지 뻘은 아니었는데도 말이다. 조회를 할 때는 견훤을 어떤 관료보다도 제일 앞에 세우고, 그에게 양주를 식읍으로 주었다.

이 대접에 넘어갔기 때문일까? 아들에 대한 복수심에 이성을 잃었기

경기도 연천의 경순왕릉.

때문일까? 아니면 왕건을 만만히 보고 나름대로 계획을 세웠기 때문일까? 견훤은 왕건에게 협력하기 시작한다.

견훤의 투항으로 고려와 후백제의 전력에 큰 변화가 생겼다. 나중에 견훤의 사위 박영규도 고려로 귀순하지만, 아직 견훤의 영향력이 미치는 후백제군의 장군과 무사들은 동요하기 시작했을 것이다.

상황의 변화를 제일 먼저 감지한 쪽은 역시 눈치를 보고 있던 신라였다. 전세가 완전히 고려로 기울었다고 확신한 경순왕은 고려로 투항할 결심을 굳히게 된다. 아마도 신라조정에서는 이 기회에 신라가 힘을 써서 잃어 버린 땅을 탈환하고 세력을 회복하자고 생각하는 측도 있었을 것이다. 그러나 경순왕으로서는 자신의 가치가 높을 때 고려로 투항하는 게 낫다고 생각했을 것이다. 고려의 우위가 확실해질수록 자신의 가치는 하락할 것이기 때문이다. 이 해 10월 경순왕은 저항을 포기하고 고려에 투항했다. 경순왕의 행차는 11월에 출발했는데 그 행렬의 길이가 30여 리에 달했다.

항복의식은 12월에 개경에서 열렸다. 항복의 대가로 경순왕은 경주를 식읍으로 받고 경주의 사심관이 됨으로써 경주에 대한 지배권을 유지했다. 또한 왕건은 장녀인 낙랑공주와 경순왕을 결혼시키고, 경순왕의 위계를 태자보다도 높였다. 얼마 후 왕건도 신라왕족의 딸과 결혼했으며, 왕건의 손자인 경종은 경순왕의 딸과 또 결혼했는데, 나중에 이 후손들이 고려의 왕위를 이어가게 된다. 경순왕 개인으로서는 손해보지 않은 투항이었다.

여담이지만 경순왕은 이 때 신라의 3대 보물 중 하나라고 일컫는 진평왕의 허리띠까지 왕건에게 바쳤다. 말이 바친 것이지 사실은 왕건이 강탈한 것이다. 신라의 3대 보물이라고 하는 것은 황룡사의 금불상과 9층탑, 그리고 진평왕의 옥대를 말한다. 진평왕은 돌계단 3개를 한 번에 밟아 부숴뜨렸다고 할 정도로 거구였다고 한다. 그래서 그의 허리띠도

황룡사 복원모형

대단히 커서 허리띠의 길이가 열 뼘이고, 허리띠의 구멍만 62개였다고
한다. 허리띠는 동으로 싸서 금을 입히고, 옥구슬로 장식을 한 명품이었
다. 금불상과 9층탑은 가져올 수가 없으므로 이전에 신라 사신을 접견
했을 때 왕건은 진평왕의 허리띠를 요구했다.

　"[왕건이] 신라 사신 김율에게 신라의 3대 보물에 대해 물었다. '내
가 들으니 신라에 3대 보물이 있다는데 [황룡사의] 장육금상(丈六金
像 : 크기가 16자나 되는 금불상)과 [황룡사의] 9층탑과 성제(聖帝 : 진
평왕)의 허리띠라고 하더라. 3보가 없어지지 않으면 나라도 망하지 않
는다 했는데, 탑과 불상은 아직 남아 있거니와 진평왕의 허리띠는 지금
도 아직 있느냐' 하였다. 김율이 대답하기를 '신은 일찍이 성제의 허리
띠에 관해서는 들어 본 적이 없사옵니다' 라고 하였다. 왕이 웃으며 말
하기를 '경은 신라의 높은 신하이거늘 어찌하여 나라의 대보를 모른단
말인가' 고 하니 김율이 부끄러이 여기고 돌아와 경순왕에게 이 사실을

아뢰었다.

왕이 여러 신하에게 물었으나 아는 사람이 없었다. 그 때 황룡사에 나이 90이 넘은 중이 있어 말하기를 '내가 듣자오니 성제의 허리띠는 진평대왕께서 착용하시던 것이라 하오며 역대로 이를 전하여 남고에 보장하여 두었다 하옵니다'고 하였다. 왕이 드디어 남고를 열어 보매 풍우가 갑자기 일어나고 대낮이 어두컴컴하여 볼 수가 없는지라 이에 날을 택하여 제사를 지낸 후에야 이를 볼 수 있었다. 신라 사람들은 진평왕이 성골의 왕이므로 이를 성제의 허리띠라고 하였다."

이야기가 상당히 부드럽게 각색되어 있지만, 그 부분을 제외하고 읽으면 왕건은 신라에게 항복하려면 그것을 내놓으라고 요구한 것이다. 경순왕과 신라의 대신들이 그 소재를 몰랐다고 하는데, 왕건의 말마따나 그것은 거짓말이다. 거짓말이 아니라면 후기에 신라의 왕통이 매우 복잡해지고 마지막에는 박씨에게로 넘어가기까지 했으므로(참고로 경애왕은 김씨가 아닌 박씨이다) 어느 진골가문에서 숨겨 두고 있었을 것이다. 관료 중에는 아는 사람도 있었겠지만, 그들은 그것을 내놓으려 하지 않았다. 왕이 남고에 있다는 것을 확인하고도 풍우가 일어 볼 수 없었다는 것은 지배층 내부에서 반발이 극심했다는 것을 암시한다.

경순왕의 아들 마의태자가 항복에 반대할 정도로 신라조정에서도 항복 반대세력이 있었다. 그 참에 신라왕실의 보물까지 찾아서 바치겠다고 하니 그들이 경순왕을 곱게 볼 리가 없다. 그들은 경순왕이 왕으로서의 지위를 망각하고, 개인의 영화를 위해 모든 것을 가져다 바친다고 생각했을 것이다. 그래도 경순왕은 제보자와 협력자를 찾았고, 마침내 황룡사 승려의 도움을 받았다. 황룡사의 고승도 단순한 고승이 아니라 진골쯤 되는 신분이 높은 사람이었을 것이다. 원래 망해 가는 집안의 특징이 철저한 이기주의와 분열 아닌가?

신라가 400여 년 동안 지켜 온 보물까지 차지한 왕건은 득의만만했다. 예전에 서라벌을 약탈했던 견훤도 왕건의 곁에서 이 보물을 보았을 텐데 자신이 세워 준 왕이 왕건에게 항복하고 이 보물까지 바치는 모습을 보면서 무슨 생각을 했을까?

아무튼 왕건에겐 이제 후백제와의 최후의 결전만이 남아 있었다. 왕건은 있는 대로 병력을 긁어 모았다. 왕건과 견훤이 함께 참전한 고려군의 병력은 무려 8만 7천 500명. 예전의 열 배에 달하는 병력이었다. 갑자기 이런 대군을 동원할 수 있었던 것은 발해유민과 신라군의 가세도 가세지만, 지금까지 눈치를 보며 마지못해 복종하던 많은 지방세력들이 고려측의 확실한 우세를 예상하고 적극적으로 참전했기 때문일 것이다. 반인질로 아들과 600명의 군사를 송악으로 파견했을 뿐 지금까지 내내 강릉에서 꼼짝도 않던 김순식마저도 왕건에게 알리지도 않고 자진해서 달려왔다.

최후의 대전이 벌어진 장소는 지금의 경상북도 선산군 해평면 일대인 일리천(一利川)이었다. 고려군은 일단 천안에 집결했다가 선산지역으로 진입했다. 이 곳은 후백제와 신라의 경계선상이다. 고려군이 바로 남하하지 않고 이 곳으로 돌아온 이유는 신라지역의 병력을 끌어모으기 위해서가 아닌가 싶다.

고려군은 좌군·중군·우군으로 구성했다. 좌군과 우군은 각기 마군 1만, 보군 1만이었다. 좌군에는 견훤과, 궁예의 경호원 출신이지만 왕건이 극히 신뢰했던 박술희, 청주인으로 청주반란 진압에 공을 세웠던 능달, 황보금산, 견권 등을 배치했다. 우군에는 반정공신인 홍유와 조물성 전투의 영웅 박수경 등이 포진했다. 강릉에서 찾아온 김순식과 홍성에서 반란을 일으켰다가 왕건에게 사로잡혔던 경준, 유금필 등 낯익은 인물들은 모조리 중군에 배치했다. 중군의 병력은 마군 2만에 보군 3천, 여기에 말갈족 중에서도 제일 사납고 강력했던 흑수말갈과 기타 부족병으로 구성된 여진 기병대 9천 5백 명을 유금필이 거느렸다. 후위대에는 기병 3백에 여러 성에서 뽑아온 1만 4천 700명을 배치했다. 이들은 병사의 질이 떨어지거나 작은 군현에서 소규모로 응모하여 하나의 단위로 편성하기가 곤란한 병사들을 한데로 모은 것이라고 생각된다.

이에 대항하는 백제군의 병력은 1만이 넘었던 것은 분명한데 정확한 숫자는 나와 있지 않다. 병력 차이도 차이지만 이미 견훤의 입김이 작용했던 것 같다. 견훤을 왕건과 함께 중군에 배치하지 않고 마군을 주어 좌군에 배치했다는 사실에 주목할 필요가 있다. 견훤은 옵서버로 참전한 것이 아니라 왕건군의 선두에 서서 활약했다. 왕건이 그만큼 견훤을 믿어 주었다는 것도 대단한 일이지만 견훤도 왕건을 신뢰했다는 이야기가 된다. 두 사람 사이에 어떤 약속이 있었던 것일까?

후백제의 좌군을 거느리던 장수 효봉·덕술·명길 등이 싸우지 않고 견훤에게 나와 항복했다. 고려군의 군세를 보고 저항을 포기했다고 하지만 이미 견훤의 사위 박영규도 왕건과 내통하고 있었다. 아마 그들은 견훤의 심복들로 사전에 연락이 오갔거나 견훤에 대한 충성심과 의리가 전투를 포기하게 만들었을 것이다.

왕건은 그들에게 신검이 있는 곳을 물었고, 그들은 중군에 있다고 대답했다고 한다. 이것도 참 애매한 기술이다. 적의 대장이 중군에 있는 것은 당연하다. 정작 이들이 묻고 대답한 내용은 보다 구체적인 정보, 백제군의 편성과 위치, 작전에 관한 내용이었을 것이다. 그들은 견훤이 누구보다 잘 아는 사람들이었으므로 누구는 공격하여 처치하고, 누구는 위협만 하면 항복할 것이고, 누구는 내버려둬도 공격하지 않을 것이라고 일일이 코멘트를 했을 것이다.

적진의 상황을 완전히 파악한 왕건은 3군을 일제히 전진시켜 총공격을 감행했다. 『손자병법』에도 아군이 적보다 강할 때는 집중공격을 해서 단숨에 승부를 내라는 말이 있다. 왕건은 이 말씀대로 후위 부대까지 중군에 합쳐 한꺼번에 백제군을 몰아쳤다.

이미 서로를 신뢰할 수 없게 된 후백제군은 쉽게 붕괴했다. 일부는 자신들끼리 싸웠다고 하는데, 그것은 일부 부대가 반란을 일으킨 것일 수도 있고, 도주하거나 항복하려는 군대를 다른 군대가 저지하다가 자중지란에 빠진 것일 수도 있다. 어느 경우든 고려군의 대승리였다. 후백제군 5천 700명이 전사하고, 3천 200명이 사로잡혔다.

후백제군의 지휘부는 도망쳤으나 고려군은 그들을 추격하여 후백제 영내로 진입했다. 이 진격로는 옛날 김유신의 신라군이 진격했던 그 길로, 고려군은 탄현을 넘어 황산벌을 지나 마성에 주둔했다. 여기서 백제군은 저항을 포기하고 항복했다.

왕건은 특유의 정치감각을 발휘하여 신검 형제를 죽이지 않고 유배만 보냈다. 특별히 신검은 쿠데타의 주동자가 아니고, 형제들에게 강제로 추대된 것이라고 하여 관작까지 내려주었다. 다만 쿠데타를 충동질했다는 능환(能奐)만 현장에서 살해했다.

그러나 이것은 잠깐의 정치적 쇼였을 뿐이다. 후백제 지역을 아직 평정하지 못했으므로 남아 있는 사람에게 항복하면 죽는다는 두려움을 주어서는 안 되기 때문이었다. 조금 후에 왕건은 유배 보냈던 양검과 용검을 살해했다. 신검은 용서해 주었다고 하지만 일설에는 그도 살해했다는 얘기가 있다. 실제로 그에게 관작을 주었다면 일국의 왕이었으니 꽤 높은 작위를 주었을 텐데, 나중에 그가 병사했다거나 무슨 일을 했다는 기록이 일체 없는 것으로 보아 살해된 것이 분명한 것 같다.

며칠 후인 9월 8일 견훤도 황산의 어느 절에서 의문의 죽음을 당한다. 그의 나이 70이었다. 고령이긴 했지만 아무래도 고려측에서 살해했을 가능성이 제일 높다. 기록에는 왕건이 신검을 살려주었기 때문에 우울해서 등창이 나서 죽었다고 한다.

그러나 뭔가 이상하다. 일리천 전투와 신검의 항복으로 자신이 세운 후백제는 사라졌고, 아들들은 망국의 왕 또는 왕자가 되었다. 이런 판에 당장 신검을 죽이지 않았다는 사실이 그를 그것도 며칠만에 우울해서 스스로 죽음에 이르게까지 할 정도의 사건이었을까?

옛 사가들은 가끔 블랙유머를 발휘한다. 때론 거짓말을 해도 단서를 남겨 줄 때가 있다. 필자는 그의 죽음의 원인인 우울함과 등창에 주목하고 싶다.

우선 견훤이 왜 우울해졌을까를 생각해 보자. 기록대로 왕건이 신검을 살려주었기 때문이라면 견훤의 감정은 우울함이 아니라 분노여야 한다. 왕건의 배신에 화를 내다가 등창이 악화되었다거나 갑자기 등창이 발병해서 사망했다고 해도 문맥은 전혀 이상하지 않다. 그러나 사가는 분노 대신 우울증이란 단어를 집어넣었다. 견훤은 왜 우울해졌을까?

막상 자신의 나라가 망하고 아들이 살해되는 광경을 보니 우울해졌던 것일까? 그러나 자신이 고려에 투항하여 참전했을 때부터 그 정도는 예상했을 것이다. 어쩌면 왕건이 협력의 대가로 견훤에게 경순왕과 같은 대우를 약속했고, 그 약속을 믿고 견훤은 그의 옛 부하들을 회유하기 위하여 적극적인 공작을 했을 가능성도 있다. 그러나 경순왕과 달리 위험한 견훤에게 그 약속을 지킬 리가 없다. 견훤은 배신감에 병이 났거나 이 배신에 분노했다가 살해당했을 것이다.

게다가 등창과 우울증은 아무 관계가 없다. 아무리 우울증이 만병의 근원이라고는 하지만 우울함이 등창의 발병원인일 수는 없다. 원래 등을 찔린다는 것은 배신이나 암살을 의미한다. 하필 등창이라고 말한 것은 이런 암시가 있는 건 아닐까?

이 참에 잠깐 최후의 승리자 왕건에 대해 살펴보자. 『고려사』에서는 당연히 그들의 태조 왕건을 미화했다. 그러나 그런 점을 감안한다고 해도 궁예나 견훤에 비해 왕건의 정치력이 보다 뛰어나고 세련되었다는 사실은 분명하다.

그렇다고 그를 덕치와 지역화합의 상징적인 존재처럼 몰아가는 데는 분명히 문제가 있다. 그는 도덕군자가 아니라 난세를 살면서 승리를 쟁취한 장군이다. 그는 숙청도 했고, 기만과 배신, 암살, 강압도 사용했다. 정치적 능력이 뛰어났다는 것은 권력의 속성을 알고, 인간의 약점을 파고들고, 충분히 이용했다는 뜻도 된다.

심지어 왕건이 유언으로 남겼다는 「훈요십조」가 그의 유언이 아니라 후대인, 구체적으로는 현종대 이후 정계를 장악한 신라계 인사들의 조작이라는 설도 있다. 「훈요십조」 중에 있는 차령 이남, 즉 지금의 금강 남쪽 사람은 등용하지 말라는 구절 때문인데, 나주 호족의 도움을 받고, 그 곳 출신인 장화왕후의 소생을 후계자로 삼은 왕건이 그런 말을 했을 리가 없다는 것이 이유다.

그러나 그건 이유가 되지 못한다. 조선의 왕들도 본관은 전주이고 자신들의 세력기반은 함경도였지만, 양쪽 지역 모두에 대해 철저한 배신을 했다. 지역차별과 신분차별은 중세정치의 기본이다.

그렇다면 왕건이 최후의 승자가 된 진정한 비결은 무엇이었을까? 여기에 대해서도 그가 민심을 잡을 수 있는 개혁을 시행했기 때문이라든가 반대로 궁예의 민중적 노선을 벗어나 사회의 지배세력이었던 호족층과 결탁했기 때문이라고 보는 견해도 있다. 왕건이 신라의 체제를 극복한 새로운 사회체제를 지향한 것은 사실이다. 그러나 그가 살았던 시대는 난세이며 전시였다. 특별히 가시적인 제도개혁을 한 흔적이 없고 할 수도 없었다. 그는 궁예의 제도를 그대로 사용했다. 설사 어떤 개혁을 했다고 해도 효과를 볼 수 있는 상황이 아니었고, 신문·방송이 없던 시대라 지금처럼 개혁안을 홍보하여 지지세력을 모을 수도 없었다.

왕건의 승리는 세 사람, 세 나라의 상대적인 비교를 통해 추적해야 한다. 왕건은 장기적인 전략과 정치력에서 우위를 보였다. 궁예와 견훤이 민중적·급진적 개혁가였는지는 현재로서는 판단할 근거가 없다. 그러나 이 시대에 민중노선을 기대하는 자체가 장밋빛 환상이다. 그들이 백성의 고통에 좀더 동정적이고, 신분제에 대한 반감이 심하고, 측근 중에 하층민 출신 관료와 장수들이 좀더 많았다고는 해도 그들이 이룬 사회는 그 후 고려사회의 모습과 크게 다르지 않았을 것이다.

두 사람이 세력확산에 실패한 원인은 반군 지도자에서 통치자로의 변신에 실패했기 때문이다. 자신의 개인적인 경험과 감정의 벽을 뛰어넘지 못했기 때문이다. 그들은 자신의 친위세력과 동료집단에 지나치게 의존했고, 국가의 구조와 운영방식을 이해하지 못했다. 그들은 자신의 감정과 개인적인 경험으로 세상을 보았고, 무대가 바뀌었음에도 이전의 방식을 바꾸지 못했다. 궁예가 신정정치를 추구한 것이나 견훤의 맹목적인 신라공격과 서라벌 약탈이 대표적인 사례다. 그것이 그들을 파멸로 몰았다.

이렇게 해서 4세기부터 지속된 기나긴 전쟁과 내전의 시대는 막을 내렸다. 그 과정에서 고구려와 발해가 망하고, 우리 민족은 만주와 요동을 상실했다. 그러나 내적인 변화도 컸다. 발전한 사회는 더 이상 왕국의 분열을 용납하지 않게 되었다. 진골과 같은 소수 가문과 귀족이 전체를 지배하는 시대도 지났다. 이 땅에 진정한 통일정권과 중앙집권적 국가가 들어서게 된 것이다. 물론 분열과 차별, 지역차별의 시대가 끝난 것은 아니었다. 그것은 이제 무력대립이 아닌 새로운 형태로 진행될 것이다. 그렇더라도 일정한 발전은 발전이었다. 그 발전은 작은 진보처럼 보이지만 오랜 전쟁과 희생을 통해 이룩한 세계였다.

무기 일람

●●●●●●●

1. 도검

양날이 있는 칼을 검, 한쪽 날만 있는 칼을 도라고 한다.

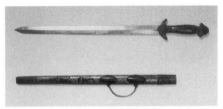

조선시대의 보검

검(劍) : 검은 인류 역사에서 가장 오래된 무기 중의 하나이며, 후대까지도 지휘관의 상징으로서 위상을 지켰다. 표준적인 검의 길이는 약 90cm 정도다.

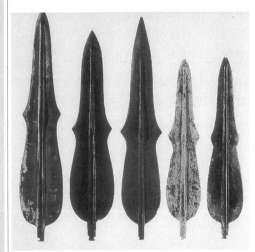

비파형동검

스키타이 청동단검

비파형동검 : 우리나라와 요녕성 일대에서 발견되는 특이한 청동검으로 요녕식동검이라고도 한다. 후기에 이것이 발전하여 일직선의 모양을 갖춘 세형동검이 되었다.

비파형동검과 세형동검은 단검이다. 이것이 실전용이냐 의전용이냐는 오랫동안 논란의 대상이 되었다. 그러나 실전용으로 사용하려면 손잡이까지 청동으로 일체식으로 만들어 검신과 손잡이를 튼튼하게 고정시켜야 한다. 중국의 춘추시대에 만든 동검이나 중동, 스키타이 문화권에서 발견되는 청동검에는 이런 검들이 있다.

하지만 우리나라에서 발견되는 동검들은 약간의 경우를 제외하면 대부분 검과 손잡이가 분리되어 있다. 검신의 뿌리도 짧고 손잡이도 청동이 아니며, 손잡이 장식이 과하게 크다. 그러므로 이 동검들은 실전용이 아닌 의전용이었다고 생각된다.

도(刀) : 도는 날을 곧게 만든 것은 직도, 날이 휜 것은 곡도라고 한다. 청동기시대부터 춘추전국시대까지는 검이 무기의 주종을 이루었다. 하지만 한나라 때부터 병사들의 기본무기가 도로 바뀌었다. 도는 검보다 베기 능력이 뛰어나고, 무엇보다도 제작기간이 검보다 짧고, 비용도 싸서 군대에 대량으로 보급하는 데 유리했기 때문이다.

당군은 병사의 80% 정도가 기본무기로서 도를 착용했는데, 직도와 곡도를 병용했다. 곡도는 날이 휘거나 끝이 넓어지는 것으로 직도보다 베기 능력이 더 뛰어나다. 그래서 송대 이후로 직도는 군대에서 자취를 감춘다. 중국 주변민족도 도를 많이 사용했다. 고구려 벽화에 보이는 손잡이에 고리가 달린 환두대도는 직도로서 당에서 유행한 무기다.

2. 창

모(矛) : 보통의 일반적 창으로, 석기시대부터 근대까지 사용된 보병의 기본무기다. 청동이나 철제로 창날을 만들고 뿌리 부분을 뾰족하게 하거나 둥글게 만들어 창자루를 이 곳에 박아 단단히 고정시킨다. 무게와 크기

환두대도   모

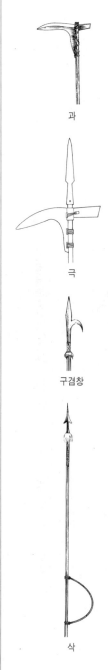

과

극

구겸창

삭

는 다양한데, 보통은 2m 미만이었다. 창자루의 아래쪽 끝에
도 송곳같은 날을 달거나 뾰쪽하게 해서 내리찍는 데 사용
하기도 했다.

과(戈) : 춘추전국시대에 많이 사용된 고전적 무기다. 창날
모양으로 생겼지만 날이 넓고 아랫부분에 구멍이 있다. 모
(矛)가 창자루와 일직선을 이루는 반면 과(戈)는 창날의 구
멍을 이용해 창자루에 직각으로 붙들어 맸다.

　과의 용도는 적의 목을 베는 것이었다. 처음에는 전차전
에서 전차병끼리 사용했으나 점차 보병에게도 보급되었다.

극(戟) : 춘추전국시대 이래로 오랫동안 사용된 인기 있는
창으로 과(戈)와 모(矛)를 합쳐서 치고 찌르고 베는 동작
을 모두 가능하게 만들었다. 길이는 3.6m 정도다. 우리나라
에서도 널리 사용되었다. 극은 특히 전차병이나 기병을 갈
구리로 걸어 떨어뜨리는 데 유용하여 기병들도 극을 들고
출전하는 경우가 있었다. 극은 당·송대 이후 널리 발전하
여 모양도 다양해졌다. 삼국지의 여포가 쓰는 방천화극도
극의 일종인데, 사실 방천화극은 송나라 때 발명된 것으로
삼국시대에는 없었다.

　이 창의 갈구리를 낚시바늘처럼 약간 휘고 날카롭고 예
리하게 만든 것이 구겸창이다. 수호지에서 구겸창은 호연
작의 연환계(전차돌격전술)를 파괴하는 비밀병기로 나오
는데, 실제로 구겸창은 송나라 때 널리 사용된 무기다.

삭(槊) : 기병의 돌격용 창으로 길이가 4～6m에 달했다. 중

장기병전술이 발달한 남북조시대부터 많이 사용되었다.

가지창 : 포크 모양으로 창날이 두 개, 세 개로 갈라진 창이다. 원래는 작살에서 개발되었는데, 다양한 변형이 있다. 삼국시대 이후로 우리나라에서도 많이 사용되었다.

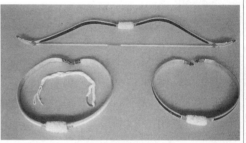

가지창

3. 발사무기

활(弓) : 총이 등장하기 전, 전 역사시대를 통해 조선족의 장기는 활이었다. 세계적으로 활의 재료는 나무, 대나무, 철, 짐승의 뿔과 뼈가 사용되었다. 그 중에서도 뿔이나 뼈를 사용한 활을 각궁(角弓)이라고 하는데, 모든 활 중에서 각궁이 제일 강력하다.

활과 화살

유명한 조선의 맥궁은 뿔을 사용하는 각궁이다. 그러나 각궁 중에서도 최고의 성능을 자랑한다. 뿔로 만들어서 뒤쪽에는 소힘줄을 붙인다. 뿔은 사슴뿔도 사용되었지만 물소뿔이 강하고 유연해서 최고의 재료로 꼽힌다. 이 두 재료가 활의 탄력을 결정한다. 붙이는 재료는 물고기 부레로 만든 아교인데, 민어 부레로 만든 풀이 최고이다.

시위는 명주나 무명실을 꼬아서

김홍도의 그림 〈활쏘기〉

만들었다.

활의 길이는 약 80cm에서 127cm 정도이다. 특별한 역사는 보다 큰 활을 사용하기도 했다. 이 활은 대단히 강력해서 유효사거리가 100~360m 정도까지 되었고, 500m도 거뜬하게 나갔다.

그러나 활이 너무 강하기 때문에 평소에는 활시위를 풀어 놓아야 한다는 단점이 있었다. 만약 적이 성을 기습했다면 궁수는 먼저 활시위부터 감아야 했다.

시위걸기가 요즘 총에 탄창 꽂듯이 간단한 작업 같지만, 그게 그렇지가 않다. 시위를 걸지 않은 각궁은 평소에는 거의 원형으로 휘어 있는데, 이 원의 바깥, 즉 굽어 있는 반대로 활을 꺾은 후에 시위를 건다. 활의 탄력이 워낙 세서 만만치 않은 작업인데다가 잘못 휘면 활이 비뚤어진다.

제작비용도 많이 들고, 보존·관리도 쉽지 않다. 물소뿔은 수입품이므로 조선시대에도 수입하느라 애를 먹었다. 활 하나에 뿔 두 개가 소용되고, 힘줄도 소 두 마리 분이 필요하다.

활이 뿔과 힘줄, 민어풀 같은 천연재료를 사용하므로 탄력을 유지하려면 관리를 잘해야 한다. 비를 맞히거나 물에 젖으면 금새 성능이 저하되고, 잘못하면 부패한다.

보관할 때도 온도와 습도를 늘 적절히 유지해야 했다. 조선시대의 궁사는 활을 껴안고 잤다는 얘기도 있는데, 활을 아내보다도 사랑해서가 아니라 온도와 습도를 유지하기 위해서였다. 활을 보관하는 무기고에 온돌 시설을 해서 늘 불을 때 줬다는 기록도 있다.

화살(矢) : 화살은 남쪽에서는 대나무, 함경도 이북에서는 광대싸리나무를 썼다.

고구려군이 애용한 화살은 송곳처럼 뾰족한 살촉을 붙인 화살이다.

이런 화살촉은 중국에도 있지만 고구려에서 압도적으로 많이 발견된다.

삼국시대의 화살

살촉을 송곳처럼 만든 것은 갑옷을 입은 병사를 상정한 것으로 화살이 뚫고 들어갈 때 저항을 최대한 줄여 화살의 속도와 관통력을 높이기 위해서다. 근거리에서는 방패와 갑옷도 꿰뚫었다.

평촉은 끝이 끌처럼 넓게 퍼진 화살촉이다. 백제와 신라에서도 많이 사용했다. 관통력은 없지만 상처부위를 크게 만들고 한 발이 여러 사람을 스치면서 상처를 입힐 수 있었다.

명적과 명적을 단 화살

아마도 갑옷을 입지 않은 상대에게 효과적이었을 것이다.

고분벽화의 짐승을 사냥하는 고구려 궁사의 그림에서는 독특한 모양의 화살촉이 등장한다. 무용총 벽화의 화살은 끝에 둥근 공 같은 것이 달려 있고, 그 끝에 바늘 끝 같은 것이 약간 나와 있다. 이것에 맞아서는 짐승이 다칠 것 같지가 않다.

덕흥리 고분의 사냥도에서도 평촉처럼 생겼는데, 세 갈래로 갈라진 화살촉이 등장한다. 이것은 다 명적, 즉 소리를 내며 날아가는 화살이다. 흔히 효시라고 하면 소리나는 화살을 쏘아 전투의 개시를 알리는 것을 말한다. 그러나 조선시대까지도 많은 궁수들이 사냥을 할 때 또는 연습으로 짐승을 쏠 때 명적을 많이 사용했다. 날카로운 소리의 궤적을 남기며 날아가는 화살은 특별한 쾌감을 주었을 것이다.

　사실은 화살 한 대가 매우 비싸다는 경제적 이유도 있었다. 날아간 화
살을 하루만 땅에 방치하면 쥐가 깃을 뜯어 먹거나, 습기를 먹어 못 쓰
게 되므로 바로 회수해야 한다. 화살의 궤적음은 날아간 화살을 찾는 데
도움이 된다.

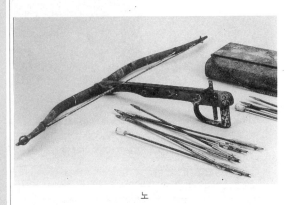

노

노(弩) : 노는 총이 나오기 전에
는 동서양을 막론하고 널리 사
용된 무기다. 중국에서는 춘추
전국시대부터 사용되었다. 활
의 사거리와 위력은 개인차가
많이 나는 데 반해 노는 기계장
치로 쏘는 것이므로 위력이 일
정하다는 장점이 있다. 사거리
는 보통 150~200m 정도였다.

　노에 화살을 장전할 때는 배에다 붙여 시위를 당겼다. 송나라 때 발
명한 신비궁(神臂弓)은 시위가 한 손으로 당기기에는 너무 강력하여
궁의 머리 부분에 발걸이를 만들어 이곳에 발을 걸어 밟고 두 손으로
시위를 잡아 당겨 고리에 걸어 쏘았다. 이 노는 유효사거리가 400m, 최
대 사거리가 500m가 넘었다.

　노의 단점은 느린 발사속도였다. 한 발을 쏘는 데 7~10초 정도 걸렸
다. 또 말 위에서는 사용하기가 곤란했다. 그래서 우리나라에서도 기록
에 나오고, 유물이 발견되기는 하지만 중국에서처럼 보편적으로 사용
되지는 않았다.

　그러나 우리나라의 노는 각궁을 장착해서 사용하기 때문에 성능이
보다 강력했다.

연노 : 탄창 같은 장치를 붙여 연속발사가 가능하게 만든 노다. 완전자동은 아니고 사격 후에 손잡이를 들었다 놓으면 시위가 당겨지고 탄창의 화살이 내려와 장전되었다.

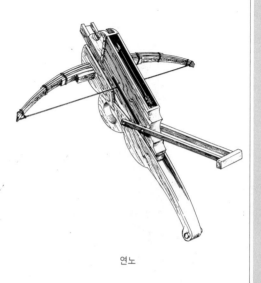

연노

연노의 발명자는 삼국시대 제갈공명이었다고 한다. 연노는 10발까지 연속발사가 가능했다. 그러나 연노는 한 손으로 시위걸이를 들었다 내려놓아야 하므로 시위가 짧아 사정거리도 짧아지는 단점이 있다. 보통의 연노는 사정거리가 30~50m 정도밖에 되지 않았다. 그러나 각궁을 사용한 연노는 140m 정도는 날아갔다.

상노(床弩) : 대형 노로 수레에 탑재하여 사용한다. 쇠뇌라는 우리 말은 상노에서 유래한 듯하다. 한나라 때 개발되어 중국에서는 위진남북조시대에 실전에서 사용된 기록이 있다.

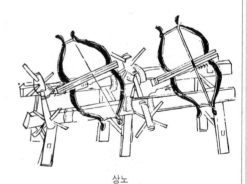

상노

발사하는 화살은 화살이라기보다는 창에 가까울 정도로 컸다. 가장 큰 것은 화살 길이만 1m가 되는 것도 있었다. 사거리는 200~400m 정도였다. 큰 것은 시위도 기계장치로 감아서 걸었다.

송나라 때는 삼궁노라고 하여 연속으로 세 발을 발사할 수 있는 상노도 개발되었다. 상노는 너무 커서 방향을 바꾸기가 쉽지 않고 발사속도가 느리므로 대인용보다는 공성용·수성용으로 사용했다.

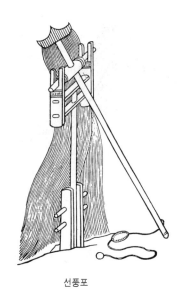

선풍포

포 : 포는 돌을 날려보내는 투석기를 말한다. 기동성이 떨어지고 사거리 조정이 쉽지 않으므로 야전에서는 사용이 곤란하고 공성전이나 진지전에서 사용되었다. 공성측, 수성측에서 모두 필수적인 무기였다. 서양에서는 고대 그리스와 로마 시대부터, 동양에서는 후한 때부터 사용한 기록이 있다. 서양의 투석기는 주로 밧줄이나 짐승의 힘줄 등을 감거나 비틀었다가 그것의 복원력을 이용해 탄환을 발사하는 것이었는 데 반해, 중국에서는 포에 밧줄을 걸고 사람이 잡아당겨 발사하는 포차가 발달했다. 사정거리는 잡아당기는 인원과 포탄의 무게에 따라 가변성이 많았던 것 같다. 송나라 때 편찬한 무경총요에 의하면 모든 포차는 최소한 77m 이상의 사정거리를 보유하도록 되어 있었다. 가장 큰 것은 250명을 필요로 하며 포탄의 무게는 60kg에 달했다.

포차의 또 하나의 약점은 방향전환이 어렵다는 것이었는데, 송나라 때 개발한 선풍포(旋風砲)는 360도 회전이 가능한 기둥 위에 포를 달아 방향전환이 가능하게 만들었다.

4. 공성구

소차(巢車) : 이동식 망대로 성 안을 관측하는 기구다.

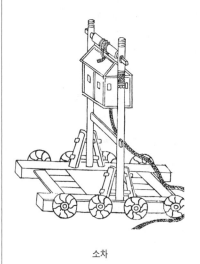

소차

운제 : 사다리차. 사다리차에는 수레 위에 사다리만 설치한 것도 있고, 방을 만든 것도 있었다. 이 방은 병사를 성벽까지 안전하게 운송하고, 이 곳에서 사격을 가함으로써 사다리를 오르는 병사를 엄호하는 역할을 했다.

충차 : 성문이나 성벽에 근접할 때 사용하는 일종의 장갑차. 화공을 방지하기 위해 겉에 소가죽을 덧댄다. 성벽 밑의 땅을 팔 때도 사용했다.

두차(頭車) : 성벽 밑의 땅을 팔 때 사용하는 차. 두차 안에 밧줄로 연결한 작은 수레가 있어 이 파낸 흙을 수레에 담으면 뒤에 있는 사람들이 밧줄을 당겨 수레를 꺼내고, 수레가 비면 안에서 다시 끌어들였다.

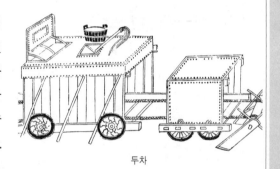

두차

전호차(塡壕車) : 해자나 참호를 메우는 데 사용하는 차. 수레에 돌, 흙, 나무, 풀 등을 싣고 가 호를 메운다. 전면에 설치한 방패는 작업병과 수레를 보호하는 역할을 한다.

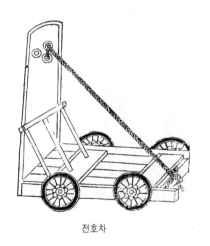

전호차

화차 : 수레 가운데 기름 가마솥을 놓고 주변에 장작을 적재한 수레. 성문에 놓고 불을 붙여 성문을 불태운다. 기름가마가 있어 물을 부으면 불이 더욱 높게 솟는다.

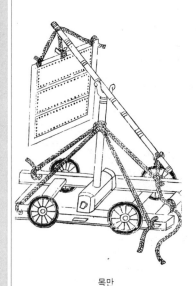

목만(木幔) : 성벽에 병사들을 근접시킬 때 사용하는 무기. 방패의 보호를 받으며 성벽에 접근하여 땅을 파거나 성벽에 기어오른다. 기둥에 달아맨 방패는 화공을 면하기 위해 생가죽으로 만든다.

5. 수성구

당차(撞車) : 운제가 성에 근접하면 쳐서 깨뜨리는 장치.

목만

효차(絞車) : 일종의 기중기로 밧줄에 갈고리나 추, 나무를 걸어 적의 운제나 목만을 파괴한다.

색문도차(塞門刀車) : 나무판에 도를 꽂아 놓은 수레. 성문이 파괴되었을 때 이 수레를 밀어 성문을 막는다. 도 대신 창을 꽂는 등 여러 형태가 있다.

당차

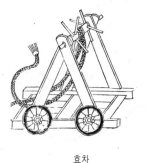

효차

색문도차

물주머니 : 가죽으로 만든 물주머니. 적이 화공
을 하면 성벽 위에서 던져 터트려서 불을 끈다.

마름쇠

마름쇠 : 땅에 뿌려 놓은 쇠못. 간단하지만 특히
기병을 막는 데 효과적이다. 이런 류의 무기는
여러 종류가 있는데, 주로 많이 사용한 것이 나
무를 사슴뿔 모양으로 깎아 만든 녹각이다.

녹각

마창(거마창) : 나무판에 창을 꽂아 세운 바리
케이트. 성벽이 무너졌을 때 마창을 대서 적 기
병의 침입을 막는다.

마창

임용한 서울 마포고등학교, 연세대학교 신과대학 신학과와 문과대학 사학과를 졸업하고 동 대학원 사학과 석사 취득 후 경희대학교 대학원 사학과에서 문학박사 학위를 받았다. 현재 경희대학교 강사이며, 경기도 문화재 전문위원을 겸하고 있다. 동시에 기독교 대한 감리회 산본신흥교회 담임 목사로 활동중이다. 저서로는 『조선국왕이야기』 1 · 2가 있다. 홈페이지는 http:/home.hanmir.com/~lovehistory이다.

전쟁과 역사
삼국 편

임용한 지음

초판 1쇄 인쇄 · 2001년 4월 2일
재판 1쇄 발행 · 2002년 3월 6일

발행처 · 도서출판 혜안
발행인 · 오일주
등록번호 · 제22-471호
등록일자 · 1993년 7월 30일
121-836 서울 마포구 서교동 326-26
전화 · 02) 3141-3711, 3712
팩시밀리 · 02) 3141-3710

값 12,000원

ISBN 89-8494-118-2 03910